QUELLEN
ZUR
LOTHRINGISCHEN GESCHICHTE

HERAUSGEGEBEN

VON DER

GESELLSCHAFT FÜR LOTHRINGISCHE GESCHICHTE

UND ALTERTUMSKUNDE.

BAND II.

VATIKANISCHE URKUNDEN UND REGESTEN ZUR
GESCHICHTE LOTHRINGENS.

LEIPZIG
VERLAG VON QUELLE & MEYER

QUELLEN
ZUR
LOTHRINGISCHEN GESCHICHTE

HERAUSGEGEBEN
VON DER
**GESELLSCHAFT FÜR LOTHRINGISCHE GESCHICHTE
UND ALTERTUMSKUNDE**

BAND II.

DOCUMENTS
DE
L'HISTOIRE DE LA LORRAINE

PUBLIÉS
PAR LA
SOCIÉTÉ D'HISTOIRE ET D'ARCHÉOLOGIE LORRAINE

TOME DEUXIÈME.

VATIKANISCHE URKUNDEN UND REGESTEN

ZUR

GESCHICHTE LOTHRINGENS

GESAMMELT UND BEARBEITET

VON

HEINRICH VOLBERT SAUERLAND.

ZWEITE ABTEILUNG:

VOM ANFANGE DES PONTIFIKATS CLEMENS VI. BIS ZUM ENDE DES
PONTIFIKATS URBANS V.
(20. MAI 1342—24. DECEMBER 1370.)

LEIPZIG
VERLAG VON QUELLE & MEYER

EINLEITUNG.

Der vorliegende zweite Band der Vatikanischen Urkunden und Regesten zur Geschichte Lothringens umfaßt die Pontifikate Klemens' VI., Innocenz' VI. und Urbans V.

Für seine Ausarbeitung sind dieselben Grundsätze leitend geblieben wie bei dem ersten Bande, in dessen Einleitung ebendieselben eingehend dargelegt und begründet worden sind.

Doch habe ich bei den minderwichtigen oder ganz unwichtigen Stücken des zweiten Bandes noch mehr wie bei denen des ersten mich bemüht, die Regesten derselben in möglichster Kürze zu bringen. Dringend veranlaßt wurde ich hierzu durch die gewaltig anschwellende Masse des urkundlichen Stoffes, der hier für einen Zeitraum von nur 29 $^1/_2$ Jahren einen ganzen Band in Anspruch genommen hat, während der voraufgehende erste Band einen Zeitraum von 46 $^1/_3$ Jahren umschließt.

Angefügt sind dem zweiten Bande ein von Dr. Fr. Grimme ausgearbeiteter »Index locorum et personarum« von derselben Form wie der dem ersten Bande angefügte und ein von mir hergestellter »Index rerum notabiliorum«, der den Inhalt beider Bände umfaßt. Mit Hilfe dieser Indices wird es den Benützern des Werkes leicht werden, die Wechselbeziehungen zwischen der päpstlichen Kurie und den lothringischen Bistümern sowie die kirchlichen Zustände und Ereignisse im Metzer Bistum, soweit darüber die in den beiden Bänden enthaltenen Urkunden Aufschlüsse enthalten, zu erkennen. Auch werden diese den Forschern manche nicht unerhebliche Beiträge liefern zur Kenntnis der allgemeinen Kirchengeschichte, der lothringischen politischen Landesgeschichte und insbesondere der lothringischen Städtegeschichte. Freilich sind es meistens keine erfreuliche Lichtseiten, welche hier erscheinen. Die Zeit des Avignoner Papsttums ist ja eben eine Zeit stets tiefer sinkenden kirchlichen Niedergangs. Dieser kennzeichnet sich in den Urkunden, soweit sie das Leben und Streben der Kurie bekunden, einerseits in dem stets zunehmenden Zentralismus, der den Lehrsatz von der päpstlichen plenitudo potestatis praktisch in einen maßlosen Absolutismus ausarten läßt, und anderseits in einem stets zunehmenden kurialen Fiskalismus, der das gesamte kirchliche Vermögen der römisch-katholischen Christenheit durch eine ganze Reihe von Steuern — Zehnten, Annaten, Subsidien, Prokurationen, Visitationen, Servitien, Sporteln — für die Zwecke der Kurie und die stets wachsenden Bedürfnisse und Ansprüche der Kurie und der Kurialen bis an die Grenzen der Möglichkeit ausbeutet. Jener extreme Centralismus hat die Rechte der Domkapitel und Abteikonvente zur Wahl der Bischöfe und Äbte, die Rechte der Kanoniker an den Dom- und Kollegiatkirchen zur Wahl ihrer Dignitäre und zur Ergänzung ihrer Mitgliederzahl und die den Bischöfen oder den Kirchenpatronatsinhabern zustehenden Rechte der Ernennung zu kirchlichen Benefizien durch die stets wachsende Masse der päpstlichen Reservationen, Provisionen und Expektanzen (d. i. Anwartschaften) tatsächlich nahezu vollständig aufgehoben. Scharenweise strömen die um Verleihung niederer und höherer kirchlichen Benefizien werbenden Kleriker zur päpstlichen Residenz, die für sie zum Eldorado geworden ist. Nicht langjährige Verdienste in Verwaltung niederer Kirchenämter innerhalb der Diözesen geben ein wirksames Anrecht auf Beförderung zu den höheren und besser dotierten Kirchenämtern, sondern die Gunst der Provisionen und Expektanzen spendenden Kurie. Ein besonders wirksames Mittel zur Erwerbung und Häufung kirchlicher Benefizien ist der Eintritt der Beamten- und Dienerschaft des Papstes und der einzelnen Kardinäle, deren jeder eine fürstliche Hofhaltung mit zahlreichem Bediententroß hält. Die den wichtigeren Kirchenämtern anhaftenden Verpflichtungen zur Residenz und zur persönlichen Amtswirksamkeit bilden kein Hindernis der Häufung mehrerer solcher Ämter auf eine einzige Person; denn dieselben werden durch häufige päpstliche Dispensen super residendo, super pluralitate, super ordinibus recipiendis und super defectu aetatis wie mit einfachen Federstrichen beseitigt.

Die solchen Dispensen angefügte, rein formelhafte Klausel[1]), welche befiehlt, daß die mit den Pfründen verbundenen seelsorglichen Pflichten auch während der Abwesenheit der Pfründeninhaber erfüllt werden sollen, wird doch zur leeren Redensart gegenüber Dispensierten, die jene Pfründen nur deshalb erwarben, um deren Einkünfte zu genießen.

In der Häufung von Pfründen auf die eigene Person stehen allen Klerikern voran die Kardinäle. Während der Avignoner Papstperiode wird es Regel, daß Kardinäle bevollmächtigt werden in gewissen Kirchenprovinzen erledigte Benefizien bis zum Gesamtertrage von 1000 Mark

---

[1]) »proviso quod (beneficia) debitis obsequiis non fraudentur et animarum cura in eis, quibus illa imminet, nullatenus negligatur.« Vgl. I nr. 278. 491.

Silber oder 4000 Kammergulden — die in ihrer damaligen Kaufkraft einer heutigen Summe von etwa 150000 Mark entsprechen — sich anzueignen und deren Erträge zu vereinnahmen. Mit diesen Summen bestreiten sie dann die Ausgaben für ihre fürstliche Hofhaltung. Auch in der Metzer Diözese erscheint schon unter dem ersten Avignoner Papste ein solcher Pfründenhäufer in der Person des Bernard de Garve. Die Tatsache, daß er schon im Alter von 24 Jahren Kardinal geworden ist, verrät deutlich genug, daß er päpstlicher Nepot ist [1]).

Im Vorstehenden ist bereits gesagt worden, daß die Avignoner Päpste das den Domkapiteln zustehende Recht der Bischofswahlen durch ihre Reservationen und Provisionen tatsächlich nahezu vollständig aufgehoben haben. In den betreffenden Provisionsbullen wird für diese zur Regel werdende Suspension des Wahlrechts der Domkapitel als Beweggrund die päpstliche Absicht angegeben, lange Erledigungen der Bischofstühle zu vermeiden, die durch zwieträchtige Wahlen und diesen folgende langwierige Wahlprozesse der beiden Gewählten an der Kurie verursacht wurden. Während des XIII. Jahrhunderts mag diese Absicht wirklich der Beweggrund für die damals aufkommenden päpstlichen Provisionen für erledigte Bistümer gewesen sein. Aber wenigstens seit Bonifaz VIII. ist der in den Provisionsbullen ausgesprochene Beweggrund zu einer leeren formelhaften Redensart geworden. In Wirklichkeit sind die Beweggründe ganz anderer Art und auf politischem Gebiete zu finden. Für die lothringischen Bistümer lieben die ersten Avignoner Päpste nachgeborene Söhne des hohen Adels ihrer südfranzösischen Nachbarschaft zu providieren; und da ist es sehr bezeichnend, in welche Altersklasse sie bei diesen Provisionen gegriffen haben. Heinrich, der jüngere Bruder des Fürsten des Dauphiné, wurde seit seinem neunten Jahre von dem ersten Avignoner Papste mit fetten Pfründen in verschiedenen Diözesen ausgestattet [2]), dann im Alter von 20 Jahren vom zweiten Avignoner Papste zum Bischof von Passau gemacht [3]), also einer Diözese vorgesetzt, deren Sprache er nicht einmal verstand. Ob er jemals dieselbe besucht hat, ist sehr zweifelhaft. Dem zweiundzwanzigjährigen wurde dann statt des Passauer Bistums das Metzer verliehen [4]). Von seiner sechsjährigen Verwaltung des Metzer Bistums ist weiter nichts bekannt, als daß er meistens abwesend war, eine Zeit lang am Kriege gegen seine Bischofstadt teilnahm, die schon bedeutende

---

[1]) Vgl. I, 179, 193, 502, 588.
[2]) I, 109—111, 186, 216, 220.
[3]) I, 257, 258.
[4]) I, 291.

Schuldenlast des Bistums noch mehrte, und endlich auf dieses verzichtete, um als Laie in seiner Heimat fortzuwirken; denn Zeit oder Lust die kirchlichen Weihen zu empfangen hatte er während des Besitzes des einen wie des andern Bistums nicht gefunden. Nach seinem Verzicht ernannte der Papst zu seinem Nachfolger den mit ihm verwandten Bischof Ludwig von Langres. Dieser Sproß der Familie der Grafen von Poitiers und Valence war vorher Inhaber des Bistums Viviers gewesen, das der erste Avignoner Papst ihm als siebenundzwanzigjährigem Jünglinge verliehen hatte[1]. Als dieser schon nach zwei Jahren gestorben war, providierte derselbe Papst als Nachfolger dessen achtundzwanzigjährigen Neffen Ademar aus der südfranzösischen Baronenfamilie de Montil.[2] Für Toul ward vom zweiten Avignoner Papste zum Bischofe ernannt Amedeus, ein achtundzwanzigjähriger Genfer Grafensohn,[3] der schon als dreizehnjähriger Knabe im Besitze dreier Domkanonikate gewesen war.[4] Sein zweiter Nachfolger wurde wiederum durch päpstliche Provision der dreiundzwanzigjährige Bertrand, ein Sprößling der südfranzösischen Familie der Grafen de la Tour.[5] Daß für die Beförderung dieser hochadeligen Jünglinge auf die lothringischen Bischofsstühle nicht die Absicht, den Bistümern gute und erfahrene Oberhirten zu geben, sondern das Bemühen, den benachbarten mächtigen Adelsfamilien gefällig und dienstbar zu sein, maßgebend gewesen ist, liegt auf flacher Hand; und ebenso auch, daß durch die kirchliche und politische Tätigkeit dieser südfranzösischen Sendlinge, die aller Wahrscheinlichkeit nach nicht einmal die deutsche Sprache gekannt haben werden, der politische Verband ihrer Bistümer mit dem deutschen Reiche und der kirchliche Verband mit der deutschen Metropole Trier erheblich gelockert und gemindert worden ist. Ein deutliches Zeugnis hierfür haben wir in der an den Papst gerichteten Klage des Trierer Erzbischofs Baldewin, daß seine von den Päpsten providierten Suffraganbischöfe (von Metz, Toul und Verdun) den Gehorsam und die Ehrerbietung, die sie ihm als ihrem Metropoliten schuldig sind, ihm verweigern.[6]

Die Lockerung des Verbandes der drei lothringischen Bistümer mit dem deutschen Reiche wurde auch von der Kurie dadurch gefördert,

---

[1] I, 119, 286, 458, 459.

[2] I, 532, 533; vgl. II, 830, 955.

[3] I, 337, 338.

[4] I, 112.

[5] II, 1168, 1169.

[6] Urkunden und Regesten zur Geschichte der Rheinlande aus dem vatikanischen Archiv III, 340.

daß diese für Einsammlung der vom lothringischen Klerus an die Kurie zu zahlenden Gelder (Zehnten, Annaten, Census, Prokurationen u. dgl.) regelmäßig Kollektoriebezirke schuf, durch welche die lothringischen Bistümer von den anderen Kirchenprovinzen des deutschen Reiches geschieden und mit Kirchenprovinzen zusammengeworfen wurden, die dem französischen Sprachgebiete und dem Machtbereiche des französischen Königs angehörten.[1]

Der Fiskalismus der Kurie, welcher seit dem Beginne des XIII. Jahrhunderts sich bemerklich macht und während der Avignoner Papstperiode sich immer mehr steigert, wird für den lothringischen Klerus zu einer immer drückender werdenden Last. Ueber den Unwillen, welchen die verschiedenen, schon oben genannten, von den Päpsten dem Klerus auferlegten Lasten erregt haben, finden sich hochinteressante Zeugnisse in den der päpstlichen Kammer gemachten Berichten des Gerard d'Arbent, welcher unter Klemens VI. und Innocenz VI. Kollektor der päpstlichen Kammer in den Kirchenprovinzen Vienne, Tarantaise, Lyon, Besançon und Trier war[2]. Recht schlimme Wirkungen für die Vermögenslage der lothringischen Bistümer hatte die Verpflichtung der Bischöfe zur Zahlung der Servizien. Für das Bistum Toul betrug das servitium commune des neubestätigten oder neuernannten Bischofs, das zur einen Hälfte der päpstlichen Kammer und zur andern dem Kardinalkollegium zu zahlen war, 2500 Kammergoldgulden[3], für das Bistum Verdun zuerst 4000 und später 4400 Kammergoldgulden[4] und für das Bistum Metz 6000 Kammergoldgulden[5]. In ähnlicher Weise waren auch die Abteien in den Bistümern eingeschätzt. Im Bistum Metz betrug das servitium commune für die Abteien: Gorze 1500[6], St. Arnulf 1400[7], St. Klemens 700[8], St. Martin in Glandière (Kreis Bolchen) 500[9], St. Symphorian 451 $^{7}/_{12}$[10], St. Vincenz 400[11], St. Martin

[1] Vgl. im Index rerum notabiliorum die Stichworte Lotharingia und Decimae collectores.

[2] Vgl. Kirsch, Die päpstlichen Kollektorien in Deutschland während des XIV. Jahrhunderts S. 162—250, insbesondere S. 195—196. — (Siehe unten nr. 933 und 1222.)

[3] I, 177, 343, 618; II, 1173, 1401, 1449.
[4] I, 35, 209; II, 1057, 1096, 1413.
[5] I, 69 (wo VI^m statt VI^c zu lesen ist), 300, 468, 537; II, 1407, 1504.
[6] I, 164, 165, 366; II, 904, 1114, 1300.
[7] I, 160, 498, 511; II, 936, 1202.
[8] I, 325.
[9] II, 911, 1133, 1554.
[10] II, 1509, 1542.
[11] II, 1022.

bei Metz 200¹), Pierremont 200²), St. Pirmin in Hornbach (Rheinpfalz) 166 ²/₃³) und St. Nabor (Saint-Avold) 100⁴) Kammergoldgulden. Zu diesen großen Summen für das servitium commune, das gemäß der Zehntentaxe ein Drittel des Jahreseinkommens der Bischöfe und Äbte betrug, kamen dann noch die kleineren Summen der fünf servitia minuta, von denen ein jedes gleichkam dem Anteile eines jeden Kardinals an der Hälfte des servitium commune und welche von den Kammerklerikern vereinnahmt wurden, die davon vier an gewisse päpstliche Beamte und eins an Bedienstete der Kardinale verteilten.⁵) Da die Verwaltung der Mensalgüter der lothringischen Bistümer und Abteien im wesentlichen noch auf der Naturalwirtschaft beruhte, die Leistungen an die Kurie aber in barem Gelde zu entrichten waren, so waren die Verpflichteten zur Beschaffung der Summen in der Regel zu Anleihen genötigt. Durch diese wurde dann die Verschuldung, in welcher sich die drei Bistümer und die meisten Abteien Lothringens, insbesondere aber das Metzer Bistum schon zu Anfang des XIV. Jahrhunderts befanden, noch höher gesteigert. Nur durch Hilfe solcher Anleihen wurde dort die Zahlung der bedeutenden Servitiensummen, so lange für diese Zahlung zwei (einjährige oder fast einjährige oder etwa halbjährige) Fristen festgesetzt waren, ermöglicht. Das Übel wurde noch verschlimmert durch die kurzen Regierungszeiten mancher damaliger Bischöfe, die schon nach wenigen Jahren starben. Der Neuernannte mußte sich ja dann, auch wenn sein Vorgänger sich erst vor wenigen Jahren zur Zahlung der Servitien verpflichtet hatte, wieder zur Zahlung einer neuen, vollen Servitiensumme verpflichten und, wenn sein Vorgänger die seinige gar nicht oder nur zum Teil entrichtet hatte, auch noch zur Zahlung der Schuld seines Vorgängers.⁶) Ja, in den beiden Bistümern Toul und

¹) II, 1481, 1555.
²) I, 683; II, 1483. — Vgl. I, 269.
³) II, 959, 1152, 1397.
⁴) II, 1274, 1287.
⁵) Ein Beispiel möge die Verteilungsweise klarstellen! Am 18. Juni 1319 verpflichtete sich der neuernannte Metzer Bischof Heinrich zur Zahlung des servitium commune im Betrage von 6000 Kammergoldgulden und der fünf servitia minuta. (I, 300.) Die eine Hälfte davon gebührte der päpstlichen Kammer, die andere dem Kardinalkollegium. Da an der zweiten Hälfte 24 Kardinäle Anteil hatten, betrug der Anteil eines jeden Kardinals $\frac{3000}{24} = 125$ Kammergoldgulden. Die fünf servitia minuta beliefen sich also auf $5 \times 125 = 625$ Kammergoldgulden. Somit verpflichtete sich der Bischof zur Zahlung einer Summe von 6625 Kammergoldgulden.
⁶) II, 1401, 1449; II, 1096, 1413; I, 468, 537, 1504; II, 1114, 1300.

— VII —

Metz ereignete es sich, daß der Neuernannte sich zur Zahlung nicht nur seiner eignen Servitienschuld und der seines letzten Vorgängers, sondern auch noch der seines vorletzten Vorgängers verpflichten mußte[1]). Bei dieser Lage der Dinge kam die päpstliche Kammer schon bald zu der Erkenntnis, daß sie an der Verpflichtung zur Zahlung der Servitien in den beiden obenbezeichneten Fristen nicht festhalten könne und dürfe. Sie gestattete eine größere Zahl von Fristen zu Teilzahlungen[2]), bewilligte wiederholt Stundung der Zahlungen, nahm auch mit geringen Zahlungen vorlieb und erneuerte dann die Stundungen. So geschah es, — um aus unserer Sammlung ein recht anschauliches Beispiel herauszuheben, — daß der Metzer Bischof Ademar, der im Jahre 1327 sich zur Zahlung seiner eigenen Servitien, eines Teiles der Servitien seines letzten Vorgängers und der ganzen noch unbezahlten Servitien seines zweiten Vorgängers verpflichtet hatte[3]), und zwar in der Weise, daß er diese Zahlung in drei Terminen leisten sollte, deren letzter der 1. November 1330 war, in Wirklichkeit auch 31 Jahre nach dem Ablaufe dieses letzten Termins seine Schuld noch nicht bezahlt hatte und eine erneute Stundung des Restes nachsuchte und erhielt[4]). Die anscheinend so auffällige Sache wird erklärlich, wenn man die durch die Quellen[5]) genugsam bezeugte, stetige hohe Verschuldung des Metzer Bistums berücksichtigt. Der Armut des Bischofs entsprechend erweist sich auch die Armut des größten Teiles des Metzer Diözesanklerus in dem Verzeichnisse des Metzer Princiers Johann de Heu über das von Innocenz VI. dem Metzer Klerus auferlegte und von Johann als päpstlichem Kollektor eingeforderte und vereinnahmte Subsidium[6]). Die Höhe dieses Subsidium war in dem päpstlichen Ausschreiben genau geregelt worden. Aber den vollen Betrag konnten wegen ihrer mißlichen Einkünfte von 19 Äbten nur 4, von den 12 Kanoniker-Kollegien einzig das Domkapitel, von den 9 Äbtissinnen keine einzige, von den 11 Klosterprioren nur 2 und von den 461 eingeschätzten Pfarrern nur 31 zahlen. Bezüglich der übrigen Pfarrer und Kapläne des Bistums aber macht der Kollektor an die päpstliche Kammer die nachstehende klägliche Meldung:

»Bene verum est, quod sunt plures aliae capellaniae et parochiales ecclesiae, quae sunt notorie ita pauperes et exiles, quod nec

---

[1]) II, 1449; I, 468, 537 u. II, 1504.
[2]) I, 537.
[3]) $7071^{3}/_{7} + 2710^{10}/_{19} + 6225 = 16407$ Kammergulden. I. 537.
[4]) II, 1364.
[5]) Vgl. insbesondere II, 896.
[6]) II, 1391.

— VIII —

de his nec de aliis quibuscunque subsidiis ordinariis vel extraordinariis solvunt piccam nec exigitur ab eisdem.[1]«

Wenn man nun auch aus guten Gründen annimmt, daß damals mit Rücksicht auf die damalige allgemein bekannte prunkvolle Ueppigkeit des päpstlichen Hofes der Metzer Diöcesanklerus der Zahlung von Steuern an die päpstliche Kammer durchaus abgeneigt gewesen sein und sich möglichst der Steuer-Hinterziehung beflissen haben mag und daß damals in gleicher Rücksicht auch der päpstliche Kollektor seine geistlichen Landsleute mit recht großer Milde eingeschätzt haben mag, so bleibt doch noch immer als sicher bestehen, daß die damalige materielle Lage des Metzer Pfarrklerus durchweg eine recht dürftige gewesen ist. Nur von den Metzer Stadtpfarreien scheint die kleinere Hälfte gut dotiert gewesen zu sein, da 9 Stadtpfarrer den vollen Betrag des Subsidium gezahlt haben[2]). In günstigen Einnahmeverhältnissen haben sich offenbar die 4 Aebte von Gorze, St. Arnulf, St. Vincenz und St. Symphorian befunden, da sie die volle Subsidientaxa gezahlt haben[3]). Darauf weist übrigens auch schon deren obenerwähnte hohe Servitien-Einschätzung hin. Unter diesen vieren aber ist es nachweislich der Abt Simon von St. Symphorian, der sich durch seinen beweglichen Nachlaß als ein so erfolgreicher Sparer bewiesen hat, daß der Verdacht des Geizes sich gegen ihn wendet[4]). Der Ruf seiner Sparerfolge war denn auch bereits vor seinem Tode (vielleicht durch die Auskunft des päpstlichen Kollektors in Metz) bis zur Kurie nach Avignon gedrungen, worauf dann dort der Papst sich selber die Verfügung über dessen Nachlaß vorbehalten, d. i. im Voraus der päpstlichen Kammer überwiesen hatte. Hierdurch wurde denn auch gleichzeitig nach dem kanonischen Rechte das frühere oder spätere Testament Simons verungiltigt. Sein Nachfolger Arnulf fand sich dann später mit der päpstlichen Kammer in der Weise ab, daß ihm diese den (beweglichen) Nachlaß seines Vorgängers gegen das Versprechen einer Zahlung von 4000 Kammergoldgulden überließ[5]).

Daß übrigens Abt Simon ein bedeutendes Barvermögen und außerdem auch noch einen sehr ansehnlichen Bestand von Vieh und Korn hinterlassen hat, wird zwar heutzutage denen, die in ihren Urteilen auf heutigen Verhältnissen fußen, unbegreiflich dünken, ist aber

---

[1]) S. 203.
[2]) S. 206.
[3]) S. 204.
[4]) II, 1492.
[5]) II, 1517.

ganz wohl erklärlich für diejenigen, welche wissen, daß im XIV. Jahrhunderte die Besitzungen und Einkünfte der alten Benediktiner-Abteien regelmäßig schon längst aufgeteilt waren und daß davon die eine Hälfte dem Konvente, die andere aber dem Abte überwiesen war, der eine gesonderte Wohnung hatte und eigenen Haushalt führte. Stand doch damals — beispielsweise gesagt — der Abt von Clugny als einer der Höchstbesteuerten in der päpstlichen Servitientaxe, und gehörten doch eben damals die fetten Abteien innerhalb des französischen Sprachgebiets neben den dortigen Bistümern zu den meistbegehrten und erstrebten Pfründen der Kurialen, insbesondere der Kardinäle nnd päpstlichen Nepoten! Auch die Mitglieder der damaligen Benediktinerabteien-Konvente erscheinen damals vielfach als Inhaber von Praebenden, hatten also gesonderte Einkünfte. Der inneren Zucht der Metzer Benediktinerabteien wird durch mehrere Verordnungen des regierenden Metzer Rates, die in dem betreffenden Urkundenbande der Histoire générale de Metz abgedruckt sind, ein recht ungünstiges Zeugnis ausgestellt. Von den drei allbekannten Ordensgelübden waren also damals in den genannten Abteien zwei, das der Armut und das des Gehorsams, recht hinfällig geworden, und sind deshalb auch bezüglich der gewissenhaften Beobachtung des dritten recht trübe Vermutungen berechtigt.

Mit dem zuletzt Gesagten ist die vorliegende Darstellung in das Gebiet der sittlich-religiösen Zustände innerhalb der Metzer Diöcese übergegangen. Auf ebendiesem Gebiete machen sich während der Avignoner Papst-Periode in der Metzer Diöcese dieselben beiden argen Uebelstände bemerklich, die ich bereits anderwärts für die ganze abendländische Kirche im Allgemeinen und auch für die Diöcesen von Trier und Köln insbesondere nachgewiesen habe[1]). Es sind dies der Erwerb und der kirchenrechtswidrige, jahrelange **Fortbesitz von Pfarreien** und anderen zur Seelsorge verpflichtenden höheren Benefizien vonseiten solcher Personen, welche **ohne Priesterweihe** oder von diesen Benefizien **dauernd abwesend** waren[2]). Es ist doch höchst wahrscheinlich, daß ebendiese Personen, welche zur Seelsorge verpflichtende Benefizien jahrelang fortbesaßen ohne die Priesterweihe zu empfangen oder ohne am Orte dieser Benefizien anwesend zu sein, welche also dieselben Benefizien lediglich wegen deren Einkünfte festhielten, für Vertreter, die an ihrer Stelle die denselben Benefizien anhaftenden seelsorglichen

---

[1]) Urkunden und Regesten zur Gesch. der Rheinlande, Bd. I und Bd. III, am Schlusse der Vorbemerkungen.

[2]) Vgl. im Index rerum notabiliorum: Parochi ad sacerdotium non promoti, Parochi non residentes in sua parochia, Dispensationes super ordinibus non recipiendis, Dispensationes super residendo.

Verpflichtungen zu erfüllen hatten, entweder nur in kümmerlicher Weise oder auch wohl gar nicht gesorgt haben werden. Gegen diesen Uebelstand wenden sich dann auch die Statuten der beiden Diocesansynoden von den Jahren 1355 und 1356 in Ausdrücken, welche deutlich bekunden, daß derselbe in der Metzer Diöcese recht arg gewesen ist[1]). Der andere noch schlimmere Uebelstand ist der häufige Konkubinat der Priester. Von den in unserer Urkundensammlung erscheinenden 16 Kandidaten des geistlichen Standes aus der Metzer Diöcese, welche von unehelicher Geburt waren und Dispens zum Empfange der Weihen und Erwerbe eines Benefiziums nachgesucht und erhalten haben, sind 12 Priestersöhne gewesen[2]). Es bedarf keines Nachweises, daß ein solcher Mißstand die Achtung des Volkes vor dem Klerus in hohem Maße schädigte und überdies den Kandidaten und den jüngeren Mitgliedern des geistlichen Standes ein recht schlimmes Beispiel lieferte, welches dem Fortwuchern des Uebels sehr förderlich war.

Ein anderer allgemeiner Uebelstand, der sich auch in der Diöcese Metz bemerklich machte, war eine Wirkung der an der Kurie zur festen Regel gewordenen Verpflichtung der neuernannten oder neubestätigten Bischöfe und regulären Aebte zur Zahlung der bereits obengekennzeichneten Servitien. In den formelhaften Verpflichtungsurkunden erklärten die Aussteller derselben in mehreren, gehäuften Redewendungen, daß die dem päpstlichen Kämmerer von ihnen versprochene Geldsumme der Servitien ein rein freiwilliges Geschenk sei. Nun war aber, was die sich verpflichtenden und auch der die Verpflichtung entgegennehmende päpstliche Kämnerer wohl wußten, die Zahlung dieses angeblichen Geschenkes für die meisten von jenen eine sehr schwere und drückende Last für ihre spätere Amtsverwaltung. Auch übergab man den Neuernannten, beziehungsweise Neubestätigten bekanntlich erst dann, wenn sie ihre Zahlungsverpflichtungsurkunde vollzogen und ausgehändigt hatten, die Ernennungs- oder Bestätigungsbulle, wodurch die Ernennung oder Bestätigung erst rechtskräftig wurde. Ueberdies enthielt die Zahlungsverpflichtungsurkunde für die sich verpflichtenden sehr arge und deren Gewissen recht schreckende und bedrohende Bedingungen. Sie mußten nämlich darin versprechen, daß sie, falls sie die Servitiengelder nicht in den versprochenen Zahlungsterminen an die päpstliche Kammer bezahlt haben würden, sich binnen zwei oder drei Monaten dem päpstlichen Kämmerer an der Kurie persönlich stellen

---

[1]) II, 1225 §§ 1 u. 2, 1254 §§ 1 u. 2.

[2]) I, 720, 741, 742; II, 831—835, 886, 887, 1331, 1496. Vgl. I, 334, 602; II, 1045, 1545.

und von der Kurie nicht eher wieder heimkehren würden, als bis sie vom Kämmerer dazu die Erlaubnis erhalten haben würden, widrigenfalls sie der Strafe der Exkommunikation und Suspension verfallen würden[1]). Diese Verpflichtung mußte er dann noch durch einen Eid bekräftigen. Es ist doch offenkundig, daß eine so große, ja oft übergroße und dazu unter so schweren Bedingungen und Strafandrohungen versprochene Summe kein rein freiwilliges Geschenk gewesen ist. Auch ist leicht ersichtlich, warum die Zahlungsverpflichtungsurkunde in solcher Form von dem päpstlichen Kämmerer gefordert und von dem sich verpflichtenden geliefert wurde. Wäre nämlich in derselben die nackte Wahrheit zum Ausdruck gekommen, daß die versprochene Summe der geforderte Preis für die erteilte Ernennung oder Bestätigung sei, so hätten sich auf der einen Seite der fordernde Kämmerer und der ihn beauftragende Papst und auf der anderen Seite der Versprechende des schweren kirchlichen Verbrechens der Simonie[2]) schuldig gemacht und wären damit den vom kanonischen Rechte dagegen festgesetzten schweren Kirchenstrafen verfallen. Dies suchte die Kurie zu vermeiden und zu umgehen, indem sie in freilich recht pharisäischer Weise den Handel durch jene unwahre Redensart verschleiern ließ. Das so eingeschlagene Verfahren hatte natürlich eine doppelte schlimme Wirkung auf das Gewissen des sich Verpflichtenden. Das richtige sittliche Verhältnis, in welchem der kirchliche Beamte zu seiner höchsten vorgesetzten Behörde stehen soll, wurde in ihm durch die aufgezwungene Form der Verpflichtung von vornherein gestört. Und dies bildet einen Erklärungsgrund für die Tatsache, daß in jener Zeit Bischöfe und Aebte jahrelang leichten Herzens im offenen Konflikt mit der Kurie gelebt haben. Anderseits wurde in demselben auch das Gefühl der Pflicht, die versprochene Zahlung pünktlich zu leisten und die Scheu vor den Strafen, die er sich selber in seiner Verpflichtung für den Fall einer nicht pünktlichen Zahlung androhte, erheblich gemindert. Und so erklärt es sich leicht, daß wie in anderen Diöcesen, so auch in der Metzer Bischöfe und Aebte oftmals die versprochene Servitienzahlung zur festgesetzten Zeit nicht leisteten, sich nicht binnen zwei oder drei Monaten an der Kurie dem Kämmerer stellten, sondern daheim ruhig weiter amtierten, hierdurch den Strafen der Exkommunikation, Suspension und Irregularität verfielen, dann nach kürzerer oder längerer Zeit persönlich oder durch einen Bevollmächtigten dem Kämmerer eine Teilzahlung

---

[1]) Die betreffende Bedingung ist in den verkürzten Kameralurkunden durch die Anfangsworte: Alioquin infra duos menses angedeutet.

[2]) Simonia est emtio seu venditio rei spiritualis pro pretio temporali.

leisteten und zugleich um Absolution von Exkommunikation und Suspension, sowie um Dispens von Irregularität baten, die ihnen dann auch ganz geschäftsmäßig und regelmäßig erteilt wurde[1]). Das von oben gegebene Beispiel wirkte dann auch nach unten. Sowohl im unteren Klerus wie auch in der Laienwelt sank die Achtung vor der Kurie und die Scheu vor den schweren Kirchenstrafen.

An letzter Stelle sei endlich noch hingewiesen auf die schlimmen Wirkungen der vielfachen und vielartigen und dazu offenkundigen Streitigkeiten, sowohl innerhalb des Klerus, als auch zwischen dem Klerus oder eines Teiles desselben der Laienwelt[2]). Durch dieselben mußte die gegenseitige Achtung im Klerus und die Achtung vor dem Klerus von seiten der Laien, besonders in den lothringischen Bischofsstädten, sehr geschädigt werden.

Ueber andere minder wichtige Erscheinungen im sittlichen und kirchlichen Leben werden die Benutzer unserer Sammlung mit Hilfe des Index rerum notabiliorum leicht eine Uebersicht gewinnen können, weshalb es an dieser Stelle eines Hinweises auf dieselben nicht bedarf.

Trier, am 5. August 1905.

Heinrich Volbert Sauerland.

---

[1]) Vgl. I, 771; II, 1534, 1542, 1556, 1557, 1114, 1132, 1135, 1143, 1234, 1262, 1280.

[2]) Vgl. im Index rerum notabilium das Stichwort: Lites.

ABKÜRZUNGEN.

a. = anno.
areps. = archiepiscopus.
Avin. = Avinione.
August. = Augustini.
B. = Beatus.
Bened. = Benedicti.
bo. me. = bonae memoriae.
card. = cardinalis.
cler. = clericus.
Colon. = Coloniensis.
d. = dominus.
den. = denarius.
dioc. = diocesis.
eccl. = ecclesia.
fe. re. = felicis recordationis.
Jahrbuch = Jahrbuch der Gesellschaft für Lothringische Geschichte und Altertumskunde.
inc. = incarnationis.
Kirsch. = Kirsch, Die päpstlichen Kollectorien in Deutschland während des XIV. Jahrhunderts.
kl. = kalendas.
l. = liber.

litt. = litterae.
Leod. = Leodiensis.
m. = mensis.
Met. = Metensis.
Obl. et Sol. — Oblig. et Solut. = Obligationes et Solutiones.
ord. = ordinis.
p. n. a. = pontificatus nostri anno.
Reg. = Registra Vaticana.
Reg. Avin. = Registra Avinionensia.
Rz. = Riezler, Vatikanische Akten zur deutschen Geschichte in der Zeit Kaiser Ludwigs des Baiern.
S. = Sanctus.
SS. = Sancti.
Supplic. = Supplicationes.
s. e. d. = secundum estimationem decimae.
s. t. d. = secundum taxationem decimae.
Traiect. = Traiectensis.
Trever. = Treverensis.
Tull. = Tullensis.
Virdun. = Virdunensis.

822. — *1342 Mai 20. Avignon.*

Clemens VI reservat camere apostolice fructus unius anni omnium beneficiorum ecclesiasticorum apud sedem apostolicam vel ubicumque alibi ad dispositionem papalem ad presens vacantium vel imposterum ad biennium vacaturorum.

Dum necessitates multiplices . . . Dat. Avin. XIII kl. iunii a. primo.

Reg. 152 fol. 6 nr. 1.

823. — *1342 Mai 22. Avignon.*

Clemens VI Johanni dicto de S. Martino consideratione Johannis episcopi Portuensis pro familiari suo supplicantis providet de canonicatu eccl. Metensis sub expectatione prebende, non obstante quod in eccl. S. Bartholomei canonicatum et prebendam obtinet.

Suffragantia tibi merita . . . Dat. Avin. XI kl. iunii a. primo.

In e. m. abbati monasterii S. Simphoriani prope muros Met. et Petro Lelovat Senonensis ac Johanni de Pistorio Traiectensis canonicis eccl.

Reg. Avin. 69 f. 129¹ nr. 508.

824. — *1342 Juni 1. Avignon.*

Clemens VI Ferrico de S. Deodato providet de canonicatu eccl. Met. sub expectatione prebende.

Probitatis tue merita . . . Dat. Avin. kl. iunii a. primo.

In e. m. archiepiscopo Lugdunensi et S. Antonii Viennensis dioc. ac S. Martini extra muros Met. abbatibus.

Reg. Avin. 70 f. 155 nr. 1102.

825. — *1342 Juni 1. Avignon.*

Clemens VI Petro Gemelli in presbiteratus ordine constituto, qui diu iura canonica et civilia audivit, providet de canonicatu eccl. Met. sub expectatione prebende, non obstante quod parrochialem ecclesiam S. Sagitarii Lemovicensis dioc. obtinet.

Attributa tibi merita . . . Dat. Avin. kl. iunii a. primo.

In e. m. S. Martini Lemovicensis et Grandimontensis Lemovicensis dioc. monasteriorum abbatibus ac officiali Metensi.

Reg. Avin. 61 f. 532¹.

826. — *1342 Juni 19. Avignon.*

Clemens VI magistro Johanni de Salburgo magistro in artibus providet de beneficio ecclesiastico cum cura vel sine cura, cuius redditus, si cum cura, sexaginta, si vero sine cura fuerit, quadraginta librarum turonensium parvorum s. t. d. valorem annuum non excedant, spectante communiter vel divisim ad dispositionem decani et capituli eccl. Met.

Litterarum scientia, vite . . . Dat. Avin. XIII kl. iulii a. primo.

In e. m. decano et scolastico in Sarburg Met. dioc. ac sacriste Avin. eccl.

Reg. 150 f. 398 nr. 805.

827. — *1342 Juli 1. Avignon.*

Clemens VI Johanni de Hoyo consideratione Johannis regis Boemie pro clerico suo supplicantis providet de canonicatu eccl. Maguntine sub expectatione prebende, non obstante quod in Metensi et S. Theobaldi extra muros Met. eccl. canonicatus et prebendas obtinet.

Probitatis et aliarum virtutum . . . Dat. Avin. kl. iulii a. primo.

In e. m. preposito monasterii in Lucher Wormaciensis dioc. ac Trever. ac de Bantesio Constanciensis eccl. archidiaconis.

Reg. Avin. 70 f. 50 nr. 968.

828. — *1342 Juli 1. Avignon.*

Clemens VI Poncineto de Metri(?) consideratione Johannis regis Boemie pro eo clerico suo supplicantis providet de canonicatu eccl. Met. sub expectatione prebende, non obstante quod canonicatum et prebendam in eccl. de Lyneio Tull. dioc. obtinet.

Probitatis merita, super quibus . . . Dat. Avin. kl. iulii a. primo.

In e. m. S. Simphoriani ac S. Arnulphi Met. monasteriorum abbatibus ac archidiacono de Bantesio Constanciensis dioc.

Reg. Avin. 70 f. 58¹ nr. 978.

829. — *1342 Juli 18. Villencuve.*

Clemens VI Petro de Camera providet de canonicatu eccl. Met. sub expectatione prebende, non obstante quod in maiori Aurelianensi et S. Aniani Aurelianensi eccl. canonicatus et prebendas obtinet.

Nobilitas generis, morum . . . Dat. apud Villamnovam Avin. dioc. XV kl. augusti a. primo.

Reg. 148 f. 488¹ nr. 847.

830. — *1342 Juli 20. (Metz!)*

Ademarus episcopus Metensis fundat et dotat in memoriam avunculi et predecessoris sui Ludovici de Pictavia omniumque aliorum suorum predecessorum et succesorum quedam anniversaria.

Ademarius dei et sedis apostolice gratia Metensis episcopus universis presentes litteras inspecturis salutem in domino sempiternam.

Cum a sacris canonibus fuerit constitutum et de generali totius ecclesie consuetudine diutius observatum, ut in cunctis missarum celebrationibus non solum pro viventibus sed etiam pro fidelium defunctorum animabus preces et hostie domino iugiter offerantur, ut tanto salubrius et perfectius a suis reatibus liberentur, quanto ceteris oblationibus maior et dignior esse dinoscitur hec in missarum celebrationibus, que offertur, attendentes insuper, iustum esse pium et salubre, ut diem messionis extreme curemus piis operibus prevenire, quodque in nostra Metensi ecclesia, cui iam per quindecim annos et amplius prefuimus, aliquam piam memoriam et salutiferam per venerabiles viros . . decanum et capitulum eiusdem ecclesie fratres nostros fieri faciamus, considerantes etiam, quod huiusmodi pia devota et salutaria officia et sacrificia facientes digna debent remuneracione gaudere, hinc est quod nos nostre et bone memorie domini Ludovici de Pictavia quondam Metensis episcopi predecessoris et avunculi nostri quondam carissimi necnon et omnium et singulorum predecessorum et successorum nostrorum episcoporum Metensium [volentes] providere saluti disponimus et ordinamus, ut in dicta Metensi ecclesia per dictos fratres nostros annis singulis tres misse de sancto spiritu et, postquam de medio sublati fuerimus, de requiem solenniter celebrentur, ad que facienda et pro ipsis piis et salutaribus officiis adimplendis et ut spiritualia conferentes dignis temporalium provisionibus consolentur, ipsis decano et capitulo supradictis triginta libras Metenses annui et perpetui census tribus terminis annis singulis exhibendas, videlicet decem libras in crastino festi inventionis B. Stephani et decem libras Metenses in crastino festi B. Caterine virginis et decem libras eiusdem monete in crastino festi B. Gregorii pape, super molendinis nostris prope Hombourch iuxta magnum stagnum nostrum situatis necnon super piscariis et proventibus dicti stagni, quod quidem stagnum et quorum molendinorum redditus et proventus per diligentiam nostram et solicitudinem cum nostris propriis non modicis sumptibus et expensis sunt in triplum et amplius augmentati, donamus et concedimus et tenore presentium assignamus, ipsa molendina et stagnum et eorum redditus exitus et proventus dictis nostris fratribus super hiis et pro hiis obligantes. Verum si, quod absit, fortasse contingeret dictum stagnum seu molendina predicta quocumque casu dirui vel destrui aut etiam occupari quovismodo, ita quod dictus triginta librarum Metensium redditus annuus super dictorum molendinorum redditibus et exitibus in toto vel parte recipi vel haberi non posset, volumus et ordinamus, quod id, quod solvendum remanserit, capiatur super redditibus et proventibus molendini nostri apud Bacharetum castrum nostrum per nos de novo constructi et super redditibus et proventibus halle nostre de Rambertivillari per nos ibidem de novo constructe de nostris sumptibus propriis et expensis. Et si hec non sufficerent quocumque casu, volumus, quod dictus annuus redditus triginta librarum Metensium antiquarum sumatur de redditibus salinarum nostrarum de Mediovico integraliter et perfecte. Promittimusque [pro] nobis et nostris successoribus hanc reddituum assignationem per nos factam perpetuo dictis fratribus nostris inviolabiliter observare et eam garentisare contra omnes nostris propriis sumptibus et expensis et ad hoc faciendum et inviolabiliter observandum obligamus nos et dictos successores nostros et bona episcopatus nostri ... In cuius rei testimonium et robur sigillum nostrum presentibus litteris est appensum. Actum et datum anno domini MCCCXLII vicesima die mensis iulii.

Transsumptum in litteras confirmatorias a Clemente VI datas d. 28 m. aprilis a. MCCCXLVI. — *Reg. 218 f. 310 nr. 576.*

831. — *1342 Juli 22. Avignon.*

Clemens VI episcopo Metensi mandat, quatinus cum Hermanno de Robach acolito parrochiaco S. Ingueberti Met. dioc. de presbitero et soluta genito dispenset super defectu natalium.

Constitutus in presentia nostra ... Dat. ut supra (= Avin. XI kl. augusti a. primo).

Reg. 214 f. 266 nr. 290.

832. — *1342 Juli 22. Avignon.*

Clemens VI episcopo Metensi mandat, quatinus cum Johanne de S. Nabore clerico Met. dioc. de presbitero religioso ord. S. Bened. et soluta genito dispenset super defectu natalium.

Constitutus in presentia nostra ... Dat. ut supra (= Avin. XI kl. augusti a. primo).

Reg. 214 f. 252^1 nr. 204.

833. — *1342 Juli 22. Avignon.*

Clemens VI episcopo Mete mandat, quantinus cum Guerionno de Brieyo scolari Met. dioc. de presbitero et soluta genito dispenset super defectu natalium.

Constitutus in presentia nostra ... Dat. ut supra (= Avin. XI kl. augusti a. primo).

Reg. 214 f. 286 nr. 406.

834. — *1342 Juli 22. Avignon.*

Clemens VI episcopo Met. mandat, quatinus cum Hermanno de Byrmesensen acolito Met. dioc. de presbitero et coniugata genito dispenset super defectu natalium.

Constitutus in presentia nostra . . . Dat. ut supra (= Avin. XI kl. augusti a. primo).

Reg. 214 f. 297 nr. 475.

835. — *1342 Juli 22. Avignon.*

Clemens VI episcopo Metensi mandat, quatinus cum Nicolao Bredebach clerico Met. dioc. de presbitero et soluta genito dispenset super defectu natalium.

Constitutus in presentia nostra . . . Dat. ut supra (= Avin. XI kl. augusti a. primo).

Reg. 165 f. 412 nr. 110.

836. — *1342 Juli 24. Villeneuve.*

Clemens VI Hugonino nato nobilis viri Petri de Barro providet de canonicatu ecc. Met. sub expectatione prebende, non obstante quod in Virdunensi et in Autisiodorensi eccl. canonicatus et prebendas obtinet.

Laudabile testimonium quod . . . Dat. apud Villamnovam Avin. dioc. VIIII kl. augusti a. primo.

In e. m. decano et archidiacono de Vicella ac scolastico eccl. Tull.

Reg. Avin. 70 f. 44¹ nr. 959.

837. — *1342 Juli 30. Villeneuve.*

Clemens VI Nicolao nato magistri Pauli de Viterbio phisici magistro in artibus providet de canonicatu et prebenda in eccl. Metensi vacantibus per promotionem Thebaldi in archiepiscopum Panormitanum.

Apostolice sedis copiosa . . . Dat. apud Villamnovam Avin. dioc. III kl. augusti a. primo.

In e. m. preposito Maguntino et Tullensis ac Lomberiensis archidiaconis eccl.

Reg. Avin. 56 f. 329¹.

838. — *1342 August 2. Villeneuves.*

Clemens VI Ludovico Ademarii nato nobilis viri Giraudi Ademarii domini Montilii Ademarii militis providet de canonicatu eccl. Metensis sub expectatione prebende, non obstante quod canonicatum et prebendam in eccl. Aurelianensi obtinet.

Nobilitas generis, vite ... Dat. apud Villamnovam Avin. dioc. IIII nonas augusti a. primo.

In e. m. preposito Avinionensis et decano S. Ilarii Pictavensis ac Dalmacio de S. Laurencio canonico Tricastrensis eccl.

Reg. Avin. 69 f. 239¹ nr. 595.

839. — *1342 August 11. Villeneuve.*

Clemens VI Guichardo de Vancellis in iure civili baccalareo providet de canonicatu eccl. Met. sub expectatione prebende.

Litterarum scientia, morum ... Dat. apud Villamnovam Avin. dioc. III idus augusti a. primo.

In e. m. episcopo Trecensi et decano Trecensis ac archidiacono de Roteyo Matisconensis eccl.

Reg. Avin. 68 f. 441 nr. 289.

840. — *1342 August 12 Villeneuve.*

Clementi VI supplicat Galtherus dominus de Montilio Ademarii miles germanus A. episcopi Met. pro tribus clericis. — Papa annuit.

Clementis VI Supplic. t. 1 f. CXXXX.

841. — *1342 August 15. Villeneuve.*

Clemens VI Theobaldo de Bourmonte licenciato in legibus providet de canonicatu eccl. Met. sub expectatione probende, non obstante quod in S. Maximi ac S. Petri de Barro Tull. dioc. ecclesiis canonicatus et prebendas obtinet.

Litterarum scientia, morum decor ... Dat. apud Villamnovam Avin. dioc. XVIII kl. septembris a. primo.

In e. m. S. Arnulphi et S. Simphoriani extra muros Met. monasteriorum abbatibus ac. magistro Oliverio de Cerceto decano eccl. S. Ilarii Pictavensis capellano nostro.

Reg. Avin. 69 f. 557 nr. 873.

842. — *1342 August 18. Villeneuve.*

Clemens VI Johanni de Deicustodia providet decanonuatu eccl. Met. sub expectatione prebende, non obstante quod preposituram B. Marie Magdalene Virdun., cui cura imminet animarum, ac canonicatum et prebendam Virdun. ac capellaniam S. Remigii Met. dioc. eccl. obtinet.

Probitatis et virtutum merita ... Dat. apud Villamnovam Avin. dioc. XV kl. septembris a. primo.

In e. m. S. Arnulphi et S. Simphoriani extra muros Met. monasteriorum abbatibus ac decano eccl. S. Ilarii Pictavensis.

Reg. 156 f. 129 nr. 902; Reg. Avin. 69 f. 588¹ nr. 902.

843. — *1342 September 4. Avignon.*

Eadem die (IV m. septembris a. MCCCXLII) recepti fuerunt a venerabili viceofficiali Met. per manus d. Dalmatii de S. Laurentio canonici Tricastrini de fructibus archidiaconatus de Vico in eccl. Met. in extenuationem debiti, in quo venerabilis vir dominus P. de Castronovo archidiaconus de Vico est camere apostolice obligatus.

    C·XLIII d. ad scutum, quorum
    duo sunt de imperio¹) et XXIII
    parvi²) ponderis.
    V den. auri ad papil.
    I den. ad leon. auri
    IX regal. auri
    III flor. auri parvi.

Introit. et Exit 200 f. 17; 202 f. 17; 206 f. 18; Kirsch p. 143.

844. — *1342 September 9. Villeneuve.*

Miles Theobaldus de Bar dominus de Pierrepont Trever (?) et Maria nata quondam Johannis de Flandria comitis Namurcensis relicta Henrici comitis Vienne Leod. dioc., qui ignorantes se esse ad invicem quarto consanguinitatis gradu astrictos matrimonium contraxerunt et per biennium et amplius se tractaverunt ut coniuges, supplicant, quatinus cum eis dispensetur, ut in sic contracto matrimonio permanere valeant, prolem susceptam et suscipiendam legitimam declarando.

Annuit R. (Clemens VI).

Clem. VI Suppl. a. I lib. I f. 182¹.

845. — *1342 September 9. Villeneuve.*

Clemens VI episcopo Leod. mandat, quatinus cum nobili viro Theobaldo de Bar domino de Piereponte (!) et Maria relicta quondam Henrici comitis Viennensis (!) Trev. et Leod. dioc., qui ignorantes esse inter eos vinculum quarti gradus consanguinitatis matrimonium contraxerunt, dispenset, quod in dicto matrimonio licite remanere valeant, prodem susceptam et suscipiendam legitimam nunciando.

¹) de Alemania *Introit. et Exit. 202.* — ²) minoris *Introit. et Exit. 202.*

Ex tenore peticionis ... Dat. apud Villamnovam Avin. dioc. V id. septembris a. primo.

Reg. 151 f. 244¹ nr. 1288; Reg. Avin. 61 f. 216.

846. — *1342 September 12. (Avignon).*

Gerardus de Arbenco thesaurarius eccl. B. Marie Escoyarum Rothomagensis dioc. deputatur a Stephano Casinensi et Guillermo Foroiuliensi episcopis thesaurariis Clementis VI collector fructuum camere apostolice in provinciis Viennensi Lugdunensi Tarantasiensi Bisuntinensi et Treverensii, quo officio fungitur usque ad d. XXIX m. maii a. MCCCLV.

Collectorie 64 fasc. 1 f. 1 et 65 f. 1; Kirsch pg. 162 et 187.

847. — *1342 October 10. Avignon.*

Clemens VI Nicasio Baillini providet de canonicatu eccl. Met. sub expectatione prebende, non obstante quod parrochialem eccl. de Camberem Ambianensis dioc. obtinet.

Exigunt tue merita ... Dat. Avin. VI idus octobris a. primo.

In e. m. S. Genovefe Parisiensis et S. Petri de Corbeya monasteriorum abbatibus ac decano eccl. Brivacensis Ambianensis et S. Flori dioc.

Reg. Avin. 69 f. 254 nr. 608.

848. — *1342 October 21. Avignon.*

[Clemens VI] dilecto filio Bernardo S. Eustachii diacono cardinali salutem.

Quanto Romanam ecclesiam, cuius honorabile membrum existis, honoras plenius tuorum magnitudine meritorum, tanto per eam attolli mereris favoris gratia. Hinc est quod nos tuis supplicationibus inclinati, ut ecclesias monasteria et alia loca ecclesiastica in archidiaconatu de Sarbourch in eccl. Metensi, quem ex concessione et dispensatione sedis apostolice obtines, eorumque personas, in quibus tibi ratione dicti archidiaconatus visitationis officium competit de consuetudine vel de iure, possis libere per aliquam vel aliquas personam seu personas ydoneas, quam vel quas ad hoc deputandam duxeris vel deputandas, usque ad quinquennium, quotiens tempus visitationis ingruerit, visitare et procurationes ratione visitationis huiusmodi debitas tibi ab ecclesiis monasteriis et locis ac personis eisdem taliter visitatis in pecunia numerata recipere, dummodo procurationes huiusmodi summam triginta turonensium argenti pro die qualibet non excedant ... concedimus facultatem ... Dat. Avin. XII kl. novembris a. primo.

Für alle Regiments-Bibliotheken unentbehrlich!

In meinem Verlage ist soeben erschienen:

Geschichte der Stadt Metz

nach den besten Chroniken und Einzeldarstellungen bis auf die neueste Zeit

bearbeitet von

Dr. J. H. Albers.

Mit einem Plane der Stadt und einer Karte der Umgebung.

Gr. 8°-Format, 12 Bogen, Preis ℳ 3;
gebunden in Ganzleinen ℳ 4.—.

An einer zusammengefassten Geschichte der Stadt Metz, die unter Ausschluss alles Unwesentlichen nur das geschichtlich Feststehende zur Darstellung bringt und dabei der neueren Zeit besonders seit 1552, einen grösseren Raum gewährt, sowie auch die Ereignisse seit 1870 übersichtlich darstellt, hat es bisher noch gefehlt.

Der Verfasser hat seit 20 Jahren in zahlreichen Monographien und Einzeldarstellungen die Metzer Geschichte behandelt, und das vorliegende Buch bildet gewissermassen den zusammenfassenden Abschluss dieser Arbeiten. Auch in confessioneller Hinsicht ist ein möglichst unparteiischer Standpunkt eingenommen und religiöse Erörterungen sind überhaupt vermieden worden. So scheint alles gethan zu sein, ein Werk zu schaffen, das geeignet ist, die überaus reiche Geschichte der lothringischen Hauptstadt kurz und übersichtlich und Jedermann verständlich vorzuführen.

Metz, im August 1902.

G. Scriba.

Verlag von G. Scriba
Metz, Kammerplatz 20
Telephon No. 054.

Der Dom zu Metz.
Kurze Geschichte und Beschreibung des Denkmals und seines Ausbaues
von
H. E. Heppe, Architekt.

Preis 2 Mark.

Mit einem Lichtdruck und 4 zum ersten Mal veröffentlichten Holzschnitten nach Originalzeichnungen des Verfassers.

Unter diesem Titel erschien in meinem Verlage ein für die ansässige Bevölkerung von Metz, wie den Besucher unserer alten Stadt gleich interessantes Werkchen. Denn es giebt das Buch über Alles, was dem Laien wie dem Fachmann über unsern erhabenen Dom wissenswerth dünken könnte, in geschlossener Form kurzen und doch ausführlichen Aufschluß. So behandeln die einzelnen Abschnitte der Schrift, von Einleitung und Schlußwort abgesehen, die Geschichte, Beschreibung, Wiederherstellung, den bereits ausgeführten, wie den noch geplanten Ausbau des Baudenkmals. — Ein Material, das für den Interessenten bisher nur unter umständlichen Schwierigkeiten und ohne Vollständigkeit zu erlangen war. — Außerdem findet der Leser im Anhange ein ausführliches Verzeichniß der Bau-Litteratur, sowie u. A. eine Erklärung der technischen Ausdrücke. Also Alles, was zur Orientirung über den Gegenstand verlangt werden muß.

Metz.

G. Scriba,
Buch- und Kunsthandlung
Kammerplatz 20.

In e. m. episcopo Claromontensi et preposito Avinionensi ac archidiacono Uticensis eccl.

Reg. 152 f. 56 nr. 12.

849. — *1342 November 23. Avignon.*

Clemens VI magistro Galtero Alberti de Metis consideratione Philippi regis et Johanne regine Francie pro suo consiliario ac clerico parlamenti ipsius regis supplicantium providet de canonicatu eccl. Virdunensis sub expectatione prebende, non obstante quod canonicatum et prebendam ac cancellariam in eccl. Metensi obtinet.

Litterarum scientia, vite . . . Dat. Avin. VIIII kl. decembris a. primo.

In e. m. S. Vitoni et S. Nicolai in Prato Virdun. monastericorum abbatibus ac decano eccl. S. Ilarii Pictavensis.

Reg. Avin. 59 f. 516.

850. — *1342 November 23. Avignon.*

Clemens VI Galtero cancellario eccl. Met. concedit indulgentias plenarias semel in articulo mortis.

Provenit ex tue devotionis affectu . . . Dat. Avin. VIIII kl. decembris a. primo.

Reg. 151 f. 93¹ nr. 566; Reg. Avin. 62 f. 148.

851. — *1342 November 23. Avignon.*

Clemens VI Francisco dicto Bundac providet de canonicatu eccl. S. Salvatoris Met. sub expectatione prebende, non obstante quod perpetuam vicariam parrochialis ecclesie de Brehoin Met. dioc. obtinet.

Exigunt tue merita . . . Dat. Avin. VIIII kl. decembris a. primo.

In e. m. abbati monasterii S. Vitoni Virdun. et Metensis ac S. Ilarii Pictavensis eccl. decanis.

Reg. Avin. 59 f. 516¹.

852. — *1342 November 27. Avignon.*

Clemens VI Danielem episcopum Mothensem transfert ad ecclesiam Verdensem.

Romani pontificis, quem . . . Dat. Avin. V kl. decembris a. primo.

Reg. 147 f. 30 nr. 51; Reg. Avin. 56 f. 84¹.

853. — *1342 December 3. Avignon.*

Clemensis VI Guillelmo de Tueffles providet de canonicatu eccl. Metensis sub expectatione prebende.

Laudabilia tue merita . . . Dat. Avin. III nonas decembris a. primo.

In e. m. decano et scolastico ac Roberto de Croy canonico eccl. Ambianensis.

Reg. 149 f. 9 nr. 20.

854. — *1342 December 3. Avignon.*

Clemens VI Droconi de Tornella alias Warsies canonico eccl. Met. reservat in eadem eccl. dignitatem personatum vel officium seu administrationem cum cura vel sine cura, non obstante quod is in eccl. Met. canonicatum sub expectatione prebende ac in rurali eccl. B. Marie de Chessoy Ambianensis dioc. capellam B. Katerine ad decimam non taxatam obtinet.

Litterarum scientia, vite . . . Dat. Avin. III nonas decembris a. primo.

In e. m. S. Genofeve Parisiensis et S. Petri Corbeyensis Ambianensis dioc. monasteriorum abbatibus ac decano eccl. S. Ilarii Pictaviensis.

Reg. 148 f. 82 nr. 131; Reg. Avin. 57 f. 339[1].

855. — *1342 December 3. Avignon.*

Clemens VI Johanni nato Anselini notarii baccalario in legibus providet de canonicatu eccl. S. Salvatoris Met. sub. expectatione prebende.

Laudabile testimonium, quod . . . Dat. Avin. III nonas decembris a. primo.

In e. m. abbati monasterii S. Arnulphi Met. ac decano Met. ac Roberto de Adria canonico Neapolitane eccl.

Reg. Avin. 70 f. 316 nr. 1313.

856. — *1342 December 11. Avignon.*

Clemens VI Simoni de Theonisvilla providet de canonicatu eccl. S. Severi et Martini de Monasterio in Meynevelt Trever. dioc. sub expectatione prebende, non obstante quod ecclesiam parrochialem in Theonisvilla Met. dioc. et altare S. Georgii in eccl. Trever. obtinet.

Laudabile testimonium, quod . . . Dat. Avin. III idus decembris a. primo.

Reg. 148 f. 528[1] nr. 927.

857. — *1342 December 19. Avignon.*

Eadem die [XIX m. decembris a. MCCCXLII] dominus Johannes Ogerii decanus Belnensis Eduensis dioc. olim collector in provinciis

Lugdun. Vienn. Tarantas. Bisuntin. et Trever. in extenuationem summe, in qua tenebatur camere apostolice, eidem camere assignavit
IIᶜ flor. auri [boni] ponderis.

Introit. et Exit. 202 f. 19¹; Kirsch p. 157.

858. — *1343 Januar 10. (Avignon.)*

Servicium eccl. Verdensis.　　　　　　　　XXV card.

Eadem die [scil. X mensis Ianuarii a. MCCCXLIII] dominus frater Daniel episcopus Verdensis promisit pro suo communi servicio quadringentos florenos auri et quinque servicia familiarium consueta . . .

Oblig. et Solut. 6 f. 194; similiter Oblig. et Solut. 14 f. 53¹ et Oblig. et Solut. 16 f. 69.

859. — *1343 Februar 19. Avignon.*

Johannes rex Boemie supplicat, quatinus Johanni filio nobilis viri Francisci de Herbeviler militis Tull. dioc. conferatur Metensis eccl. canonicatus et prebenda vacantes per resignationem Theobaldi de Albomonte dicti regis consanguinei per procuratorem in curia Romana factam.

Idem supplicat, quatinus Nicolao de Portu legum doctori et dicti regis consiliario civi Tull. conferatur Virdun. eccl. canonicatus et prebenda vacantes per resignationem predictam.

Annuit R. (Clemens VI.)

Clem. VI Supplic. a. I lib. II f. 40.

860. — *1343 Februar 19. Avignon.*

Clemens VI Johanni nato nobilis viri Francisci de Herbeville militis consideratione Johannis regis Boemie supplicantis confert eccl. Met. canonicatum et prebendam vacantes per resignationem Theobaldi de Albomonte in manibus Guidonis tit. S. Cecilie presbiteri cardinalis apud sedem apostolicam per procuratorem factam.

Generis et morum nobilitas . . . Dat. Avin. XI kl. marcii a. primo.

In e. m. abbati monasterii Gorziensis et decano S. Salvatoris Metensis ac Gerardo de Franchavilla canonico Tull. eccl.

Reg. Avin. 57 f. 102.

861. — *1343 März 11. Villeneuve.*

Clemens VI Petro Lomaci confert canonicatum et prebendam ac camerariam eccl. Met. vacantes per resignationem Guillelmi de Savigniaco.

Apostolice sedis circumspecta . . . Dat. apud Villamnovam Avin. dioc. V idus marcii a. primo.

In e. m. abbati monasterii Silvemaioris Burdegalensis dioc. et Reginaldo de Molinis Parisiensis ac Theobaldo de Fontenella Nivernensis eccl. canonicis.

Reg. 147 f. 414¹ nr. 800.

862. — *1343 März 20. (Avignon.)*

Die XX m. marcie [a. MCCCXLIII] recepimus a ven. viro officiali Methensi de fructibus archidiaconatus de Vico in eccl. Methensi manualiter solvente in extenuationem debiti, in quo ven. vir d. P. de Castronovo archidiaconus de Vico est camere aplice obligatus

L den. auri ad icatum.

Singulis denariis ad scutum pro duo flor. et quarto et IIII d. parv. avinion. computatis.

Intr. sit et Exit. 202 f. 21¹; 206 f. 21¹; Kirsch p. 143.

863. — *343 Apvil 4. Avignon.*

Clemens VI monasterium S. Arnulphi sub sua protectione recipit eiusque possessiones iura et libertates confirmat; inter alia prohibet, »ut infra fines parrochie vestre, si eam habetis, nullus sine assensu diocesani episcopi et nostro cappellam sive oratorium de novo construere audeat.«

Religiosam vitam eligentibus ... Dat. Avin. per manum Petri episcopi Ponestrin. S. Romane eccl. vicecancellarii II nonas aprilis ... a MCCCXLIII pont. vero domini Clementis pape VI a. primo.

Liber formularum sign: M. XXXI. 82. CLXXXI.

864. — *1343 April 5. Avignon.*

Ademarus episcopus Metensis implorat Clementis VI auxilium contra iniurias a quibusdam vassallis et subditis ecclesie Metensis sibi illatas.

Supplicat Sanctitati Vestre devotus Vester Aymarus episcopus Metensis, quod licet olim de Symone de Salmis, Nicolas de Salmis fratre suo, Wolramo comite Geminipontis et Johanne de Asperomonte militibus feudatariis vassallis et hominibus ligiis ecclesie Metensis confidens, terras castra et fortalicia ipsius ecclesie, cum pridem ad presentiam illustris domini regis Francorum vocatus pro guerra dicti regis et pace tractanda inter ipsum episcopum .. ducem Lothoringie et .. comitem Barrensem accessisset, prout ad hoc astrictus erat etiam iuramento, in custodia dictorum vassallorum suorum et hominum ligiorum ipsius ecclesie dimisisset, tamen prefati comites et milites vassalli ac dominus Guerardus de Wernespoch miles in notam proditionis dampnabiliter prolabentes eidem episcopo, cum post spatium XX dierum vel circiter ad partes illas rediit, terras castra et fortalicia quamplurima de premissis restituere denegarunt et denegant legitime requisiti ipsaque detinent occupata. Et nichilominus de Vico et de Mediovico de Marsallo et de Rambertovilari villarum universitates Metensis et Tullensis diocesis, in quibus dicti episcopus et ecclesia iurisdictionem obtinent temporalem, ab eisdem rebellibus sumentes exempla, cervicem rebellionis contra dictum episcopum erexerunt ipsumque recipere in eisdem villis et castro de Garda denegarunt et denegant indebite et inique. Et etiam castellanos et officiales et aliquos familiares ipsius episcopi, quos in suis fortaliciis dimiserat, tam capellanos clericos quam laicos incontinenti post recessum ipsius episcopi dicti comites milites vassalli universitates et communitates prefate de dictis castris fortaliciis et villis vituperose eiecerunt, in eisdem aditum omnimode precludentes, et etiam vulneraverunt et carceri manciparunt et bona eorum receperunt et a nonnullis redemptionem extorserunt, bona et res, que erant in dictis fortaliciis et villis, ipsius episcopi et suorum receperunt et occuparunt in dicti episcopi et ecclesie sue preiudicium non modicum et gravamen. Quare humiliter supplicat dictus episcopus, quatinus aliquibus discretis viris dare dignemini Vestris litteris in mandatis, ut ipsi vel duo aut unus eorum per se vel alium seu alios, si eis constiterit summarie et de plano ac sine strepitu et figura iudicii, procedentes contra prefatos comites milites communitates universitates ac singulares personas de eisdem ac eorum in premissis fautores consiliarios adiutores et eisdem adherentes, cuiuscumque conditionis existant, monitione previa et, si expedit, per publice monitionis edictum, censura rigoris ecclesiastici contra prenominatos gravius insurgente, per excommunicationis et aggravationis in personas singularium ac interdicti in universitates communitates et loca predicta necnon in terras villas et castra propria dictorum comitum et nobilium seu que tenent et posident quocumque nomine infra provinciam Treverensem vel alias ubicumque, ac per privationes feudorum et honoris, que prefati vel alter eorum tenent a dictis episcopo seu ecclesia, eidem ecclesie et episcopatui procedant celeriter secundum eisdem a deo datam industriam et secundum exigentiam perversorum. Quas excommunicationis interdicti et privationis sententias vel earum aliquam, prout ipsis commissariis videbitur expedire, si animis sustinuerint induratis et de premissis cum fructibus medio tempore perceptis et percipiendis imposterum ac dampnis et interesse facere plenariam restitutionem recusent, extunc Vestre Sanctitatis commissarii prefatos comites et nobiles et de prefatis universitatibus et comitatibus XX personas de earum qualibet in premissis magis culpabiles ac fautores consiliarios adiutores eisdem adherentes in hac parte, de quibus legitime fuerint informati, ex parte Vestra citent, etiam si expediat, per publice citationis edictum, ut infra certum terminum ad hoc prefigendum eisdem apostolico conspectui se personaliter representent, facturi et recepturi super hiis, quod iusticia suadebit. Et si prefati comites et milites, universitates et communitates vel aliquis eorum inter se vel cum aliis quibuscumque essent fide vel iuramento vel alias quoquomodo astricti, per quod posset in toto vel in parte effectus predicte restitutionis aliqualiter impediri, dicti vestri commissarii ante omnia a fide et penis aliis absolvant et iuramenta auctoritate vestra relaxent.

Fiat R.

Item supplicat idem episcopus, quatinus sibi specialem graciam facientes, ut confessor suus vel quem duxerit eligendum, possit omnium peccatorum suorum veniam in mortis articulo auctoritate Vestra in forma solita misericorditer indulgere.

Fiat R. Et quod transeat sine aliqua lectione. Fiat R.

Dat. Avin. nonas aprilis a. primo.

Clem. VI Supplic. III f. 99.

865. *1343 April 5. Avignon.*

Clemens VI episcopo Metensi deputat tres conservatores, qui cum defendant ab iniuriis illatis eidem a quibusdam ecclesie Metensis vassallis et subditis.

[Clemens VI] . . archiepiscopo Nicosiensi et . . episcopo Verdensi ac . . . archidiacono Tornedorensi in ecclesia Lingonensi.

Licet cunctorum sceleratos . . . Nuper siquidem querela gravis . . . Aymari episcopi Metensis nostro apostolatui patefecit, quod licet ipse olim de nobilibus viris Symone de Salmis, Wolramo Geminipontis comitibus et Nicolao de Salmis fratre dicti Symonis ac Johanne de Asperomonte militibus Metensis diocesis vassallis et hominibus ligiis ecclesie Metensis confidens, cum idem episcopus pridem ad presentiam . . . Philippi regis Francie illustris vocatus a dicto rege pro certis ipsius regis negotiis ac pace tractanda inter ipsum episcopum et . . . ducem Lothoringie et comitem Barensem accessisset, prout ad hoc astrictus erat etiam iuramento, terras castra et fortellicia ipsius ecclesie dimisisset in custodia ipsius ecclesie vassalorum et ligiorum hominum predictorum, tamen prefati comites et milites vassalli ac nobiles (!) vir Guerrardus de Wernepech miles dicte diocesis, qui eiusdem ecclesie subditus et homo ligius etiam existit, contra episcopum et ecclesiam prefatos . . .

eidem episcopo, qui post spatium viginti dierum vel circiter ad partes illas reddiit, terras castra et fortellicia quam plurima de premissis taliter detenta seu excupata per eos restituere denegarunt et denegant legitime requisiti eaque . . . detinent occupata. Et nichilominus de Vico et de Mediovico ac de Marsallo et de Rambertovillari villarum universitates seu communitates Metensis et Tullensis diocesium, in quibus dicti episcopus et ecclesia iurisdictionem obtinent temporalem, ab eisdem rebellibus sumentes exemplum cervicem rebellionis contra dictum episcopum erexerunt ipsumque in eisdem villis et castro de Garda Metensis diocesis ad ipsos episcopum et ecclesiam pertinente, quod in posse ipsorum detinent, recipere denegarunt et denegant indebite et inique. Ac castellanos officiales et aliquos familiares dicti episcopi, quos in suis fortelliciis dimiserat, tam capellanos et clericos quam laicos prefati de Salmis et Geminipontis comites ac milites universitates et communitates incontinenti post episcopi predicti recessum de dictis castris fortelliciis et villis vituperabiliter eiecerunt et nonnullos ex eis etiam vulneraverant et quosdam alios carceri manciparunt et bona eorum receperunt et a quampluribus ex eis pecuniam pro redemptione seu liberatione ipsorum nequiter extorserunt, bona et res dicti episcopi in eisdem fortelliciis et villis existentia pro eorum libito receperunt et occuparunt ac eisdem castellanis et officialibus aditum in fortellicia et villas huiusmodi omnimode precluserunt . . . Quare prefatus episcopus nobis humiliter supplicavit, ut providere sibi et ecclesie sue predicte super hiis de oportuno remedio dignaremur. Nos igitur . . . discretioni vestre . . . mandamus, quatinus . . . si simpliciter et de plano sine strepitu et figura iudicii vobis constiterit de predictis, de Salmis et Geminipontis comites ac milites supradictos necnon universitates et singulares personas de illis in premissis fautores . . . monere curetis, ut ipsi de Salmis et Geminipontis comites et milites certa castra et fortellicia supradicta taliter occupata et detenta per eos eisdem episcopo et ecclesie cum omnibus fructibus . . . perceptis ex eis ac bonis predictis per eos exinde sublatis restituant . . . ipsique universitates seu communitates et singulares persone ipsorum episcopum castellanos et alios officiales suos in eisdem villis et castro de Garda recipiant et admittant sibique de iuribus obventionibus emolumentis et aliis redditibus universis tam ratione dicte iurisdictionis temporalis quam alias prefato episcopo a tempore rebellionis eiusdem debitis et in futurum debendis plenam et debitam satisfactionem impendant . . . Alioquin in de Salmis et Geminipontis comites et milites necnon singulares personas de universitatibus seu communitalibus supradictis . . . excommunicationis et in universitates seu communitates prefatos... interdicti sententias necnon in de Salmis et Geminipontis comitum ac militum predictorum terras villas et castra quecumque, que tenent et possident quocumque nomine infra provinciam Treverensem... vel alibi ubicumque interdicti sententiam proferatis *etc*. Ceterum si forsan propter sevitiam et potentiam de Salmis et Geminipontis comitum ac militum universitatum communitatum et singularium personarum ac fautorum... pro monitione citatione et executione alias premissorum faciendis tutus non pateret accessus... volumus, quod per patentes litteras vestras in Metensis et Tullensis ac aliorum locorum insignium, de quibus vobis expedire videbitur, ecclesiarum ostiis convocato populo publice affigendas monitionem privationem et citationem huiusmodi faciatis... Dat. Avin. nonas aprilis a. primo.

Reg. 155 f. 265 nr. 376.

866. — *1343 Mai 13. Avignon.*

Andreas natus nobilis viri Joffridi de Bioncourt scutifer Rodulphi ducis Lothoringie et marchionis supplicat, quatinus fratri suo Therrico de Bioncourt clerico Met. dioc. studentique Aurelianensi et baccalario in quinto volumine provideatur de eccl. Remensis canonicatu sub expectatione prebende.

Annuit papa.

Huynus de Vilesel familiaris et armiger Rodulphi ducis Lothoringie et marchionis supplicat, quatinus Johanni de Preneyo clerico Tull. dioc. nato Therrici de Bareyo armigeri provideatur de canonicatu eccl. Virdun. sub expectatione prebende.

»Fiat in eccl. S. Deodati in Vozago Tull. dioc. R.«

Joffridus de Lunarisvilla serviens armorum regis Francie ac scutifer prefati ducis supplicat, quatinus Johanni Myo clerico de Lunarisvilla Tull. dioc. provideatur de canonicatu eccl. Tull. vel in eccl. S. Gengulphi Tull. sub expectatione prebende.

Annuit papa.

Olricus de Remecourt scutifer prefati ducis supplicat, quatinus filio suo Philippino de Remecourt clerico Tull. provideatur de canonicatu eccl. B. Marie Magdalene Virdun. sub expectatione prebende.

Annuit papa.

Clem. VI Supplic. a. I lib. II f. 185.

867. — *1343 Mai 13. Avignon.*

Gerardus de Onvilla capellanus domesticus et specialis secretarius Radulphi ducis Lothoringie et marchionis supplicatur, quatinus suo nepoti

Colignonno de Onvilla reservetur eccl. de Luberduno Tull. dioc. canónicatus et prebenda vacaturi et reservati dispositioni sedis apostolice, quamprimum Huardus de Valliscolore canonicus eccl. Tullensis fuerit assecutus prebendam in eccl. Tull., non obstante quod Colignon parrochialem eccl. de Seffes dicte dioc. obtinet.

Annuit papa.

Guillelmus de Chateyo presbiter et capellanus continuus et servitor dicti ducis supplicat, quatinus sibi provideatur de canonicatu et prebenda eccl. Laudunensis, non obstante quod in ecclesiis collegiatis S. Gengulphi Tull. et S. Georgii de Nanceyo canonicatus et prebendas ac parrochialem eccl. de Haio (*vel* Haro) Tull. dioc. obtinet.

Annuit papa in eccl. Virdun.

Johannes de Chastellato clericus et servitor continuus dicti ducis Tull. dioc. supplicat, quatinus sibi provideatur de canonicatu et prebenda in eccl. Basiliensi.

Annuit papa.

Gerardus Huini de Onvilla clericus et servitor dicti ducis supplicat, quatinus sibi provideatur de canonicatu et prebenda in eccl. de Braquis Remensis dioc., non obstante quod canonicatum et prebendam eccl. collegiate de Nanceyo obtinet.

Annuit papa.

Druetus Johannis de Biecuria capellanus domesticus dicti ducis supplicat, quatinus fratri suo Terrico de Biecuria clerico Tull. dioc. nullum beneficium ecclesiasticum assecuto reservetur beneficium ecclesiasticum cum cura vel sine cura spectans ad dispositionem abbatisse et conventus monasterii de Romaricomonte ord. S. Bened. Tull. dioc.

Annuit papa pro beneficio usque ad summam sexaginta librarum cum cura et quadraginta librarum sine cura.

Adam Johannes de Urchiis procurator dicti ducis ac perpetuus capellanus hospitalis de Waurin Tornacensis dioc. supplicat, quatinus sibi provideatur de canonicatu et prebenda eccl. B. Marie Magdalene Virdun., non obstante quod ecclesiam de Dompnoremigio ac canonicatum et prebendam ecclesie de Briceyo Tull. dioc., cuius fructus s. t. d. decem librarum turon. parvorum valorem annuum non excedunt, obtinet.

Annuit papa.

Clem. VI Supplic. a. I lib. II f. 189.

868. — *1343 Mai 13. Avignon.*

Gerardus de Unvilla capellanus domesticus et secretarius specialis Radulphi ducis Lothoringie et marchionis supplicat, quatinus sibi provideatur de canonicatu et prebenda eccl. Tull., non obstante quod in eccl. S. Deodati et in monasterio de Buxeriis, in quo canonici seculares existunt, Tull. dioc. ac pp. (parrochialem?) ecclesiam de Tantimont ac in eccl. Tull. ac prioratu de Nanceyo dicte dioc. duas capellanias perpetuas obtinet; quibus prebende de Buxeriis et duabus capellaniis renunciare est paratus, quamprimum vigore gratie petite in dicta Tull. eccl. predictos canonicatum et prebendam fuerit assecutus.

Clem. VI Supplic. a. I lib. II fol. 189.

869. — *1343 Mai 13. Avignon.*

Arnoldus de Cierkes miles consanguineus domini ducis Lothoringie eiusque locumtenens in terra sua Alamannie supplicat, quatinus fratri suo Philippo canonico eccl. Traiect. provideatur de dignitate personatu vel officio cum cura vel sine cura in eccl. prefata, non obstante quod in dicta Traiect. Trever. et S. Trinonis (*corr:* Gereonis) Colon. eccl. canonicatus et prebendas obtinet.

Annuit papa.

Johannes de Mengnes dominus dicti loci de Mengnes miles supplicat, quatinus consanguineo suo Henrico quondam Renauldini de Heys rectori parrochialis ecclesie de Baumbiedersdorf Met. dioc. provideatur de canonicatu et prebenda eccl. Met.

Annuit papa.

Therricus de Lenoncuria miles dicti ducis supplicat, quatinus fratri suo Nicolao nato consiliarii ducis predicti Gerardo de Lenoncuria militis licentiato in legibus provideatur de canonicatu et prebenda ac dignitate vel personatu seu officio cum cura vel sine cura eccl. Virdun., non obstante quod in B. Marie Magdalene Virdun. et S. Deodati ac S. Georgii de Nanceyo Tull. dioc. eccl. canonicatus et prebendas obtinet.

Annuit papa.

Guillelmus abbas monasterii S. Apri extra muros Tull. ord. S. Bened. supplicat, quatinus sibi indulgeatur, ut confessor, quem duxerit eligendum, semel in mortis articulo ipsum possit absolvere a pena et a culpa.

Annuit papa.

Clem. VI Supplic. a. I lib. II f. 188.

870. — *1343 Mai 13. Avignon.*

Clemens VI Philippo de Cierks canonico eccl. Traiect. reservat in eadem dignitatem personatum vel officium cum cura vel sine cura, non obstante quod in dicta Traiect. et Trever. ac S. Trioms (!) Colon. eccl. canonicatus et prebendas obtinet.

Multiplicia tue probitatis . . . Dat. Avin. III idus maii a. primo.

Reg. 152 f. 406¹ nr. 284.

871. — *1343 Mai 13. Avignon.*

Clemens VI Henrico nato quondam Renauldini de Heys providet de canonicatu eccl. Met. sub expectatione prebende, non obstante quod parrochialem eccl. de Boumbiederstorf Met. dioc. obtinet.

Laudabile testimonium, quod . . . Dat. Avin. nonas martii a. primo.

In e. m. abbati monasterii S. Arnulphi Met. et S. Salvatoris Met. ac S. Ilarii Pictavensis eccl. decanis.

Reg. Avin. 70 f. 354 nr. 1366.

872. — *1343 Mai 14. Avignon.*

Jacobus de Cierkes Trever. dioc. clericus consanguineus ducis Lothoringie nullum beneficium ecclesiasticum assecutus supplicat, quatinus sibi provideatur de canonicatu et prebenda ac dignitate personatu vel officio cum cura vel sine cura in eccl. Trever., etiam si ad illa consueverit per electionem quis assumi.

Annuit papa.

Clem. VI Supplic. a. I lib. II f. 189.

873. — *1343 Mai 14. Avignon.*

Clemens VI Jacobo de Cierkes providet de canonicatu eccl. Trever. sub expectatione prebende.

Probitatis et virtutum . . . Dat. Avin. II idus maii a. primo.

In e. m. abbati monasterii S. Mathie Trever. et S. Ilarii Pictavensis ac S. Symeonis Trever. eccl. decanis.

Reg. 149 f. 280 nr. 557; Reg. Avin. 59 f. 408.

874. — *1343 Mai 15. Avignon.*

Radulphus dux Lothoringie et marchio supplicat, quatinus preposito eccl. collegiate B. Georgii martiris opidi de Nanceyo ac aliis obtinentibus officia in eadem presentibus et futuris indulgeatur, ut in eadem eccl. residendo fructus beneficiorum ecclesiasticorum aliorum, que obtinent vel obtinebunt, etiam si dignitates personatus vel officia existant et curam habeant animarum, integre, cotidianibus distributionibus dumtaxat exceptis, percipere possint.

Annuit papa ad biennium.

Idem supplicat, quatinus omnibus vere penitentibus et confessis, qui in singulis domini nostri Jhesu Christi et B. Marie virginis ac B. Georgii et B. Dionisii martirum festivitatibus'earumque per octabas ac aliis temporibus et peregre causa devotionis collegiatam eccl. S. Georgii opidi de Nanceyo visitaverint concedantur alique indulgencie.

Annuit papa in festivitatibus BB. martirum Georgii et Dionisii in qualibet de uno anno et una quadragena.

Idem supplicat, quatinus sibi concedatur, quod sex clerici suis obsequiis insistentes fructus beneficiorum ecclesiasticorum suorum, que in quibusvis locis obtinent seu obtinebunt, etiamsi dignitates personatus vel officia existant et curam habeant animarum, integre, quotidianis distributionibus dumtaxat exceptis percipere valeant, ac si in eisdem residerent.

Annuit papa ad triennium.

Idem supplicat, quatinus cum Alberto de Linarisvilla scolari Tull. dioc. de coniugato et religiosa genito dispensetur, ut dicto defectu non obstante ad omnes ordines promoveri et beneficia ecclesiastica se invicem compatientia, etiam si unum eorum curatum ac dignitas vel personatus aut officium existat et etiam si beneficia ipsa in ecclesiis cathedralibus forent, recipere et retinere valeat.

Annuit papa de uno, etiam si curam habeat animarum.

Idem supplicat, quatinus sibi et Marie uxori sue ac Margarite dicti ducis sorori et cuilibet eorundem indulgeatur, ut cum honesta et decenti comitiva possint ingredi clausuras monasteriorum.

Annuit papa cuilibet eorum cum octo personis, tamen sine pernoctatione.

Idem supplicat, quatinus sibi indulgeatur, ut duo corpora sanctorum, que in parrochiali ecclesia ville de Remoncourt Tull. dioc. propter guerram combuste et quasi destructe requienscunt, de ipsa parrochiali ecclesia, que modica est, ad suam collegiatam ecclesiam S. Georgii de Nanceyo transferantur, dummodo ad id ordinarii loci et rectoris dicte parrochialis ecclesie accedat assensus.

Annuit papa.

Idem supplicat, quatinus sibi et uxori sue et eorum cuilibet indulgeatur, ut ante diem possint missam et alia divina facere celebrari.

Annuit papa.

Idem supplicat, quatinus sibi et Isabelle matri, Marie uxori ac Margarite sorori ducis indulgeatur facultas eligendi confessorem, qui, quociens oportunum fuerit, eos a pecatis absolvere et semel ipsis et eorum cuilibet in mortis articulo plenariam peccatorum remissionem impertiri valeat.

Annuit papa in mortis articulo.

Clem. VI Supplic. a. I lib. II f. 188¹.

875. — *1343 Mai 15. Avignon.*

[Clemens VI] universis christifidelibus presentes litteras inspecturis salutem.

Splendor paterne glorie . . . Cupientes igitur, ut ecclesia B. Georgii martiris, quam dilectus filius nobilis vir Radulphus dux Lothoringie in opido de Nanceyo Tullensis dioc., loco videlicet insigniori ducatus sui Lothoringie, . . . sub vocabulo B. Georgii in collegiatam ecclesiam erexisse dicitur pariter et dotasse, in qua, sicut accepimus, idem dux decens collegium canonicorum secularium canonice collocavit, dignitate prepositure et certis aliis officiis ac capellanis et beneficiatis in ea institutis per eundem, congruis honoribus frequentetur et ut christifideles eo libentius causa devotionis confluant ad eandem, quo ibidem uberius dono celestis gratie conspexerint se refectos, . . . omnibus vere penitentibus et confessis, qui in singulis eiusdem B. Georgii ac S. Dionisii martiris festivitatibus prefatam ecclesiam devote visitaverint annuatim, unum annum et unam quadragenam de iniunctis eis penitenciis, singulis videlicet festivitatum ipsarum diebus, quibus ecclesiam ipsam visitaverint, ut prefertur, misericorditer relaxamus. Dat. Avin. idus maii a. primo.

Reg. 165 f. 325¹ nr. 603; Reg. Avin. 67 f. 364¹ nr. 603.

876. — *1343 Mai 15. Avignon.*

Clemens VI Radulpho duci Lothoringie indulget, ut sex clerici sui eius obsequiis insistentes possint percipere fructus aliorum suorum beneficiorum usque ad triennium.

Dum meritorum tuorum . . . Dat. Avin. idus maii a. primo.

In e. m. S. Apri extra muros Tull. et Belliprati Tull. dioc. monasteriorum abbatibus ac decano eccl. S. Ilarii Pictavensis.

Reg. 165 f. 376 nr. 67; Reg. 214 f. 516 nr. 67.

877. — *1343 Mai 15. Avignon.*

Clemens VI Radulpho duci Lothoringie indulget, ut cum octo honestis personis, quod duxerit eligendos, monasteria religiosorum inclusorum quorumcumque ordinum semel in anno dumtaxat libere ingredi valeat, dummodo eorum, qui monasteriis prefuerint, ad id accedat assensus et dux dicteque persone inibi non comedant nec etiam pernoctent.

Devotionis tue sinceritas . . . Dat. Avin. idus maii a. primo.

Reg. 151 f. 353 nr. 1734.

878. — *1343 Mai 15. Avignon.*

Clemens VI Marie uxori Radulphi ducis Lothoringie indulget, ut cum octo matronis honestis monasteria religiosarum inclusarum semel in anno dumtaxat libere ingredi valeat, dummodo eorum, qui monasteriis ipsis profuerint, ad id accedat assensus, et Maria dicteque matrone inibi non comedant nec pernoctent.

Devotionis tue sinceritas . . . Dat. Avin. idus maii a. primo.

Reg. 165 f. 326 nr. 607; Reg. Avin. 67 f. 366 nr. 607.

879. — *1343 Mai 15. Avignon.*

Clemens VI Radulpho duci Lothoringie et Marie eius uxori indulget, ut missam, antequam illucescat dies, circa tamen diurnam lucem, cum qualitas negociorum pro tempore ingruentium id exegerit, liceat ipsis et cuilibet ipsorum per proprium vel alium sacerdotem ydoneum missam et alia divina facere celebrari.

Sincere devotionis affectus . . . Dat. Avin. idus maii a. primo.

Reg. 165 f. 383 nr. 22; Reg. 214 f. 432.

880. — *1343 Mai 15. Avignon.*

Radulphus dux Lothoringie et marchio supplicat, quatinus consanguineo suo Johanni de Chastelleto clerico Tull. dioc. provideatur de canonicatu et prebenda eccl. Magunt. vacantibus per obitum Francisci Sebaldi de Urbe mortui in Romana curia.

Annuit papa.

Clem. VI Supplic. a. I lib. II f. 187 [1].

881. — *1343 Mai 16. Avignon.*

Radulphus dux Lothoringie et marchio supplicat, quatinus, cum sue gentes propter guerras in illis partibus ingruentes et in terris hostium dicti ducis in ecclesiis et locis ecclesiasticis incendia immiserunt et illa cremarunt, absolvatur ab excommunicationis sentencia.

Annuit papa.

Idem supplicat, quatinus mandetur per aliquem absolvi nonnullos de terra sua, qui quasdam domos ad ecclesiam S. Deodati Tull. dioc.

pertinentes, invaserunt et destruxerunt et ipsam ecclesiam violaverunt et iam de hiis ipsi ecclesie satisfecerunt.

Annuit papa.

Idem supplicat, quatinus concedantur alique indulgentie omnibus vere penitentibus et confessis, qui porrexerint manus adiutrices ad reedificationem ecclesie et domus monasterii de Bosonville Met. dioc. ord. S. Benedicti eiusque monasterii aliorum edificiorum propter guerras destructorum.

Concedit papa indulgentias unius anni et unius quadragene ad decennium.

Idem supplicat, quatinus aliquibus discretis personis mandetur, ut ipsi vel eorum duo aut unus faciant recipi in monasteriis et locis conventualibus religiosorum utruisque sexus singulas personas ad nominationem ducis in monachos seu canonicos aut in monachas seu canonicas.

Concedit id papa in duodecim monasteriis religiosorum Trever. dioc. vel provincie et in octo religiosarum eiusdem dioc. vel provincie.

Clem. VI Supplic. a. I lib. II f. 184[1].

882. — *1343 Mai 16. Avignon.*

Radulphus dux Lothoringie et marchio supplicat, quatinus prepositis eccl. B. Georgii de Nanceyo indulgeatur, ut in ipsa eccl. residendo fructus aliorum heneficiorum ecclesiasticorum suorum, etiam si dignitates personatus vel officia existant et curam habeant animarum, integre, cotidianis distributionibus dumtaxat exceptis, percipere valeant.

Annuit papa ad decennium.

Idem supplicat, quatinus parrochialis ecclesia de Nanceyo, cuius fructus triginta librarum turonensium parvorum s. t. d. valorem annuum non excedunt, incorporetur collegiate eccl. S. Georgii de Nanceyo.

Annuit papa.

Idem supplicat, quatinus papa confirmet, quod ius patronatus ecclesiarum de Miliceyo, de Garmanges, de Doncelle, de Anculus, de Buxeriis subtus Amanciam, de Prirneros, de Westorf et de Campospinoso, quarum ius patronatus ad laicos pertinuerat, donatum est preposito et capitulo eccl. collegiate S. Georgii de Nanceyo.

Annuit papa.

Idem supplicat, quatinus fundatio ecclesie collegiate S. Georgii de Nanceyo per dictum ducem facta et per episcopum confirmata necnon privilegia a dicto episcopo et capitulo Tullensi concessa preposito et capitulo eiusdem ecclesie auctoritate apostolica confirmentur.

Annuit papa.

Idem supplicat, quatinus cum Alberto de Lunarisvilla scolari Tull. dioc. de coniugato et coniugata genito dispensetur, ut non obstante defectu natalium possit ad omnes ordines promoveri et beneficium ecclesiasticum, etiam si curam habeat animarum, obtinere.

Annuit papa.

Clem. VI Supplic. a. I lib. II f. 189[1].

883. — *1343 Mai 16. Avignon.*

Clemens VI episcopo Tullensi mandat, quatinus in octo monasteriis religiosarum mulierum quorumcumque ordinum provincie Trever. octo puellas litteratas, in eorum videlicet singulis singulas puellas, quas Radulphus dux Lothoringie duxerit nominandas, faciat recipi in monacharum videlicet in monachas, in canonicarum vero in canonicas.

Devotionis et fidei puritas . . . Dat. Avin. XVII kl. iunii a. primo.
Reg. Avin. 67 f. 362 nr. 597.

884. — *1343 Mai 16. Avignon.*

Clemens VI episcopo Tullensi mandat, quatinus in duodecim monasteriis religiosorum quorumcumque ordinum provincie Trever. que Radulphus dux Lothoringie duxerit eligenda, duodecim personas, in eorum videlicet singulis singulas, quas idem dux duxerit nominandas, faciat recipi in monachos.

Sincere devotionis affectus . . . Dat. Avin. XVII kl. iunii a. primo.
Reg. 165 f. 323[1] nr. 596; Reg. Avin. 67 f. 361[1] nr. 596.

885. — *1343 Mai 16. Avignon.*

Clemens VI petentibus preposito et capitulo eccl. collegiate B. Georgii de Nanceyo Tull. dioc. incorporat dicte ecclesie parrochialem ecclesiam eiusdem loci, cuius fructus triginta librarum turonensium parvorum valorem annuum non excedunt, reservata prius tamen de ipsius fructibus perpetuo vicario inibi per lociordinarium instituendo, qui curam ipsius parrochialis ecclesie gerere habeat, congrua perpetua portione per eundem ordinarium eidem vicario assignanda.

Ad perpetuam rei memoriam. Ex iniuncto nobis . . . Dat. Avin. XVII kl. iunii a. primo.
Reg. 155 f. 323 nr. 593; Reg. Avin. 67 f. 360 nr. 593.

886. — *1342 Juli 22.' Avignon.*

Clemens VI episcopo Met. mandat, quatinus cum Johanne de Sancto Nabore clerico Met. dioc. de presbitero religioso ord. S. Bened. tunc non professo et soluta genito dispens et super defectu natalium.

Constitutus in presentia nostra... Dat. ut supra (= Avin. XI kl. augusti a. primo).

Reg. 165 f. 419 nr. 204.

887. — *1342 Mai 19 — 1343 Mai 18. Avignon.*

Clemens VI episcopo Metensi mandat, quatinus cum Dominico Huwini clerico Met. dioc. de presbitero et soluta genito dispenset super defectu natalium.

Constitutus in presentia nostra...

Reg. Avin. 61 f. 178[1].

888. — *1343 Mai 24. Avignon.*

Clemens VI commotus querelis duorum monachorum monasterii Gorziensis et informatus relatione Imberti presbiteri cardinalis tit. SS. Apostolorum mandat tribus executoribus, quatinus Theobaldum abbatem Gorziensem valde diffamatum citent, ut pape personaliter se representet.

Clemens VI S. Apri extra Tullenses et S. Symphoriani extra Metenses muros monasteriorum abbatibus ac officiali Metensi.

Grave nimis nec immerito... Dudum siquidem pro parte... Huardi de Condeto et Ade de Gorzia monachorum monasterii Gorziensis ord. S. Bened. Met. dioc. coram nobis et fratribus nostris in consistorio publico proposito, quod Theobaldus abbas dicti monasterii erat dilapidator bonorum eiusdem et periurus seu transgressor promissionis voti sue religionis et quod propter ipsius abbatis desidiam negligentiam et defectum perierat in dicto monasterio observantia regularis ex eo inter alia, quia dictus abbas et dilecti filii conventus eiusdem monasterii quandam ordinationem cum auctoritate... loci ordinarii, quam inviolabiliter observare sub voto religionis eorum et sub excommunicationis suspensionis et interdicti sententiis atque penis, quas in eos idem loci ordinarius de ipsorum expresso consensu, si secus facerent, promulgarat, fecerant, inter alia continentem, quod cum dictum monasterium esset tunc obligatum ad solvendum singulis annis certis personis censum trecentarum et quindecim librarum Metensium, que ad sexcentas et triginta libras bonorum turonensium parvorum ascendebant, fructus redditus et proventus certarum villarum ad dictum monasterium spectantium necnon centum libre Metenses singulis annis reciperentur de oblationibus altaris cuiusdam prioratus S. Nicolai de Portu Tull. dioc. ad dictum monasterium pertinentis ac etiam omnes et singule possessiones exitus et proventus ad ipsum monasterium pertinentes tunc existentes extra manus dictorum abbatis et conventus titulo venditionis vel alias ad ipsum monasterium per mortem vel alias quoquomodo reversuri et reversure per abbatem prefatum et tres alias personas, videlicet per dilectos filios... pitanciarium... camerarium et... elemosinarium monasterii eiusdem in solutionem et redemptionem ipsius census convertendi et convertende, et quod contra promissionem predicti voti sue religionis et etiam contra predictas penas in dicta ordinatione contentas idem Theobaldus temere veniendo dictos fructus redditus et proventus, qui ascendebant et ascendunt usque ad magnam pecunie quantitatem, ac dictas centum libras Metenses necnon exitus plures et proventus dicti monasterii, qui a tempore dicte ordinationis ad dictum monasterium per mortem seu alias fuerant et sunt reversi, receperat vicio cupiditatis et ambitionis excecatus, absque eo quod aliquid converterit in solutionem seu redemptionem census seu utilitatem monasterii predicti, sed dictas percuniarum quantitates ac dictos fructus redditus et proventus et possessiones ad ipsum monasterium devolutos seu eorum emolumenta a temporibus, quibus redierant ad dictum monasterium, in suos proprios usus perperam convertit singulis annis a tempore ordinationis predicte contra votum predictum et suam promissionem temere veniendo et sententias in ipsa ordinatione contentas dampnabiliter incurrendo, quodque propter negligentiam et desidiam ipsius Theobaldi in ecclesia dicti monasterii a certo tempore citra et presertim in quadragesima tunc proxime preterita tres misse necnon hore canonice tam nocture quam diurne, que in ipsa ecclesia alta voce et solenniter cotidie dici et celebrari consueverant et debent, non alta voce seu cantando, sed summissa voce dicte fuerant, et quod etiam monachi in refectorio eiusdem monasterii, qui in ipso refectorio comedere consueverant et debent, etiam propter ipsius Theobaldi desidiam et negligentiam in dicto refectorio non comedebant, sed per diversas cameras et diversa loca ipsius monasterii, nec tenebatur conventus ibidem nec monachi dicti monasterii iacebant in dormitorio nec erant ibidem lecti paucis exceptis, et quod de predictis idem Theobaldus erat in partibus [illis] et alibi publice diffamatus; ac supplicato nobis pro parte dictorum Huardi et Ade, ut cum ipsi parati forent iuxta constitutiones felicis recordationis Benedicti pape XII predecessoris nostri contra dictum Theobaldum probare in Romana curia infamiam super istis, ipsum vocari ad dictam curiam personaliter et probata dicta infamia ac alias statui miserabili dicti monasterii providere dignaremur. Nos nolentes talibus relatibus, sicut etiam nec debemus, aures credulas faciliter inclinare, ... Imberto Basilice Duodecim Apostolorum presbitero cardinali commisimus in eodem consistorio oraculo vive vocis, ut super infamia premissorum contra dictum Theobaldum se apud sedem apostolicam diligentius informaret, quecumque super hiis inveniret, nobis fideliter relaturus; et quia per relationem dicti cardinalis... Theobaldum invenimus supra premissis contra eum propositis publice diffamatum et propterea volentes de premissis omnibus et singulis excessibus et defectibus inquirere veritatem, discretioni vestre... mandamus, quatinus... eundem Theobaldum ex parte nostra peremptorie citare curetis, ut infra sexaginta dierum spacium a die citationis huiusmodi computandum apostolico se conspectui personaliter representet... Dat. Avin. VIIII kl. iunii a. secundo.

Reg. 159 f. 449 nr. 1825.

889. — *1343 Juni 4. Avignon.*

Clemens VI Alardo de Thiaucourt in utroque iure licentiato providet de canonicatu eccl. Met. sub expectatione prebende et dignitatis seu personatus vel officii cum cura vel sine cura, non obstante quod obtinet ecclesie S. Salvatoris Met. canonicatum et prebendam, cuius fructus viginti librarum turonensium parvorum valorem annuum non excedunt.

Sedis apostolice circumspecta... Dat. Avin. II nonas iunii a. secundo.

In e. m. S. Symphoriani et S. Arnulphi extra muros Met. monasteriorum abbatibus ac decano eccl. S. Ilarii Pictavensis.

Reg. 215 f. 252¹ nr. 56.

890. — *1343 Juni 7. Avignon.*

Petrus Guigonis de Castronovo canonicus Metensis et capellanus episcopi in eadem ecclesia in altari Johannis Baptiste, cui Johannes XXII providit de prebenda in eccl. Met., que dicebatur per laicationem et militaris singuli successionem domini Reginaldi de Barro et qui deinde per sex annos et amplius de dicta prebenda in palatio apostolico litigavit, supplicat, quatinus sibi de eadem provideatur de novo, non obstante quod canonicatum et prebendam in eccl. Diensi et canonicatum sub expectatione prebende in eccl. Tull. obtinet.

Annuit papa.

Clem. VI Supplic. V f. 46¹.

891. — *1343 Juni 7. Avignon.*

Clemens VI Petro Guigonis de Castronovo nato Petro Guigonis de Castronovo canonico eccl. Met. reservat prebendam non sacerdotalem dicte eccl., non obstante quod perpetuam capellaniam altaris S. Johannis Baptiste siti ante fontes baptismales ipsius ecclesie consuetam canonico ipsius eccl. conferri, vacantem per obitum Joffredi Gronasii dicti altaris capellani et canonici dicte eccl., ab Ademario eidem Petro collatam et in Diensi eccl. canonicatum et prebendam obtinet ac in Met. et Tull. eccl. sub expectatione prebende in canonicum est receptus.

Nobilitas generis, vite . . . Dat. Avin. VII idus iunii a. secundo.

In e. m. Valentinensi et Lausannensi episcopis ac cantori eccl. Trecensis.

Reg. 158 f. 255 nr. 443.

892. — *1343 Juli 17. Villeneuve.*

Philippus rex et Johanna Francie regina, quibus petentibus papa nuper sub data IX kl. decembris a. primo providit consiliario et de clericis parlamenti dicti regis existenti magistro Galtero Alberti de Metis in utroque iure licentiato de canonicatu eccl. Virdun. sub expectatione prebende, necnon Henricus comes Barensis supplicant, quatinus eidem Galtero sub data predicta reservetur etiam dignitas personatus seu officium cum cura vel sine cura, non obstante quod is in eccl. Met. canonicatum et prebendam ac cancellariam obtinet.

Clemens VI Supplic. V f. 105¹.

893. — *1343 Juli 17. Villeneuve.*

Clemens VI Galtero Alberti de Metis in utroque iure licenciato reservat eccl. Virdun. dignitatem vel personatum seu officium cum cura vel sine cura, non obstante quod in eadem Virdun. eccl. canonicatum sub expectatione prebende et in Met. eccl. canonicatum et prebendam ac cancellariam obtinet. Tamen possessionem dicti reservati beneficii assecutus dimittat cancellariam Met.

Litterarum scientia, morum . . . Dat. apud Villamnovam Avin. dioc. XVI kl. augusti a. secundo.

In e. m. S. Vitoni et S. Nicolai in prato Virdun. monasteriorum abbatibus ac decano eccl. S. Ilarii Pictavensis.

Reg. 161 f. 162 nr. 59 ; Reg. 215 f. 255¹ nr. 59.

894. — *1343 Juli 29. Avignon.*

Clemens VI Symoni de Novavilla subtus Castinetum providet de canonicatu eccl. Met. sub expectatione prebende, non obstante quod capellaniam altaris S. Crucis in eccl. Tull. obtinet.

Attributa tibi merita . . . Dat. Avin. IIII kl. augusti a. secundo.

in e. m. abbati monasterii S. Simphoriani extra muros Met. et S. Ilarii Pictavensis ac. S. Salvatoris Met. eccl. decanis.

Reg. 158 f. 154¹ nr. 260.

895. — *1343 Juli 31. Villeneuve.*

Clemens VI gratulatur Marie de Blesis ducisse Lothoringie, que eum certiorem fecit de eo, quod hiis diebus preteritis feliciter peperit geminas filias.

Nobilitatis tue litteras . . . Dat. apud Villamnovam Avin. dioc. II kl. augusti a. secundo.

Reg. 137 f. 68 nr. 207.

896. — *1343 August 15. (Metz?)*

Ademarius episcopus Metensis componit suis sumptibus litem inter capitulum ecclesie Metensis ab una parte et nonnullos de maioribus burgensibus Metensibus exortam.

Nos Ademarius dei et sedis apostolice gracia Metensis episcopus notum facimus universis, quod cum inter decanum et capitulum ecclesie Metensis ex parte una et nonnullos de maioribus burgensibus civitatis Metensis occasione decimarum vinearum sitarum in loco, qui dicitur an Planteres, gravis esset discordia suscitata et ob dictam discordiam viri venerabiles dominus Fulco primicerius et dominus Ioffridus dictus Xavin canonici Metenses pro dictis decano et capitulo et duo ex dictis burgensibus pro se et pro aliis essent in quadam domo Metensi ad monasterium Villariense spectante personaliter constituti et tactis sacrosanctis evangeliis prestitis iuramentis astricti, ne exinde discederent, donec dictam discordiam terminassent, alioquin pars, que ante discederet, querelam et causam amitteret eo ipso, tandem nos videntes, quod dicte persone iam per plures septimanas in dicta domo steterant nec poterant aliqualiter concordare, quodque si amplius ibidem morarentur, ipsi Metensi ecclesie grave periculum et contra (?) ipsam et clerum Metensem maxima scandala imminebant, volentesque ad vitanda dicta pericula dictam discordiam terminare dictis decano et capitulo promisimus, quod si super discordia predicta nostre vellent ordinationi stare, faceremus eis congruam satisfactionem et recompensationem dampnorum, que occasione dicte discordie noscebantur incurrisse. Qua promissione mediante dicti decanus et capitulum stare promiserunt ordinationi nostre, quam facere duceremus, quam concordiam auxiliante domino satis cito postmodum fecimus inter partes supradictas. Cumque postmodum dicti decanus et capitulum a nobis peterent, ut super dampnis habitis occasione predicte discordie satisfaceremus, sicuti promiseramus eisdem, nos volentes observare promissum ob talem piam causam per nos spontanee factam, non habentes ad presens pecuniam, unde pro dictis dampnis satisfacere valeamus, cum simus quasi toto nostro episcopatu et eius fortaliciis et redditibus spoliati, alio modo commode satisfacere non valentes, dictis decano et capitulo tamquam fratribus nostris bene meritis et ob causam predictam decem libras turonenses eisdem annuatim persolvendas imperpetuum super emolumento sigilli curie nostre assignamus et eisdem propter hoc dictum sigilli emolumentum obligamus, quam summam anno quolibet in festo B. Remigii in capite octobris exsolvere et contra predicta non venire per nos vel alios quovis modo promittimus bona fide, nos et successores nostros super hiis efficaciter astringentes. In quorum testimonium sigillum nostrum presentibus duximus appendendum. Actum et datum a. d. MCCCXLIII quinta decima die m. Augusti.

Reg. 218 f. 310¹ nr. 576.

897. — *1343 August 23. Villeneuve.*

Radulphus Lothoringie dux et marchio supplicat, quatinus consiliario suo Nicolao nato nobilis viri domini Gerardi de Lenoncuria conferatur canonicatus et prebenda eccl. Virdun. vacans per resignationem Johannis Montineti de Marvilla, non obstante quod is in de S. Deodato et de Nanceyo Tull. dioc. et B. Marie Magdalene Virdun. eccl. canonicatus et prebendas obtinet. — Annuit papa.

Clem. VI Supplic. V f. 161¹.

898. — *1343 October 6. Villeneuve.*

Radulphus dux Lothoringie et marchio supplicat, quatinus nobili mulieri Stephanete de Buxeriis monasterii Romaricensis moniali Tull. dioc. provideatur de sacristia eiusdem monasterii vacante per mortem Agnetis de Ronchant.

Annuit papa.

Clem. VI Supplic. t. III f. 248¹.

899. — *1343 November 4. Avignon.*

Die quarta novembris [a. MCCCXLIII] assignavit dominus Petrus de Coyfiaco canonicus Fornerii Lugdunensis nomine domini Gerardi de Arbento collectoris provinciarum Lugdun. Vienn. Tarantaz. Bisuntin. et Trever. de collectis per eum, tam pro residuis computorum *[Johannis Ogerii]* decani Belnensis olim dictarum provinciarum collectoris quam de fructibus reservatis per dominum nostrum papam C[lementem] VI, que secuntur

    LV duplas de Francia de peioribus
    VIII de primo cunio
    X angelos de primo cunio
   CXXIX angelos de secundo cunio
   XLIII angelos de tercio cunio
   XXXV den. ad leonem
   LXXX den. ad scutum boni [ponderis]
   IIII den. ad scutum minoris ponderis
   XXX den. ad papilionem
    II den. ad papilionem minoris ponderis
    X den. ad agnum
    V den. ad coronam
    I den. ad coronam minoris ponderis
    II parisienses auri
   LIX regales boni [ponderis]
   III minoris ponderis
 II^c XLVII flor. de Pedemontis minoris ponderis et
   III alios valde minoris
 III^c LXXIX flor. de Pedemontis ponderis
 VI^c VIIII flor. boni ponderis.

Introit. et Exit. 200 f. 69; Kirsch p. 250.

900. — *1343 December 5. Avignon.*

[Clemens V] Radulpho duci Lothoringie.

Solite benignitatis affectu litteras nobilitatis tue recepimus de nunciis Ludovici de Bavaria et negotio reconciliationis ipsius mentionem inter cetera facientes et nichilominus devotionem sinceram, quam ad nos et sanctam Romanam ecclesiam gerere ... dinosceris ... delectabiliter recensentes ... nobilitatem scire volentes eandem, quod nuncios ipsos, cum ad nostram venerint presentiam, favorabiliter audiemus, et si ex hiis, que proponunt et offerunt, viam aperiri viderimus, per quam ad honorem dei et ecclesie predicte ac animarum salutem procedi valeat ad huiusmodi reconciliationis tractatum, eam procul dubio, sicut debite iuste ac honeste fieri poterit, prosequemur. Et licet tua circa hec devotis affectibus oblata presentia esset in omnibus nobis grata, prius tamen nuncios ipsos audire volumus et tibi tunc scribere, ut venias, si te adesse viderimus oportunum. Verum si pro hiis et aliis, presertim negotio te ac ... episcopum Metensem tangente circa instans festum purificationis B. Marie virginis ad nostram presentiam te conferres, gratum et acceptum nobis procul dubio redderetur. Dat. Avin. nonas decembris a. secundo.

Reg. 137 f. 155¹ nr. 549. Rz. 2174.

901. — *1343 December 12. Avignon.*

Clemens VI Gorziensi monasterio ord. S. Bened. Met. dioc. vacanti ex eo, quod Theobaldus monachus tunc abbas eiusdem per Theobaldum de Trivineyo canonicum de Lineyo Tull. dioc. procuratorem suum in manibus Guidonis tit. S. Cecilie presbiteri cardinalis regimini ipsius monasterii cessit, providet de persona Johannis prioris prioratus de Vallebonesii Cluniacensis ord. Gratianopolitane dioc., non obstante quod is dicti ordinis Cluniacensis existit ac in dicto monasterio alterius forme habitus regularis quam in dicto prioratu habetur. Tamen exnunc illum gestet habitum, qui in dicto monasterio geritur.

Suscepti cura regiminis... Dat. Avin. II idus decembris a. secundo.

In e. m. conventui monasterii Gorziensis, universis vassallis monasterii Gorziensis, episcopo Met.

Reg. 161 f. 58 nr. 30; Reg. 215 f. 84 nr. 30.

902. — *1343 December 12. Avignon.*

Clemens VI Nicolaum priorem prioratus de Amella ord. S. Bened. Virdun. dioc. in sacerdotio constitutum preficit in abbatem monasterii S. Martini Glandariensis Met. dioc., cuius monasterii provisionem sedi apostolice Theoderico abbate vivo reservaverat.

Inter solicitudines varias... Dat. Avin. II idus decembris a. secundo.

In e. m. conventui monasterii S. Martini Glandariensis, universis vassallis monasterii, episcopo Met.

Reg. 215 f. 86 nr. 31.

903. — *1344 Januar 4. Avignon.*

[Clemens VI] Johanni abbati monasterii Gorziensis ord. S. Bened. Met. dioc.

Pridem nos ad personam tuam claris virtutum titulis insignitam nostre mentis aciem dirigentes, te monasterio Gorziensi... tunc abbate carente... in abbatem prefecimus et pastorem... Cumque postmodum per... Gaucelinum episcopum Albanensem tibi fecerimus munus benedictionis impendi, discretioni tue... mandamus, quatinus ad predictum monasterium... accedens sic te in administratione ipsius diligenter et solicite gerere studeas, ut utilis administratoris industrie non immerito gaudeat se commissum . . . Dat. Avin. II nonas a. secundo.

Reg. 162 f. 150 nr. 403.

904. — *1344 Januar 10. (Avignon.)*

Servicium monasterii Goziensis. XXIIII card.

Eadem die [scil. X m. ianuarii a. MCCCXLIIII] dominus frater Johannes abbas monasterii Goziensis ord. S. Bened. Met. dioc. promisit pro suo communi servicio M. V^e flor. et V servicia familiarium consueta, solvendos medietatem in festo omnium sanctorum et aliam medietatem ascensionis domini extunc proxime secuturo. Alioquin infra IIII menses, et iuravit ut in forma.

Oblig. et Solut. 6 f. 208; similiter Oblig. et Solut. 16 f. 87¹.

905. — *1344 Januar 12. Avignon.*

Significat Sanctitati Vestre devotus filius vester Johannes rex Boemie, quod olim inter progenitores nobilis viri Johannis Badoche militis Metensis ex parte una et Jennete nate Petri de Hoys militis civium Metensium ex altera ipsorumque communes consanguineos amicos et fautores . . . adeo graves discordie et capitales inimicitie suscitate fuerunt, quod patrem dicti Johannis cum eo et aliis eius liberis propter iustum metum mortis, qui in constantes viros cadere poterat, oportuit civitatem Metensem exire ac relinquere omnia bona sua et multa dampna et dispendia sustinere, quodque licet processu temporis amicis communibus mediantibus fuisset inter eos concordia reformata, tamen quia propter graves iniurias hinc inde illatas videbatur adhuc in animis eorum aliqualis scintilla discordie remansisse, ut omnis scintilla discordie extingueretur totaliter ac pax et concordia non solum firma subsisteret set etiam augeretur, ipsi Johannes et Jennetta cupiunt ad invicem matrimonialiter copulari. Sed quia ipsi quarto consanguinitatis gradu invicem se contingunt, matrimonium ipsum non possunt contrahere dispensacione super hoc apostolica non obtenta. Quare humiliter supplicat idem rex, quatinus pro bono pacis et concordie ac bono statu civitatis Metensis, qui ex matrimonio ipso augeri speratur, cum ipsis Johanne et Jennetta, quod . . . possint matrimonium ad invicem libere contrahere . . . dignemini . . . dispensare, prolem ex eodem matrimonio suscipiendam legitimam decernendo . . .

Fiat R.

Dat. Avin. II idus ianuarii a. secundo.

Clem. VI Supplic. III f. 119.

906. — *1344 Januar 12. Avignon.*

Clemens VI episcopo Metensi consideratione Johannis regis Boemie mandat, quatinus cum nobili viro Johanne Badoche milite et nobili muliere Jenneta nata nobilis viri Petri de Hoio militis domicella Metensi dispenset, ut non obstante quarto consanguinitatis gradu matrimonium contrahere valeant.

Exhibita nobis pro parte . . . Dat. Avin. II idus ianuarii a. secundo.

Reg. 162 f. 125 nr. 289.

907. — *1344 Januar 13. Avignon.*

Clemens VI Geraldo nato Hugonis dicti Maleta de Miribello confert canonicatum et prebendam eccl. Met. vacantes per liberam resignationem a Guidone de Miribello per procuratorem apud sedem apostolicam factam.

Vite ac morum honestas . . . Dat. Avin. idus ianuarii a. secundo.

In e. m. abbati monasterii S. Simphoriani et decano S. Theobaldi extra muros Met. ac cantori S. Salvatoris Met. eccl.

Reg. 157 f. 268¹ nr. 606.

908. — *1344 Januar 18. Avignon.*

Gaucherus de Montilio miles supplicat, quatinus clerico et familiari suo Jacobo Symonis de Buxeriis subtus Amanciam Tull. dioc. conferantur canonicatus et prebenda eccl. S. Leodegarii de Marsallo Met. dioc. vacantes per mortem Nicolai dicti Xellekien, cuius iam ante mortem dicti canonicatus et prebenda ad instanciam Gaucheri sunt reservati dispositioni sedis apostolice, non obstante quod Jacobo est provisum de eccl. S. Gengulphi Tull. canonicatu sub expectatione prebende.

Annuit papa.

Clem. VI Supplic. III f. 133.

909. — *1344 Januar 26. Avignon.*

Johannes de Janua servitor et cirurgicus pape supplicat, quatinus familiari suo Nicolao Alberti de Marsaulz de Gorzia clerico Met. dioc. conferantur canonicatus et prebenda eccl. S. Leodegarii de Marsallo Met. dioc. vacantes per mortem Nicolai dicti Xellekien reservati iam ante Nicolai mortem ad instanciam Galcheri de Montilio dispositioni sedis apostolice, non obstante quod Nicolao Alberti est reservatum beneficium ecclesiasticum cum cura vel sine cura pertinens ad dispositionem episcopi Met. aut quod canonicatus et prebenda dicte eccl. de Marsallo pertinet ad dispositionem episcopi Metensis.

Annuit papa.

Clem. VI Supplic. III f. 149.

910. — *1344 Januar 28. (Avignon.)*

Die XXVIII m. ianuarii [a. MCCCXLIIII] recepimus in extenuacionem debiti, in quo dominus Petrus Moreti archidiaconus de Vico in ecclesia Metensi olim collector in provinciis Bisuntina et Treverensi per finem computorum suorum camere apostolice tenebatur, per manum magistri Johannis de Vertriaco Metis commorantis de hiis, que ... officialis Metensis receperat de fructibus beneficiorum dicti domini Petri   LX flor.

Introit. et Exit. 200 f. 37; similiter Introit. et Exit 215 f. 26 et Introit. et Exit. 220 f. 36; Kirsch p. 143.

911. — *1344 Januar 30. (Avignon.)*

Servicium monasterii S. Martini Glanderiensis.   XXIIII card.

Die penultima ianuarii [a. MCCCXLIIII] in hospicio domini de Puteo dominus frater Nicolaus abbas monasterii S. Martini ord. S. Bened. Methensis dioc. promisit pro suo communi servicio V^c flor. et V servicia consueta, solvendos medietatem in festo S. Andree et aliam in festo assumpcionis B. Marie augusti extunc seculuro. Alioquin etc. et iuravit etc.

Et quia de valore dicti monasterii per testes examinatos in camera plena haberi non potuit certitudo, fuerunt domini camerarii consenciente dicto domino abbate protestati, quod preter obligacionem summe predicte oblate per dictum dominum abbatem in casum, in quo reperiatur dictum monasterium plus valere, quod dictus dominus abbas ad illud plus solvendum teneatur astrictus.

Oblig. et Solut. 14 f. 66¹; similiter Oblig. et Solut. 6 f. 210 et Oblig. et Solut. 16 f. 88¹.

912. — *1344 März 3. Avignon.*

Die III m. marcii [a. MCCCXLIIII] recepimus in extenuacionem debiti, in quo dominus Petrus Moreti archidiaconus de Vico in ecclesia Metensi olim collector in provinciis Bisuntina et Treverensi per finem computorum suorum camere apostolice tenebatur, per manus Jacetonii habitatoris Metensis de hiis, que ... officialis Metensis receperat de fructibus beneficiorum dicti domini Petri   XL flor.

Introit. et Exit. 200 f. 38; similiter Introit. et Exit. 215 f. 27 et Introit. et Exit. 220 f. 37; Kirsch p. 143.

913. — *1344 März 18. Villeneuve.*

Poncius Johannis Hermanni clericus Met. supplicat, quatinus sibi conferatur prebenda S. Nicolai pauperum clericorum Met. existens in domo elemosinarii eccl. Met. et vacans in Romana curia per resignacionem Stephani dicti Maille, cuius prebende fructus valorem annuam VIII librarum Met. non excedunt.

Annuit papa.

Clem. VI Supplic. IV f. 256[1].

914. — *1344 März 18. Villeneuve.*

Nicolaus Maresse monachus monasterii Gorziensis, qui in dicto monasterio per XXX annos vel circa domino servivit, supplicat, quatinus sibi concedantur indulgentie plenarie semel tantum in mortis articulo.

Annuit papa.

Clem. VI Supplic. IV f. 257.

915. — *1344 März 18. Villeneuve.*

Exponunt Sanctitati Vestre . . . episcopus . . . primicerius . . . decanus et capitulum ecclesie vestre Virdunensis, quod licet generalia interdicta tam auctoritate iudicis a sede apostolica deputati quam ordinaria fuerint et sint iuste et rationabiliter prolata et posita in civitate Virdunensi et eciam cessatio a divinis indicta ab eisdem . . . primicerio . . . decano et capitulo seu auctoritate ipsorum et ab omnibus clericis dicte civitatis observata, quidam tamen Nicolaus et Johannes et nonnulli alii extranei penitus et ignoti, se presbiteros pretendentes, cum forsan non sint, etiam invitis et prohibentibus ordinariis et rectoribus ecclesiarum dicte civitatis missas et alia divina officia in eadem civitate celebrare, ymo potius prophanare et ministrare palam et publice ecclesiastica sacramenta . . . presumpserunt et presumunt . . . Quare humiliter supplicant eidem Sanctitati Vestre dicti exponentes, quatinus alicui seu aliquibus discretis in partibus [istis] committere dignemini, ut . . . se informet de premissis et, si per informationem eandem vel alias invenerit ita esse, inhibeat sub certis penis dictis presbiteris et aliis quibuscumque, ne dictis sentenciis durantibus in ipsa civitate vel eius continenciis divina exerceant officia. inhibeat etiam ipsis civibus Virdunensibus, ne dictos presbiteros vel alios ipsis sentenciis durantibus receptent vel admittant ad premissa exercenda.

Faciat cardinalis Sabinensis, cui causa principaliter comissa est, vocatis procuratoribus civium, quod iusticia suadebit. R.

Dat. apud Villamnovam Avin. dioc. XV kl. aprilis a. secundo.
Clem. VI Supplic. IV f. 251¹.

916. — *1344 April 6. Avignon.*

Clemens V cum Radulpho duce Lothoringie et Maria de Blesis eius uxore, qui ignorantes esse inter eos consanguinitatis vel affinitatis vinculum ex eo, quod quondam Alienora nata quondam Eduardi comitis Barensis uxor Radulphi premortua iungebatur Marie tertio et quarto consanguinitatis gradibus, matrimonium contraxerunt et consummaverunt, dispensat, ut in eodem matrimonio licite remanere valeant, prolem susceptam et suscipiendam legitimam nunciando.

Romanus pontifex collatio . . . Dat. Avin. VIII idus aprilis a. secundo.

Reg. 137 f. 241 nr. 988; Reg. 162 f. 189 nr. 500; Clem. VI Supplic. t. IV f. 275. Rz. 2180.

917. — *1344 April 20. Avignon.*

Ademarius dei et apostolice sedis gracia Metensis episcopus supplicat, quatinus cum Metensis ecclesia sit tantis et tantorum debitorum a predecessoribus suis contractorum oneribus pregravata, quod nisi per papam succurratur, absque magno incommodo ac distractione et alienatione bonorum ipsius ecclesie non sufficit per se ipsum, papa concedat ad huiusmodi debita persolvenda et supportanda alia onera, que sunt multa, quod moderatum subsidium a monasteriis capitulis collegiis conventibus et personis singularibus et ecclesiasticis quibuscumque, exemptis et non exemptis, civitatis et diocesis Metensis petere et exigere valeat.

Annuit papa.

Idem supplicat, quatinus papa dictum moderatum subsidium declaret non excessivum, etiam si ad valorem decime unius anni exigatur. — Annuit papa.

Clem. VI Supplic. IV f. 301.

918. — *1344 April 20. Avignon.*

Clemens Ademario episcopo Metensi petenti indulget, ut ad exonerationem debitorum, quibus ecclesia Metensis est pregravata, petere et recipere valeat caritativum subsidium moderatum etiam ultra summam in constitutione Benedicti XII super hoc edita pretaxatam ab omnibus monasteriis capitulis collegiis conventibus et personis singularibus ecclesiasticis quibuscumque, exemptis et non exemptis, beneficia ecclesiastica, pro quibus decima persolvitur, in civitate et diocesi Met. obtinentibus.

Exigit tue devotionis . . . Dat. Avin. XII kl. maii a. secundo.

In e. m. archiepiscopo Sipontino et archidiacono de Virtutibus Catalaunensis ac primicerio Met. eccl.

Reg. 162 f. 223[1] nr. 612.

919. — *1344 April 24. Avignon.*

Ysinbardus de Ruldingin miles Met. dioc. supplicat, quatinus sibi et uxori sue concedantur indulgentie plenarie semel tantum in mortis articulo.

Annuit papa.

Idem supplicat, quatinus suo consanguineo Ysinbardo nato Theoderici de Ruldingin clerico Met. dioc. conferatur eccl. Met. canonicatus sub expectatione prebende.

Annuit papa.

Clem. VI Supplic. IV f. 308[1].

920. — *1344 April 24. Avignon.*

Clemens VI Stephano Gerardi canonico prebendato eccl. S. Theobaldi extra muros Met. in diaconatus ordine constituto reservat beneficium ecclesiasticum cum cura vel sine cura, cuius fructus, si cum cura, sexaginta, si vero sine cura fuerit, quadraginta librarum turonensium parvorum s. t. d. valorem annuum non excedant, pertinens communiter vel divisim ad dispositionem episcopi et capituli Metensis.

Multiplicia merita probitatis . . . Dat. Avin. VIII kl. maii a. secundo.

In e. m. Avinionensis et Januensis prepositis ac archidiacono Norvicensis eccl.

Reg. 160 f. 265[1] nr. 303.

921. — *1344 April 27. Avignon.*

Johannes monasterii Gorziensis abbas nuper promotus supplicat, quatinus sibi concedatur facultas contrahendi cum principe domino Humberto Dalphino Viennensi et ab ipso recipiendi mutuum usque ad summam quinque milium florenorum convertendorum in utilitatem dicti monasterii et obligandi se et suos successores, monasterium predictum et bona sua et dicti monasterii propterea.

Annuit papa.

Clem. VI Supplic. IV f. 323[1].

922. — *1344 April 28. Avignon.*

Significat Sanctitati Vestre devotus et humilis Vester Fulco primicerius Metensis, quod ipse considerata utilitate et necessitate primiceriatus eiusdem quandam domum seu fortalicium erigere et edificare intendit in villa de Ottonvilla primiceriatus predicti Metensis diocesis, ubi hactenus domus seu fortalicium, licet predecessorum negligentia dirutum extiterit, esse consuevit, et ad hoc, ut illud possit iuxta sui propositum perficere non obstante contradictione cuiusquam, proponit illud exnunc recipere reddibilem pro se et suis successoribus ab illustri rege Boemie sic etiam, ut ipse rex illud in homagium et retrofeodum pro se et suis successoribus comitibus Lucemburgensibus ab episcopo Metensi, qui nunc est vel erit, recipiat in futurum, dum tamen super hiis auctoritas Sanctitatis Vestre interponat consensum. Quare supplicat idem primicerius . . . quatinus predictas receptiones, que valde sunt utiles ad conservationem bonorum et iurium primiceriatus predicti, et sine quibus considerato statu inordinato patrie dicta domus seu fortalicium nullatenus valeret perfici, approbare et confirmare dignemini nunc et imperpetuum valituras.

Possit concedi per episcopum Metensem auctoritate apostolica, si utilitati ecclesie viderit expedire, super quo eius conscientiam oneramus. R.

Dat. Avin. IIII kl. maii a. secundo.

Clem. VI Supplic. IV f. 333.

923. — *1344 Mai 12. Avignon.*

[Clemens VI] Johanni abbati monasterii Gorziensis . . .

Apostolice sedis benignitas . . . Nos tuis supplicationibus inclinati, ut tu, quandiu vitam duxeris in humanis et monasterio Gorziensi . . . prefueris, anulum habere necnon illo mitra et aliis insignibus pontificalibus uti in celebratione divinorum solenni et alias in locis ad hoc congruis, in mensas et alias equitando in villa Gorziensi dicte [*scil.* Metensis] diocesis, in qua iurisdictionem, ut asseris, obtines temporalem, benedictionem solennem facere valeas, auctoritate tibi presentium indulgemus . . . Dat. Avin. IIII idus maii a. secundo.

Reg. 162 f. 226 nr. 621.

924. — *1344 Mai 20. Villeneuve.*

Clemens VI archiepiscopum Trever. et Tull. ac Virdun. episcopos deputat conservatores bonorum et iurium decani et capituli eccl. Met.

Militanti ecclesie licet . . . Dat. apud Villamnovam Avin. dioc. XIII kl. iunii a. tercio.

Reg. 165 f. 85 nr. 230.

925. — *1344 Mai 31. Metz.*

Ademarius dei et apostolice sedis gracia Metensis episcopus dilecto nobis in Christo Johanni dicto de Hoyo canonico Metensi salutem in domino sempiternam.

Grata et accepta servicia, que nobis et episcopatui nostro Metensi pro recuperacione tucione et defensione iurium nostrorum et episcopatus eiusdem hactenus multipliciter impendisti et de die in diem incessanter impendis potesque impendere in futurum, merito considerantes tibi, quamdiu vitam duxeris in humanis, in remuneracionem serviciorum huiusmodi pro nobis et nostris successoribus contulimus et confirmamus ac damus et concedimus per presentes annuam pensionem quinquaginta librarum Metensium denariorum a te vel mandato tuo in emolumentis sigillorum curie nostre Metensis annis singulis, quamdiu vixeris percipiendam et habendam duobus terminis infrascriptis, videlicet pro media parte dicte summe in festo nativitatis B. Johannis Baptiste et pro alia media parte in festo B. Stephani in crastino nativitatis domini . . . precipientes exnunc sigillifero curie nostro . . . ut in terminis antedictis . . . de emolumentis sigillorum . . . predictam solvat annuam pensionem . . . Datum Metis anno domini MCCCXLIIII ultima die mensis maii.

Transsumptum in litteras a Clemente VI datas d. 23 m. novembris a. 1350. Reg. 203 f. 104¹ nr. 478.

926. — *1344 Juni 30. Avignon.*

[Clemens VI] preposito B. Marie Magdalene Virdun. et Trever. ac Met. archidiaconis eccl.

Ad audientiam nostram pervenit, quod nonnulli predecessores . . . Johannis abbatis monasterii Gorziensis . . . et conventus ipsius multas venditiones donationes concessiones et alienationes de bonis . . . ac iuribus ad abbatem et conventum ac monasterium predicta spectantibus, datis super hoc exinde litteris fideiussoribus et confectis publicis instrumentis, factis renunciationibus, interpositis iuramentis et penis adiectis, in gravem eiusdem monasterii lesionem nonnullis clericis et laicis, aliquibus eorum ad vitam, quibusdam vero ad non modicum tempus et aliis perpetuo ad firmam vel sub censu annuo concesserunt contra canonica instituta. Quia vero nostra interest super hoc de oportuno remedio providere, discretioni vestre . . . mandamus, quatinus . . . ea, que de bonis ipsius monasterii per concessiones venditiones ac distractiones huiusmodi . . . alienata inveneritis illicite vel distracta, non obstantibus litteris instrumentis iuramentis fideiussoribus penis et renunciationibus supradictis, ad ius et proprietatem eiusdem monasterii legitime revocare curetis . . . Dat. Avin. II kl. iulii a. tertio.

Reg. 165 f. 276 nr. 841; Reg. 216 f. 427.

927. — *1344 Juli 22. Villeneuve.*

Clemens VI S. Maglorii Parisiensis et S. Victoris iuxta Parisius monasteriorum abbatibus et cantori eccl. S. Pauli de S. Dionisio Parisiensis dioc. mandat, quatinus Guillelmo de Belleyo monacho monasterii S. Dionisii in Francia ord. S. Bened. Parisiensis dioc. conferant prioratum de Cella ord S. Bened. Met. dioc. consuetum per monachos dicti monasterii gubernari et ex eo vacantem, quod Johannes Bovis dicti monasterii monachus de Argentolio dicti ordinis Parisiensis dioc. olim eiusdem prioratus de Cella prior vigore litterarum apostolicarum sibi collatum prioratum de Argentolio assecutus est.

Religionis zelus, vite . . . Dat. apud Villamnovam Avin. dioc. XI kl. augusti a. tercio.

Reg. 167 f. 146 nr. 245.

928. — *1344 Juli 29. Villeneuve.*

Clemens VI Poncio nato quondam Johannis Hermanni confert canonicatum et prebendam cum stipendio capelle hospitalis pauperum clericorum existencium in domo elemosinarii eccl. Metensis vacantes per resignationem Stephani dicti Maille factam apud sedem apostolicam, quorum fructus octo librarum Metensium summam annuam non excedunt.

Probitatis tue merita . . . Dat. apud Villamnovam Avin. dioc. IIII kl. augusti a. tercio.

In e. m. S. Tiberii Agatensis dioc. et S. Arnulphi extra muros Met. monasteriorum abbatibus ac decano eccl S. Salvatoris Met.

Reg. 167 f. 125¹ nr. 209; Reg. 216 f. 166 et 270.

929. — *1344 November 30. (Avignon.)*

Die ultima m. novembris [a. MCCCXLIIII] recepimus a domino fratre Nicolao abbate monasterii S. Martini Glandariensis . . . solvente per manus magistri G. de Viculo pro parte sui communis servicii

CXXV flor.

Intr. et Exit. 216 f. 19.

930. — *1345 Januar 12. Avignon.*

Clemens VI monasterio Hornbacensi ord. S. Bened. Met. dioc. preficit in abbatem Walterum de Sareponte monachum professum in sacerdotio constitutum monasterii S. Martini Glandariensis. — Rodulphus olim abbas monasterii Hornbacensis regimini per Ludovicum rectorem parrochialis eccl. in Ernswilre procuratorem suum in manibus Ademarii episcopi Met. cesserat. Quo facto conventus eiusdem monasterii Sigelinum custodem et quondam Geraldum de Castris monachos eiusdem in discordia in abbatem elegerat. Geraldus etsi non ignoraret, Sigelinum a dicta electione ad sedem apostolicam appellasse, obtinuerat a dicto episcopo confirmari. Postquam uterque aliquandiu in curia Romana litigaverunt, Sigelinus tempore Benedicti XII illicentiatus a dicta curia recessit et Geraldus sue electionis et confirmationis negotium infra tempus a iure statutum prosequi non curavit. Subsequenter Clemens VI, coram quo Johannes de Castris monachus et camerarius dicti monasterii tam huiusmodi electionum et appellationum et confirmationis negotium quam contra Geraldum nonnulla crimina et excessus proposuerat, istud negotium Petro episcopo Sabinensi commisit audiendum. Coram quo cum aliquamdiu in hac causa processum esset, Geraldus est mortuus et conventus monasterii causa in curia Romana pendente Sigelinum in abbatem concorditer de facto elegit, qui ad curiam Romanam accessit ibique omni iuri, quod sibi competere posset ex electione, cessit.

Inter solicitudines varias . . . Dat. Avin. II idus ianuarii a. tercio.

In e. m. universis vassallis monasterii, conventu monasterii, episcopo Metensi.

Reg. 167 f. 44 nr. 69; Reg. 216 f. 60.

931. — *1345 Januar 30. Avignon.*

Clemens VI Waltero abbati monasterii Hornbacensis ord. S. Bened. Met. dioc., cui papa per Anibaldum episcopum Tusculanum benedictionis munus impendi fecit, mandat, quatinus ad predictum monasterium accedat.

Pridem nos ad personam . . . Dat. Avin. III kl. februarii a. tercio.

Reg. 166 f. 207[1] nr. 330.

932. — *1345 Februar 4. Avignon.*

Gasbertus camerarius pape testatur, quod Nicholaus abbas monasterii S. Martini Glandariensis ord. S. Bened. Met. dioc. pro parte sui communis servicii CXXV flor. auri die ultima mensis novembris proximo preteriti camere apostolice necnon pro parte quatuor serviciorum XX flor. auri et XX β monete Avin. clericis camere per manus Wuillelmi de Viculo procuratoris sui solvi fecit.

Universis etc. Gasbertus . . . Dat Avin. d. IIII m. februarii a. [MCCCXLV] . . .

Oblig. et Solut. 21 f. 2.

933. — *1342 September 12 — 1345 Mai 27.*

Girardus de Arbento thesaurarius eccl. B. Marie Escoryarum Rothomagensis dioc. collector camere apostolice in Vienn. Lugdun. Tarantas. Bisuntin. et Trever. provinciis reddit rationem de pecuniis nomine camere receptis et expensis.

Kirsch p. 162—183 (ex Collectoriarum t. 64 f. 1, 85—85[1], 93[1]—105[1], 107—110[1]).

934. — *1345 Juni 8. Villeneuve.*

[Clemens VI] Beraudo abbati monasterii S. Arnulphi extra muros Metenses ord. S. Bened.

Inter solicitudines varias . . . Dudunc siquidem quondam Alexandro abbate . . . regimini ipsius monasterii presidente nos . . . provisionem ipsius monasterii disposicioni nostre duximus specialiter reservandam . . . Postmodum autem dicto monasterio per obitum eiusdem Alexandri, qui extra Romanam curiam diem clausit extremum vacante, nos . . . demum ad te priorem prioratus de Talvis Cluniacensis ordinis Claromontensis diocesis in sacerdotio constitutum . . . direximus [aciem] nostre mentis (et) . . . de persona tua, licet dicti ordinis Cluniacensis existas et in dicto prioratu alterius forme habitus quam in dicto monasterio S. Arnulphi geratur et habeatur, . . . providemus teque illi preficimus in abbatem . . . Volumus autem, quod exnunc inantea illum gestes habitum, qui in dicto monasterio S. Arnulphi geritur et habetur ac ipsius institutis regularibus penitus te conformes . . . Dat. apud Villamnovam Avin. dioc. VI idus iunii a. quarto.

In e. modo conventui monasterii S. Arnulphi . . . episcopo Metensi.

Reg. 217 (cartac.) f. 59.

935. — *1345 Juni 14. Villeneuve.*

Clemens VI cum nobili viro Petro de Barro domino de Petraforte milite et nobili muliere Alionore de Pictavia eius uxore, qui ignorantes aliquod existere inter se impedimentum matrimonium contraxerunt et consumarunt atque in eodem per decem et octo annos et amplius permanserunt, dispensat, cum nonnulli noviter dolose asserant, quod ipsi quarto consanguinitatis gradu sibi invicem attineant, ut in sic contracto matrimonio remanere possint, prolem suscipiendam ex huiusmodi matrimonio legitimam decernendo.

Apostolice sedis copiosa . . . Dat. apud Villamnovam Avin. dioc. XVIII kl. iulii a. quarto.

<small>Reg. 172 f. 131 nr. 274.</small>

936. — *1345 Juni 17. Avignon.*
Servicium monasterii S. Arnulphi Methensis. XXVI card.

Eisdem die [XVII iunii a. 1345] et loco [in hospicio domini cardinalis de Puteo] dominus frater Beraudus abbas monasterii S. Arnulphi Methensis promisit pro suo communi servicio M IIII^{cium} flor. auri et V servicia consueta, solvendas medietatem in proximo festo purificationis B. Marie et aliam in alio festo eiusdem purificationis extunc secuturo. Alioquin infra III menses etc. et iuravit etc.

<small>Oblig. et Solut. 14 (298) f. 85¹; similiter Oblig. et Solut 16 (299) f. 108¹.</small>

937. — *1345 Juli 1. Villeneuve.*

Baldewinus Trever. archiepiscopus, Fredericus comes de Sallewerne, Johannes comes de Sallebruche dominus de Commerceyo necnon iudices super generali pace Lothoringie deputati supplicant pape, quatinus Johanni de Sallewerne apostolice sedis capellano, in diaconatus ordine constituto, fratri germano dicti comitis de Sallewerne ac eorum consanguineo provideatur de eccl. Argentinensis canonicatu sub expectatione prebende necnon dignitatis personatus vel officii cum cura vel sine cura, non obstante quod is canonicatum et prebendam in Treverensi et Spirensi ac archidiaconatum et canonicatum sub expectatione prebende in Metensi ac quoddam simplex officium provisio fratrum sedium nuncupatum in dicta Spirensi eccl. obtinet. — Annuit papa.

<small>Clem. VI Supplic. IX f. 80.</small>

938. — *1345 Juli 1. Villeneuve.*

Clemens VI Johanni de Sallewerne capellano suo in diaconatus ordine constituto confert eccl. Argentinensis canonicatum sub expectatione prebende ac dignitatis vel personatus seu officii cum cura vel sine cura, non obstante quod in Trever. et Spirensi canonicatus et prebendas et in Metensi archidiaconatum et canonicatum sub expectatione prebende ac in eadem Spirensi eccl. quoddam simplex officium provisio fratrum sedium nuncupatum obtinet.

Nobilitas generis, morum ... Dat. apud Villamnovam Avin. dioc. kl. iulii a. quarto.

in e. m episcopo Frisingensi et archidiacono et cancellario eccl. Met.

Reg. 217 f. 189 nr. 8.

939. — *1345 Juli 26. Avignon.*

Anno domini MCCCXLV d. XXVI m. iulii dominus Gerardus de Arbento thesaurarius eccl. B. Marie Escoriarum Rothomagensis dioc. collector fructuum beneficiorum, que vacarunt in provinciis Vienn. Lugdun. Tarantas. Bisuntin. et Trever, actoritate (!) apostolica deputatus incepit computare de receptis per ipsum in provinciis supradictis, prout sequitur ...

Item computat se recepisse de fructibus beneficiorum civitatis et dioc. Met. tam per manus domini Fulconis Bertrandi primicerii et subcollectoris Met. quam per se

  CLVI flor. maioris ponderis
  XXXVI flor. parvi ponderis
  XXX regales
   XII grossi cum dimidio.

Item computat se recepisse de fructibus beneficiorum civit. et dioc. Virdun:

  XXIIII flor. maioris ponderis
  LXX flor. parvi ponderis
  LXXIIII scut.
   I pavalno
   II leon
   VII regal.
   XI turon. grossi

Item computat se recepisse de restis fructuum beneficiorum civit. et dioc. Tull:

  XVI flor. parvi ponderis
   C d. ad scutum
  XII duplices
  III regales
  II leones
  II angeli medii ponderis
  III pavalhones
  VI grossi.

Item de fructibus beneficiorum civit. et dioc. Tull:
XXXVI flor. maioris ponderis
LXXIIII flor. parvi ponderis
CXL scut.
III pavalhones
IIII duplices
XIIII angeli ultimi ponderis
XXVI regales
XXI leones
XXV grossi cum dimidio
XX libre XII den. monete Tull.

Collectoriarum t. 64 f. 113 117[1], 118.

940 — *1345 August 4. Avignon.*

[Clemens VI] dilecto filio Henrico de Grangia preposito prepositure vocate de Alamania in monasterio S. Arnulfi extra muros Metenses . . .

Religionis zelus, vite munditia . . . Sane petitio tua nobis exhibita continebat, quod dudum quondam Bertrandus abbas monasterii S. Arnulphi . . . preposituram vocatam de Alamania in dicto monasterio consuetam per monachos dicti monasterii, cuius existis monachus, gubernari et in qua prepositi eiusdem, qui fuerint pro tempore, pro voluntate abbatis dicti monasterii, qui est pro tempore, poni consueverunt et etiam amoveri cuiusque fructus redditus et proventus annui soluta et deducta pensione annua triginta sex librarum Metensium, que abbati, qui est pro tempore, et dilectis filiis conventui dicti monasterii et vestiario monachorum eiusdem de fructibus redditibus et proventibus ipsius prepositure in duobus certis terminis annuatim solvi consuevit, medietatem dicte summe in quolibet predictorum terminorum persolvendo, aliisque ipsius prepositure supportatis oneribus, septuaginta librarum turonensium parvorum vel circa verum valorem annuum communiter non excedunt, per te tenendam et gubernandam usque ad ipsius beneplacitum tibi graciose contulit et concessit . . . tuque postmodum preposituram eandem vigore collationis huiusmodi pacifice adeptus fuisti ac illam postmodum per decem et septem annos obtinuisti rexisti et etiam gubernasti et adhuc obtinere regere et etiam gubernare te asseris pacifice et quiete. Nos igitur . . . tibi concedimus graciose, quod ab eadem prepositura pro sola voluntate abbatis predicti monasterii, qui est vel erit pro tempore, sine causa rationabili, quoad vixeris, nequeas amoveri . . . Dat. Avin. II nonas augusti a. quarto.

Reg. 172 f. 216 nr. 581.

*941. — *1345 August 5. Avignon.*

Clemens VI confirmat fundationem, dotationem et erectionem hospitalis (de la Chapellotte) in urbe Metensi. (Cf. supra nr. 713 et 739.)

[Clemens episcopus servus servorum dei.] Ad perpetuam rei memoriam.

Inter cetera, que nostris desideriis ingeruntur, illud votive appetimus, ut ecclesie ac hospitalia et alia pia loca infirmorum et pauperum obsequiis deputata ubilibet nostris temporibus augeantur, et ut aucta illibata persistant, libenter adicimus robur apostolice firmitatis. Sane dilecte in Christo filie Annete relicte quondam Johannis dicti le Hungre de Metis laici vidue Metensis ac executricis testamenti quondam Johannis [dicti] de Curia civis Metensis fratris sui insinuatione percepimus, quod idem Johannes condens de bonis suis in sua voluntate ultima testamentum voluit et precepit, ad omnipotentis dei gloriam et honorem ac in venerationem beatissime semper virginis Marie tociusque curie supernorum unum hospitale fieri in quadam domo ipsius Johannis sita in civitate Metensi in loco qui dicitur Campo-Salie dicto aux Arvaulx ad recipiendum in hospitali predicto mulieres in lecto puerperii decumbentes et alias pauperes et mendicas mulieres dumtaxat, ac unam capellam in ipso hospitali construi in eiusdem virginis memoriam singularem, et quod inibi duo deputarentur presbiteri, qui missas et alias horas canonicas celebrarent siugulis diebus perpetuis temporibus in eadem, quodque prefata Anneta iuxta piam voluntatem testatoris eiusdem hospitale et capellam predicta auctoritate venerabilis fratris nostri Ademarii episcopi Metensis construi fecit ac centum et quadraginta libras Metenses de bonis ipsius Johannis annui et perpetui redditus assignavit in huiusmodi pietatis et misericordie opera convertendas. Idem quoque episcopus ordinaria auctoritate concessit, ut dicti duo presbiteri seu capellani, qui essent pro tempore, in dicta capella missas et alia divina officia etiam alta voce et cum nota celebrare valerent et in ipsa capella campana existeret, que, dum celebrarentur inibi divina officia, pulsaretur et pulsari valeret, et quod oblationes, que pia devotione fidelium inibi provenirent, salvo tamen consensu et interesse parrochialis ecclesie et aliorum, quorum interesset, cederent et assignarentur hospitali predicto. Corpora etiam illorum, qui in eodem hospitali decederent, sepelirentur et sepeliri valerent in cimeterio hospitalis Sancti Nicolai in Novoburgo Metensi, et quod dicti capellani aut alter eorum eorundem defunctorum corpora libere valerent conducere et conducerent ad predictum cimeterium inibi tumulanda alterius specialioris conductus non petita licentia vel obtenta, dictique capellani aut alter ipsorum egrotantibus et infirmis ispsius hospitalis sacramenta ecclesiastica tam in vita quam in mortis articulo ministrare valerent, prout in patentibus litteris inde confectis eiusdem episcopi sigillo munitis, quarum tenorem de verbo ad verbum presentibus inseri fecimus, plenius continetur. Quare pro parte ipsius Annete fuit nobis humiliter supplicatum, ut huiusmodi erectionem hospitalis et capelle predictorum auctoritate ipsius episcopi factas cum omnibus per ipsum episcopum in fundatione huiusmodi pie ac provide ordinatis dignaremur de speciali gratia confirmare. Nos itaque huiusmodi supplicationibus inclinati erectionem et ordinationem huiusmodi ratas habentes et gratas, illas auctoritate apostolica ex certa scientia confirmamus et presentis scripti patrocinio communimus. Tenor vero dictarum litterarum talis est: Ademarius etc. *(Sequitur tenor litterarum ab Ademarto datarium d. 8. m. novembris a. 1337. Cf. supra nr. 737.)* Nulli ergo [hominum liceat hanc paginam] nostre confirmationis infringere [vel ei ausu temerario contraire. Si quis autem hoc attemptare presumpserit indignationem omnipotentis dei et Beatorum Petri et Pauli apostolorum eius se noverit incursurum.] Dat. Avinione nonas augusti pont. nostri a. quarto.

Reg. Vat. 172 f. 244¹ nr. 678; Metz. Bez. Arch. G. 461 (apogr. cartac. sc. XVII.)

942. — *1345 August 5. Avignon.*

[Clemens VI] Ad perpetuam rei memoriam.

Ad ea paternis studiis libenter intendimus, per que infirmorum et pauperum necessitatibus consulatur. Hinc est, quod nos dilecte in Christo filie Annete relicte quondam Johannis dicti Le Hungre laici vidue Metensis ac executricis testamenti quondam Johannis de Curia civis Metensis fratris sui supplicationibus inclinati, ut quicquid pauperibus in hospitali de Campo Salie dicto auz Arvaulz, quod eadem Anneta iuxta piam dispositionem eiusdem Johannis de Curia et auctoritate venerabilis fratris nostri . . episcopi Metensis de novo fundasse ac de bonis ipsius Johannis de Curia dotasse dicitur, pro tempore degentibus dari contigerit inter vivos vel in ultimis voluntatibus, cedat in usus pauperum eorundem, auctoritate apostolica eisdem concedimus de gracia speciali. Nulli ergo etc. nostre concessionis infringere etc. Dat. Avin. nonas augusti a. quarto.

Reg. 172 f. 294¹ nr. 854.

943. — *1345 August 5. Avignon.*

Clemens VI omnibus vere penitentibus et confessis, qui in quatuor, videlicet annunciationis assumptionis nativitatis et purificationis

Beate Marie virginis, festivitatibus capellam hospitalis pauperum de Camposalie dicto aux Arvaulz Metensis, quam Anneta relicta quondam Johannis dicti le Ungre laici vidua Metensis et executrix testamenti quondam Johannis de Curia fratris sui iuxta piam dispositionem ipsius Johannis et auctoritate episcopi Metensis fundasse et construxisse ac de bonis ipsius Johannis dotasse dicitur, devote visitaverint annuatim, relaxat quadraginta dies de iniunctis eis penitentiis, singulis videlicet ipsarum festivitatum diebus, quibus capellam ipsam visitaverint.

Splendor paterne glorie . . . Dat. Avin. nonas augusti a. quarto.

Reg. 172 f. 269 nr. 777.

944. — *1345 August 5. Avignon.*

Clemens VI omnibus vere penitentibus et confessis, qui hospitali pauperum de Campo Salie dicto aux Arvalz Metensi, quod Anneta relicta quondam Johannis le Hungre laici vidua Metensis ac executrix testamenti quondam Johannis de Curia fratris sui ad opus infirmorum et pauperum construi fecisse et dotasse dicitur, manum porrexerint adiutricem, quadraginta dies de iniunctis eis penitenciis relaxat.

Premum[1] apud deum . . . Dat. Avin. nonas augusti a. quarto.

Reg. 172 f. 269¹ nr. 778.

945. — *1345 August 5. Avignon.*

Clemens VI supplicante Anneta relicta quondam Johannis dicti le Hungre laici vidua indulget capellanis perpetuis capelle hospitalis pauperum de Campo Salie dicto aux Arvalz Metensis, ut pauperum in eodem hospitali receptorum et recipiendorum inantea confessiones audire ac eis absolutionem impendere et nichilominus corpus Christi pro infirmis, qui in eodem hospitali deguerint(!) pro tempore, communicandis in dicta capella reservare valeant, iure tamen parrochialis ecclesie semper salvo.

Hiis, que animarum salutem . . . Dat. Avin. nonas augusti a. quarto.

Reg. 172, f. 295, nr. 858.

*946. — *1345 August 5. Avignon.*

Clemens VI primicerio decano et capitulo eccl. Met. indulget, ut in manifestos occupatores bonorum ad ipsam ecclesiam canonicos capellanos ac clericos ipsius communiter vel divisim spectantium et notorios malefactores ipsorum necnon hominum et vassallorum, cum occasione premissorum iura eorum diminui vel ledi contigerit, nisi ab

---

[1] *Sic mendose loco* Pium.

ipsis moniti canonice occupata restituerint et de dampnis illatis satisfecerint infra competentem terminum, possint excommunicationis suspensionis et interdicti sententias promulgare ac deinde ipsos a dictis sententiis absolvere, postquam eis super hiis plenarie fuerit satisfactum.

Apostolice sedis circumspecta . . . Dat. Avin. nonas augusti a. quarto.

<small>Reg. 218 f. 99 nr. 124; Reg. 168 f. 275 nr. 124. — Or. membr. cum plumbo; sub plica ad sinistr: $\frac{X}{X}$ Rigaldus; in plica ad dextr: Mar. de Testis; in dorso: Guillelmus de Viculo. — Metz arch. G. 439. 16.</small>

*947. — *1345 August 5. Avignon.*

Clemens VI petentibus decano et capitulo eccl. Met. ad instar Celestini pape III ad impediendas exactiones indebitas et oppressiones, quas in terris ad illorum prebendas spectantibus fieri sepe contingit, indulget, ut huiusmodi exactoribus presentibus de conniventia episcopi diocesani cessandi a divinis liberam habeant facultatem.

Hiis, que ecclesiarum . . . Dat. Avin. nonas augusti p. n. a quarto.

<small>Or. membr. cum filo serico, sig. del; sub plica ad sinistr: $\frac{V}{X}$ in plica ad dextr: R^{ta} Gr. P. de Fontibus; in dorso: Guillelmus de Viculo. — Metz arch. G. 509. 8.</small>

948. — *1345 August 9. Avignon.*

Beraldus abbas monasterii S. Arnulphi Met. supplicat, quatinus sibi concedatur plenaria peccatorum remissio semel in mortis articulo. — Annuit papa.

Idem supplicat, quatinus suo monasterio eiusque membris per multos tam seculares quam alios oppressis conservatoria in forma concilii Viennensis concedantur. — Annuit papa ad triennium.

Idem supplicat, quatinus sibi duo tabelliones pro suis et monasterii negotiis notarii concedantur, quos ipse vicecancellario duxerit nominandos. — Annuit papa.

<small>Clem. VI Supplic. IX f. 130^v.</small>

949. — *1345 August 11. Avignon.*

[Clemens VI] Carolo de Pictavia canonico et primicerio eccl. Met.

Nobilitas generis vite ac morum honestas . . . Dudum . . . Benedictus papa XII . . . intendens de beneficiis ecclesiasticis, que dilectus filius nobilis vir Rogerius comes Petragoricensis, antequam ad laicalia vota transiret, obtinebat, quam primum illa vacare contingeret, per apostolice sedis providenciam ordinari, beneficia ipsa, videlicet XV kl. octobris pontificatus sui anno secundo dispositioni sue specialiter reservavit . . .

Deinde vero dicto predecessore ... rebus humanis exempto et nonnullis ex canonicatibus et prebendis ac dignitatibus personatibus et officiis et beneficiis ecclesiasticis tempore obitus dicti predecessoris vacantibus, nos ... declaravimus canonicatus prebendas dignitates personatus et officia et beneficia ipsa fore per reservationem et decretum ipsius predecessoris affecta nec ea vice de illis potuisse vel posse per alium quam per Romanum pontificem quoquomodo disponi ... Cum itaque canonicatus et prebenda ac primiceriatus ecclesie Metensis, quos idem Rogerius in eadem ecclesia tempore reservationis huiusmodi obtinebat, ex eo, quod dictus Rogerius eodem predecessore vivente matrimonium contraxit ... vacaverint et adhuc vacare noscantur, nos ... canonicatum et prebendam ac primiceriatum predictos ... apostolica tibi auctoritate conferimus et de illis etiam providemus ... non obstantibus ... quod in Vivariensi Tullensi Valentinensi Eduensi et Belnensi Eduensis dioc. ecclesiis canonicatus et prebendas ac scolastriam in Tullensi et precentoriam in Valentinensi predictis ecclesiis, que quidem scolastria et precentoria nec dignitas nec personatus sed simplicia beneficia sine cura existunt, nosceris obtinere seu quod pateris in etate defectum, cum in quarto decimo tue ·etatis anno vel circa illum dumtaxat constitutus existas. Nos enim tecum, quod predicto defectu ac generalis et Lugdunensis conciliorum ... nequaquam obstantibus dictum primiceriatum, licet dignitas existat, libere recipere ac ipsum una cum canonicatibus et prebendis ac scolastria predictis licite retinere valeas, ... dispensamus ... Dat. Avin. III idus augusti a. quarto.

In e. m. Cavallicensis et Tholonensis prepositis ac archidiacono de Vico Metensis ecclesiarum.

Reg. 217 (cartac.) f. 143¹ nr. XXIII; Reg. 169 f. 90 nr. 13.

950. — *1345 August 11. Avignon.*

Clemens VI Godomanno Conradi de Alba clerico Met. dioc. reservat beneficium ecclesiasticum cum cura vel sine cura, cuius fructus annui valorem, si cum cura, sexaginta, si vero sine cura fuerit, quadraginta librarum turonensium parvorum non excedunt, spectans ad dispositionem episcopi Met.

Exigentibus tue probitatis ... Dat. Avin. III idus augusti a. quarto.

In e. m. S. Ilarii Pictavensis et S. Salvatoris Met. decanis ac scolastico maioris Met. ecel.

Reg. 168 f. 5 nr. 11.

951. — *1345 August 14. (Avignon.)*

Die XIIII eiusdem m. augusti [a. MCCCXLV] recepimus a domino fratre Nicolao abbate monasterii S. Martini Glandariensis . . . solvente per manus magistrorum Guillelmi de Viculo et Richardi de Millereyo in Romana curia procuratorum pro complemento sui communis servicii
                                                                CXXV flor.
Intr. et Exit. 234 f. 14^1; 236 f. 12^1; 237 f. 10^1.

952. — *1345 September 10. Avignon.*

Clemens VI Gerardo de Arbento thesaurario ecclesie Escoyarum Rothomagensis dioc. nunciat, quod decimam ecclesiasticorum reddituum tam in Lugdunensi Viennensi, quatinus in regno Francie non existunt, Tarantasiensi Bisuntina et Treverensi provinciis quam in diversis aliis partibus usque ad triennium exigendam et in subsidium christianorum in Romania et partibus circumvicinis transmarinis degentium convertendam imposuit, archiepiscopis et suffraganeis dictarum provinciarum eiusdem decime collectoribus deputatis. Eidem mandat, quatinus ab eisdem archiepiscopis et suffraganeis ac eorum collectoribus pecunias huiusmodi collectas et colligendas exigat recipiat ac rationes eorum audiat.

Non sine dolore . . . Dat. Avin. IIII idus septembris a. quarto.
Reg. 139 nr. 387.

953. — *1345 September 12. Avignon.*

Ademarus Met. episcopus significat pape, quod, cum ipse hiis diebus in civitate Metensi et non sine persone sue periculo resideret, subito inimicorum furore contra eum acrius excitato et vite' sue corporalis privatione verisimiliter imminente, si in dicta civitate ulterius remansisset, Fulco Bertrandi primicerius Met. eccl. ipsum episcopum de tanto periculo eripiens et eundem submoto mortis horrore vite restituens, non sine immensis laboribus et inimicitiis, quas ob hec in patria incurrit, conductu prospero in pace posuit, ut amicorum presentia gaudeat, qui antea inimicorum detractionibus iugiter premebatur, postque idem episcopus attendens sui ab episcopatu Met. absentiam eundem vicarium suum in dicto episcopatu in spiritualibus et temporalibus constituit et eidem assignavit quinquaginta modia salis recipienda annis singulis, quoad vixerit, in salinis de Marsallo vel de Mediovico. Quare supplicat, quatinus papa dictam assignationem confirmet. — Annuit papa.

Clem. VI Supplic. IX f. 178^1.

954. — *1345 September 13. Avignon.*

[Clemens VI] Gerardo de Arbento thesaurario ecclesie Escoyarum Rothomag. dioc.

Cum nonnulli ecclesiarum prelati et alii clerici seculares et religiosi, ecclesie, monasteria et loca, capitula, collegia et conventus eorundem, exempta et non exempta, necnon comites, barones et nobiles et alie inferioris status persone, communitates quecunque seu universitates per Lugdun. Vienn. Tarantas. Bisuntin. et Trever. provincias constituti certum censum annuum nobis et ecclesie Romane solvere, sicut intelleximus, sint astricti ac plures ex eis a solutione dicti census aliquibus retroactis temporibus cessasse dicantur, discretioni tue ... mandamus, quatinus ... super premissis ... veritatem inquirens censum huiusmodi ... ab eo tempore, quo ab ipsius solutione cessaverunt, necnon imposterum usque ad nostrum beneplacitum petere exigere et recipere ... procures ... Dat. ut supra (= idus septembris a. quarto.)

Reg. 139 nr. 396; Rz. 2231.

955. — *1345 September 26. Villeneuve.*

Amedeus de Pictavia supplicat, quatinus consiliario suo Hugoni Adzemarii canonico prebendato et archidiacono de Rivello in eccl Tull. necnon in ecclesiis Vivariensi et Valentinensi canonico concedatur, quod is hinc usque ad quinquennium residendo vel alias moram trahendo in curia Romana vel in altero beneficiorum suorum aut litterarum studio sive peregrinatione negotiorum suorum aut in obsequiis consobrini sui *(scil. Amedei)* Metensis episcopi vel ipsius Amedei insistendo fructus omnium beneficiorum suorum integre percipere valeat. — Annuit papa ad biennium.

Clem. VI Supplic. VIII f. 43.

956. — *1345 October 3. Avignon.*

Radulphus dux Lothoringie et marchio supplicat, quatinus suo consanguineo Bernequino de Parroya canonico Tull. eccl. indulgeatur, ut residendo in aliquo beneficiorum suorum fructus omnium, etiam si dignitas vel personatus aut officium existant et curam habeat animarum integre usque ad septennium, cotidianis distributionibus exceptis, percipere valeat. — Annuit papa ad biennium.

Clem. VI Supplic. VIII f. 59.

957. — *1345 October 11. Avignon.*

Radulphus dux Lothoringie et marchio supplicat, quatinus filio suo naturali Alberto clerico, quocum iam est dispensatum super defectu natalium, provideatur de canonicatu et prebenda in eccl. collegiata S. Deodati Tull. dioc. et item in Tull. eccl. — Annuit papa.

Clem. VI Supplic. VIII f. 60¹.

958. — *1345 October 28. Avignon.*

Matheus dictus Spech de Albestorf clericus Met. dioc. supplicat, quatinus sibi reservetur beneficium cum cura vel sine cura spectans ad dispositionem abbatis et conventus monasterii S. Naboris, cuius fructus, si cum cura LXX, si vero sine cura fuerit, L librarum turon. parvorum s. t. d. valorem annuum non excedant. — Annuit papa.

Clem. VI Supplic. VIII f. 83.

959. — *1345 October 31. (Avignon.)*

[Servicium] abbatis Hornbacensis Met. dioc.   XXVII card.

Eisdem anno [MCCCXLV] ... die ultima mensis octobris dominus Ludovicus decanus et Theobaldus scolasticus eccl. Met. rettulerunt per publicum instrumentum manibus et signis Guidefridi Wrien(?) de Gozzia auctoritate imperiali et Simonis Petri dicti Vendehinep eadem auctoritate imperiali publicorum notariorum, ut prima facie apparebat, et sigillatum sigillis dictorum decani et scolastici commissariorum iuxta commissionem sibi factam, se die X mensis aprilis proxime preteriti recepisse obligationem a domino Waltero de Saraponte abbate monasterii Hambacensis ord. S. Bened. Met. dioc. de CLXVI flor. auri de Florentia ac XIII β et IIII d. hallensibus solvendis camere domini nostri pape et dominorum cardinalium cum V serviciis consuetis pro familiaribus dictorum domini nostri pape et cardinalium predictorum infra VIII menses a dicta X die aprilis imposterum computandos. Alioquin infra IIII menses etc. et iuravit etc. [ut in forma].

Obl. et Sol. 16 (299) f. 110¹; Obl. et Sol. 20 (300) f. 8¹; Obl. et Sol. 22 f. 1.

960. — *1345 November 3. (Avignon.)*

Die III dicti mensis [novembris a. MCCCXLV) recepimus a domino fratre Waltero abbate monasterii Hornbacensis ... solvente per manus Christiani de Limporc in Romana curia procuratoris pro suo communi servicio   LXXXIIII flor.

Intr. et Exit. 234 f. 16¹; 236 f. 14; 237 f. 12¹.

961. — *1345 December 7. Avignon.*

Clemens VI Gerardo de Arbento thesaurario ecclesie B. Marie Escoyarum Rothomagensis dioc. collectori camere apostolice in Lugdun.

Vienn. Tarantas. Bisuntin. et Trever. provinciis concedit facultatem absolvendi a censuris ecclesiastis personas, que eas incurrerunt non solvendo decimam triennalem et annatas.

Insinuatione tua nuper . . . Dat. Avin. VII idus decembris a. quarto.
Reg. 139 nr. 684.

962. — *1345 December 12. Avignon.*

Clemens VI Colon. Magunt. Trever. plurimisque aliis archiepiscopis eorumque suffraganeis mandat, quatinus singuli in suis civitatibus et diocesibus indulgentiarum concessionem ac impositionem decime triennalis in subsidium christianorum contra Turcos deputande solenniter publicent et ad collectionem et exactionem decime predicte procedant.

Dudum non sine amaritudine . . . Dat. Avin. II idus decembris a. quarto.
Reg. 170 f. 4¹ nr. 11.

963. — *1345 December 19. Avignon.*

Clemens VI Metensem Tullensem et Virdunensem episcopos hortatur, quatinus decimam triennalem in suis diocesibus colligant et Gerardo de Arbento receptori assignent.

[Clemens VI] episcopo Metensi

Dudum oppressionibus afflictivis [et intollerabilibus, quas infideles Agareni, qui Turchi vulgariter nuncupantur . . . inferre christicolis in partibus Romanie ac aliis circumvicinis regionibus transmarinis . . . non cessabant . . . auditis, nos . . . de certo navali subsidio in predictis partibus procuravimus eisdem fidelibus subveniri. Deinde vero dicto navali subsidio illuc misso et per illud fidei negotio non modicum . . . prosperato . . . nos attendentes, quod continuatio huiusmodi felicis subsidii grandia exigebat onera expensarum, ad illas facilius et utilius supportandas . . .] tam in civitate diocesi et provincia Treverensi quam aliis diversis provinciis et partibus triennalem decimam . . . duximus imponendam . . . Et licet super hoc nostre littere tam . . . archiepiscopo Trever. ac tibi et aliis suffraganeis eiusdem decime per ipsas litteras collectoribus deputatis directe — iam diu est — emanarint, nondum tamen de tuis civitate ac diocesi haberi, ut intelleximus, potuit pecunia, que de decima colligi debuit supradicta. Quare fraternitatem tuam . . . hortamur, quatinus pecunias collectas et colligendas . . . Gerardo de Arbento . . . receptori per nos super hoc deputato facias fideliter assignari. Et si forsan pro preteritis terminis eadem decima ibidem collecta non existeret, in futuris terminis ipsam colligi facias et receptori assignari predicto ... Dat. ut supra (= Avin. XIIII kl. ianuarii a. quarto).

Item in e. m. episcopo Tull. Item in e. m. episcopo Virdun.

Reg. 139 nr. 712, 713, 714. Rz. 2236 nr. 1.

964. — *1346 Februar 10. Avignon.*

Die X m. februarii [a. MCCCXLVI] dominus Alardus de Tiato officialis Metensis de fructibus archidiaconatus de Vico per cameram apostolicam sequestratis occasione cuiusdam magne summe pecunie, in qua dominus Petrus Moreti archidiaconus predicti archidiaconatus erat et est eidem camere obligatus, receptis per eum per manus magistri Johannis de Vortriaco civis Metensis nobis assignavit   CLV flor.

Quorum sunt XLVIII ponderis et de Florentia, XV minoris, LXXVI de Pedemontis ponderis et XVI minoris ponderis.

Introit. et Exit. 236 f. 24^1 et 237 f. 22^1; Kirsch p. 144.

965. — *1346 Februar 25. Avignon.*

[Clemens VI] universis christifidelibus presentes litteras inspecturis salutem etc.

Ecclesiarum fabricis manum porrigere adiutricem pium apud deum et meritorium reputantes frequenter christifideles ad impendendum ipsis fabricis auxilium nostris litteris exhortamur, et ut ad id eo forcius animentur, quo magis ex hoc comoda animarum se conspexerint adipisci, nonnunquam pro hiis temporalibus suffragiis spiritualia eis munera, remissiones videlicet et indulgentias, elargimur. Sane dudum, sicut accepimus, felicis recordationis Benedictus papa XII predecessor noster ordinavit, quod studentes fratres Cisterciensis ordinis terrarum provinciarum tunc expressarum haberent in civitate Metensi studium, in quo ipsi cum aliis ad ipsum studium confluentibus possent bona litteralis scientie adipisci, quodque deinde per generale capitulum fratrum dicti ordinis extitit salubriter ordinatum, quod eiusdem ordinis fratres in ipsa civitate studentes habitare ac studere deberent in monasterio Pontiscyffridi Metensis eiusdem ordinis noviter tunc constructo. Subiuugebet etiam ipsa peticio, quod ecclesia ipsius monasterii adeo est parve structure, quod venientes ad eam pro divinis officiis audiendis nequeunt in ea una cum ipsis fratribus condecenter recipi, nisi dicta ecclesia in longitudine ac latitudine amplietur, quodque ad fabricam ecclesie et ampliationis huiusmodi sunt elemosine fidelium plurimum oportune. Nos itaque ... omnibus vere penitentibus et confessis, qui ad fabricam huiusmodi ... manus porrexerint adiutrices, unum annum et unam quadragenam de iniunctis eis penitenciis ... relaxamus,

presentibus post decennium minime valituris, quas mitti per questuarios districtius inhibemes, eas, si secus actum fuerit, carere viribus decernentes. Dat. Avin. V kl. marcii a. quarto.
>Reg. 172 f. 272 nr. 793.

966. — *1346 Februar 26. Avignon.*

Clemens VI abbati monasterii S. Arnulphi extra muros Met. et decano eccl. Met. ac officiali Met. mandat, quatinus Henrico Siffrido dicto Steveler clerico Trever. dioc. conferant ecclesiam parrochialem de Huesinga Met. dioc. ex eo vacantem, quod Arnulphus Johannis de Thecarisvilla (!) dictus Schaillairt clericus dicte dioc., qui pro ipsius rectore se gerit, ecclesiam ipsam iam pluribus annis detinuit et detinet ad sacerdodium non promotus dispensatione non obtenta.
Probitatis merita, quibus . . . Dat. Avin. IIII kl. marcii a. quarto.
>Reg. 169 f. 367 nr. 145.

967. — *1346 Februar 28. (Metz.)*

Nos Beraudus dei miseracione abbas monasterii S. Arnulphi extra muros Metenses ord. S. Bened. notum facimus universis, quod nos dilecti nostri fratris Maheri dicti Vogenel monachi ac fratris predicti nostri monasterii graciosa merita attendentes, eidem fratri Mahero officium custorie predicti nostri monasterii commisimus et contulimus, committimus et concedimus per presentes cum omnibus et singulis appendiciis officii memorati ad vitam ipsius fratris Maheri plenarie gubernandum ac regendum, eidem iura emolumenta et onera ipsius officii committentes, dantes insuper eidem fratri Mahero cameram, quam frater Johannes dictus Faukenel dicti nostri monasterii monachus in claustro nostro obtinet, post tamen dicti fratris Johannis decessum, ad vitam ipsius fratris Maheri tenendam et possidendam, mandantes et precipientes omnibus et singulis, quorum interest, quatinus eidem fratri Mahero de iuribus et obventionibus universis dicti officii seu ad dictum officium spectantibus absque contradictione respondeant et pareant cum effectu. Dat. sub sigillo nostro presentibus in testimonium veritatis appenso anno domini MCCCXLV feria tercia post festum B. Mathie apostoli.
>*Transsumptum in litteras a Clemente VI datas d. 18 m. decembris a. 1346.* — Reg. 176 f. 137 nr. 265.

968. — *1346 März 21. Avignon.*

Clemens VI Matheo dicto Spec clerico Met. dioc. reservat beneficium ecclesiasticum cum cura vel sine cura consuetum clericis secularibus assignari, cuius fructus, si cum cura, sexaginta, si vero sine cura fuerit, quadraginta librarum turonensium parvorum s. t. d. valorem annuum non excedant, spectans communiter vel divisim ad dispositionem abbatis et conventus monasterii Gorziensis.

Vite ac morum honestas . . . Dat. Avin. XII kl. aprilis a. quarto.

In e. m. patriarche Jerosolimitano et episcopo Ulixbonensi ac abbati monasterii S. Martini Glandriensis Met dioc.

Reg. 171 f. 223¹ nr. 393. Conf. supra nr. 958.

969. — *1346 März 22. Avignon.*

Clementi VI, presentibus Petro Penestrino, Bertrando Ostiensi, Gaucelino Albanensi, Johanne Portuensi, Petro Sabinensi episcopis, Imberto tit. basilice XII Apostolorum, Talairando tit. S. Petri ad vincula, Petro tit. S. Clementis, Gocio tit. S. Pri[s]ce, Guilhelmo tit. SS. Quatuor Coronatorum, Guilhelmo tit. S. Stephani in Celiomonte, Guidone tit. S. Sicilie (!), Hugone tit. S. Laurentii in Damaso, Aymerico tit. S. Martini in montibus, Adhemario tit. S. Anastasie, Petro Bertrandi tit. S. Susanne presbiteris, Raymundo S. Marie Nove, Galhardo S. Sicilie in Cilice, Johanne S. Angeli, Bernardo S. Eustachii, Guilhelmo S. Marie in Cosmedin et Nicolao S. Marie in via lata diaconis cardinalibus necnon Guilhelmo de Lyg clerico camere apostolice et Bertrando de Chanaco et Guilhelmo de Malesico notariis, tradit magister Henricus Stoherlin procurator Bartholdi episcopi Argentinensis instrumentum publicum per manus Bertholdi Erlin clerici Argentinensis in castro episcopi »subtus et« Basiliensis diocesis, presentibus testibus Ulrico de Sygenoroe preposito ecclesie Argentinensis, Bertholdo de Sygenoroe rectore ecclesie in Numburg Constanciensis diocesis fratre dicti prepositi, Ruodolfo preposito ecclesie S. Petri Basiliensis et magistro Henrico de Suese officiali curie Basiliensis, d. V m. novembris a. MCCCXLV confectum et sigillo Bartholdi episcopi sigillatum, quo is episcopus a papa petit absolutionem pro eo, quod post obitum Johannis XXII et tempore Benedicti XII »propter metum iustum et legitimum, qui poterat cadere in constantem, corporis et bonorum ac iurium et bonorum ecclesie nostre periculum et eversionem, non sponte et cum magna cordis amaritudine, cum finaliter amplius reluctare non possem, indebite feuda et regalia Argentinensis ecclesie de facto solum a domino Ludovico de Bavaria tamquam a Romanorum rege et imperatore illicite recognovi eidemque indebite homagium feci«. Quo instrumento prelecto et obedientia pape a procuratore episcopi eius vice per iuramentum promissa papa Bartholdum episcopum absolvit.

Arch. Vatic. Armar. XV caps. XI nr. 7, fasc. II f. 129¹. Rz. 2244.

970. — *1346 April 13. Avignon.*

Clemens VI Metensi Tullensi et Virdunensi episcopis nunciat, quod tenore presentium omnes et singulos principes ecclesiasticos et seculares, ad quos regem in imperatorem postmodum promovendum ius pertinet eligendi, monet, quatinus sine more dispendio pro electione regis de persona ydonea conveniant et ad electionem procedant, eisque mandat, quatinus processus contra Ludovicum de Bavaria noviter factos publicent solenniter.

Nuper adversus iniquitatis filium . . . Dat. Avin. idus aprilis a. quarto.

Reg. 217 f. 7.

971. — *1346 April 28. Avignon.*

Clemens VI pluribus episcopis atque inter eos Metensi et Virdunensi mandat, quatinus principibus imperii electoribus, qui eligere regem Romanorum promovendum in imperatorem voluerint, et eidem regi, dum sit talis, qui gratiam et communionem apostolice sedis obtineat, electus fuerit, assistant.

Attendentes, quod prolixa . . . Dat. Avin. IIII kl. maii a. quarto.

Reg. 139 nr. 1055 et 1056. W. 99.

972. — *1346 April 28. Avignon.*

Clemens VI confirmat duas litteras, quibus Ademarus episcopus Metensis fundavit anniversarium et donavit capitulo Metensi quosdam redditus.

[Clemens VI.] Ad perpetuam rei memoriam.

Ea, que pro divini . . . Sane . . . Ademari episcopi Metensis exhibita nobis petitio continebat, quod dudum ipse pro sua et predecessorum ac successorum suorum episcoporum Metensium animarum salute in ecclesia Metensi tres' missas certis temporibus anni et certo modo etiam instituit perpetuo celebrandas et quod . . . decano et capitulo eiusdem ecclesie propterea triginta [libras] Metenses et in recompensatione dampnorum, que dicti decanus et capitulum sustinuerant, in concordia inter decanum et capitulum predictos et quosdam potentes cives Metenses per ipsum episcopum ad maiora scandala et pericula evitanda olim facta de quadam decima, super qua inter decanum et capitulum ex parte una et cives predictos ex altera olim fuerat discordia suscitata, decem libras turonenses annui et perpetui redditus dedit ac etiam assignavit percipiendas et habendas per dictos decanum et capitulum certis ad hoc statutis competentibus terminis annis singulis super quibusdam bonis et iuribus ad ipsum episcopum ratione ipsius ecclesie pertinentibus et in parte per eum ipsius ecclesie nomine acquisitis, prout in diversis patentibus litteris ipsius episcopi sigillo munitis, quarum tenores de verbo ad verbum presentibus inseri fecimus, plenius continetur. Quare prefatus episcopus nobis humiliter supplicavit, ut dationi et assignationi huiusmodi confirmationis apostolice robur adicere dignaremur. Nos igitur . . . dationem et assignationem predictas . . . ratas et geatas habentes, illas . . . confirmamus. Tenores vero dictarum litterarum tales sunt:

Ademarius . . . Cum a sacris canonibus . . . Actum et datum anno domini millesimo trecentesimo quadragesimo secundo vicesima die mensis iulii. (*Conf. nr. 830.*)

Item tenor alterius littere talis est:

Nos Ademarius . . . notum facimus universis, quod cum inter decanum . . . Actum et datum anno domini MCCCXLIII quintadecima die mensis augusti. (*Conf. nr. 896.*)

. . . Dat. Avin. IIII kl. maii a. quarto.

Reg. 218 f. 309¹ nr. 576 et Reg. 168 f. 403¹ nr. 576.

973. — *1346 Mai 2. Avignon.*

Clemens VI Yolandi comitisse Barrensi indulget, ut missam, antequam illucescat dies, circa tamen diurnam lucem, cum qualitas negotiorum pro tempore ingruentium id exegerit, per ydoneum sacerdotem facere celebrari sibi liceat.

Sincere devotionis affectus . . . Dat. Avin. VI nonas maii a. quarto.

Reg. 168 f. 474 nr. 20.

974. — *1346 Mai 2. Avignon.*

Clemens VI Yolandi comitisse Barrensi.

Exigit tue devotionis . . . Hinc est, quod nos tuis supplicationibus inclinati, ut dilecti filii nobiles Eduardus et Robertus nati tui, qui nondum septimum etatis eorum annum attigisse et debilis complexionis quodammodo esse dicuntur, quadragesimalibus et aliis quibuscumque diebus, quibus esus carnium est prohibitus de consuetudine vel de iure, donec dictum septennium predicte etatis eorum annum attigerint, vesci carnibus licite valeant, cum hoc eis expedierit, . . . tibi concedimus . . . nosque cum ipsis et eorum quolibet super hoc tenore presentium dispensamus . . . Dat. Avin. VI nonas maii a. quarto.

Reg. 218 f. 260 nr. 476 et Reg. 168 f. 373¹ nr. 476.

975. — *1346 Mai 2. Avignon.*

Clemens VI Yolandi comitisse Barrensi indulget, ut, si forsan ad loca ecclesiastico supposita interdicto eam contigerit declinare, liceat ei in illis sibi et familiaribus suis domesticis missam et alia divina officia facere celebrari, januis clausis, etc.

Devotionis tue sinceritas ... Dat. Avin. VI nonas maii a. quarto.

Reg. 218 f. 260 nr. 477 et reg. 168 f. 373¹ nr. 477.

976. — *1346 Mai 2. Avignon.*

Clemens VI Yolandi comitisse Barrensi indulget, ut liceat ei habere altare portatile.

Sincere devotionis affectus ... Dat. Avin. VI nonas maii a. quarto.

Reg. 218 f. 424 nr. 39 et reg. 168 f. 471¹ nr. 39.

977. — *1346 Mai 3. Avignon.*

Clemens VI Gerardo de Arbento thesaurario eccl. B. Marie Escoyarum Rothomagensis dioc. mandat, quatinus pecunias decime triennalis collectas et colligendas in Trever. Lugdun. Vienn. Tarantas. et Bisuntin. provinciis ab eorum archiepiscopis et suffraganeis ac quibusvis personis aliis petere exigere ac recipere procuret.

Dudum non sine ... Dat. Avin. V nonas maii a. quarto.

Reg. 139 nr. 1048.

978. — *1346 Mai 3. ?.*

Gerardus de Arbento collector camere apostolice in Trev. Bisuntin. Lugdun. Vienn. et Tarantas. provinciis ad exigendum decimam biennalem a Clemente VI d. I m. decembris a. MCCCXLIII impositam et decimam triennalem ab eodem d. XII m. decembris a. MCCCXLV impositam reddit rationem de pecuniis receptis et expensis.

Kirsch, p. 183—187 (ex Collectoriarum t. 64 f. 124, 155¹ 167—169¹).

979. — *1346 Mai 3. Avignon.*

Clemens VI episcopo Metensi.

Pridem per nostras exhortatorias litteras fraternitati tue scripsisse meminimus, ut circa collectionem decime triennalis dudum per nos ... pro subsidio fidelium contra Turchos ... imposite[a]) adhiberes et adhiberi faceres in tuis civitate ac diocesi diligentiam oportunam. Sane quia, sicut intelleximus displicenter, parum extitit hactenus super eadem collectione processum, fraternitatem rogamus et hortamur eandem, quatinus circa exactionem et collectionem eiusdem decime sic operose

---

[a]) imposuimus *in reg.*

intendas, quod quevis commissa in hac parte negligentia per subsequentem diligentiam deleatur ... Dat. Avin. V nonas maii a. quarto.

Item in e. m. episcopo Virdunensi.

Item in e. m. episcopo Tullensi.

Reg. 139 nr. 1145—1147.

980. — *1346 Mai 3. Avignon.*

[Clemens VI] eidem [Gerardo de Arbento] thesaurario eccl. B. Marie Escoyarum Rothemagensis dioc.

Fidedigne assertionis relatione percepimus, quod quondam Johannes Martini de Porta civis Virdunensis, qui diffamatus de pravitate usuraria, quam exercuisse multis temporibus dicebatur, testamento condito et executoribus super eo deputatis omnia bona sua sub protectione ac ordinatione sedis apostolice, ad hoc ut ad sacramenta reciperetur ecclesiastica, que sibi propter crimen usurarum suus curatus proprius denegabat, admitteretur, supposuit et dimisit; ac deinde prefato Johanne sublato de medio et nullo herede relicto legitime, quidam clericus nomine Franciscus et comunitas Virdunensis receperunt predicta. Nos igitur ... de bonis predictis, que habebat idem Johannes et quid tam de illis quam de restitutionibus, que inde fieri debebant eis, a quibus per pravitatem extorserat antedictam, factum extiterit, cum factis eisdem restitutionibus prefatus Johannes pauperes Christi heredes instituisse dicatur, volentes plenius informari, discretioni tue ... mandamus, quatinus super premissis ... te informans faciensque tibi testamentum et quascumque scripturas ultimam voluntatem seu dispositionem dicti defuncti contingentes quomodolibet exhiberi, si tibi ... constiterit de premissis, bona predicta sub manu apostolica, ut inde restitutiones fieri, quorum interest, et alia, que pro salute anime ipsius defuncti nobis videbuntur expedientia, ordinari valeant, recipere non postponas ... nosque super hoc certificare studeas particulariter et distincte. Dat. ut supra (= Avin. V nonas maii a. quarto).

Reg. 139 nr. 1149.

981. — *1346 Mai 17. Avignon.*

Clemens VI Gerardo de Arbento collectori camere apostolice nunciat, quod reservationem fructuum primi anni omnium beneficiorum ecclesiasticorum XIII kl. iunii anno primo pro uno biennio factam prorogat ad alterum biennium, eique mandat, quatinus eosdem colligat in Lugdun. Vienn. Tarantas. Bisuntin. et Trever. provinciis.

Attendentes dudum, quod ... Dat. ut supra (= Avin. XVI kl. iunii a. quarto).

Reg. 139 nr. 1378.

982. — *1346 Juli 12. Villeneuve.*

Clemens VI Walerano de Lucembaurc domino de Lineyo militi Tull. dioc. indulget, ut confessor, quem duxerit eligendum, omnium peccatorum plenam remissionem semel in mortis articulo ei concedere valeat.

Provenit ex tue devocionis . . . Dat. apud Villamnovam Avin. dioc. IIII idus iulii a. quinto.

Reg. 176 f. 288 nr. 44.

983. — *1346 Juli 14. Avignon.*

Clemens VI Yolande comitisse Barrensi indulget, ut septem capellani seu clerici eius obsequiis insistendo fructus beneficiorum ecclesiasticorum suorum, etiam si dignitates vel personatus seu officia aut administrationes existant et curam habeant animarum, dummodo dignitates huiusmodi non existant in cathedralibus post episcopales maiores vel in collegiatis ecclesiis principales, integre, cotidianis distributionibus dumtaxat exceptis, usque ad triennium percipere valeant et interim ad residendum in eisdem non teneantur.

Sincere devotionis affectus . . . Dat. Avin. II idus iulii a. quinto.

In e. m. S. Ilarii Pictavensis et maioris decanis ac preposito B. Marie Magdalene Virdun. eccl.

Reg. 176 f. 4 nr. 9.

984. — *1346 August 5. Avignon.*

Hermannus Johannis de Gorzia presbiter Met. dioc. supplicat, quatinus sibi conferatur parrochialis eccl. de Jarneyo Met. dioc. vacans per obitum Johannis dicti Bellegreie. — Annuit papa.

Clem. VI Supplic. XI f. 119.

985. — *1346 August 5. Avignon.*

Clemens VI Jacobo Genneti de Metis confert eccl. S. Theobaldi extra muros Met. canonicatum et prebendam, quorum fructus viginti librarum turonensium parvorum s. t. d. valorem annuum non excedunt, vacantes per resignationem Henrici Rocel clerici Met., non obstante quod in eccl. S. Petri ad ymagines Met. canonicatum et prebendam obtinet, quorum fructus duodecim librarum turonensium parvorum s. t. d. valorem annuum non excedunt.

Litterarum scienta, vite . . . Dat. Avin. nonas augusti a. quinto.

In e. m. preposito S. Petri ad ymagines Met. et decano S. Ilarii Pictavensis ac sacriste Magalonensis eccl.

Reg. 177 f. 192¹ nr. 39.

986. — *1346 August 31. Avignon.*

Clemens VI Francisco nato Johannis dicti Louve civis Metensis confert canonicatum et prebendam eccl. Met., postquam et Franciscus dictus capellanus capelle. S. Stephani de Usinga ante villam S. Naboris prope silvam de Warando et Antonius natus Pauli de Viterbio canonicus prebendatus eccl. Met. permutationis causa beneficia sua resignaverunt.

Apostolice sedis circumspecta . . . Dat. Avin. II kl. septembris a. quinto.

In e. m. S. Symphoriani et S. Arnulphi prope muros Met. monasteriorum abbatibus ac decano eccl. S. Illarii Pictavensis.

Reg. 173 f. 63ᵗ nr. 107.

987. — *1346 August 31. Avignon.*

Clemens VI Antonio nato magistri Pauli de Viterbio confert perpetuam capellaniam S. Stephani protomartiris de Usinga ante villam S. Naboris prope silvam de Warando Met. dioc., postquam Franciscus natus Johannis dicti Louve civis Metensis tunc capellanus dicte capelle et Antonius predictus tunc canonicus prebendatus eccl. Met. permutationis causa beneficia sua resignaverunt.

Apostolice sedis circumspecta . . . Dat. Avin. II kl. septembris a. quinto.

In e. m. S. Symphoriani et S. Arnulphi prope muros Met. monasteriorum abbatibus ac decano eccl. S. Ilarii Pictavensis.

Reg. 173 f. 61 nr. 106.

988. — *1346 September 22. Avignon.*

Clemens VI Johanni dicto Nickilman de Lucemburgo clerico Trever. dioc. consideracione Karoli Romanorum regis reservat beneficium ecclesiasticum cum cura vel sine cura consuetum clericis secularibus assignari, cuius fructus, si cum cura, sexaginta, si vero sine cura fuerit, quadraginta librarum turonensium parvorum s. t. d. valorem annuum non excedant, spectans communiter vel divisim ad dispositionem abbatis et conventus monasterii S. Martini Glanderiensis S. ord. Bened. Met. dioc.

Suffragantia tibi merita . . . Dat. Avin. X kl. decembris a. quinto.

In e. m. S. Salvatoris Traiect. et S. Salvatoris Met. ac S. Theobaldi extra muros Met. eccl. decanis.

Reg. 174 f. 143¹ nr. 273.

989. — *1346 October 26. (Metz?)*

Nos Ademarius dei [et] apostolice sedis gracia Metensis episcopus cunctis volumus esse notum, quod cum vir religiosus dominus Beraudus abbas monasterii S. Arnulphi extra muros Metenses fratri Mahero dicto Vogeneil predicti monasterii monacho commisit officium custodie monasterii antedicti cum omnibus et singulis appendiciis officii memorati eidemque fratri dederit cameram, quam frater Johannes dictus Fakeneil dicti monasterii monachus in claustro dicti monasterii obtinet, post tamen dicti fratris Johannis decessum, ad vitam dicti fratris Maheri tenendam et possidendam ... nos ... predictam commissionem approbavimus ... Actum et datum anno domini MCCCXLVI feria quinta ante festum omnium sanctorum.

Transsumptum in Clementis VI litteras datas d. XVIII m. decembris a. 1346. — Reg. 176 f. 137 nr. 265.

990. — *1346 October 31. Avignon.*

Clemens VI Carolo de Pictavia canonico et primicerio eccl. Met. ad tollendum cuiuslibet ambiguitatis scrupulum declarat, quod perinde valeat et habeat roboris firmitatem collatio canonicatus et prebende ac primiceriatus eccl. Met. vacantium per laicationem et matrimonium Rogerii comitis Petragoricensis.

Nobilitas generis, vite ... Dat. Avin. II kl. novembris a. quinto.

Reg. 174 f. 326 nr. 942.

991. — *1346 November 22. Avignon.*

Clemens VI Johanni nato Nicolai dicti Herzel de Luceburgo clerico Trever. dioc. consideracione Karoli regis Romanorum reservat beneficium ecclesiasticum cum cura vel sine cura, cuius fructus, si cum cura, sexaginta, si vero sine cura fuerit, quadraginta librarum turonensium parvorum s. t. d. valorem annuum non excedant, spectans communiter vel divisim ad dispositionem abbatis et conventus monasterii Gorziensis Met. dioc.

Probitatis et virtutum merita ... Dat. Avin. X kl. decembris a. quinto.

In e. m. Johanni de Pistorio Traiect. et Hugoni de Mirabello Met. eccl. canonicis ac officiali Metensi.

Reg. 175 f. 42 nr. 90.

992. — *1346 November 26. Bonn.*

Ademarius episcopus Met. interest coronationi Caroli IV.

Böhmer-Huber, Reg. Imp. nr. 264 a.

993. -- *1346 December 18. Avignon.*

Clemens VI Symoni Michaelis confert ecclesiam parrochialem de Doniens Met. dioc. ex eo vacantem, quod et Symon eccl. parrochialem de Estrees Virdun. dioc. et Richardus Ancelini eccl. parrochialem de Domeus, permutationis causa in curia Romana resignaverunt.

Apostolice sedis circumspecta . . . Dat.

Reg. 177 f. 430 nr. 184.

994. — *1346 December 18. Avignon.*

Clemens VI confirmat, quod Beraudus abbas monasterii S. Arnulphi Mahero Vogenel commisit ad vitam custoriam dicti monasterii d. XXVIII m. februarii a. MCCCXLVI et quod Ademarius episcopus Met. approbavit dictam commissionem d. XXVI m. octobris a. MCCCXLVI.

Religionis zelus, vite . . . Dat. Avin. XV kl. ianuarii a. quinto.

Reg. 167 f. 136¹ nr. 265.

995. — *1347 Januar 31. Avignon.*

Clemens VI sententias excommunicationum et interdicti ab archidiaconis ecclesie Virdunensis in fratres ordinum Mendicantium necnon rectores et cives civitatis Virdunensis prolatas relaxat usque ad festum proximum nativitatis domini.

[Clemens VI] Ad futuram rei memoriam.

Regis pacifici locum . . . Dudum siquidem pro parte universitatis hominum civitatis Virdunensis proposito in consistorio coram fc. re. Benedicto papa XII . . . quod dilecti filii . . . primicerius decanus et capitulum ecclesie Virdunensis in eadem civitate cessaverant et cessari mandaverant a divinis indebite et iniuste . . . quamvis, ut dicebant, eisdem . . . id non competeret de consuetudine vel alias, et quod etiam huiusmodi cessatio facta fuerat non servata forma iuris et aliis, que de iure in talibus requiruntur, eidemque decanus et capitulum et etiam alie persone ecclesiastice et clerici Virdunenses per se et alios universitati predictis ac singularibus personis eorundem multas alias iniurias irrogarant; ac pro parte primicerii decani et capituli predictorum proposito ex adverso, quod magister scabinus scabini rectores decanus administratores gubernatores iusticiarii et officiales universitatis predictorum ipsique universitas et cives Virdunenses insurrexerant contra . . . Henricum episcopum et ecclesiam Virdunensem ac ecclesiasticam libertatem et iurisdictionem temporalem ipsius civitatis ad episcopum et ecclesiam predictos spectantem eamque usurpaverant occupaverant et detinebant indebite occupatam ac nichilominus fructus redditus et proventus, iurisdictionis iura et bona dictorum primicerii decani canonicorum et capituli eiusdem ecclesie ac eorum ministrorum familiarium et subditorum ac hominum invaserant rapuerant et usurparant dictosque decanum canonicos et capitulum ac clericos expulerant et eiecerant de ecclesia et civitate predictis et nonnullas alias iniurias tunc expressas irrogarant eisdem et quod dicti canonici et capitulum propter huiusmodi iniurias et offensas cessaverant, prout id eis conspicere dicebant canonice, a divinis, quodque alias pro parte ipsorum canonicorum et capituli gravaminibus dampnis iniuriis excessibus et offensis huiusmodi eidem predecessori expositis, dictus predecessor super illis in partibus informationem recipi et illos, qui in premissis reperirentur culpabiles, citari mandaverat, quodque huiusmodi informatio et citatio facte fuerant, ac post cessationem a divinis, commissionem informationem et citationem prefatas scabini rectores et alii officiales ac universitas supradicti eisdem primicerio decano canonicis et capitulo nova dampna gravamina iniurias intulerant et offensas, ac religiosi ordinum Mendicantium civitatis eiusdem huiusmodi cessationem non servarant nec servabant; ac propterea dilecti filii archidiaconi eiusdem ecclesie, prout eis de consuetudine competere asserebant, eos fecerant excommunicatos a canone publice nunciari, ac dicti fratres propter hec et alia, ut dicebant, gravamina eis illata ad sedem apostolicam appellarant; ex parte vero ipsius episcopi tunc etiam ibidem coram ipso predecessore proposito, quod dictus episcopus eisdem primicerio decano et capitulo super eisdem ex parte ipsorum, ut prefertur, propositis assistebat: dictus predecessor huiusmodi causas et negotium, que inter partes ipsas vertebantur seu verti sperantur, dilecto filio nostro Petro tit. S. Clementis presbitero cardinali summarie simpliciter et de plano sine strepitu et figura iudicii audienda commisit^a) et fine debito terminanda cum potestate citandi extra curiam et ad partes. Et demum, postquam in causis et negotio huiusmodi coram eo aliquamdiu processum extitit inter partes, dicto predecessore de hac luce subtracto nobisque ad apicem summi apostolatus assumptis, ... nonnulle excommunicationum et interdictorum [in] religiosos Mendicantes et magistrum scabinum scabinos rectores decanum administratores gubernatores iusticiarios et officiales universitatis predictorum ac cives universitatem et civitatem Virdunensem eisque adherentes ... sentencie promulgate ipsique religiosi magister scabinus *etc.* excommunicati ac universitas et civitas interdicte ... publice nunciati fuerant de facto, prout pro parte ipsorum propositum extitit coram nobis. Nos tandem

---

a) cornisis *in reg.*

... Bertrandum Ostiensem et Petrum Sabinensem episcopos ad concordandum partes ipsas ... duximus deputandos. Cum autem postmodum ... procuratores ... in nos tamquam in arbitrum ... IIII kl. decembris proximo preteriti unanimiter et concorditer compromiserint, volentes compromissum huiusmodi usque ad festum navitatis domini proximo futurum perdurare ... omnes et singulas sententias supradictas ... ad supplicationem procuratorum magistri scabini scabinorum *etc.* et de consensu procuratorum episcopi primicerii decani et capituli ... relaxamus ... Dat. Avin. II kl. februarii a. quinto.

Reg. 176 f. 183¹ nr. 402.

996. — *1347 Februar 6. Avignon.*

Ademarius episcopus Metensis significat pape, quod Hugoni Ademarii archidiacono de Rivello in eccl. Tullensi suo consanguineo et capellano papali pro servitiis per eum sibi impensis assignavit, quoad is vixerit, sexaginta libras turonensium parvorum super salinis de Marsallo et de Mediovico annuatim solvendas, et supplicat, quatinus papa dictam assignationem confirmet. — Annuit papa.

Clemens VI Supplic. X f. 65.

997. — *1347 Februar 8. Avignon.*

Stephanus episcopus S. Poncii Thomeriarum camerarius pape testatur, quod Beraudus abbas monasterii S. Arnulphi Met. pro parte partis sui communis servicii, in quo est camere obligatus, CLXXV flor. auri prefate camere necnon et pro parte partis IIII serviciorum familiarium et officialium XXVIII flor. auri per manus Guillelmi Rocherii tempore debito solvi fecit, et quod intellecta mole gravaminum, que pro parte dicti abbatis d. XXV m. ianuarii coram papa in consistorio extitit exposita, ad solvendum complementum ei terminus est prorogatus usque ad proximum festum S. Michaelis.

Unversis etc. Stephanus ... Dat. Avin. die VIII m. februarii a. [MCCCXLVII] ...

Oblig. et Solut. 21 f. 48¹; similiter, sed brevius Introit. et Exit. 243 f. 14.

998. — *1347 Februar 10. Avignon.*

Clemens VI episcopo Virdunensi mandat, quatinus cum nobili viro Johanne de Asperomonte milite et nobili muliere Margareta de Forpays (*Forbach?*), Virdun. et Met. dioc., qui ignorantes se esse quarto consanguinitatis gradu coniunctos matrimonium contraxerunt et consummaverunt, dispenset, ut in eodem licite remanere possint, prolem susceptam et suscipiendam legitimam declarando. Vult autem papa, quod iidem teneantur unam capellam fundare eamque dotare de XX florenis auri annui redditus pro uno perpetuo capellano. — Olim fuerant dissensiones et guerre inter dictum Johannem ex una et Henricum dicte Margarete germanum ex altera parte, in quibus guerris dictus Johannes captus fuerat et per dimidium annum et ultra in carcere detentus per dictum Henricum. Ob quam detentionem consanguinei et amici dicti Johannis castrum de Forpays dicte Met. dioc. cum pluribus militibus et armigeris ceperant, pro quibus et nonnullis aliis causis Johannes extitit liberatus. Pace facta Johannes et Margareta de quorundam utriusque partis consanguineorum et amicorum consensu matrimonium contraxerant.

Petitio pro parte . . . Dat. Avin. IIII idus februarii a. quinto.

Reg. 174 f. 340 nr. 1025.

999. — *1347 März 3. Avignon.*

Clemens VI Gerardo de Arbento apostolice sedis nuncio significat se comperisse, quod nonnulle persone ecclesiastice Tarantas. Vienn. Lugdun. Trever. et Bisuntin. provinciarum decimam triennalem ipsis a papa impositam solvere recusant; quare ei mandat, quatinus ad collectionem procedat etiam per aggravationem penarum ecclesiasticarum, invocato ad hoc, si opus fuerit, auxilio brachii secularis.

Ad auditum nostri . . . Dat. Avin. V nonas marcii a. quinto.

Reg. 140 f. 237¹ nr. 1026. Rz. 2317.

1000. — *1347 März 3. Avignon.*

Clemens VI Gerardo de Arbento concedit facultatem absolvendi ab excommunicationis et aliis spiritualibus sentenciis eos et dispensandi super irregularitate cum eis, qui ob non solutam decimam triennalem predictas penas incurrerunt, post satisfactionem prestitam.

De tue fidelitatis . . . Dat. ut supra (= Avin. V nonas marcii a. quinto).

Reg. 140 f. 237¹ nr. 1027. Rz. 2317 n. 1.

1001. — *1347 März 3. Avignon.*

Clemens VI Gerardo de Arbento conquerenti, quod nonnulle persone ecclesiastice Tarantas. Lugdun. Vienn. Trever. et Bisuntin. provinciarum, in quibus decime triennalis et censuum ecclesie Romane et annatarum collectio ipsi est commissa, mandata, que Gerardus pro premissis vel aliquo premissorum redigit, interdum exequi renuunt vel contempnunt, mandat, quatinus easdem personas ad suscipiendum reverenter et exequendum efficaciter mandata sua per censuram ecclesiasticam appellatione postposita compellat.

Tua insinuatione percepimus . . . Dat. ut supra (= Avin. V nonas marcii a. quinto).

Reg. 140 f. 238 nr. 1028.

1002. — *1347 April 30. Avignon.*

Clemens VI Karolo de Pictavia scolastico eccl. Tull. indulget, ut in aliquo beneficiorum suorum ecclesiasticorum personaliter residendo aut litterarum studio in loco, ubi illud generale vigeat, insistendo fructus eorundem, etiam si dignitates vel personatus aut officia existant et curam habeant animarum, integre, cotidianis distributionibus dumtaxat exceptis, usque ad quinquennium percipere valeat et interim ad residendum in eisdem non teneatur.

Nobilitas generis, vite . . . Dat. Avin. II kl. maii a. quinto.

In e. m. episcopo Vivariensi ac archidiacono de Vico Met. eccl.

Reg. 176 f. 24 nr. 54.

1003. — *1347 Mai 7. Avignon.*

Clemens VI Nicolao nato quondam Johannis villici de S. Arnualis clerico Met. dioc. reservat beneficium ecclesiasticum sine cura, cuius fructus XVIII marcharum argenti s. t. d. valorem annuum non excedant, spectans communiter vel divisim ad dispositionem decani et capituli S. Arnualis.

Vite ac morum honestas . . . Dat. Avin. nonas maii a. quinto.

In e. m. Avin. et S. Petri Argentin. eccl. ac monasterii Haganova Argentin. dioc. prepositis.

Reg. 175 f. 103 nr. 234.

1004. — *1347 Juni 9. Avignon.*

Clemens VI Yolandi de Flandria comitisse Barrensi, ad cuius mensam et hospicium contingit frequenter declinare nonnullas personas religiosas ordinum Mendicantium et aliquas ex eis cum ea etiam commorari, quibus per statuta et consuetudines est interdictus esus carnium, indulget, ut eius confessor eisdem personis a superioribus tamen suis super hoc licentiam habentibus possit vescendi carnibus licentiam concedere.

Provenit ex tue devotionis affectu . . . Dat. Avin. V idus iunii a. sexto.

Reg. 184 f. 68 nr. 34.

1005. — *1347 October 13. Avignon.*

Joffridus Colini quondam dicti Mochat Metensis supplicat, quatinus sibi provideatur de canonicatu eccl. S. Theobaldi extra muros Met. sub expectatione prebende. — Annuit papa.

Clem. VI Supplic. XIV f. 146[1].

1006. — *1347 October 21. Avignon.*

Clemens VI archiepiscopo Trever. et Tull. ac Virdun. episcopis mandat, quatinus primicerio decano et capitulo eccl. Met. deputati conservatores eisdem efficacis defensionis presidio assistentes non permittant eosdem a quibuscumque super possessionibus et iuribus suis indebite molestari.

Militanti ecclesie licet . . . Dat. Avin. XII kl. novembris a. sexto.

Reg. 180 f. 183[1] nr. 481.

1007. — *1347 October 26. Avignon.*

Clemens VI Johanni dicto de Ayx confert eccl. parrochialem de Estrees Virdun. dioc. vacantem ex eo, quod et is eccl. parrochialem S. Bricii cum capella de Avioth Trever. dioc. per procuratorem et Richardus de Metis eccl. parrochialem de Estrees Virdun. dioc. per se ipsum in curia permutationis causa resignarunt.

Apostolice sedis circumspecta . . . Dat. Avin. VII kl. novembris p. n. a. sexto.

Or. memb. cum plumbo; sub plica ad sinistr: $\overline{\overline{X}}$ *de Campis; in plica ad dextr:* Simbaldus; *in dorso:* Guillelmus de Viculo. — *Metz. Arch. H 1472[5].*

1008. — *1347 November 23. Avignon.*

Petrus Moreti capellanus papalis et archidiaconus de Vico in eccl. Met. supplicat, quatinus in altero beneficiorum suorum vel apud sedem apostolicam residendo fructus omnium suorum beneficiorum integre, cotidianis distributionibus dumtaxat exceptis, percipere valeat. — Annuit papa.

Clem. VI Supplic. XIII f. 53[1].

1009. — *1347 November 28. Avignon.*

Symon Petri dictus Vendehanap clericus Met. supplicat, quatinus sibi concedantur indulgentie plenarie in mortis articulo. — Annuit papa.

Clem. VI Supplic. XIII f. 55.

1010. — *1348 Januar 18. Avignon.*

Clemens VI Johannem dictum Ron presbiterum Metensem, qui dudum in decimo octavo etatis anno constitutus parrochialem ecclesiam de Contil Met. dioc. assecutus, ipsam per quinque annos et amplius detinuit, fructus, qui viginti librarum turonensium parvorum valorem annuum non excedant, percipiens ex eadem, ad sacerdotium non promotus, dispensatione non obtenta, et deinde ad ipsius titulum se fecit ad sacerdotium promoveri, postmodum vero eandem pro parrochiali ecclesia S. Jacobi Met. permutavit, quam detinuit ultra sex annos, fructus triginta librarum turonensium parvorum valorem annuum non excedentes percipiens ex eadem, habilitat et in integrum restituit eique fructus iniuste perceptos remittit. Vult autem, quod ecclesiam S. Jacobi nunc realiter et omnino dimittat et quod quinquaginta flor. auri persolvat in christianorum subsidium contra Turchos.

Sedis apostolice cunctis . . . Dat. Avin. XV kl. februarii a. sexto.

Reg. 184 f. 237 nr. 666.

1011. — *1348 Februar 8. Avignon.*

[Clemens VI] Karolo regi Romanorum illustri.

Quot et quanta dispendia inter . . . Henricum episcopum et . . . capitulum et clerum ex parte una ac cives Virdunenses ex altera suborta discordia germinari[n]t, tua sublimitas non ignorat. Quam per amicabilis concordie bonum cupientes extingui, serenitatem tuam attente rogamus, quatinus ad pacem episcopi capituli et cleri necnon civium predictorum te . . . interponas . . . Dat. Avin. VI idus februarii a. sexto.

Reg. 141 nr. 1086; W. nr. 191.

1012. — *1348 Februar 19. Avignon.*

Universis etc. St[ephanus . . . pape camerarius] testatur, quod . . . Beraudus abbas monasterii S. Arnulphi extra muros Metenses ord. S. Benedicti pro parte partis sui communis servicii, in quo etc. LXXXVIII flor. auri prefate camere necnon et pro parte partis quatuor serviciorum etc. XII flor. auri etc. clericis etc. tempore debito manualiter persolvit, de quibus . etc. Dat. Avin. die XIX mensis februarii anno [MCCCXLVIII] ind. [I] et pont. predictis.

Obl. et Sol. 21 f. 82 (79); similiter, sed brevius Introit. et Exit. 250 f. 17.

1013. — *1348 April 5. Avignon.*

Clemens VI, in quem tamquam arbitrum et arbitratorem super omnibus litibus et controversiis compromiserant IIII kl. decembris pont. a. quinto permicerius decanus et capitulum eccl. Virdun, ac prepositus et capitulum B. Marie Magdalene Virdun, ex una parte et magister scabinus, scabini rectores decanus administratores gubernatores et iusticiarii et oficiales ac universitas, civitas et cives Virdun ex altera, qui insurrexerant contra Henricum episcopum Virdun. et ecclesiam Virdun. ac ecclesiasticam libertatem et iurisdictionem temporalem ipsius civitatis ad episcopum et ecclesiam Virdun. spectantem usurpaverant ac fructus redditus et proventus, iura et bona dictorum primicerii decani canonicorum et capituli eccl. Virdun. ac eorum ministrorum familiarium et subditorum ac hominum invaserant et rapuerant dictosque decanum canonicos et capitulum ac clericos expulerant et iecerant de ecclesia et civitate, prorogat terminum relaxationis interdicti, quod religiosi quidam ordinum Mendicantium in civitate non servaverant et servabant, usque ad proximum festum omnium sanctorum ad concordiam interim reformandam inter partes.

Regis pacifici vices . . . Dat. Avin. nonas aprilis a. sexto.

Reg. 184 f. 214¹ nr. 544.

1014. — *1348 April 27. Avignon.*

Clemens VI Stephano Militis confert eccl. S. Theobaldi extra muros Met. canonicatum et prebendam vacantes per obitum Stephani dicti Mayle alias de Metis, qui nuper apud sedem apostolicam diem clausit extremum, non obstante quod is parrochialem eccl. de Dugneyo ac canonicatum et prebendam eccl. S. Petri de S. Juliano de Saltu Virdun. et Senonensis dioc. obtinet.

Attributa tibi merita . . . Dat. Avin. V kl. maii a. sexto.

In e. m. S. Tauri in Ebroycensi et S. Vincentii Met. monasteriorum abbatibus ac archidiacono Beneventano.

Reg. 181 f. 288¹ nr. 214.

1015. — *1348 Juni . . . (Avignon.)*

Ademarius episcopus Met. supplicat, quatinus sibi concedatur facultas hac vice conferendi singulos canonicatus singularum ecclesiarum sue civitatis et diocesis singulis personis cum reservatione prebendarum. — Annuit papa.

Clem. VI Supplic. XV f. 115¹.

1016. — *1348 Juli 17. Avignon.*

[Clemens VI] Karolo regi Romanorum illustri.

Perduxit nuper ad audientiam nostram quorundam fidedignorum relatio, quod . . . Walramus de Lucembourch dominus de Lineyo et

Johannes de Lucembourch castellanus Insulensis milites Tullensis et Tornacensis dioc. vel alter eorum pro eo, quod ... Guido episcopus Cameracensis pro bonis feudalibus, que a te ac imperio Romano tenet in feudum, tibi fidelitatis solite non prestitit iuramentum, bona omnia temporalia ad mensam episcopalem eiusdem episcopi pertinentia pretextu cuiusdam commissionis per te eis in hac parte facte ad manum tuam regiam posuerunt, idemque Walramus prefatum episcopum de propriis domibus expulit et tenet expulsum. Cum autem ... prefatus episcopus paratus semper extiterit et existat fidelitatis et homagii ... iuramentum ... serenitati tue ... prestare, immo ad id per litteras suas et nuncium suum se dicitur obtulisse ... serenitatem eandem attente rogamus, quatinus manum tuam a bonis huiusmodi ... effectualiter facias amoveri ... Dat. Avin. XVI kl. augusti a. septimo.

Reg. 142 f. 37 nr. 169.

1017. — *1348 Juli 17. Avignon.*

Clemens VI Walramum de Lucembourch dominum de Lineyo et Johannem de Lucembourch castellanum Insulensem milites Tullensis et Tornacensis dioc. rogat, quatinus manum regiam a bonis temporalibus ad mensam episcopalem Guidonis episcopi Cameracensis pertinentibus amovere velint.

Perduxit nuper ad audientiam ... Dat. Avin. XVI kl. augusti a. septimo.

Reg. 142 f. 38¹ nr. 172.

1018. — *1348 Juli 23. Avignon.*

Clemens VI Guillelmo de Monchay confert eccl. Met. canonicatum et prebendam vacantes per obitum Johannis de S. Martino, qui nuper apud sedem apostolicam diem clausit supremum.

Meritis tue probitatis ... Dat. Avin. X kl. angusti a. septimo.

In e. m. archiepiscopo Ebredunensi et preposito eccl. Cavallicensis ac officiali Met.

Reg. 185 f. 32¹ nr. 69.

1019. — *1348 November 16. Avignon.*

Clemens VI Gerardum de Arbento cantorem eccl. S. Pauli apostolice sedis nuncium deputat denuo collectorem annatarum in Vienn. Lugdun. Bisuntin. Trever. et Tarantas. provinciis.

Ducentes hactenus in ... Dat. Avin. XVI kl. decembris a. septimo.

Reg. 142 f. 51 nr. 215.

1020. — *1348 November 30. Avignon.*

Clemens VI confirmat emptionem villarum de Luceyo et Langueyo ad mensam episcopalem Tullensem spectantium, quas Thomas episcopus Tullensis Edwardo comiti Barrensi assignavit et noviter decanus et capitulum Tull. ab Henrico Edwardi filio pro III^m turonensium parvorum acquisivit.

[Clemens VI] decano et capitulo ecclesie Tullensis.

Desideriis vestris in hiis . . . Sane oblate nobis pro parte vestra petitionis series continebat, quod quondam Eduardo comite Barrensi asserente, quod idem comes castrum et fortalicium de Luberduno Tull. dioc. ad mensam episcopalem Tullensem pertinens, quod olim destructum fuerat per vim et potentiam quondam Henrici comitis Barrensis predecessoris sui, ad requisicionem ipsius episcopi reedificatum fuisse ac prefatum Henricum pro se suisque heredibus et successoribus promisisse quod si contingeret dictum castrum et fortalicium obsideri per aliquos inimicos, obsidionem huiusmodi removeret, dictumque episcopum pro reedificatione et promissione huiusmodi voluisse et promisisse prefatum Henricum et successores suos comites Barrenses eorumque homines receptare debere in eodem castro et fortalicio tociens, quociens eis placeret, ipsosque iuvare contra quascumque gentes exceptis clero et hominibus dicte Tullensis ecclesie; ortaque propterea inter venerabilem fratrem nostrum Thomam episcopum Tullensem et dictum Eduardum comitem materia questionis tandem prefatus episcopus de consilio et assensu vestro ac cleri civitatis et diocesis Tullensis et pro maiori utilitate episcopi et mense ac ecclesie predictorum in recompensacionem huiusmodi receptationis et adiutorii dedit et assignavit predicto Edwardo pro se suisque heredibus perpetuo villas de Luceyo et Langueyo dicte diocesis ad mensam spectantes eandem et quicquid in eisdem villis dictus Thomas episcopus habebat et habere poterat quibusdam iuribus tunc expressis dumtaxat exceptis et eidem episcopo reservatis; dictusque Edwardus comes pro se et suis heredibus huiusmodi receptationem et adiutorium, que ex premissis habebat et habere poterat in dicto castro et fortalicio de Luberduno, eisdem episcopo et mense ac ecclesie Tullensi quitavit et reddidit ac promisit ipsi episcopo pro se et suis successoribus, quod quocienscumque dictus episcopus vel successores sui episcopi Tullenses vellent, possent redimere dictas villas pro tribus milibus librarum turonensium parvorum veterum simul et una vice sibi aut alteri suo mandato persolvendis; quodque dictas villas tam dictus Edwardus, dum viveret, quam post eius obitum dilectus filius nobilis vir Henricus comes Barrensis eiusdem Eduardi filius diutius tenuerunt; et quod postmodum vos attendentes, quod prefatus Henricus filius easdem villas in laicos imperpetuum transferre volebat, ac dubitantes, quod dicte ville ad mensam et ecclesiam predictas nunquam redirent, easdem villas cum omnibus iuribus datis eidem comiti, ut prefertur, ab eodem Henrico comite emistis et emptionis titulo recepistis pro precio trium milium librarum turonensium parvorum veterum eidem Henrico filio comiti a vobis propterea solutarum; ac voluistis prout et vultis, ut quocienscumque episcopus Tullensis, qui est et erit pro tempore, voluerit, possit dictas villas a vobis pro eodem precio trium milium librarum turonensium veterum vobis simul una vice persolvendorum recipere et habere ... Nos ... emptionem huiusmodi ... confirmamus ... Dat. Avin. II kl. decembris a. septimo.

Reg. 191 f. 67¹ nr. 168.

1021. — *1348 December 3. (Avignon.)*

Die III m. decembris cum dominus Johannes dictus Ron presbiter Metensis parochialem ecclesiam de Contil Metensis dioc. per V annos et ultra in minori etate constitutus, alias tamen legitime tenuisset, fructus percipiens ex eadem ac postmodum permutatione facta cum ecclesia sancti Jacobi Metensi dictam ecclesiam sancti Jacobi per aliquos annos alias etiam legitime tenuisset et fructus ex ea percepisset et d. nr. Clemens papa VI ipsum d. Johannem premissis non obstantibus habilitaverit et in integrum restituit fructusque per eum ex dictis ecclesiis, ut premissum est, perceptos eidem remiserit et voluerit, quod dictus Johannes L flor. auri solvat in christianorum subsidium contra Turchos, prout in litteris aplicis super hoc confectis plenius continetur, dictus d. Johannes per manus Michaelis de Pistorio servientis armorum d. nri. pape solvi fecit dictos L flor.

Intr. et Exit. 210 f. 26¹.

1022. — *1348 December 9. (Avignon.)*

Servicium monasterii S. Vincentii Met. XIX card.

Dicta die IX decembris [a. MCCCXLVIII] dominus frater Petrus abbas monasterii S. Vincentii Met. ... promisit pro suo communi servicio IIII^c flor. et V servicia consueta, solvendos medietatem in festo omnium sanctorum proxime venturo et aliam in festo resurrectionis extunc in proximo secuturo. Quod nisi infra tres menses etc. et iuravit etc.

Oblig. et Solut. 22 f. 68 et 23 (328) f. 22¹.

1023. — *1349 Januar 9. Avignon.*

Clemens VI ecclesie Theffelicensi vacanti iam diu per obitum Johannis episcopi providet de persona Bertrandi Colleti ordinis Predicatorum professoris in sacerdotio constituti.

Regimini universalis ecclesie ... Dat. Avin. V idus ianuarii a. septimo.

Reg. 188 f. 105 nr. 171.

1024. — *1349 Januar 15. Avignon.*

Clemens VI Dalmaco Lamberti confert eccl. Met. canonicatum et prebendam vacantes per resignacionem Guidonis tit. S. Cecilie presbiteri card., non obstante quod in Furnensi canonicatum sub expectatione prebende et in de Aylli eccl. perpetuam capellaniam ac parrochialem ecclesiam seu investituram de Ans Morinensis Ambianensis et Leodiensis dioc. obtinet.

Vite ac morum honestas ... Dat. Avin. XVIII kl. februarii a. septimo.

In e. m. abbati S. Clementis Met. et decano S. Salvatoris Traiect. ac Guillermo Comte canonico Claromontensis eccl.

Reg. 185 f. 16 nr. 36.

1025. — *1349 März 30. Avignon.*

Clemens VI Bertrando episcopo Tefelicensi mandat, quatinus ad ecclesiam Tefelicensem cum apostolice benedictionis gratia personaliter se conferat.

Pridem Tefelicensi ecclesia ... Dat. Avin. III kl. aprilis a. septimo.

Reg. 191 f. 116 nr. 411.

1026. — *1349 April 18. Avignon.*

Henricus de Asperomonte filius Joffridi militis domini de Asperomonte clericus Virdun. dioc. supplicat, quatinus sibi provideatur de canonicatu et prebenda eccl. Trever. vacante per resignationem Joffridi de Grangia per Johannem de S. Laurentio in curia factam. — Annuit papa.

Clem. VI Supplic. XVII f. 247.

1027. — *1349 April 23. Avignon.*

Clemens VI magistro Bernardo Melioris licentiato in legibus confert eccl. S. Salvatoris Met. prepositurum vacantem per obitum quondam Johannis de Rogecourt (!), quam papa Johanne adhuc vivo V idus maii pont. a. tercio reservavit sue dispositioni, non obstante quod Bernardus in eccl. Met. canonicatum et prebendam ac curatam eccl. de Salhers Claromontensis dioc. obtinet.

Litterarum scientia, vite . . . Dat. Avin. VIIII kl. maii a. septimo.

In e. m. abbati monasterii S. Arnulphi extra muros Met. et S. Salvatoris Met. ac S. Ilarii Pictavensis decanis eccl.

Reg. 188 f. 199 nr. 138.

1028. — *1349 Juni 17. Avignon.*

Clemens VI Johanni de Sona reservat archidiaconatum de Vico in eccl. Met. vacaturum per consecrationem Henrici electi Vapincensis, cui papa post obitum Petri Guigonis de Castronovo sedis apostolice capellani et archidiaconi providerat de dicto archidiaconatu, non obstante quod Johannes in eadem eccl. Met. canonicatum et prebendam et parrochialem eccl. de Croney Met. dioc. obtinet.

Vite ac morum honestas . . . Dat. Avin. XV kl. iulii a. octavo.

In e. m. S. Vinencii Met. et S. Arnulphi prope muros Met. monasteriorum abbatibus ac decano eccl. S. Ilarii Pictav.

Reg. 195 f. 149 nr. 3.

1029. — *1349 Juni 17. Avignon.*

Clemens VI Johanni de Monchay clerico Bisuntine dioc. confert eccl. Met. canonicatum et prebendam vacantes per obitum Petri Guigonis de Castronovo sedis apostolice capellani.

Suffragantia merita probitatis . . . Dat. Avin. XV kl. iulii a. octavo.

In e. m. S. Vincencii Met. et S. Arnulphi prope muros Met. monasteriorum abbatibus ac decano S. Ilarii Pictav.

Reg. 192 f. 194¹ nr. 445.

1030. — *1349 Juni 22. Avignon.*

Francisquinus Hannemann de Cattenheym clericus Met. dioc. supplicat, quatinus absolvatur ab excommunicatione et ad cautelam ab irregularitate, si quam incurrit ex eo, quod coactus suscepit duellum cum Godefrido dicto Schurempost, quocum litigaverat in curia super ecclesia parrochiali de Cattenheim. — Annuit papa, quod possit ad omnes ordines promoveri et beneficia, que obtinet, retinere ac unum aliud compassibile obtinere consideratione regis Romanorum.

Clem. VI Supplic. XIX f. 58¹.

1031. — *1349 Juni 22. Avignon.*

Clemens VI episcopo Metensi mandat, quatinus declaret Francisquinum Hannemannum, qui coactus suscepit duellum, non incurrisse excommunicationis sentenciam aut irregularitatis maculam.

[Clemens VI] venerabili fratri . . . episcopo Metensi.

Exhibita nobis pro parte dilecti filii Francisquini Hannemanni de Canttenheyn (!) clerici tue diocesis peticio continebat, quod orta dudum inter ipsum et Godefridum dictum Schnienpost (!) de Theonisvilla pro clerico se gerentem dicte diocesis super ecclesia parrochiali de Chaucenenue (!) dicte diocesis, quam uterque ipsorum ad se spectare dicebat apud sedem apostolicam materia questionis et in causa huiusmodi in palatio apostolico diucius ventilata, tandem prefatus Francisquinus diffinitivam pro se sentenciam super possionario (!) reportavit et super executione dicte sentencie nostras ad certos iudices in consueta forma litteras reportavit, et demum cum idem Francisquinus cum eisdem sentencia et litteris pro ipsius sentencie executione facienda de Romana curia ivisset ad partes, prefatus Godefridus falso confingens predictas sentenciam et litteras . . . fore falsas ipsumque Francisquinum esse homicidam spoliatorem viarum et incendiarium noturnum (!) et falsarium, prefatum Francisquinum eapropter ad duellum provocavit ipsumque per se et suos complices et eorum potenciam ad suscipiendum huiusmodi duellum per comminata mortis periculum ac vim et metum, qui cadere poterat in constantem, cum idem Francisquinus aliter mortis periculum vitare non posset, quamquam pro posse illud suscipere recusasset, coegit, dictusque Francisquinus videns huiusmodi duellum sibi indictum se oportere suscipere et susceptum subire et peragere vel mortis corporalis inevitabile periculum sustinere, ut certe imminentis et indubitate mortis periculum evaderet, huiusmodi duellum et dubium casum mortis dolenti et rennitenti (!) animo suscepit. In quo duello divina gracia et iusticia sibi suffragante dictus Godefridus succubuit, nulla tamen ibidem membrorum mutilacione secuta, licet postmodum ipse Godefridus per iusticiam secularem occasione dicti duelli fuerit capite mutilatus. Quare pro parte ipsius Francisquini fuit nobis humiliter supplicatum . . . Nos igitur volentes dictum Francisquinum meritorum suorum . . . intuitu necnon consideracione . . . Caroli Romanorum regis illustris, cuius idem Francisquinus, ut asseritur, familiaris existit, favorabiliter prosequi in hac parte, ipsius Francisquini supplicationibus inclinati, fraternitati tue . . . mandamus, quatinus, si est ita, eundem Francisquinum nullam propter premissa vel eorum occasione excommunicationis sentenciam aut irrgularitatis seu infamie vel inhabilitatis maculam sive notam aut aliam iuris penam incurrisse et quod ipse ad omnes ordines promoveri et quecumque beneficia ecclesiastica se ad invicem compaciencia obtinere . . . licite valeat, auctoritate nostra declares. Datum Avin. X kl. iulii a. octavo.

Reg. 194 f. 443¹ nr. 1591.

1032. — *1349 Juni 30. Avignon.*

Clemens VI Marcello de Columpna clerico de Urbe fratri bone memorie Johannis S. Angeli diaconi cardinalis confert eccl. Virdun. canonicatum et prebendam vacaturos per consecrationem Nicolai electi Urgellensis.

Nobilitas generis, morum . . . Dat. Avin. II kl. iulii a. octavo.

In e. m. Bononiensi et Nemausensi episcopis ac Johanni de Ponte canonico Tornacensi.

Reg. 192 f. 196¹ nr. 448.

1033. — *1349 Juli 4. Avignon.*

Clemens VI Egidio de Stalleghen presbitero Hugonis tit. S. Laurencii in Damaso presbiteri cardinalis capellano commensali et servitori continuo confert eccl. Met. canonicatum et prebendam vacantes per obitum Johannis de Regecourt reservatos disposicioni sedis apostolice VI kl. decembris pont. a. sexto, non obstante quod canonicatum et prebendam eccl. Zeflicensis Colon. dioc. obtinet et quod ei nuper est provisum de parrochiali eccl. de Berba dicte dioc.

Laudabilia tue probitatis . . . Dat. Avin. IIII nonas iulii a. octavo.

In e. m. abbati monasterii S. Arnulphi extra muros Met. et decano S. Salvatoris Met. ac Johanni de Sanctocristo canonico Xanctonensis eccl.

Reg. 195 f. 175 nr. 24.

1034. — *1349 August 18. Avignon.*

Clemens VI Johanni Comrardi clerico Metensi reservat beneficium ecclesiasticum cum cura vel sine cura consuetum clericis secularibus assignari, cuius fructus, si cum cura, sexaginta, si vero sine cura fuerit, quadraginta librarum turon. parvorum s. t. d. valorem annuum non excedant, pertinens ad disposicionem abbatis et conventus monasterii de Hornebaco ord. S. Bened. Met. dioc. communiter vel divisim.

Laudabilia tue probitatis . . . Dat. Avin. XV kl. septembris a. octavo.

In e. m. S. Vincencii et S. Symphoriani extra muros Met. monasteriorum abbatibus ac decano S. Ilarii Pictav.

Reg. 194 f. 111 nr. 240.

1035. — *1349 September 7. Avignon.*

Alardus de Thiacuria in utroque iure licentiatus canonicus Met. sub expectatione prebende significat pape, quod Hugo quondam de Montibus canonicus Met. vigore gratie apostolice prebendam Met. vacantem per obitum Johannis de Monteclaro obtinuit et tenuit, quodque tandem Nicolaus Morineti de Ledonesalverii obtinuit gratiam apostolicam de canonicatu Met. et de prebenda predicta. Quare Alardus supplicat, quatinus sibi provideatur de dicta prebenda, cum dictus Hugo interim sit mortuus, non obstante quod Alardus officium custodie Met. necnon canonicatum et prebendam S. Salvatoris Met. obtinet. — Annuit papa.

Clem. VI Supplic. XIX f. 169.

1036. — *1349 September 11. Avignon.*

Colardus de Asperomonte consanguineus Karoli regis Romanorum, archidiaconus de Riparia in eccl. Virdun. prepositusque eccl. de Hathoniscastro Vird. dioc. similiter annexe exponit pape, quod nuper prepositura eccl. Montisfalconis Remensis dioc., cui archidiaconatus de Argona in eccl. Virdun. canonice est annexus, vacante per obitum Johannis de Silvaticis capitulum eccl. Montisfalconis ipsum elegit in prepositum. Quare supplicat, quatinus confirmetur dicta electio. — Annuit papa.

Clem. VI Supplic. XIX f. 171¹.

1037. — *1349 September 11. Avignon.*

Clemens VI Nicolao Piedeschaut et Isabelle eius uxori civibus Met. indulget, ut utrique confessor, quem uterque duxerit eligendum, omnium peccatorum semel tantum in mortis articulo plenam remissionem concedere valeat.

Provenit ex vestre devocionis . . . Dat. Avin. III idus septembris a. octavo.

Reg. 198 f. 252 nr. 112.

In e. m. nobili viro Guillelmo de Hoyo militi et nobili mulieri Colete eius uxori civibus Met., Fulconi dicto le Riche et Ponsete eius uxori civibus Met.

Reg. 198 f. 252 nr. 110 et 111.

1038. — *1349 September 11. Avignon.*

Clemens VI Colete dicte Ronkin uxori Neymerici Baudoche civis Met. indulget, ut confessor, quem duxerit eligendum, ei omnium peccatorum semel tantum in mortis articulo plenam remissionem concedere valeat.

Provenit ex tue devocionis . . . Dat. Avin. III idus septembris a. octavo.

Reg. 198 f. 252 nr. 104.

In e. m. nobili viro Guillelmo dicto le Hungre militi Met., Poncerete (!) uxori Johannis Drobkyn civis Met., Lorete uxori Colardi Gornasii civis Met., Johanni dicto le Hungre civi Met., Bertrando dicto le Hungre iuniori civi Met., Bertrando dicto le Hungre seniori civi Met.

Reg. 198 f. 252 nr. 98—103.

1039. — *1349 September 12. Avignon.*

Cives iusticiarii ac consilium civitatis Virdun. supplicant, quatinus consiliario suo Egidio, dicto de Eys iurisperito clerico Virdun. provideatur de canonicatu et prebenda eccl. Virdun. vacantibus per obitum Raynerii de Duno, non obstante quod Egidius canonicatum sub expectatione prebende eccl. B. Marie Magdalene Virdun. obtinet. — Annuit papa.

Clem. VI Supplic. XIX f. 176.

1040. — *1349 September 12. Avignon.*

Clemens VI Egidio dicto de Eix confert eccl. Vird. canonicatum et prebendam vacantes per obitum Raynerii de Duno et reservatos dispositioni sedis apostolice VI kl. decembris a. VI, dum adhuc idem Raynerius ageret in humanis, non obstante quod Egidius in eccl. B. Marie Magdalene Virdun. cantoriam et canonicatum sub expectatione prebende obtinet.

Litterarum scientia, vite . . . Dat. Avin. II idus septembris a. octavo.

In e. m. S. Agerici Virdun. et S. Nicolai in Patro Virdun. monasteriorum abbatibus et decano eccl. S. Ilarii Pictav.

Reg. 192 f. 181 nr. 418.

1041. — *1349 October 20. Avignon.*

Stephanus camerarius pape testatur, quod Petrus Badoche abbas monasterii S. Vincentii Met. solvi fecit camere apostolice pro parte sui communis servicii C flor. auri et pro parte IIII serviciorum XXI flor. auri et XV den. per manus Petri de Venderiis decani S. Deodati Tull. dioc. tempore debito.

Universis etc. Stephanus . . . Dat. Avin. d. XX m. octobris a. [MCCCXLIX] . . .

Oblig. et Solut. 26 (330) f. 1¹; brevius Oblig. et Solut. 24 (331) f. 29¹.

1042. — *1349 October 25. Avignon.*

Clemens VI motu proprio providet Alberto de Toulou clerico Tull. dioc. de canonicatibus Tull. Virdun. et Met. ecclesiarum ac omnium et singularum ecclesiarum collegiatarum dictarum trium dioc. necnon reservat eidem duas prebendas in duabus ecclesiarum predictarum necnon dignitates personatus seu officia in dictis ecclesiis.

Clem. VI Supplic. XVIII f. 54 [1].

1043. — *1349 October 28. Avignon.*

Clemens VI Nicolao de Franchavilla scriptori penitenciarie apostolice familiari papali confert eccl. Virdun. canonicatum et prebendam vacantes per obitum Johannis de Silvaticis de Janua ac archidiaconatum de Riperia necnon prepositiuram ecclesie de Hattonis-castro Virdun. dioc. invicem canonice unitarum vacantes per obitum Colardi de Asperomonte, cum papa dictos canonicatum et prebendam kl. octobris a. septimo et dictos prepositiuram et archidiaconatum VI kl. decembris a. sexto reservavit dispositioni sedis apostolice, non obstante quod Nicolaus in S. Johannis Leod. et S. Marie maioris Pictav. ecclesiis canonicatus et prebendas obtinet.

Laudabilia merita probitatis ... Dat. Avin. V kl. novembris a. octavo.

In e. m. archidiacono Beneventane et sacriste Avin. eccl. ac officiali Virdun.

Reg. 192 f. 212 [1] *nr. 479.*

1044. — *1349 November 13. Avignon.*

Symon de Saraponte dominus de Commarceyo miles supplicat, quatinus Johanni de Saraponte fratri suo provideatur de canonicatu et prebenda eccl. Tull. vacantibus per obitum Firmini ac de parrochiali eccl. de Chaonice Lingonensis dioc. vacante per obitum Johannis de Crusy, non obstante quod is in Virdunensi et Montisfalconis Remensis dioc. eccl. canonicatus et prebendas obtinet. — Annuit papa.

Idem supplicat, quatinus predicto Johanni et Henrico de Saraponte, cui papa providit de canonicatu et prebenda eccl. Virdun., fratribus remittatur examen. — Annuit papa.

Clem. VI Supplic. XVIII f. 81.

1045. — *1349 November 16. Avignon.*

Clemens VI cum Ferrico Theobaldi clerico Met., magistro in artibus et in utroque iure licentiato, quocum iam dispensavit, ut non obstante defectu natalium, quem is patitur de subdiacono et soluta genitus, ut ad ordines promoveri et beneficium ecclesiasticum, etiam si habeat curam animarum, obtinere valeat, iterum dispensat, ut tria alia beneficia ecclesiastica compassibilia, etiam si unum dignitas vel personatus administratio seu officium existat et curam habeat animarum et duo alia canonicatus et prebende, eciam in eccl. cathedrali, accipere possit. Insuper eum eodem dispensat, ut in gratiis imposterum impetrandis de predicto defectu mentionem facere non teneatur.

Litterarum scientia, morum decor . . . Dat. Avin. XVI kl. decembris a. octavo.

Reg. 198 f. 97 nr. 271.

1046. — *1349 December 7. Avignon.*

Clemens VI Galtero Chacerat confert eccl. Met. canonicatum et prebendam vacantes per obitum Petri Longeti reservatos disposicioni sedis apostolice VII idus iunii pont. a. VIII, dum adhuc idem Petrus ageret in humanis, non obstante quod Galterus expectat beneficium ecclesiasticum cum cura vel sine cura in dioc. Senonensi.

Meritis tue probitatis . . . Dat. Avin. VII idus decembris a. octavo.

In e. m. S. Genofeve Paris. et S. Vincencii Met. monasteriorum abbatibus ac Nicolao de Sparnaco canonico Remensi.

Reg. 195 f. 226 nr. 132.

1047. — *1350 Januar 30. Avignon.*

N. S. Marie in via lata diaconus cardinalis supplicat, quatinus cubiculario suo Guillelmo de Neyraco Lemovicensis dioc. provideatur de canonicatu et prebenda eccl. Met. vacantibus per mortem Jacobi Gornasii de Metis, non obstante quod is ecclesiam parrochialem de Ruppetalliata Electensis dioc. et capellaniam perpetuam B. Jacobi de Fayaco Rothomagensis dioc. obtinet. — Annuit papa.

Clem. VI Supplic. XVIII f. 136.

1048. — *1350 Januar 30. Avignon.*

Clemens VI Hugoni de Duno baccalario in theologia confert eccl. Virdun. canonicatum et prebendam vacantes per obitum Hermanni de Lenoncuria reservatos dispositioni sedis apostolice II kl. augusti proxime preteriti, dum Hermannus adhuc ageret in humanis, non obstante quod Hugo canonicatum et prebendam eccl. S. Petri de Braquis ac parrochialem ecclesiam de Broukerka in Flandria Remensis et Morinensis dioc. obtinet.

Litterarum scientia, vite ... Dat. Avin. III kl. februarii a. octavo.
Reg. 193 f. 172¹ nr. 962.

1049. — *1350 Februar 1. Avignon.*

Die I m. februarii [a. MCCCL] recepti sunt a magistro Ferrico Theobaldi de Metis licentiato in utroque iure pro quodam bono viro in foro conscientie pro fructibus beneficiorum dicti boni viri
CXXX flor.
Introit. et Exit. 260 f. 34¹.

1050. — *1350 Februar 12. Avignon.*

Clemens VI ecclesie Virdunensi, cuius provisionem Henrico episcopo vivo sibi iam reservavit, vacanti per obitum Henrici providet de persona Ottonis tunc abbatis monasterii S. Petri ad montes Cathalaunensis ord. S. Bened. in sacerdotio constituti.

Pastoralis officii debitum ... Dat. Avin. II idus februarii a. octavo.

In e. m. capitulo Virdun. clero civitatis et dioc. Virdun. populo civitatis et dioc. Virdun. universis vassallis eccl. Virdun. archiepiscopo Trever. (Ad cumulum tue cedit ...) regi Karolo Romanorum (Divine retributionis premium ...).
Reg. 192 f. 63 nr. 193.

1051. — *1350 Februar 20. Avignon.*

Symon de Saraponte dominus de Commarceyo miles supplicata quatinus Johanni de Saraponte fratri suo provideatur de canonicatu eccl. Remensis sub expectatione prebende, non obstante quod is in Virdun. Tull. et Montisfalconis Remensis dioc. eccl. canonicatus et prebendas obtinet. — Annuit papa.
Clem. VI Supplic. XVIII f. 172¹.

1052. — *1350 März 8. Avignon.*

Clemens VI Gerardo de Arbento thesaurario ecclesie Escoyarum Rothomagensis dioc. apostolice sedis nuncio mandat, quatinus omnia bona mobilia et immobilia et credita quondam Johannis Ogerii decani eccl. Belnensis Eduensis dioc. petere exigere et recipere et ad manum camere apostolice ponere procuret usque ad satisfactionem ipsi camere faciendam, cui adhuc debet duodecim milia et centum septuaginta quatuor scutatos et duas partes unius scutati et sexcentos septuaginta florenos ac trecentos et duodecim denarios ac dimidiam partem unius denarii ad cathedram ac insuper septem duplices de Francia et viginti ad angelum et tres ad papilionem ac unum ad coronam et unum ad leonem et unum ad agnum et unum regalem denarios auri necnon septem libras et quatuor solidos et sex denarios parisienses de uno denario et viginti septem libras et tres denarios ac unum obolum parisiensem de duobus denariis ac quatuordecim libras et quatuordecim solidos Flandrie.

Sicut te latere . . . Dat. Avin. VIII idus marcii a. octavo.

Reg. 143 f. 168.

1053. — *1350 März 10. Avignon.*

Clemens VI Dominico Olrici de Minorivilla clerico Tull. dioc. reservat beneficium ecclesiasticum cum cura vel sine cura, cuius fructus, si cum cura, sexaginta, si vero sine cura fuerit, quadraginta librarum turon. parvorum s. t. d. valorem annuum non excedant, spectans communiter vel divisim ad dispositionem episcopi Met. et decani et capituli et singulorum canonicorum eccl. Met. ac prepositi B. Marie rotunde site infra limites ipsius eccl. Met.

Multiplicia merita probitatis . . . Dat. Avin. VI idus marcii a. octavo.

In e. m. decano S. Salvatoris Met. et archidiacono de Ripparia Virdun. ac cantori S. Pauli Lugdun. eccl.

Reg. 197 f. 157 nr. 391.

1054. — *1350 März 20. (Avignon.)*

Stephanus camerarius pape testatur, quod Johannes abbas monasterii Gorziensis Met. dioc. solvi fecit pro partis sui communis servicii camere apostolice II^{c}V flor. auri et pro parte partis IIII serviciorum XLV flor. auri per manus Henrici de Vallibus procuratoris sui tempore debito.

Universis etc. Stephanus . . . Dat. Avin. d. XX m. marcii a. [MCCCL] . . .

Oblig. et Solut. 26 (330) f. 36; brevius Introit. et Exit. 260 f. 24^1.

1055. — *1350 März 27. (Avignon.)*

Stephanus camerarius pape testatur, quod Petrus abbas monasterii S. Vincentii Met. solvi fecit pro complemento sui communis servicii camere apostolice C flor. auri et pro complemento IIII serviciorum XX flor. auri per manus Johannis de Verdriaco clerici habitatoris Met. tempore debito.

Universis etc. Stephanus . . . Dat. Avin. die XXVII m. marcii a. [MCCCL] . . .

Oblig. et Solut. 25 (329) f. 35^1; brevius Introit. et Exit. 260 f. 25^1.

1056. — *1350 April 4. Avignon.*

Clemens VI nobili mulieri Alienori de Asperomonte domine de Fontanis Cameracensis dioc. indulget, ut confessor, quem duxerit eligendum, ei omnium peccatorum semel tantum in mortis articulo plenam remissionem concedere valeat.

Provenit ex tue devocionis . . . Dat. Avin. II nonas aprilis a. octavo.

Reg. 198 f. 261¹ nr. 416.

1057. — *1350 April 8. Avignon.*

Servicium ecclesie Virdunensis. XVI card.

Dicta die [VIII m. aprilis a. MCCCL] dominus frater Otto episcopus Virdunensis promisit pro suo communi servicio per magistrum Jacobum de Quilozot advocatum in curia eius procuratorem IIII^m IIII^c flor. et V servicia consueta solvendos terminis supra proxime positis ª). Quod nisi . . . infra tres menses etc. et iuravit etc.

Oblig. et Solut. 22 f. 110¹; Oblig. et Solut. 23 (328) f. 62¹. Oblig. et Solut. 27 (303) f. 31¹.

1058. — *1350 Mai 2. Villeneuve.*

Clemens VI Alardo de Tyacourt confert eccl. Met. cantoriam, postquam et Alardus per Nicolaum de Thiacuria Met. dioc. clericum procuratorem suum quoddam perpetuum beneficium custodia nuncupatum eccl. Met. et Johannes Sabelini per se ipsum cantoriam predictam permutationis causa apud sedem apostolicam resignaverunt, non obstante quod Alardus in predicta Met. et in S. Salvatoris Met. eccl. canonicatus et prebendas obtinet.

Apostolice sedis circumspecta . . . Dat. apud Villamnovam Avin. dioc. VI nonas maii a. octavo.

In e. m. abbati monasterii S. Martini prope Metim et decano S. Salvatoris Met. ac Therico de Beoncuria canonico Tull. eccl.

Reg. 195 f. 136 nr. 109.

1059. — *1350 Mai 12. Villeneuve.*

[Clemens VI] episcopo Metensi.

Cum quidam clerici et persone ecclesiastice tue civitatis et diocesis, qui decimam proventuum ecclesiasticorum, quam . . . ad triennium primo et deinde ad biennium in subsidium fidelium partium Romanie contra Turcos . . . duximus imponendam, solvere contempnentes . . .

ª) *i. e.* medietatem in festo resurrectionis domini proxime venturo et aliam medietatem in alio festo resurrectionis domini anno revoluto.

ad sedem apostolicam frivole appellassent, nos appellationes huiusmodi velut inanes reicientes omnino collectoribus ipsis dedimus in mandatis, ut processus huiusmodi[1]), prout ipsorum non solventium contumacia exigeret, aggravarent. Ideoque fraternitati tue . . . mandamus, quatinus . . . collectoribus ipsis super hoc efficacis auxilio favoris assistens sententias facias[a]), usque quo huiusmodi decimas cum integritate persolverint, observari . . . Dat. apud Villamnovam ut supra (= IIII idus maii a. octavo).

In e. m. episcopo Tullensi et electo Virdunensi.

Reg. 143 f. 211¹.

1060. — *1350 Juni 1. Avignon.*

Clemens VI Jaquemete dicte Gueppe mulieri Metensi indulget, ut eius confessor ei semel tantum in articulo mortis omnium peccatorum plenam remissionem concedere valeat.

Provenit ex tue devocionis . . . Dat. Avin. kl. iunii a. nono.

Reg. 203 f. 241¹ nr. 241.

1061. — *1350 Juni 2. Avignon.*

Clemens VI Helizete relicte quondam Colini Cuerdefer vidue Metensi indulget, ut eius confessor ei semel tantum in articulo mortis plenam peccatorum remissionem concedere valeat.

Provenit ex tue devocionis . . . Dat. Avin. IIII nonas iunii a. nono.

Reg. 203 f. 241¹ nr. 240.

1062. — *1350 Juni 15. Avignon.*

Nicholaus Bertrandi canonicus prebendatus eccl. Met. significat pape, quod orta dudum lite inter ipsum et Petrum Petri Guigonis Moreti iuniorem super capella altaris B. Johannis Baptiste in eccl. Met. in Romana curia contra ipsum Nicholaum promulgata fuit sententia diffinitiva, a qua ipse ad sedem apostolicam appellavit; qua causa pendente idem Petrus extra Romanam curiam diem clausit extremum. Post cuius mortem episcopus Metensis se eidem Nicolao opposuit, sed postea liti in curia pendente penitus renunciavit. Quare supplicat Nicolaus, quatinus papa sibi omne ius, quod dicto Petro in dicta capellania competere potuit, conferat. — Annuit papa.

Clem. VI Supplic. XX f. 92¹.

---

[a]) faciatis *in reg.*

[1]) *scil:* factos per collectores excommunicationis, suspensionis et interdicti sententias continentes.

1063. — *1350 Juni 16. Avignon.*

Clemens VI archidiacono de Vicello mandat, quatinus inquirat et decernat, an Johannes abbas Gorziensis iuste vel iniuste excommunicatus sit.

Clemens [VI] archidiacono de Vicello in ecclesia Tullensi.

Sua nobis dilecti filii Johannes abbas et conventus monasterii Gorziensis . . . peticione monstravit, quod olim Johannes Maurelli prepositus ecclesie S. Crucis Leodiensis dioc. curie camere apostolice generalis auditor minus veraciter pretendens, quod dictus abbas per Petrum Chautardi rectorem ecclesie de Tornaco Lemovicensis diocesis tunc locumtenentem venerabilis fratris nostri Stephani archiepiscopi Beneventani tunc abbatis secularis ecclesie Duracensis dicte Lemovicensis diocesis et ipsius camere generalis auditoris in certa summa pecunie danda et solvenda infra certum terminum nobili viro Humberto Dalfino Viennensi, in qua dictus Dalfinus eum sibi ex causa legitima tunc aliter non expressa teneri falso dicebat, fuerat sententialiter legitime condempnatus; et quod tandem, quia dictus Johannes abbas de dicta summa pecunie dicto Humberto de ipsa summa satisfacere non curavit, idem abbas Joaquini de Florentia procuratoris dicti Johannis abbatis procuratorio nomine pro eo eundem Johannem abbatem iurisdictioni predicte camere submittentis ad id accedente consensu excommunicationis sentencia exigente iusticia extiterat innodatus, si in solutione deficeret supradicta. Et pretendens, quod idem Johannes abbas in dicta solutione cessaverat, eundem Johannem abbatem in audientia publica, ut dicitur, citari fecit, ut infra certum terminum compareret propositurus et allegaturus, quare non deberet propter premissa excommunicatus publice nunciari. Et licet huiusmodi citatio ad ipsum Johannem abbatem minime pervenisset nec per eum stetisset, quominus ad eum pervenire potuerit, idem tamen auditor . . . officiali Tullensi dedisse dicitur suis litteris in mandatis, ut eundem Johannem abbatem excommunicatum publice nunciaret et faceret nunciari et nichilominus fructus redditus et proventus beneficiorum ecclesiasticorum dicti Johannis abbatis nomine et pro parte camere predicte arrestaret recolligeret et conservaret . . . Cumque postmodum officialis predictus . . . eundem abbatem excommunicatum publice nunciari necnon oblationes et obventiones ecclesie B. Michaelis de Portu Tullensis diocesis, que etiam ad abbatem et conventum predictos communiter pertinent, arrestari et sequestrari fecisset, pro parte dictorum abbatis et conventus . . . senci-[enci]um ex premissis indebite se gravari ad sedem fuit apostolicam appellatum. Quare discretioni tue . . . mandamus, quatinus vocatis qui fuerit evocandi, et auditis hinc inde propositis, quod iustum fuerit, appellatione remota decernas . . . Dat. Avin. XVI kl. iulii p. n. a. octavo.

<small>Or. membr. sine plumbo et foraminibus fili; sub plica ad sinistr: P. $\overline{\mathrm{V}}$ Mar; in plica ad dextr; H. de Lastonez; in dorso: Dominicus de Franchavilla et: VIII iulii XLIX Dominicus de Franchavilla proc. fuit propter impedimenta camere apostolice. — Instr. misc. caps. nr. 228. a. 1349—1350.</small>

1064. — *1350 Juni 21. Avignon.*

Johannes de Hoyo canonicus prebendatus eccl. Met. significat pape, quod Ademarius episcopus Met. ipsi capellaniam S. Johannis in eccl. Met. consuetam per canonicos eiusdem eccl. gubernari, vacantem per obitum Petri Moreti iunioris contulit, virtute cuius collationis is fructus eiusdem capellanie percepit. Cum autem dubitet, ne in collatione defectus aliquis intervenerit ratione litis per multos annos deducte inter Nicolaum Bertrandi canonicum Met. et dictum Petrum Moreti in curia Romana, supplicat, quatinus papa ad cautelam confirmet dictam collationem, non obstante quod is in Metensi et S. Theobaldi eccl. canonicatus et prebendas ac in dicta S. Theobaldi prepositutram obtinet. — Annuit papa.

<small>Clem. VI Supplic. XX f. 62¹.</small>

1065. — *1350 August 15. Avignon.*

Clemens VI Ottonino electo Virdun. concedit, ut a quocunque maluerit catholico antistite assistentibus eidem duobus vel tribus catholicis episcopis munus consecrationis recipere valeat.

Cum nos pridem . . . Dat. Avin. XVIII kl. septembris a. nono.

<small>Reg. 203 f. 65 nr. 275.</small>

1066. — *1350 August 21. Avignon.*

Clemens VI tribus executoribus mandat, quatinus invasores hospitiorum decani et capituli ac clericorum ecclesie Tullensis moneant, ut inde ablata restituant et debitam satisfactionem prestent; id nisi faciant moniti, eosdem publice nuncient excommunicatos.

[Clemens VI] abbati monasterii S. Urbani Cathalaunensis dioc. et decano ac cantori eccl. Met.

Ad reprimandum (!) actus nepharios . . . Nuper siquidem ad apostolatus nostri . . . Hugone tit. S. Laurentii in Damaso presbitero cardinali archidiaconatum de Portu in ecclesia Tullensi . . . obtinente et referente pervenit auditum, quod olim inter dilectos filios . . . decanum et capitulum ac singulares canonicos et personas predicte ecclesie Tullensis ex una parte et . . . magistrum scabinum iusticiarios et universitatem civitatis Tullensis ac singulares personas eiusdem universitatis super nonnullis dampnis iniuriis et gravaminibus, que prefati decanus et capitulum ac singulares canonici et persone eiusdem ecclesie eis et prefate ecclesie a prefatis magistro scabino iusticiariis et universitate ac singularibus personis eiusdem universitatis illata fuisse dicebant, prout dicunt, apud sedem apostolicam materia questionis exorta ac causa huiusmodi coram certis auditoribus palacii apostolici per nos in eadem causa deputatis, coram quibus inter dictas partes coram eis in iudicio comparentes ad nonnullos actus processum fuerat, apud dictam sedem pendente, prefati magister scabinus iusticiarii et universitas ac singulares persone dicte universitatis . . . ad claustra predicte Tullensis ecclesie nocturno tempore manu accedentes armata, nonnulla hospicia canonicorum vicariorum et aliarum personarum predicte ecclesie hostiliter invadentes et violenter frangentes, vina dictorum canonicorum vicariorum et aliarum personarum predicte ecclesie effuderunt, blada supellectilia et alia bona mobilia ibidem inventa rapuerunt et exinde secum nequiter asportaverunt . . . Nos igitur . . . discretioni vestre . . . mandamus, quatinus . . . omnes et singulos invasores et fractores hospiciorum ac raptores et effusores vinorum et asportatores bladorum supellectilium et aliorum bonorum mobilium . . . in ecclesiis coram populo generaliter moneatis, ut infra sex menses post monicionem vestram huiusmodi immediate sequentes . . . restituant et . . . plenam et debitam satisfactionem impendant, et si hec non impleverint, infra quindecim dies dictos sex menses immediate sequentes in ipsos extunc generalem excommunicationis sentenciam proferatis . . . donec illi, qui sentenciam huiusmodi incurrerint quoquomodo, de premissis satisfecerint competenter et ad sedem apostolicam personaliter accesserint absolvendi . . . Dat. Avin. XII kl. septembris a. nono.

Reg. 203 f. 177[1] nr. 804.

1067. — *1350 August 21. Avignon.*

Clemens VI abbate monasterii S. Urbani Cathalaunensis dioc. et Lingonensi ac Virdunensi officialibus mandat inclinatus supplicationibus Hugonis tit. S. Laurentii in Damaso presbiteri cardinalis archidiaconatum de Portu in eccl. Tull. obtinentis ipsorumque decani et capituli Tull., quatinus dominos temporales illarum partium eorumque complices et subiectos, qui, cum habent guerras, et eciam alias animalia hominum dictorum decani et capituli eorumque blada in orreis et aliis locis ipsorum decani et capituli existencia recipiunt et in suos usus convertunt necnon congregationes hominum, etiam quandoque armatorum in villis ecclesie Tullensis faciunt pro suis expedicionibus vel placitis seu dictis tenendis ac in congregacionibus ipsis et alias bona dictorum decani et capituli ac hominum suorum rapiunt consumunt et asportant et alias ipsa orrea et blada per ignis incendium destruunt et devastant, inhibeant expresse in civitatibus et diocesibus Cathalaunensi Lingonensi et Virdunensi et aliis locis, ubi expedire videbunt, ne premissa vel similia de cetero presumant attemptare et ut infra sex dierum spatium a tempore huiusmodi monitionis computandum decano et capitulo de dampnis et iniuriis satisfaciant.

Ad compescendos actus nepharios ... Dat. Avin. XII kl. septembris a. nono.

Reg. 203 f. 177 nr. 803.

1068. — *1350 August 21. Avignon.*

Clemens VI Metensis et Virdunensis ac Lingonensis ecclesiarum decanis mandat precibus decani et capituli eccl. Tullensis inclinatus, quatinus eos, qui bona domus dei Tullensis, cuius gubernacio ad dictos decanum et capitulum pertinet cuiusque magister per dictos decanum et capitulum deputatur, rapere et in usus proprios convertere presumpserunt et presumunt, moneant in ecclesiis publice, ut huiusmodi bona rapta magistro et domui dei restituant atque ab huiusmodi raptu omnino desistant.

Presumentium ministros dei ... Dat. Avin. XII kl. septembris a. nono.

Reg. 203 f. 176¹ nr. 802.

1069. — *1350 August 21. Avignon.*

Clemens VI decano et capitulo eccl. Tull. supplicante Hugone tit. S. Laurencii in Damaso presbitero cardinali archidiaconatum de Portu in eccl. Tull. obtinenti indulget, ut questores ab eis ad opus fabrice eccl. Tull. destinati per duos cuiuslibet anni menses preferantur aliis quibuscunque questoribus per alias ecclesias Tull. dioc.

Devocionis vestre sinceritas ... Dat. Avin. XII kl. septembris a. noni.

Reg. 203 f. 176 nr. 799.

1070. — *1350 September 1. Avignon.*

Clemens VI Johanni Johannis Puissonn presbitero Tull. dioc. reservat beneficium ecclesiasticum cum cura vel sine cura, cuius fructus, si cum cura, sexaginta, si vero sine cura fuerit, quadraginta librarum turon. parvorum valorem annuum non excedant, spectans communiter vel divisim ad disposicionem episcopi decani capituli singulorumque canonicorum eccl. Met.

Exigentibus tue probitatis . . . Dat. Avin. kl. septembris a. nono.

In e. m. S. Vincentii Met. et S. Arnulphi extra muros Met. monasteriorum abbatibus ac Therrico de Bioncuria canonico Tull.

Reg. 202 f. 90¹ nr. 250.

1071. — *1350 November 4. Avignon.*

Clemens VI decano et capitulo Metensis ecclesie concedit facultatem redimendi e manu laicorum Metensium villam Ercancey cum appenditiis ad mensam episcoporum Metensium pertinentem et ab episcopis impignoratam dictis laicis, quam restituant episcopo, simulac is illis solverit pecuniam pro redemptione expensam.

[Clemens VI] decano et capitulo ecclesie Metensis.

Desideriis vestris in hiis libenter annuimus, per que dampnorum vitatis incommodis vestra et ecclesie vestre Metensis utilitas procuretur. Nuper siquidem pro parte vestra nobis exhibite peticionis series continebat, quod preteritis temporibus, iam quadraginta annis elapsis, villa de Ercancey Metensis diocesis ac bannum et finagium necnon dominium temporale ipsius ville cum suis pertinenciis universis ad mensam episcopalem Metensem spectantia, fundis et possessionibus vestris confinia et propinqua, per episcopos Metenses, qui fuerunt pro tempore, nonnullis civibus Metensibus potentibus fuerunt et sunt pro quibusdam non modicis pecuniarum quantitatibus obligata, qui pretextu obligationis huiusmodi villam bannum finagium et dominium supradicta per dicta tempora tenuerunt et tenent ac fructus redditus et proventus ex eis perceperunt et percipiunt, de sorte principali nichil penitus deducentes, quodque venerabili fratri nostro Ademario episcopo Metensi, qui pro eius manutenendis iuribus oppressiones sustinuit, sicut asserit, atque dampna, facultas non suppetit redimendi villam et predicta alia obligata atque ᵃ) ad ius et proprietatem episcopatus et ecclesie Metensis reducendi, et quod huiusmodi reductio non solum difficilis, immo quasi impossibilis efficietur, si villa et alia bona huiusmodi remaneant diucius in manibus laicorum, quodque idem Ademarius episcopus attendens, quod si villa et bona alia supradicta per vos, filii decane et capitulum, redimentur de ipsorum laicorum manibus ac fructus redditus et proventus et emolumenta ipsorum in usus et utilitatem vestram et ipsius

---

ᵃ) aliqua *in reg.*

ecclesie, a qua huiusmodi bona proveniunt ᵇ), convertantur, ipsorum bonorum reductio propinquior et facilior esse poterit, quam si non absque preiudicio eiusdem ecclesie in manibus dictorum remaneant laicorum. Nos itaque ipsius Ademarii episcopi . . . vestrisque in hac parte supplicationibus inclinati, vobis, predicti decane et capitulum, ut villam bannum finagium et dominium supradicta cum eorum appendenciis et pertinenciis universis liceat auctoritate nostra de manibus eorundem civium redimere ac fructus redditus et proventus et emolumenta ipsorum licite percipere et habere et in usum et utilitatem vestram et ipsius ecclesie tamdiu convertere et tenere, quousque de summis et quantitatibus pecuniarum, quas pro redemptione ville et aliorum bonorum predictorum persolveritis, vobis per dictum Ademarium episcopum seu successores suos episcopos Metenses, qui erunt pro tempore, fuerit integre satisfactum, fructibus et emolumentis huiusmodi in sortem minime computatis, auctoritate apostolica tenore presentium concedimus de gracia speciali. Volumus autem, quod vos, predicti decane et capitulum, annis singulis, quamdiu fructus redditus et proventus ac emolumenta huiusmodi perceperitis, unum anniversarium generale in dicta ecclesia pro animabus episcoporum Metensium defunctorum solenniter celebrare et nichilominus quod ᶜ) quandocunque per dictum vel alium seu alios episcopos Metenses successores ipsius vobis fuerit predicta pecunia restituta, villam bannum finagium et dominium supradicta cum eorum appendenciis et pertinenciis supradictis episcopo Metensi, qui est vel qui erit pro tempore, reddere seu restituere teneamini libere, quibuslibet difficultate ac dilacione sublatis . . . Dat. Avin. II nonas novembris a. nono.

Reg. 201 f. 138 nr. 1428.

1072. — *1350 November 16. Avignon.*

Yolandis de Flandria comitissa Barrensis et domina de Casselz supplicat pape, quatinus Johanni filio domini Ferrici militis de Cronenberg provideatur de canonicatu sub expectatione prebende eccl. S. Salvatoris Met. — Annuit papa.

Eadem supplicat pape, quatinus dilecto suo Nicolao Pige reservetur beneficium ecclesiasticum cum cura vel sine cura spectans ad dispositionem abbatis et conventus monasterii S. Vincentii Met. — Annuit papa.

Clem. VI Supplic. XX f. 21¹.

ᵇ) perveniunt *in reg.*
ᶜ) pro *in reg.*

1073. — *1350 November 16. Avignon.*

Clemens VI Nicolao Pige perpetuo capellano capelle S. Mauricii de Longa-aqua prope Molendinum Met. dioc. reservat beneficium ecclesiasticum cum cura vel sine cura, cuius fructus, si cum cura, sexaginta, si vero sine cura fuerit, quadraginta librarum turon. parvorum valorem annuum non excedant, spectans communiter vel divisim ad dispositionem abbatis et conventus monasterii S. Vincentii Met.

Probitatis et virtutum meritis . . . Dat. Avin. XVI kl. decembris a. nono.

In e. m. Metensis et S. Ilarii Pictav. decanis ac archidiacono de Riperia Virdun. eccl.

Reg. 202 f. 78¹ nr. 217.

1074. — *1350 November 16. Avignon.*

Clemens VI Johanni nato Ferrici domini de Cronenbergh militis confert eccl. S. Salvatoris Met. canonicatum sub expectatione prebende.

Nobilitas generis, vite . . . Dat. Avin. XVI kl. decembris a.. nono

In e. m. abbati monasterii S. Vincentii et decano maioris Met. ac archidiacono de Riperia Virdun. eccl.

Reg. 200 f. 73 nr. 206.

1075. — *1350 November 21. Avignon.*

Clemens VI Johanni Cabaye reservat beneficium ecclesiasticum sine cura, cuius fructus quadraginta librarum turon. parvorum s. t. d. valorem annuum non excedant, spectans communiter vel divisim ad dispositionem decani et capituli singulorumque canonicorum eccl. Met., non obstante quod parrochialem ecclesiam S. Crucis Met. obtinet.

Probitatis et aliarum virtutum . . . Dat. Avin. XI kl. decembris a. nono.

In e. m. abbati monasterii S. Vincentii Met. et decano S. Ilarii Pictav. ac archidiacono de Riperia Virdun. eccl.

Reg. 200 f. 162 nr. 445.

1076. — *1350 November 23. Avignon.*

Clemens VI Johanni de Hoyo canonico Metensi petenti confirmat litteras d. XXXI m. maii a. MCCCXLIIII datas, quibus Ademarius episcopus Metensis eidem concedit ad dies vite annuam pensionem L librarum Metensium denariorum. (*Conf. nr. 925.*)

Personam tuam nobis . . . Dat. Avin. VIIII kl. decembris a. nono.

Reg. 203 f. 104 nr. 478.

1077. — *1350 December 2. Avignon.*

Clemens VI Nicolao nato quondam Johannis villici de S. Arnuali clerico Met. dioc. reservat beneficium ecclesiasticum cum cura vel sine cura, cuius fructus, si cum cura, viginti quinque, si vero sine cura fuerit, decem et octo marcharum argenti s. t. d. valorem annuum non excedant, spectans communiter vel divisim ad disposicionem abbatis et conventus monasterii Hornbacensis ord. S. Bened. Met. dioc.

Merita probitatis, quibus . . . Dat. Avin. IIII nonas decembris a. nono.

In e. m. archiepiscopo Tholosano et eccl. S. Petri Argentinensis ac monasterii in Hagenoya Argentinensis dioc. prepositis.

Reg. 200 f. 162¹ nr. 446.

1078. — *1351 Februar 24. Avignon.*

Clemens VI Theobaldo Migomart confert in eccl. Met. perpetuum beneficium stipendiaria vulgariter nuncupatum vacans ex eo, quod Philippus Griffonelz id apud sedem apostolicam resignavit.

Vite ac morum honestas . . . Dat. Avin. VI kl. marcii a. nono.

In e. m. abbati monasterii S. Martini prope Metim et S. Salvatoris Met. ac S. Ilarii Pictav. eccl. decanis.

Reg. 199 f. 164¹ nr. 365.

1079. — *1351 Februar 24. Avignon.*

Clemens VI Galtero dicto Chesserat confert in eccl. S. Theobaldi perpetuam capellaniam S. Nicolai vacantem ex eo, quod et Galterus canonicatum et prebendam eccl. Met. et Philippus Grifonelz dictam capellaniam apud sedem apostolicam permutationis causa resignarunt.

Apostolice sedis circumspecta . . . Dat. Avin. VI kl. marcii a. nono.

In e. m. decano S. Ilarii Pictav. et Johanni de Hoyo ac Joffrido Griffonelz canonicis Met. eccl.

Reg. 199 f. 189 nr. 420.

1080. — *1351 Februar 24. Avignon.*

Clemens VI Philippo Griffonelz confert eccl. Met. canonicatum et prebendam vacantes per resignationem Galteri Chesserat. (*Conf. nr. immediate precedens.*)

Apostolice sedis circumspecta . . . Dat. Avin. VI kl. marcii a. nono.

In e. m. abbati monasterii S. Martini prope Metis et S. Salvatoris Met. ac S. Ilarii Pictav. eccl. decanis.

Reg. 199 f. 189¹ nr. 421.

1081. — *1351 März 29. Villeneuve.*

Clemens VI Helie Boyro licenciato in legibus confert eccl. Met. canonicatum et prebendam vacantes ex eo, quod Fericus Theobaldi clericus Met., cui papa eosdem per consecrationem Nicolai electi Viterbiensis vacaturos contulit, eosdem acceptare recusaverit et recuset, non obstante quod Helias parrochialem eccl. S. Petri de Cultut Andegavensis dioc. obtinet et quod papa eidem providit de decanatu rurali de Brulon Cenomanensis dioc.

Litterarum scientia, vite . . . Dat. Apud Villamnovam Avin. dioc. IIII kl. aprilis a. nono.

In e. m. episcopo Claromontensi et decano eccl. Xanctonensis ac officiali Met.

Reg. 199 f. 319 nr. 710.

1082. — *1351 April 1. Avignon.*

Clemens VI Johanni Folmari de Salburgo rectori parrochialis eccl. S. Johannis de Murlis Magalon. dioc. reservat beneficium ecclesiasticum sine cura, cuius fructus quadraginta librarum turon. parvorum valorem annuum non excedant, spectans communiter vel divisim ad dispositionem decani et capituli eccl. S. Stephani de Salburgo Met. dioc.

Vite ac morum honestas . . . Dat. Avin. kl. aprilis a. nono.

In e. m. sacriste Avin. et Met. ac S. Bartholomei Leod. eccl. cantoribus.

Reg. 202 f. 185¹ nr. 494.

1083. — *1351 April 16. Avignon.*

Clemens VI tribus executoribus committit, quatinus ulterius per sententias excommunicationis et interdicti procedant contra eos, qui Francisquinum Hannemanni iniuste impediunt, quominus assequatur possessionem pacificam ecclesie parrochialis de Cantenheim.

Clemens VI patriarche Constantinopolitano et archiepiscopo Burdegalensi ac episcopo Claromontensi.

Exhibita nobis pro parte dilecti filii Francisquini Hannemanni de Cantenheim asserentis se rectorem parrochialis ecclesie de Canthenheime Metensis diocesis peticio continebat, quod dudum inter ipsum et quondam Godefridum Johannis de Theonisvilla dictum Scharempost clericum dicte diocesis super dicta ecclesia materia questionis exorta et causa huiusmodi coram diversis auditoribus palacii apostolici successive per nos in causa huiusmodi deputatis diutius ventilata, tandem dictus Francisquinus in causa ipsa diffinitivam pro se super possessorio sentenciam reportavit, que nulla legitima appellacione suspensa in rem transiit iudicatam, quodque nos postmodum super execucione dicte sentencie dilectos filios . . . abbatem monasterii S. Vincencii Metensis et officialem Metensem ac bone memorie Amanenum archiepiscopum Burdegalensem tunc canonicum Cathalaunensem . . . duximus deputandos. Idemque Amanenus, dum viveret, solus in huiusmodi execucionis . . . procedens negocio, nonnullos super eadem execucione processus fecit in talibus consuetos . . . quos postmodum . . . Ademarius episcopus Metensis, cui prefatus Amanenus super ulteriore execucione predicta commiserat, non tamen totaliter, vices suas, in partibus solempniter publicavit . . . Sed dictus Godefridus, dum viveret, et demum eo de hac luce subtracto, Ludowicus Petri de Remiche subdiaconus Treverensis diocesis, qui se in eandem ecclesiam violenter intrusit eamque indebite occupavit et detinet occupatam, . . . impediverunt, prout dictus Ludowicus adhuc impedit, quominus sentencie et processus predicti debitum sortiti fuerint et sorciantur effectum. Propter que prefati Amanenus et episcopus contra dictum Ludowicum primo et demum ipso Amaneno sublato de medio prefatus abbas contra eundem Ludowicum ac Johannem de Mondorf et Johannem dictum Wacko presbiteros dictarum Metensis et Treverensis diocesium et nonnullos alios in dictis processibus nominatos et in predicto negotio inobedientes et rebelles certos processus fecit declarando eos predictos excommunicationis suspensionis et interdicti sentencias incurrisse eosque mandavit et fecit excommunicatos publice nunciari. Et licet processus et omnia supradicta ad predictorum Ludowici, Johannis de Mondorf et Johannis dicti Wacko noticiam pervenerint, ipsi tamen ea dampnabiliter contempnentes sentencias ipsas excommunicationis diucius sustinuerunt et adhuc sustinent . . . Nos igitur . . . fraternitati vestre . . . mandamus, quatinus . . . in huiusmodi execucionis negocio procedatis . . . invocato ad hoc, si opus fuerit, auxilio brachii secularis . . . Dat. Avin. XVI kl. maii a. nono.

Reg. 203 f. 119 nr. 562.

1084. — *1351 April 16. Avignon.*

Stephanus camerarius pape testatur, quod Odo episcopus Virdun. solvi fecit pro parte partis suis communis servicii camere apostolice CXX flor. auri et pro parte IIII serviciorum XXX flor. auri per manus Henrici de Capite-Insule familiaris sui iuxta dilationem sibi concessam tempore debito et quod intellecta mole gravaminum dicti episcopi terminus eidem est prorogatus usque ad festum nativitatis B. Marie proxime venturum.

Universis etc. Stephanus ... Dat. Avin. d. XVI m. [aprilis] a. [MCCCLI] ...

Oblig. et Solut. 25 (329) f. 139¹; Oblig. et Solut. 26 (330) f. 117; brevius Introit. et Exit. 261 f. 26¹ et Introit. 262 f. 2.

1085. — *1351 Mai 17. Villeneuve.*

[Clemens VI] scabinis et iusticiariis ac universitati civitatis Virdunensis.

Intelleximus relatione fidedigna quorundam, quod vos ... Ottoni episcopo Virdunensi de iuribus suis et aliis, in quibus ei tenemini, respondere contra iusticiam recusatis, pacta et conventiones inter predecessores suos episcopos Virdunenses et vos habita non servantes. De quo, si verum est, nec indigne mirati universitatem vestram attente rogamus, quatinus sic premissa ... corrigatis ... Dat. ut supra (= apud Villamnovam Avin. dioc. XVI kl. iunii a. nono).

Reg. 144 f. 283.

1086. — *1351 Mai 17. Villeneuve.*

Clemens VI Carolum regem Romanorum, Margaritam reginam Boemie, Baldewinum archiepiscopum Treverensem et Ademarum episcopum Metensem singulis eiusdem tenoris litteris rogat, quatinus Ottoni episcopo Virdun. sic assistant, quod repressa sibi adversantium malitia in commisso sibi cure pastoralis officio prosperetur.

Non credimus expedire ... Dat. Apud Villamnovam Avin. dioc. XVI kl. iunii a. nono.

Reg. 144 f. 282—283.

1087. — *1351 Mai 17. Villeneuve.*

[Clemens VI] Jolandi comitisse Barrensi.

Quanto ecclesiis et personis ... Cum itaque, sicut accepimus, nonnulli ex eisdem officialibus et ministris tuis ... Ottoni episcopo Virdunensi multipliciter sint infesti iurisdictionem suam spiritualem et temporalem enervare et usurpare indebite satagentes, nobilitatem tuam attente rogamus, quatinus ... eosdem officiales et ministros tuos ... ab omni offensa et molestia eidem episcopo et commisse sibi ecclesie inferenda omnino cohibeas et tuum prefato episcopo in executione pontificalis officii et aliis oportunitatibus suis impertiaris auxilium et favorem. Dat. apud Villamnovam Avin. dioc. XVI kl. iunii a. nono.

Reg. 144 f. 283.

— 100 —

1088. — *1351 Mai 17. Villeneuve.*

Clemens VI episcopum Tullensem rogat, quatinus Ottoni episcopo Virdun. assistat contra nonnullos potentes ac inferiores alios illarum partium, qui eidem gravamina et iacturas inferunt.

Intelleximus quorundam relatibus ... Dat. Apud Villamnovam Avin. dioc. XVI kl. iunii a. nono.

Reg. 144 f. 283 [1].

1089. — *1351 Mai 17. Villeneuve.*

[Clemens VI] dilectis filiis ordinatoribus seu numero communis pacis civitatis Metensis.

Cum, sicut accepimus, nonnulli potentes et inferiores alii ipsarum partium venerabili fratri nostro Ottoni episcopo et ecclesie Virdunensi, multipliciter sint infesti et multas inferant illis iniurias et iacturas, nos ... devotionem vestram attente rogamus, quatinus eis ... assistatis ... Dat. ut supra (= apud Villamnovam Avin. dioc. XVI kl. iunii a. nono.

Reg. 144 f. 283 [1].

1090. — *1351 Juli 4. Avignon.*

Clemens VI ecclesie Virdunensi vacanti ex eo, quod Otto episcopus olim Virdun. per Sanctinum de Hathonis — castro rectorem parrochialis ecclesie S. Petri Caprarii Virdun. procuratorem suum apud sedem apostolicam resignavit, providet de persona Hugonis de Barro clericali caractere insigniti.

In eminenti sedis apostolice ... Dat. Avin. IIII nonas iulii a. decimo.

In e. m. capitulo eccl. Virdun., clero civitatis et dioc. Virdun., populo civitatis et dioc. Virdun., universis vassallis eccl. Virdun., archiepiscopo Trever., Carolo regi Romanorum.

Reg. 206 f. 43 nr. 67.

1091. — *1351 Juli 8. Avignon.*

Poncius de Tornamira supplicat, quatinus papa Nicolao de Thiacuria diacono in legibus licentiato et bacalario in decretis Met. dioc. provideat de eccl. Met. canonicatu et prebenda vacantibus per obitum Johannis dicti Tompot, non obstante quod is eccl. parrochialem S. Simplicii Met. obtinet et quod ei est provisum de archipresbiteratu Metensi, cuius possessionem nondum est assecutus quemque renunciare est paratus, simulac erit assecutus dictos canonicatum et prebendam. — A. p.

Clem. VI Supplic. XXI f. 68 [1].

1092. — *1351 Juli 8. Avignon.*

Clemens VI Nicolao de Thiacuria licenciato in legibus confert eccl. Met. canonicatum et prebendam vacantes per obitum Johannis Tompot et reservatos dispositioni sedis apostolice V idus septembris a. VIII, dum adhuc idem Johannes ageret in humanis, non obstante quod parrochialem eccl. S. Simplicii Met. obtinet et quod ei est provisum de archipresbiteratu Met. Tamen dictorum canonicatus et prebende possessionem assecutus dimittat archipresbiteratum.

Litterarum sciencia, vite . . . Dat. Avin. VIII idus iulii a. decimo.

In e. m. abbati monasterii S. Martini prope Metim et decano S. Salvatoris Met. ac sacriste Avin. eccl.

Reg. 207 f. 137[1] nr. 20.

1093. — *1351 Juli 8. Avignon.*

Clemens VI Poncio de Tornamira confert eccl. Met. canonicatum et prebendam vacantes per obitum Ludovici de Grangia et reservatos dispositioni sedis apostolice III idus decembris a. VIII, dum adhuc idem Ludovicus ageret in humanis, non obstante quod Poncio est provisum de canonicatu eccl. S. Petri Ariensi Morinensis dioc. sub expectatione prebende.

Vite ac morum honestas . . . Dat. Avin. VIII idus iulii a. decimo.

In e. m. abbati monasterii S. Martini prope Metim et decano S. Salvatoris Met. ac sacriste Avin. eccl.

Reg. 207 f. 138[1] nr. 22.

1094. — *1351 Juli 12. Avignon.*

Otto de Pictavia olim episcopus Virdunensis supplicat, quatinus papa, cum is propter debilitatem sue persone episcopatum per procuratorem resignaverit et papa dicto episcopatui de persona Hugonis electi Virdun. providerit, ne ipse in opprobrium episcopalis dignitatis et sui generis mendicare cogatur, de fructibus eccl. Virdun. sibi, quamdiu vixerit, constituat annuam pensionem mille trecentorum scudatorum auri, pro medietate in festo S. Michaelis de mense septembri et pro altera medietate in festo resurrectionis domini persolvendorum. — A. p.

Clem. VI Supplic. XXI f. 64.

1095. — *1351 Juli 12. Avignon.*

Clemens VI Ottoni episcopo olim Virdunensi, qui propter suam debilitatem regimini eccl. Vird. per procuratorem suum apud sedem apostolicam cessit, de fructibus ad mensam episcopalem Virdunensem spectantibus concedit et assignat pensionem annuam mille et trecentorum scudatorum auri.

Etsi apostolice sedis . . . Dat. Avin. IIII idus iulii a. decimo.

In e. m. priori de Caritate Antisiodorensis dioc. et preposito Mimatensis ac archidiacono de Bassinhiaco Lingonensis eccl.

Reg. 209 f. 109 nr. 497.

1096. — *1351 Juli 18. (Avignon.)*
Servicium ecclesie Virdunensis. XVI card.

Eadem die [XVIII m. iulii a. MCCCLI] dominus Hugo electus Virdunensis recognovit et solvere promisit pro servicio promisso et non soluto per dominum Othonem immediatum suum predecessorem camere apostolice $II^m IIII^{XX}$ et IIII servicia pro rata. Item recognovit et solvere promisit pro collegio dominorum cardinalium II^m et L flor. et unicum servicium pro toto servicio contingente collegium, quod erat $II^m II^c$ de tempore XVI card. Item promisit pro suo communi servicio $IIII^m IIII^c$ flor. et V servicia consueta pro rata solvendos medietatem partis recognite in festo pentecosten et aliam medietatem in festo purificationis B. Marie extunc subsecuturo. Item promisit solvere medietatem sui servicii in festo omnium sanctorum extunc postea venturo et aliam medietatem in festo assumptionis B. Marie extunc inantea venturo a).

Oblig. et Solut. 22 f. 114¹; Oblig. et Solut. 23 (328) f. 83¹; Oblig. et Solut. 27 (303) f. 54 (sub data IX m. iulii).

1097. — *1351 Juli 26. Avignon.*

Clemens VI Johanni Jannini de Remerevilla clerico Tull. dioc. reservat beneficium ecclesiasticum cum cura vel sine cura, cuius fructus, si cum cura, sexaginta, si vero sine cura fuerit, quadraginta librarum turon. parvorum s. t. d. valorem annuum non excedant, spectans communiter vel divisim ad dispositionem abbatis et conventus monasterii S. Arnulphi extra muros Met.

Exigunt tue merita . . . Dat. Avin. VII kl. augusti a. decimo.

In e. m. abbati monasterii S. Vincencii Met. et decano eccl. S. Theobaldi extra muros Met. ac officiali Avin.

Reg. 210 f. 126 nr. 270.

1098. — *1351 August 24. Avignon.*

Clemens VI Alardo de Thiacuria confert eccl. Met. canonicatum et prebendam vacantem ex eo, quod et Alardus tunc S. Salvatoris

---
a) **XXVIII** card. *additum in margine. Oblig. et Solut. 27.*

Met. canonicus prebendatus et Othobonus Hannemanni tunc eccl. Met. canonicus prebendatus beneficia sua ecclesiastica permutacionis causa apud sedem apostolicam resignaverunt.

Apostolice sedis circumspecta . . . Dat. Avin. VIIII kl. septembris a. decimo.

In e. m. abbati monasterii S. Martini prope Metis et decano S. Salvatoris Met. ac Therrico de Bioncuria canonico Tull. eccl.

Reg. 207 f. 178¹ nr. 110.

1099. — *1351 August 31. Avignon.*

Clemens VI Therrico de Bioncuria licenciato in legibus confert perpetuam cappellaniam capelle de Buxi Met. dioc. consuetam canonicis Met. eccl. conferri, vacantem per obitum Ludovici de Grangia, qui rediens de curia Romana decessit, eique providet de canonicatu eccl. Met. sub expectatione prebende, non obstante quod in Tullensi cum prebenda et in Remensi eccl. sub expectacione prebende canonicatus obtinet et quod ei est provisum de canonicatu et prebenda eccl. S. Germani Montisfalconis Remensis dioc. et quod de parrochiali eccl. de Campis et de Brueriis Tull. dioc. litigat.

Laudabile testimonium, quod . . . Dat. Avin. II kl. septembris a. decimo.

In e. m. S. Arnoldi et S. Clementis extra muros Met. monasteriorum abbatibus ac decano S. Ilarii Pictav.

Reg. 207 f. 264¹ nr. 74.

1100. — *1351 September 1. Avignon.*

Clemens Hugoni electo Virdun. clericali caractere insignito concedit, ut a quocunque maluerit catholico antistite ad omnes sacros ordines promoveri ac ascitis duobus vel tribus catholicis episcopis munus consecrationis recipere valeat.

Cum nos pridem . . . Dat. Avin. kl. septembris a. decimo.

Reg. 209 f. 69 nr. 340.

1101. — *1351 September 12. Villeneuve.*

Clemens VI Johanni de Rostorph familiari suo confert eccl. Met. canonicatum et prebendam vacantes per obitum Francisci Johannis dicti Louve et reservatos disposicioni sedis apostolice VI kl. aprilis proxime preteriti.

Grata tue familiaritatis . . . Dat. apud Villamnovam Avin. dioc. II idus septembris a. decimo.

In e. m. abbati monasterii S. Vincentii et decano S. Salvatoris Met. ac cantori Atrebatensis eccl.

Reg. 207 f. 152¹ nr. 52.

1102. — *1351 September 28. Villeneuve.*

Clemens VI monasterio Gorziensi ord. S. Bened. Met. dioc. vacanti per promotionem Johannis abbatis in electum Tinnensem providet de persona Nicolai tunc abbatis S. Martini Glanderiensis Met. dioc.

Suscepti cura regiminis . . . Dat. apud Villamnovam Avin. dioc. IIII kl. octobris a. decimo.

In e. m. conventui monasterii Gorziensis, vassallis monasterii Gorziensis, episcopo Metensi.

Reg. 207 f. 52¹ nr. 50.

1103. — *1351 October 10. (Avignon.)*

Camerarius pape testatur, quod Johannes abbas monasterii S. Petri-Montis ord. S. Augustini Met. dioc. per magistrum Guillelmum de Viculo clericum Tull. dioc. procuratorem suum pro uno anno proxime transacto visitavit sedem apostolicam.

Oblig. et Solut. 28. (sine fol. nro.)

1104. — *1351 October 15. Villeneuve.*

Clemens VI Admeto Jacobi clerico Met. reservat beneficium ecclesiasticum cum cura vel sine cura, cuius fructus, si cum cura, sexaginta, si vero sine cura fuerit, quadraginta librarum turon. parvorum s. t. d. valorem annuum non excedant, spectans communiter vel divisim ad disposicionem abbatisse et conventus monasterii S. Glodesindis Met. ord. S. Bened.

Vite ac morum honestas . . . Dat. apud Villamnovam Avin. dioc. idus octobris a. decimo.

In e. m. abbati monasterii S. Vincencii Met. et decano S. Ilarii Pictav. ac Johanni de Hoyo canonico Met. eccl.

Reg. 210 f. 123¹ nr. 263.

1105. — *1351 October 17. Villeneuve.*

Clemens VI cum Poncio dicto Deu Amin et Alixeta nata quondam Perrini Monreteil civibus Met. dispensat, ut non obstante impedimento affinitatis exorte ex eo, quod Alixeta quondam Jacobetam natam quondam Ingranni Bourchon priorem Poncii uxorem quarto consanguinitatis gradu attinebat, matrimonium contrahere valeant.

Apostolice sedis graciosa ... Dat. apud Villamnovam Avin. dioc. XVI kl. novembris a. decimo.

Reg. 209 f. 49 nr. 232.

1106. — *1351 November 2. Avignon.*

Clemens VI Guillermo Pinchon preposito ecclesie Maguntine capellano et nuncio apostolice sedis mandat, quatinus tollat dissensionem inter Mariam ducissam Lothoringie ac ei adherentes ex parte una ac Yolendim comitissam Barrensem ac comune civitatis Metensis et nonnullos alios ex altera subortam atque ad partes illas personaliter se conferens reformet inter eosdem pacem et concordiam.

Perduxit ad audientiam nostram ... Dat. Avin. IIII nonas novembris a. decimo.

Reg. 145 f. 111.

1107. — *1351 November 2. Avignon.*

Clemens VI magistro Guillermo Pinchon archidiacono Abrincensi apostolice sedis nuncio, quem pro quibusdam arduis negotiis sibi commissis ad Alamanie et Lothoringie partes presentialiter destinat, dat litteras salvi conductus.

Cum dilectum filium ... Dat. Avin. IIII nonas novembris a. decimo.

Reg. 145 f. 112.

1108. — *1351 November 2. Avignon.*

Clemens VI Marie ducisse Lothoringie nunciat, quod ad tollendam discordiam inter ipsam et Yolendim comitissam Barrensem exortam destinat ad illas partes Guillermum Pinchon latorem presentium, eamque hortatur, quatinus eum benigne recipiat eiusque monitis acquiescat.

Discordia gravis, quam ... Dat. ut supra (= Avin. IIII nonas novembris a. decimo).

Reg. 145 f. 112¹.

1109. — *1351 November 2. Avignon.*

Clemens VI Yolendi comitisse Barrensi nunciat, quod ad tollendam discordiam inter ipsam et ducissam Lothoringie exortam destinat ad illas partes Guillermum Pinchon latorem presentium, eamque rogat quatinus eum benigne recipiat eumque oportunis consiliis informet eique auxiliis efficacibus faveat et assistat.

Ad succidendam discordiam ... Dat. ut supra (= Avin. IIII nonas novembris a. decimo).

In e. m. comiti Blandimontis, comiti Salmensi, Friderico comiti de Lyningen, Emichoni comiti de Lyningen, Ruperto duci Bawarie comiti Palatino Reni, Ruperto duci Bawarie comiti Palatino Reni, Radulpho duci Bawarie comiti Palatino Reni, Henrico comiti de Saremwerd, Gaucero domino de Garda militi, Johanni de Asperomonte militi, Wyrico Neron civi Metensi, Colardo de Sauls baillico Calvimontis, Henrico comiti Veldencie, Johanni de Ruppe senescallo comitatus Lucemburgensis, Walrammo comiti de Spanhem, Johanni domino de Berward militi, Johanni domino de Rodemacra militi, iusticiario et communitati opidi Lucemburgensis, Johanni Baudoche militi, Wyrico Noron civi Metensi, Johanni de Hoyo canonico ecclesie Metensis, Beatrici regine Boemie, magistro Nicolao de Portu legum doctori, Poncio de Vico civi Metensi, Fulconi Bertrandi primicerio ecclesie Metensis, Johanni Renvillon civi Metensi, Baldewino archiepiscopo Treverensi, Ademaro episcopo Metensi, episcopo Tullensi, episcopo Spirensi, episcopo Argentinensi, episcopo Basiliensi, episcopo Constantiensi, Johanni comiti Sarepontensi, comiti Geminipontensi, Burchardo domino de Wistingen, magistro scabino consilio et comuni civitatis Metensis.

Reg. 145 f. 114—117.

1110. — *1351 November 13. Avignon.*

Clemens VI Parisio de Cherinis clerico Tull. dioc. reservat beneficium ecclesiasticum cum cura vel sine cura, cuius fructus, si cum cura, sexaginta, si vero sine cura fuerit, quadraginta librarum turonensium parvorum s. t. d. valorem annuum non excedant, ad episcopi et capituli eccl. Met. disposicionem communiter vel divisim spectans.

Vite ac morum honestas ... Dat. Avin. idus novembris a. decimo.

In e. m. S. Vincencii Met. et S. Clementis extra muros Met. monasteriorum abbatibus ac archidiacono de Riperia in eccl. Virdun.

Reg. 208 f. 48 nr. 120.

1111. — *1351 November 21. Avignon.*

Clemens VI Nicolao de Prineyo abbati monasterii Gorziensis concedit facultatem contrahendi mutum usque ad summam duorum milium florenorum, ad quos solvendos Humberto patriarche Alexandrino Johannes antecessor Nicolai se et monasterium obligavit.

[Clemens VI] ... Nicolao de Prineyo abbati monasterii Gorziensis ...

Cum, sicut in nostra proposuisti presencia constitutus, ... Humbertus patriarcha Alexandrinus de debito quinque milium et quingentorum florenorum auri, in quibus ... Johannes electus Thunisiensis tunc abbas monasterii Gorziensis ... auctoritate litterarum nostrarum sibi super hoc, ut asseritur, concessarum eidem patriarche monasterium prefatum et bona ad ipsum pertinentia, confectis super hec litteris autenticis et instrumentis publicis, obligavit, tria milia et quingentos florenos auri graciose remiserit, ut aliis creditoribus tuis et ipsius monasterii, quorum debita ultra huiusmodi summam remissam, ut asseris, non ascendunt, satisfieri commodius possit, tuque valde periculosum reputes monasterio prelibato, si pro debito duorum milium florenorum de dicta maiori summa restantium prefate littere et instrumenta apud dictum patriarcham vel alium remanerent, nobis humiliter supplicasti, ut pro satisfactione dictorum duorum milium florenorum restantium et aliorum debitorum, quibus est dictum monasterium obligatum, usque ad summam trium milium florenorum auri mutuum contrahendi sub modis et formis infrascriptis, sine quibus te putas creditores invenire non posse, tibi largiri licentiam dignaremur. Nos igitur ... devotioni tue contrahendi mutuum propter hoc usque ad summam duorum milium florenorum auri nomine tuo et ipsius monasterii ac te et successores tuos abbates dicti monasterii et predictum monasterium ac tua et eorundem bona mobilia et immobilia presencia et futura usque ad summam predictam duorum milium florenorum auri propterea dictis creditoribus usuris omnino cessantibus obligandi ... concedimus facultatem. Volumus insuper et concedimus, iuxta quod postulasti a nobis, quod tu et successores tui creditoribus ipsis hanc pecuniam de bonis dicti monasterii solvere ac dampna expensas et interesse reficere teneamini, si in termino, qui ad hoc de tuo ᵃ) et ipsorum creditorum consensu fuerit institutus, eadem pecunia non fuerit persoluta, quodque ipsis creditoribus ... pecuniam in iam dicti monasterii utilitatem conversam fore probandi necessitas non incumbat, sed sola tui fatentis confessio in instrumentis conficiendis super mutui ᵇ) huiusmodi quantitate ᶜ) inserta sufficiens plena et efficax probatio irrefragabiliter habeatur. Ceterum ne in hoc negocio locum sibi vendicet usura ᵈ), nostre intentionis existit et volumus, quod tu, iidem successores ac dictum monasterium tua seu sua vel ipsius bona per has nostras litteras per cuiuspiam fraudis seu calliditatis astuciam vel quovis pallio seu collore (!) verborum ad usuras aliquas obligare nullatenus valeatis ... Volumus insuper, quod dictum monasterium ac bona ipsius pretextu nostre concessionis huiusmodi ultra biennium ab obligacionis huiusmodi tempore

---
ᵃ) tuorum *in reg.*
ᵇ) mutuo *in reg.*
ᶜ) quantita *in reg.*
ᵈ) usurarum *in reg.*

numerandum nullatenus remaneat obligatum, presentes litteras et earum effectum quoad ipsum monasterium et bona eiusdem extunc omnino carere viribus decernentes. Dat. Avin. XI kl. decembris a. decimo.

Reg. 211 f. 213 nr. 1255.

1112. — *1351 November 21. Avignon.*

Clemens VI Johanni electo Thunisiensi, cuius ecclesia est per Agarenos inimicos fidei catholice occupata, assignat super monasterio Gorziensi ac redditibus ipsius pensionem annuam quingentarum librarum bonorum turonensium parvorum.

Apostolice sedis benignitas ... Dat. Avin. XI kl. decembris a. decimo.

In e. m. archiepiscopo Lugdunensi et episcopo Gratianopolitano ac abbati monasterii S. Andree Avin.

Reg. 211 f. 214 nr. 1258.

1113. — *1351 November 23. Avignon.*

Clemens VI Guillermo Fabri de Sapolgo confert eccl. Met. canonicatum et prebendam vacantes per obitum Johannis de Pierecourt et reservatos disposicioni sedis apostolice kl. aprilis a. VII, dum adhuc idem Johannes ageret in humanis, non obstante quod Guillermus perpetuam capellaniam institutam in eccl. parrochiali de Alhiaco Lugdunensis dioc. obtinet.

Vite ac morum honestas ... Dat. Avin. VIIII kl. decembris a. decimo.

In e. m. abbati monasterii S. Vincentii Met. et priori S. Eutropii Xanctonensis ac decano eccl. Tull.

Reg. 207 f. 165[1] nr. 81.

1114. — *1351 December 23. (Avignon.)*

Servicium monasterii Gorziensis. XXVIII card.

Eisdem anno [MCCCLI] ... die XXIII m. decembris dominus frater Nicholaus abbas monasterii Gorziensis ... recognovit pro servicio promisso et non soluto per dominum fratrem Johannem predecessorem suum M flor. et V servicia consueta integra. Item promisit pro suo servicio M. V° flor. et V servicia consueta, solvendos partem recognitam in proximo festo omnium sanctorum ... et medietatem promissi servicii in sequenti festo assumptionis B. Marie et aliam medietatem in festo S. Johannis Baptiste extunc proxime subsecuturo.

Oblig. et Solut. 22 f. 120[1]; Oblig. et Solut. 23 (328) f. 89[1]; Oblig. et Solut. 27 (303) f. 60.

1115. — *1352 Januar 12, Avignon.*

Anno domini MCCCLII . . . die IIX m. ianuarii, cum . . . Geraldus de Arbento thesaurarius B. Marie Escuriarum Rothomag. dyoc. in Vienn. Tarantas. Lugdun. Bisuntin. et Trever. provinciis auctoritate apostolica deputatus de mandato camere apostolice emisset seu emi fecisset certam quantitatem vinorum de Belna pro usu hospicii domini nostri pape de pecuniis camere apostolice per ipsum in dicta collectoria sua receptis . . . precio videlicet

MLVIII scudatorum auri
II° XXXIX flor. de Ped. bon. et
VII de Pedem. parvi ponderis,

ideo predicte summe fuerunt hic posite in recepta.

Introit. et Exit. 263 f. 37. Kirsch p. 251.

1116. — *1352 Februar 3. Avignon.*

Clemens VI Alizete de Curia mulieri Met. concedit plenariam peccatorum remissionem semel tantum in mortis articulo.

Provenit ex tue devocionis . . . Dat. Avin. III nonas februarii a. decimo.

Reg. 209 f. 232 nr. 541.

1117. — *1352 Februar 3. Avignon.*

Clemens VI Johanni Fordes canonico eccl. S. Salvatoris Met. concedit plenariam peccatorum remissionem semel tantum in articulo mortis.

Provenit ex tue devocionis . . . Dat. Avin. III nonas februarii a. decimo.

Reg. 209 f. 232 nr. 542.

1118. — *1352 Februar 3. Avignon.*

Clemens VI Jaquete de Montibus mulieri Met. concedit plenariam peccatorum remissionem semel tantum in articulo mortis.

Provenit ex tue devocionis . . . Dat. Avin. III nonas februarii a. decimo.

Reg. 209 f. 232 nr. 543.

1119. — *1352 Februar 3. Avignon.*

Clemens VI Odoni de Montibus presbitero Met. concedit plenariam peccatorum remissionem semel tantum in articulo mortis.

Provenit ex tue devocionis . . . Dat. Avin. III nonas februarii a. decimo.

Reg. 209 f. 232 nr. 544.

1120. — *1352 Februar 3. Avignon.*

Clemens VI Johanni Bovenente Aïlbe et Perrete eius uxori civibus Met. concedit plenariam peccatorum remissionem semel tantum in articulo mortis.

Provenit ex vestre devocionis . . . Dat. Avin. III nonas februarii a. decimo.

Reg. 209 f. 232 nr. 545.

1121. — *1352 April 1. Avignon.*

Clemens VI Ricardo Henrikelli canonico eccl. S. Salvatoris Met. concedit plenariam peccatorum remissionem semel tantum in mortis articulo.

Provenit ex tue devocionis . . . Dat. Avin. kl. aprilis a. decimo.

Reg. 211 f. 93.

1122. — *1352 April 1. Avignon.*

Clemens VI Isabelle uxori Colignoni dicti Vendehanap civis Met. concedit plenariam peccatorum remissionem semel tantum in mortis articulo.

Provenit ex tue devocionis . . . Dat. Avin. kl. aprilis a. decimo.

Reg. 211 f. 93.

1123. — *1352 April 1. Avignon.*

Clemens VI Beatrici uxori Gerardi dicti Lahuretice civis Met. concedit plenariam peccatorum remissionem semel tantum in mortis articulo.

Provenit ex tue devocionis . . . Dat. Avin. kl. aprilis a. decimo.

Reg. 211 f. 93.

1124. — *1352 April 1. Avignon.*

Clemens VI Colete uxori Lowieti Carpentatoris civis Met. concedit plenariam peccatorum remissionem semel tantum in mortis articulo.

Provenit ex tue devocionis . . . Dat. Avin. kl. aprilis a. decimo.

Reg. 211 f. 93.

1125. — *1352 April 1. Avignon.*

Clemens VI Isabelle uxori Walteri dicti Mercatoris civis Met. concedit plenariam peccatorum remissionem semel tantum in mortis articulo.

Provenit ex tue devocionis . . . Dat. Avin. kl. aprilis a. decimo.

Reg. 211 f. 93.

1126. — *1352. April 1. Avignon.*

Clemens VI Alisonne relicte quondam Johannis Augustini vidue Met. concedit plenariam peccatorum remissionem semel tantum in mortis articulo.

Provenit ex tue devotionis ... Dat. Avin. kl. aprilis a. decimo.
Reg. 211 f. 93.

1127. — *1352 April 2. Avignon.*

Die II m. aprilis a. MCCCLII camerarius pape testatur, quod Gerardus de Arbento collector camere apostolice in Vienn. Tarantas. Lugdun. Bisuntin. et Trever. provinciis de pecuniis ab ipso collectis de mandato camere pro diversis provisionibus curie papalis expendit

    III^c XI scut.
   XXIX flor.
    XXII sol. XI den. monete Avin.
    LIIII scut. cum tercia parte unius
    II flor. XI den.
  XXVII scut. cum dimidio
  XXIIII flor.
    XXV sol. III den. monete Avin.
  CLXIX flor. boni ponderis
 XXVIII flor. cum dimidio parvi ponderis
    VII grossos valentes XIIII.

Introit. et Exit. 263 f. 37. Kirsch p. 251.

1128. — *1352 Mai 3. Villeneuve.*

Balduinus Gornasii de Metis canonicus prebendatus eccl. Met. baccalarius in legibus et licentiatus in artibus supplicat, quatinus papa sibi provideat de archidiaconatu Metensi, qui personatus dicitur, vacante per resignationem magistri Alberici de Metis iuris professoris et sedis apostolice capellani ac sacri palatii auditoris factam per procuratorem in manibus episcopi Penestrinensis. — Annuit papa.

Clem. VI Supplic. XXI ps. II f. 79.

1129. — *1352 Mai 3. Villeneuve.*

Clemens VI Balduino Gornasii de Metis licenciato in artibus canonico prebendato eccl. Met. confert eiusdem eccl. archidiaconatum vacantem ex eo, quod Albericus de Metis utriusque iuris professor et capellanus papalis eam per Ricardum Henriquelli canonicum eccl. S. Salvatoris Met. procuratorem suum apud sedem apostolicam resignavit.

Litterarum scientia, vite . . . Dat. apud Villamnovam Avin. dioc. V nonas maii a. decimo.

In e. m. abbati monasterii S. Symphoriani extra muros Met. et S. Ilarii Pictav. ac S. Salvatoris Met. eccl. decanis.

Reg. 207 f. 102 nr. 60.

1130. — *1352 Mai 4. Villeneuve.*

Clemens VI monasterio S. Martini Glandariensi Met. dioc., cuius abbatem Nicolaum tunc apud sedem apostolicam constitutum papa providit de abbatia Gorziensi Met. dioc., preficit Isambardum de Mengna eiusdem monasterii S. Martini monachum et in sacerdocio constitutum.

Inter solicitudines varias . . . Dat. apud Villamnovam Avin. dioc. IIII nonas maii a. decimo.

In e. m. conventui monasterii S. Martini, episcopo Metensi.

Reg. 207 f. 64¹ nr. 75.

1131. — *1352 Mai 8. Villeneuve.*

Clemens VI Johanni nato Renaldi dicti Pietdeschault confert eccl. Met. canonicatum et prebendam vacantes ex eo, quod et Johannes perpetuam capellaniam B. Bartholomei sitam in domo nobilis viri Poncii de Atrio militis Metensis et Bertrandus dictus Pietdeschault canonicatum et prebendam eccl. Met. permutacionis causa per procuratores suos apud sedem apostolicam resignaverunt.

Apostolice sedis circumspecta . . . Dat. apud Villamnovam Avin. dioc. VIII idus maii a. decimo.

In e. m. abbati monasterii S. Symphoriani extra muros Met. et S. Ilarii Pictav. ac S. Salvatoris Met. eccl. decanis.

Reg. 207 f. 212 nr. 181.

1132. — *1352 Mai 10. Avignon.*

Stephanus camerarius pape testatur, quod constitutus in sua presentia Johannes olim abbas monasterii Gorziensis dicto monasterio et eius regimini renunciavit, quod Nicolaus nunc abbas dicti monasterii successor Johannis se obligavit ad solvendum complementi servicii communis et IIII serviciorum a Johanne tempore debiti non soluti et quod ipse Johannem a sententiis excommunicationis et suspensionis, quas is incurrerat ob complementum debito tempore non solutum, absolvit et cum eodem super irregularitate dispensavit.

Universis etc. Stephanus . . . Dat. Avin. d. X. m. maii a. LII.

Oblig. et Solut. 26 (330) f. 181; Oblig. et Solut. 28 (332) f. 45¹.

1133. — *1352 Mai 12. (Avignon.)*
Monasterium S. Martini Glandariensis.   XXVII card.
Dicta die [XII m. maii a. MCCCLII] frater Isambardus abbas monasterii S. Martini Glandariensis . . . promisit pro suo communi servicio V^c flor. et V servicia consueta solvendos terminis suprapositis*). Quod nisi etc. et iuravit etc.
Oblig. et Solut. 27 (303) f. 64; Oblig. et Solut. 22 f. 125.

1134. — *1352 Mai 19. Avignon.*
Clemens VI Gerardo de Arbento nunciat, quod reservat camere apostolice fructus primi anni beneficiorum ecclesiasticorum usque ad novum biennium incipiendum a fine ultimi biennii reservationis eique mandat, quatinus huiusmodi fructus exigat in Bisuntin. Lugdun. Tarantas. Vienn. et Trever. provinciis.
Dudum attenta consideratione . . . Dat. Avin. XIIII kl. iunii a. undecimo.
Reg. 242 f. 3.

1135. — *1352 Mai 26. Avignon.*
Camerarius pape testatur, quod Hugo episcopus Virdunensis pro parte partis communis servicii Ottonis predecessoris sui et non soluti IIII^c flor. auri camere apostolice necnon pro parte partis quatuor serviciorum familiarium C flor. per manus Johannis de S. Laurentio scolastici B. Marie Magdalene Virdun. tempore debito solvi fecit et quod solvendi complementum dictorum serviciorum Ottonis terminus Hugoni est prorogatus usque ad festum omnium sanctorum proxime venturum.
Universis etc. . . . Dat. Avin. die XXVI mensis maii a. d. MCCCLII . . .
Oblig. et Solut. 28 f. 57; brevius Introit. et Exit. 265 f. 3^1 et Oblig. et Solut. 24 (331) f. 13.

1136. — *1352 Juni 6. Avignon.*
Die VI m. iunii a. MCCCLII camerarius pape testatur, quod Gerardus de Arbento collector camere apostolice in Vienn. Tarantas. Lugdun. Bisuntin. et Trever. provinciis expendit de pecuniis ab ipso collectis pro vinis ad usum palatii apostolici emptis
VII^c XXXIIII scut.
CLXXII flor. magni ponderis
CXLIII flor. parvi ponderis.
Introit. et Exit. 265 f. 25. Kirsch p. 252.

---
*) *i. e.* medietatem in festo resurrectionis domini proxime venturo et aliam medietatem in festo purificationis B. Marie virginis extunc in proximo secuturo.

1137. — *1352 Juni 18. Avignon.*

Clemens VI Poncio de Metri canonico Met. eccl. confert eccl. Met. canonicatum et prebendam vacantes per obitum Henrici de Hombourch et reservatos dispositioni sedis apostolice nonas februarii a. X, non obstante quod is canonicatum et prebendam eccl. B. Marie de Lineyo Tull. dioc. obtinet et quod de prebenda Met. eccl. vacante per obitum Johannis de Ragocort in palatio apostolica litigat cum Egidio de Stalleghen presbitero Leod. dioc.

Exigunt tuarum probitatis . . . Dat. Avin. XIIII kl. iulii a. undecimo.

In e. m. S. Simphoriani et S. Arnulphi extra muros Met. monasteriorum abbatibus ac decano eccl. S. Ilarii Pictavensis.

Reg. 212 f. 73¹ nr. 140.

1138. — *1352 Juli 4. Avignon.*

Clemens VI Guillelmo la Barriera familiari suo confert eccl. S. Salvatoris Met. canonicatum et prebendam ac officium custodie vacantia per obitum Guinardi de Metis et reservata dispositioni sedis apostolice VI nonas marcii a. VII, dum adhuc idem Guinardus ageret in humanis.

Grata tue familiaritatis . . . Dat. Avin. IIII nonas iulii a. undecimo.

In e. m. Petro Germani Rothomagensis et Geraldo Fornerii Tornacensis canonicis eccl. ac officiali Met.

Reg. 213 f. 65 nr. 40.

1139. — *1352 Juli 12. Avignon.*

Clemens VI Yolandi comitisse Barrensi indulget, ut eius confessor, quem duxerit eligendum, quociens ei fuerit oportunum, ei audita confessione impendat absolutionem.

Benigno sunt illa . . . Dat. Avin. IIII idus iulii a. undecimo.

Reg. 212 f. 317¹ nr. 746.

1140. — *1352 August 30. Avignon.*

Anno domini MCCCLII . . . die XXX m. augusti recepti sunt a domino Gerardo de Arbento obedienciario S. Justi collectore fructuum beneficiorum ecclesiasticorum vacantium ad cameram apostolicam pertinencium in provinciis Vienn. Tarantas. Lugdun. Bisuntin. et Trever. auctoritate apostolica deputato de pecuniis per eum receptis et recollectis . . . per manus Guillelmi de Channaco VII^c flor.

Introit. et Exit. 265 f. 25. Kirsch p. 252.

1141. — *1352 October 17. Avignon.*

Clemens VI Johanni Guillermi de Gorencuria clerico Virdun. dioc. reservat beneficium ecclesiasticum cum cura vel sine cura, cuius fructus, si cum cura, sexaginta, si vero sine cura fuerit, quadraginta librarum turon. parvorum s. t. d. valorem annuum non excedant, spectans communiter vel divisim ad disposicionem abbatis et conventus Gorziensis.

Probitatis et virtutum merita . . . Dat. Avin. XVI kl. novembris a. undecimo.

In e. m. S. Vincentii Met. et S. Pauli Virdun. monasteriorum abbatibus ac archidiacono de Riparia in eccl. Virdun.

Reg. 212 f. 243¹ nr. 482.

1142. — *1353 Januar 14. Avignon.*

Innocentius VI monasterio S. Pirmini Hornbacensi, cuius provisionem Clemens VI Waltero abbate adhuc vivo reservavit sedis apostolice disposicioni, providet de persona Johannis eiusdem monasterii decani in presbiteratus ordine constituto, quem conventus dicte reservatonis ignarus Waltero mortuo elegerunt concorditer in abbatem.

Inter solicitudines várias... Dat. Avin. XVIIII kl. februarii a. primo.

In e. m. conventui monasterii, episcopo Met.

Reg. 221 f. 14¹ nr. 58; Reg. Avin. 122 f. 34.

1143. — *1353 Januar 15. (Avignon.)*

Stephanus camerarius pape testatur, quod Nicolaus abbas monasterii Gorziensis solvi fecit pro parte partis communis servicii Johannis predecessoris sui II^c X flor. auri camere apostolice et pro complemento IIII serviciorum eiusdem Johannis XL flor. auri per manus Terrici de Bonicuria canonici Tull., quod ipse Stephanus eidem Nicolao terminum solvendi usque ad festum ascensionis domini proxime venturum prorogavit, eum a penis excommunicationis et suspensionis, quas incurrit ex eo, quod non solverat tempore debito, absolvit et cum eo super irregularitate dispensavit.

Universis etc. Stephanus . . . Dat. Avin d. XV m. ianuarii a. [MCCCLIII] . . .

Oblig. et Solut. 26 (330) f. 226¹; Oblig. et Solut. 28 (332) f. 91¹; brevius Obligat. et Solut. 24 (331) f. 17 et Introit. et Exit. 262 f. 20.

1144. — *1353 Januar 30. Avignon.*

Innocentius VI Johanni abbati monasterii S. Pirmini Hornbacensis concedit, ut a quocunque maluerit catholico antistite possit benedictionis munus recipere.

Cum nos pridem . . . Dat. Avin. III kl. februarii a. primo.
Reg. Avin. 122 f. 159¹.

1145. — *1353 Februar 13. (Avignon.)*

Camerarius pape testatur, quod Johannes abbas monasterii S. Petri-Montis ord. S. Augustini Met. dioc. pro uno anno proxime transacto per magistrum Guillelmum de Viculo in Romana curia procuratorem sedem apostolicam visitavit.
Oblig. et Solut. 26. (sine fol. nro.)

1146. — *1353 Februar 17. Avignon.*

Innocentio VI supplicat Johannes rex Francie, quatinus nobili viro Henrico de Saraponte provideatur de eccl. Colon. canonicatu sub expectatione prebende, non obstante quod canonicatum et prebendam in eccl. Virdun. obtinet et quod ei est provisum de eccl. Montisfalconis Remensis dioc. canonicatu sub expectatione prebende; quatinus eius fratri Guillelmo de Saraponte monacho monasterii Molismensis Lingonensis dioc. provideatur de prioratu administratione perpetuo beneficio seu officio spectante communiter vel divisim abbatis et conventus monasterii Molismensis. — Annuit papa.

Item supplicat Symon de Saraponte dominus de Coumarceyo miles, quatinus clerico suo Martino Johannis de Mestrigneys provideatur de beneficio. — Annuit papa.
Innoc. VI Supplic. t. I (23) f. XLVI.

1147. — *1353 Februar 17. Avignon.*

Innocentius VI Henrico de Saraponte consideratione Johannis regis Francie pro eo supplicantis confert eccl. Colon. canonicatum sub expectatione prebende, non obstante quod is in Virdun. canonicatum et prebendam et in S. Germani Montisfalconis Remenis dioc. eccl. vigore litterarum Clementis VI canonicatum obtinet et prebendam expectat.

Nobilitas generis aliaque . . . Dat. Avin. XIII kl. marcii a. primo.

In e. m. abbati monasterii S. Mansueti extra muros Tull. et archidiacono de Riperia in eccl. Virdun. ac officiali Colon.
Reg. 220 f. 286 nr. 53.

1148. — *1353 Februar 24. Avignon.*

Innocentius VI Joffrido de Asperomonte confert eccl. Virdunensis canonicatum sub expectatione prebende.

Nobilitas generis, vite . . . Dat. Avin. VI kl. marcii a. primo.

In e. m. Met. et Tull. ac Vapincensi episcopis.
Reg. 220 f. 364 nr. 203.

1149. — *1353 März 9. Avignon.*

Stephanus camerarius pape testatur, quod Isambardus abbas monasterii S. Martini Glandariensis solvi fecit pro parte sui communis servicii camere apostolice CXXV flor. auri et pro parte IIII serviciorum XVIII flor. auri XII sol. et VI den. monete Avin. per manus magistri Gerardi de S. Deodato clerici et domini Henrici de Heys presbiteri.

Universis etc. Stephanus ... Dat. Avin. d. IX m. marcii a. [MCCCLIII] ...

Obligat. et Solut. 26 (330) f. 231; Oblig. et Solut. 28 (332) f. 96; brevius Obligat. 24 (331) f. 17¹ et Introit. et Exit. 262 f. 20¹.

1150. — *1353 März 20. Avignon.*

Innocentius VI abbati monasterii S. Nicolai in prato Virdun. mandat, quatinus Henrico de Asperomonte canonico prebendato eccl. Trever. conferat eccl. Met. canonicatum sub expectatione prebende.

Dignum arbitramur et congruum ... Dat. Avin. XIII kl. aprilis a. primo.

Reg. 220 f. 473 nr. 413.

1151. — *1353 März 27. Avignon.*

Innocentius VI decano eccl. Met. mandat, quatinus Petro nato nobilis viri Brochardi de Brolio clerico Tull. dioc. conferat eccl. S. Theobaldi extra muros Met. canonicatum sub expectatione prebende.

Dignum arbitramur et congruum ... Dat. Avin. VI kl. aprilis a. primo.

Reg. 223 f. 137 nr. 243.

1152. — *1353 April 4. (Avignon.)*

Servicium monasterii Hornbacensis.   XXV card.

Dicta die [quarta m. aprilis a. MCCCLIII] dominus frater Johannes abbas monasterii S. Pirmini Hornbacensis ... promisit pro suo communi servicio per Jacobum de Geminoponte canonicum eccl. S. Fabiani Hornbacensis procuratorem suum CLXVI flor. auri et V servicia consueta, solvendum totum integraliter in festo resurrectionis domini proxime venturo. Quod nisi etc. Iuravit etc.

Oblig. et Solut. 22 (300) f. 140 et 27 (303) f. 77 et 29 (333) f. 81; brevius Obligat. et Solut. 20 (301) f. 56.

1153. — *1353 April 18. Avignon.*

Supplicat Sanctitati Vestre devotus vir Theodericus natus Symonis dicti Beyer de Bopardia militis canonicus Maguntinus, quatinus sibi specialem gratiam facientes de cantoria eccl. Maguntine, que dignitas in eadem ecclesia est, cuius valor annuus XV florenorum summam non excedit, vacante ad presens per mortem quondam Raynardi de Spanheim ... dignemini providere, non obstante quod in eadem necnon Treverensi et Wormaciensi eccl. canonicatus et prebendas noscitur obtinere ... Fiat, nisi alteri fuerit ius quesitum. G.

Innoc. VI Supplic. t. I (23) f. 128[1].

1154. — *1353 Mai 10. Villeneuve.*

Innocentius VI episcopo Virdunensi mandat, quatinus corpus Werrici de Parroies in excommunicatione mortui tradat ecclesiastice sepulture. (Conf. nr. 764.)

[Innocentius VI] Virdunensi episcopo.

Peticio dilectorum filiorum nobilium virorum Andree et Bunikini(!) de Parroya natorum quondam Varrici(!) de Parroya domicellorum Tull. dioc. nuper nobis exhibita continebat, quod dictus Varricus eorum pater, dum adhuc ageret in humanis, una cum nonnullis suis in hac parte complicibus in venerabilem fratrem nostrum Ademarum episcopum Metensem manus usque ad sanguis effusionem iniecit temere violentas eumque quibusdam bonis suis spolians captivavit, eundem per aliqua tempora detinuit captivatum ac ab eo quandam extorsit pecunie quantitatem et, antequam ab excommunicationis sentencia lata a canone, quam propterea incurrit, a sede apostolica absolutionis beneficium obtineret, diem clausit extremum; propter quod eiusdem defuncti corpus caret ecclesiastica sepultura. Verum cum, sicut eadem petitio subiungebat, idem defunctus, dum adhuc viveret, de premissis cum episcopo concordaverit antedicto et circa finem vite sue signa contritionis et penitencie apparuerint in eodem et a proprio sacerdote in mortis articulo fuerit absolutus, pro parte dictorum Andree et Bunikini fuit nobis humiliter supplicatum, ut corpus eiusdem defuncti sepeliri mandaremus in cimiterio benedicto. Nos igitur ... fraternitati tue mandamus, quatinus vocatis dicto episcopo et aliis, qui fuerint evocandi, [si] premissa inveneris ita esse, postquam dicti Andreas et Bunikinus pro ipso defuncto de predictis competenter satisfecerint predicto episcopo et ecclesie Metensi et aliis, quibus ipse defunctus ob premissa obnoxius, dum viveret, tenebatur, tu heredes eiusdem defuncti feudis locationibus et beneficiis spiritualibus et temporalibus, si qua ab eadem ecclesia

Metensi obtinebant, ipso facto cecidisse et ea, si qua sunt, ad eandem ecclesiam reverti debere ac dictos Andream et Bunikinum aliosque eius filios usque ad secundam generationem per masculinam lineam descendentes esse eo ipso facto inhabiles ad quoscunque beneficia ecclesiastica in civitate et diocesi Metensi obtinendum publice nuncians, corpus eiusdem defuncti tradas seu tradi facias ecclesiastice sepulture ... Dat. apud Villamnovam Avin. dioc. VI idus maii a. primo.

Reg. 222 f. 351[1] nr. 160; Reg. Avin. 125 (Innoc. VI t. V) f. 422[1].

1155. — *1353 Mai 20. Villeneuve.*

Innocentius VI Georio (!) de Moriatio confert eccl. S. Marie Rotunde Met. canonicatum et prebendam, postquam et Georius canonicatum et prebendam eccl. Met. per se et Fulco Bertranni alias Fourkignonis canonicatum et prebendam eccl. S. Marie Rotunde per Henricum de Villa presbiterum Trever. dioc. in curia Romana resignaverunt, non obstante quod Georius canonicatum et prebendam eccl. Augustensis obtinet. Utrumque beneficium obtinuerat quondam Johannes Toupeti, quo mortuo duo predicti ea assecuti erant de facto, non vero de iure, cum essent reservata dispositioni papali.

Apostolice sedis circumspecta ... Dat. apud Villamnovam Avin. dioc. XIII kl. iunii a. primo.

In e. m. Vaurensi et Nimociensi episcopis et officiali Met.

Reg. 221 f. 248[1] nr. 452.

1156. — *1353 Mai 20. Villeneuve.*

Innocentius VI Fulconi Bertranni alias Fourkignonis *(de quo narrantur eadem atque in nr. precedente)* confert eccl. Met. canonicatum et prebendam.

Apostolice sedis circumspecta ... Dat. apud Villamnovam Avin. dioc. XIII kl. iunii a. primo.

In e. m. decano S. Ilarii Pictavensis et archidiacono Beneventane eccl. ac officiali Tullensi.

Reg. 221 f. 249 nr. 453.

1157. — *1353 Juni 7. Villeneuve.*

Innocentio VI supplicat Johannes de Bystorph canonicus prebendatus eccl. Met. capellanus continuus commensalis Petri episcopi Penestrinensis, quatinus sibi conferatur capellania S. Remigii prope Staplez S. Vincentii Met. dioc. ad decimam non taxata, consueta per canonicos eccl. Met. gubernari, vacans ex eo quod Johannes de Deicustodia, qui eam obtinebat, desiit esse canonicus eccl. Met., non obstante quod supplicans canonicatum et prebendam eccl. B. Marie Magdalene Virdun. et parrochialem eccl. S. Bricii cum capella de Amoth annexa Trever. dioc. obtinet. — Fiat. G.

Innoc. VI Supplic. t. I (23) f. 197¹.

1158. — *1353 Juni 30. Villeneuve.*

Innocentius VI communi Metensi mandat, quatinus iniurias abbati monasterii S. Arnulphi inferre desinant eidemque in puniendis suis subditis assistant.

[Innocentius VI] magistro scabino et tresdecim iuratis civitatis Met. Sub religionis habitu ... Sane dilectus filius Beraudus abbas monasterii S. Arnulphi ... nobis nuper exposuit cum querela, quod cum olim ipse quibusdam monasterii monachis precepisset, ut ad certos prioratus ab ipso monasterio dependentes divinis officiis propter monachorum carentiam destitutos accederent et ibidem altissimo deservirent et demum eos preceptis huiusmodi parere contumaciter contempnentes consuetis distributionibus, prebendis seu portionibus inibi vulgariter nuncupatis, ac dilectum filium Jacobum Fessaulz monachum tunc priorem claustralem suis culpis et demeritis exigentibus prioratu claustrali ipsius monasterii exigente iusticia privasset, vos non attendentes, quod laicis in clericos et personas ecclesiasticas nulla est attributa potestas, eundem abbatem ad restituendum monachos ad distributiones et Jacobum ad prioratum premissos necnon ad assignandum eidem Jacobo duplicatam distributionem, prebendam seu portionem nuncupatam, etiam sub certis pecuniariis penis compulsistis de facto, et nichilominus quosdam libros, in quibus redditus dicti monasterii designantur, papirospicantiarum vulgariter nuncupatos, apud vos recepistis et etiam detinetis. Propter quod dictus abbas prefatos ipsius monasterii redditus exigere illisque libere gaudere non potest ... super quibus dictus abbas apostolice sedis remedium humiliter imploravit. Nos itaque premissa, si veritatem contineant, plurimum detestantes discretionem vestram rogamus ... vobisque ... mandamus, quatinus illatas per vos eidem abbati compulsiones et penarum comminationes aliasque indebitas novitates huiusmodi penitus revocantes dictosque libros illico et sine difficultate qualibet restituentes eidem, nullum eidem abbati in puniendis et corrigendis excessibus monachorum et aliorum subditorum suorum aut alias in commissis sibi regimine et administratione dicti monasterii impedimentum vel obstaculum inferatis, sed potius exhibeatis eidem in pre-

missis, cum opus fuerit et vos duxerit requirendos, auxilium et iuvamen.
... Dat. apud Villamnovam Avin. dioc. II kl. iulii a. primo.

Reg. 224 f. 491¹ nr. 1469. Reg. Avin. 125 f. 171¹.

1159. — *1353 Juli 1. Villeneuve.*

Innocentio VI supplicat Nicolaus de Saraponte Met. dioc. diaconus in legibus licentiatus et baccalarius in decretis, quatinus sibi conferantur canonicatus et prebenda eccl. S. Salvatoris Met. vacantes per obitum Guillelmi de Viculo in curia mortui, non obstante quod Nicolaus duo beneficia ecclesiastica obtinet, quorum fructus secundum antiquam texationem XXIII libras turonensium minime excedunt.

Innoc. VI Supplic. t. II (24) f. 7.

1160. — *1353 Juli 8. Villeneuve.*

Innocentius VI monasterio S. Vitoni Virdunensis ord. S. Bened., vacanti ex eo, quod papa monasterio S. Andree dicti ordinis Avin. dioc. providit de persona Raymundi tunc abbatis S. Vitonis et apud sedem apostolicam constituti, providet de persona Giraldi prioris prioratus de Moreto dicti ordinis Senonensis dioc. baccalaurii in decretis et in sacerdotio constituti.

Pastoralis officii debitum ... Dat. apud Villamnovam Avin. dioc. VIII idus iulii a. primo.

Reg. 221 f. 42 nr. 105.

1161. — *1353 Juli 8. Avignon.*

Camerarius pape testatur, quod Hugo episcopus Virdunensis pro parte partis communis servicii Ottonis predecessoris sui CXX flor. auri camere apostolice solvi fecit tempore debito et quod terminus solvendi ei prorogatus est eo modo, ut in festo omnium sanctorum proxime venturo DCC flor. auri et in simili festo revoluto anno alios M. flor. auri et quolibet anno subsequenti in similibus terminis alios M flor. auri camere apostolice et collegio cardinalium solvere debeat.

Universis etc. ... Dat. Avin. die VIII mensis iulii a. [MCCCLIII] ...

Oblig. et Solut. 28 f. 130¹.

1162. — *1353 Juli 8. (Avignon.)*

[Recepta] die VIII dicti mensis [iulii a. MCCCLIII] ab episcopo Virdunensi pro parte partis IIII serviciorum predecessoris sui
XXX flor.

Oblig. et Solut. 24 (331) f. 50¹ et (sine data) Introit. et Exit. 262 f. 24.

1163. — *1353 Juli 8.* (*Avignon.*)

Camerarius pape testatur, quod Hugo episcopus Virdun. pro duobus annis proxime transactis per Johannem de Pilon procuratorem suum sedem apostolicam visitavit.

Oblig. et Solut. 28 (sine fol. nro.)

1164. — *1353 Juli 13. Villeneuve.*

Innocentius VI Andree abbati monasterii S. Martini prope Metis concedit plenariam peccatorum remissionem semel tantum in mortis articulo.

Provenit ex tue . . . Dat. apud Villamnovam Avin. dioc. III idus iulii a. primo.

Reg. 222 f. 472 nr. 450.

1165. — *1353 Juli 26. Villeneuve.*

Innocentius VI Symoni Noyron clerico Met. concedit plenariam peccatorum remissionem semel tantum in mortis articulo.

Provenit ex tue . . . Dat. apud Villamnovam Avin. dioc. VII kl. augusti a. primo.

Reg. 222 f. 468 [1] nr. 350.

1166. — *1353 Juli 26. Villeneuve.*

Innocentius VI Wyrieto Noyron civi Met. concedit plenariam peccatorum remissionem semel tantum in mortis articulo.

Provenit ex tue . . . Dat. apud Villamnovam Avin. dioc. VII kl. augusti a. primo.

Reg. 222 f. 469 nr. 354.

1167. *1353 August 10. Villeneuve.*

Innocentius VI Hugoni episcopo Virdun. concedit plenariam peccatorum remissionem semel tantum in mortis articulo.

Provenit ex tue . . . Dat. apud Villamnovam Avin. dioc. IIII idus augusti a. primo.

Reg. 222 f. 469 nr. 353.

1168. — *1353 August 12. Villeneuve.*

Innocentius VI ecclesie Tullensi, cuius provisionem Thoma episcopo adhuc vivo papa sibi reservavit, providet de persona Bertrandi abbatis secularis ecclesie S. Genesii Claromontensis in iure civili licenciati clericali caractere insigniti. Mortuo Thoma capitulum dicte reservationis ignarum elegit concorditer Heinricum de Girmereyo decanum Tull. ecclesie, quam electionem papa declaravit irritam et inanem.

Regimini universalis ecclesie . . . Dat. apud Villamnovam Avin. dioc. II idus augusti a. primo.

In e. m. capitulo Tull. ecc., clero civit. et dioc. Tull., populo civit. et dioc. Tull., universis vassallis eccl. Tull., archiepiscopo Trever.[1])

<small>Reg. 221 f. 37¹ nr. 97; Reg. Avin. 122 f. 58¹.</small>

1169. — *1353 August 12. Villeneuve.*

Innocentius VI Bertrando electo Tullensi, cui papa nuper providit de eccl. Tull. vacante, supplicante decernit, quod huiusmodi provisio perinde valeat non obstante defectu etatis, quem is patitur in vicesimo tertio etatis anno constitutus.

Sincere devotionis affectus . . . Dat. apud Villamnovam Avin. dioc. II idus augusti a. primo.

<small>Reg. 224 f. 426 nr. 1149; Reg. Avin. 125 f. 141.</small>

1170. — *1353 August 19. Villeneuve.*

Innocentio VI supplicat Therricus de Bioncuria licentiatus in legibus et canonicus prebendatus eccl. Tull. cognatus Henrici de Germineyo decani eccl. Tull., quatinus sibi provideatur de canonicatu et prebenda eccl. Met. vacantibus per obitum Alberici de Metis capellani sedis apostolice extra curiam mortui, non obstante quod Therrico est provisum de canonicatu sub expectatione prebende ipsius eccl. Met. ac de capellania de Buxi solita canonicis eccl. Met. conferri ac de canonicatu et prebenda eccl. S. Germani Montisfalconis necnon de parrochiali eccl. de Campis et de Brueriis Metensis Remensis et Tullensis dioc., de quibus capellania, canonicatu et prebenda S. Germani ac parrochiali ecclesia predictis litigat in curia nec possessionem eorum habet. — »Fiat de canonicatu sub expectatione prebende. G.«

<small>Innoc. VI Supplic. t. II (24) f. 61¹.</small>

1171. — *1353 August 23. Villeneuve.*

Innocentius VI Laurete alias dicte Noyron concedit plenariam peccatorum remissionem semel tantum in mortis articulo.

Provenit ex tue . . . Dat. apud Villamnovam Avin. dioc. X kl. septembris a. primo.

<small>Reg. 222 f. 470 nr 391.</small>

---

[1]) *In reg. non notantur eodem loco littere destinate Carolo IV!*

1172. — *1353 August 23. Villeneuve.*

Innocentius VI Mariete dicte Noyron mulieri Met. concedit plenariam peccatorum remissionem semel tantum in mortis articulo.

Provenit ex tue . . . Dat. apud Villamnovam Avin. dioc. X kl. septembris a. primo.

Reg. 222 f. 470 nr. 388.

1173. — *1353 September 18. Avignon.*

Servicium ecclesie Tullensis.   XXIII card.

Eisdem anno [MCCCLIII] ind. [VI] et pont. die XVIII mensis septembris in hospicio domini cardinalis Alb. presentibus dominis B. de Nexonio, Guillelmo de Cananhaco, Eblone de Mederio, Guillelmo de Fonte et Guillelmo Textoris clericis camere et collegii dominus Bertrandus electus Tullensis promisit pro suo communi servicio per dominum Petrum Megani priorem de Vallibus procuratorem suum II^m flor. auri et V servicia consueta, solvendam medietatem a festo omnium sanctorum proxime venturo ad annum et aliam medietatem in eodem festo anno revoluto. Quod nisi etc. et iuravit etc.

Obl. et Sol. 22 f. 147 (CLXXXV) et 29 f. 88[1].

1174. — *1353 September 22. Villeneuve.*

Innocentius VI Bertrando electo Tullensi concedit facultatem, a quocumque maluerit antistite, omnes tam minores quam maiores ordines recipiendi eidemque antistiti eos ipsi conferendi.

Cum nos nuper . . . Dat. apud Villamnovam Avin. dioc. X kl. octobris a. primo.

Reg. 222 f. 401[1] nr. 334.

1175. — *1353 September 29(?). Avignon.*

Innocentius VI Henrico de Germineyo confert eccl. Met. canonicatum et prebendam vacantes per obitum Arnoldi Caraboti capellani papalis, non obstante quod is in Tullensi decanatum et in eadem ac Virc. eccl. canonicatus et prebendas obtinet.

Vite ac morum honestas . . . Dat. Avin. III [kl.?] octobris a. primo.

In e. m. S. Vincentii Met. et S. Apri extra muros Tull. monasteriorum abbatibus ac archidiacono de Vicello in eccl. Tull.

Reg. 244 f. 363 nr. 126.

1176. — *1353 October 29. Avignon.*

Innocentius VI episcopo Vaurensi et archidiacono Beneventano ac officiali Met. mandat, quatinus magistro Nicolao de Francavilla scriptori papali et canonico Met. conferant eccl. Met. scolastriam vacantem perobitum Theobaldi Ferrieti, non obstante quod is in Virdunensi archidiaconatum de Riperia, cuius redditus XXX librarum turonensium parvorum valorem annuum non excedunt ac in ea et in Metensi et in Nivellensi Leod. dioc. canonicatus et prebendas ac in S. Adalberti Leod. eccl. quoddam altare alias capellania nuncupatum obtinet.

Grata devotionis obsequia . . . Dat. Avin. IIII kl. novembris a. primo.
Reg. 221 f. 369¹ nr. 660.

1177. — *1353 November 5. Avignon.*

Camerarius pape testatur, quod Hugo episcopus Virdun. pro parte partis communis servicii Ottonis predecessoris sui CCLXXX flor. auri camere apostolice necnon pro parte partis quatuor serviciorum familiarium LXX flor. auri per manus Johannis de Roncuria procuratoris sui tempore debito solvi fecit.

Universis etc. . . . Dat. Avin. die V mensis novembris a. [MCCCLIII] . . .

Oblig. et Solut. 30 f. 5; Reg. Avin. 122 f. 349; brevius Introit. et Exit. 262 f. 25¹.

*1178. — *1353 November 8. Avignon.*

Innocentius VI abbati monasterii S. Agerici Virdun. inclinatus precibus abbatis et conventus monasterii S. Vincentii Met. mandat, quatinus ea, que de bonis huius monasterii alienata invenerit illicite et distracta, ad huius ius et proprietatem legitime revocare procuret.

Dilectorum filiorum . . abbatis . . . Dat. Avin. VI idus novembris p. n. a. primo.

Or. membr. sig. del; in plica ad dextr. P. de Grassis(?); L. bull. magistris Jacobo de Sancta Ag . . . tha et Dominico de Francavilla pro salar. — Metz. Arch. H. 1921. 24. Reg. in Lothr. Jahrb. I, p. 212.

1179. — *1353 November 10. Avignon.*

[Innocentius VI] capitulo ecclesie Tullensis.

Attendentes quod sicut . . . . Roberti electi Tullensis precibus inclinati discretionem vestram requirimus et hortamur . . . quatinus in decisione cause, quam inter vos et . . comune civitatis Tullensis pacis emulus . . . suscitavit et que utrique partium multa dispendia intulisse fertur, viam amicabilem eligentes super illa in aliquos ex fratribus nostris sancte Romane ecclesie cardinalibus compromittere . . . velitis, ut amicabili sententia negotio deciso huiusmodi nullus possit rancor in animis partium remanere . . . Dat. Avin. IIII idus novembris a. primo.

In e. m. mutatis mutandis . . magistro scabino et universitati civitatis Tullensis.

Reg. 235 f. 215.

1180. — *1354 Januar 2. Avignon.*

Anno domini MCCCLIIII . . . die II ianuarii recepti fuerunt a domino Gerardo de Arbento obedienciario S. Justi Lugdun. ac collectore fructuum beneficiorum vacantium ad cameram apostolicam pertinentium in provinciis Vienn. Tarantas. Lugdun. Bisuntin. et Trever. de pecuniis per eum receptis . . . ipso manualiter solvente.

M III ᶜ VIII flor.

LXII scut. cugni regis Philippi.

Quorum florenorum sunt CXCVIII ponderis sentencie(!), V ᶜ XXXIIII boni ponderis, V ᶜ LXVII Pedemontis parvi ponderis et IX de Cameraco et grosso aureo.

Introit. et Exit. 272 f. 43. Kirsch p. 252.

1181. — *1354 Januar 2. Avignon.*

Innocentio VI supplicat Symon de Theonisvilla Met. dioc., quatinus sibi et Laurete uxori eius concedatur absolutio plenaria. — Annuit papa.

Innoc. VI Supplic. t. III (25) f. 2.

1182. — *1354 Januar 16. Avignon.*

Innocentio VI supplicat Mahuldis(!) comitissa de Salmis, quatinus Margaretam natam Johannis dicti Marsil de Saraponte militis Met. dioc. in monasterio de Lutre ord. S. August. Trever. faciat recipi in canonicam. — Annuit papa.

Innoc. VI Suppl. t. III (25) f. 11.

1183. — *1354 Januar 16. Avignon.*

Innocentio VI supplicat Johannes comes Sarepontis:

quatinus nepoti suo Guerardo nato nobilis viri Guerardi de Blankenheim domini de Castembergh provideatur de canonicatu et prebenda eccl. Argentinensis in proximo vacaturis per consecrationem Johannis de Liethemborg electi Argentinensis, non obstante quod Guerardo est provisum ab eodem papa de canonicatu sub expectatione prebende eccl. Colon. — Annuit papa.

quatinus nepoti suo Arnaldo fratri dicti Guerardi provideatur de canonicatu et prebenda eccl. Spirensis in proximo vacaturis modo premisso, non obstante quod Arnaldo est provisum de canonicatu sub expectatione prebende necnon dignitatis personatus vel officii in eccl. S. Gereonis Colon. — Annuit papa.

quatinus Dominico de Minorivilla presbitero Tull. dioc. provideatur de canonicatu et prebenda eccl. Virdun. in proximo vacaturis modo premisso, non obstante quod is parrochialem eccl. S. Eukarii Met. obtinet. — Concedit papa in eccl. Haidochastellana dioc. Virdun. (*Extant ibidem quinque alie comitis supplic.*)

Innoc. VI Supplic. t. III (25) f. 9¹.

1184. — *1354 Januar 16. Avignon.*

Innocentius VI abbati monasterii Hornbacensis Met. dioc. mandat, quatinus Guerardo nato Guerardi de Blankenheim militis clerico Colon. dioc. reservet canonicatum et prebendam eccl. Argentinensis vacaturos per consecrationem Johannis electi Argentinensis, non obstante quod ei est provisum de ecclesie Colon. canonicatu sub expectione prebende.

Dignum arbitramur et congruum . . . Dat. Avin. XVII kl. februarii a. secundo.

Reg. 225 f. 197¹ nr. 12.

1185. — *1354 Januar 16. Avignon.*

Innocentius VI abbati monasterii Hornbacensis Met. dioc. mandat, quatinus Arnoldo nato nobilis viri Guerardi de Blankenheim domini de Castemberg militis clerico Colon. dioc. reservet eccl. Spirensis canonicatum et prebendam vacaturos per futuram consecrationem Johannis electi Argentinensis.

Dignum arbitramur et congruum . . . Dat. Avin. XVII kl. februarii a. secundo.

Reg. 227 f. 36 nr. 73.

1186. — *1354 Januar 18. Avignon.*

Innocentio VI supplicat Nicolaus natus quondam Johannis villici de S. Arnuali subdiaconus Met. dioc., quatinus confirmetur collatio eccl. parrochialis in Muenichwilre super flumen dictum Alsentze Magunt. dioc. sibi facta vigore litterarum Clementis VI ab abbate et conventu monasterii Hornbacensis in mense februarii proxime preteriti, postquam Siffridus dicte eccl. rector mortuus est. — Annuit papa.

Innoc. Suppl. t. III (25) f. 12¹.

1187. — *1354 Februar 17. Avignon.*

Stephanus camerarius pape testatur, quod Ysenbardus abbas monasterii S. Martini Glanderiensis solvi fecit per Geraldum de S. Deodato canonicum S. Justi Lugdunensis pro complemento sui communis servicii CXXV flor. auri camere papali et pro complemento quatuor serviciorum minutorum XVIII flor. auri clericis camere.

Reg. Avin. 122 f. 360¹; Introit. et Exit. 272 f. 10.

1188. — *1354 März 14. Avignon.*

Innocentius VI Bertrando electo Tull. concedit, ut a quocunque maluerit antistite possit consecrationis munus recipere.

Cum nos pridem . . . Dat. Avin. II idus martii a. secundo.

Reg. Avin. 126 f. 437ᵃ nr. 99.

1189. — *1354 April 12. Avignon.*

Stephanus pape camerarius testatur, quod Johannes abbas monasterii S. Pirminii Hornbacensis solvi fecit per Gerbodonem canonicum S. Martini Wormatiensis pro totali suo communi servicio LXXXIII flor. auri et pro totalibus quatuor serviciis minutis XIII flor. auri VII sol. clericis camere.

Reg. Avin. 122 f. 365¹ et Obligat. et Solut. 30 f. 24¹; brevius Introit. et Exit. 272 f. 12.

1190. — *1354 April 17. Avignon.*

Innocentius VI consideratione Nicolai S. Marie in via lata diaconi cardinalis pro familiari suo supplicantis rehabilitat Bernardum Melioris canonicum eccl. Met. licentiatum in legibus et cum eo dispensat, ut retinere valeat prepositurum eccl. S. Salvatoris Met. — Olim Clemens VI dictam prepositurum Bernardo contulit, que dignitas sine cura est et ad quam quis consuevit per electionem assumi, et cum eo dispensavit, ut eam una cum eccl. curata de Salhens Claromont. dioc. retinere valeret. Postea Bernardus recepit indebite eccl. curatam de Meleto dicte dioc. via permutationis in curia facte pro eccl. curata de Salhens.

Sedis apostolice circumspecta . . . Dat. Avin. XV kl. mai a. secundo.

Reg. Avin. 126 f. 465¹ nr. 164.

1191. — *1354 April 26. Villeneuve.*

Innocentius VI Cononi de Montibus presbitero Met. concedit plenariam peccatorum remissionem semel tantum in mortis articulo.

Provenit ex tue devotionis . . . Dat. apud Villamnovam Avin. dioc. VI kl. maii a. secundo.

Reg. 226 f. 290 nr. 154.

1192. — *1354 April 28. Villeneuve.*

Innocentio VI supplicat Johannes Volchwini de Brunsheim procurator marchionis Juliacensis, quatinus sibi provideatur de canonicatu et prebenda eccl. S. Theobaldi extra muros Met. vacantibus per mortem Petri Francisci, qui in Romana curia diem clausit extremum. — Annuit papa.

Innoc. VI Suppl. t. III (25) f. 95¹.

1193. — *1354 Mai 1. Villeneuve.*

Innocentius VI Johanni Nicolai confert eccl. Met. canonicatum sub expectatione prebende, non obstante quod is eccl. parrochialem de Jusseyo Met. dioc., cuius redditus sunt parvi valoris, obtinet.

Multiplicia probitatis et virtutum . . . Dat. apud Villamnovam Avin. dioc. kl. maii a. secundo.

In e. m. abbati monasterii S. Vincentii Met. et sacriste Avin. ac cantori S. Pauli Lugdun. eccl.

Reg. 225 f. 229¹ nr. 74.

1194. — *1354 Mai 10. Villeneuve.*

Innocentius VI Fulconem Bertrandi primicerium eccl. Met. deputat apostolice sedis nuncium et collectorem fructuum camere apostolice in provincia Treverensi.

Attendentes merita probitatis . . . Dat. apud Villamnovam Avin. dioc. VI idus maii a. secundo.

Reg. 242 f. 110.

1195. — *1354 Juni 1. Villeneuve.*

Innocentius VI abbati monasterii de Chehereyo Remensis dioc. mandat, quatinus Joffrido nato Joffridi domini de Asperomonte militis conferat ecclesie Montisfalconis Remensis dioc. canonicatum sub expectatione prebende, non obstante quod Joffridus canonicatum et prebendam in eccl. Virdun. obtinet.

Dignum arbitramur et congruum . . . Dat. apud Vilamnovam Avin. dioc. kl. iunii a. secundo.

Reg. 225 f. 233 nr. 81.

1196. — *1394 Juni 1. Villeneuve.*

Innocentius VI abbati monasterii S. Nicolai de prato Virdun. mandat, quatinus Henrico nato Joffridi domini de Asperomonte militis conferat eccl. B. Marie Magdalene Virdun. canonicatum sub expectatione prebende, non obstante quod Henricus in Trever. cum prebenda et in Met. sub expectatione prebende canonicatus obtinet.

Dignum arbitramur et congruum . . . Dat. apud Villamnovam Avin. dioc. kl. iunii a. secundo.

Reg. 225 f. 232 nr. 80.

1197. — *1354 Juni 12. Villeneuve.*

Innocentius VI Gibaudo de Melloto confert eccl. Metensis canonicatum et prebendam vacantes ex eo, quod et Gibaudus eccl. Baiocensis et Dalmacius Lamberti eccl. Met. canonicatus et prebendas causa permutationis apud curiam Romanam per procuratores resignaverunt.

Apostolice sedis circumspecta . . . Dat apud Villamnovam Avin. dioc. II idus iunii a. secundo.

In e. m. abbati monasterii S. Arnulphi Met. et Guillelmo Cynde canonico Claromontensi ac officiali Met.

Reg. 225 f. 155¹ nr. 79.

*1198. — *1354 Juni 27. Avignon.*

Innocentius VI preposito ecclesie B. Marie Magdalene Virdunensis.

Conqueste sunt nobis Loreta abbatissa et conventus monasterii S. Glodesindis Metensis ord. S. Bened., quod Jacobus rector parrochialis eccl. de Marceyo, Ancelinus de Hoy miles, Colinus dictus Zelone de Marcey, Albertus quondam Joffredi de Sancto Levario natus et Elizabeth de Sancto Levario relicta quondam Ancelini de Hoy laici vidua Cathalaunensis dioc. super quibusdam pecuniarum summis, terris, possessionibus et rebus aliis iniuriantur eisdem. Ideoque discretioni tue . . . mandamus, quatinus partibus convocatis audias causam et appellatione remota, usuris cessantibus, debito fine decidas . . .Dat. Avin. V kl. iulii p. n. a. secundo.

Or. membr. sig. del; in plica ad dextr.: R. H. de Podio; *in dorso:* Guillelmus de Viculo. — *Metz arch. H. 4073,5.*

1199. — *1354 Juli 4. Villeneuve.*

Innocentius VI monasterio S. Arnulphi vacanti ex eo, quod Beraudus monachus olim abbas eius regimini per procuratores in curia cessit, providet de persona Renaldi Ruete monachi et cellerarii dicti monasterii in sacerdotio constituti.

Suscepti cura regiminis . . . Dat. apud Villamnovam Avin. dioc. IIII nonas iulii a. secundo.

In e. m. conventui, universis vassallis, episcopo Met.
Reg. Avin. 126 f. 68¹ nr. 56.

1200. — *1354 Juli 14. Avignon.*

Die XIIII m. iulii [a. MCCCLIIII] camerarius pape testatur, quod mille floreni, quos Gerardus de Arbento obedienciarius S. Justi Lugdun. et collector camere in provincia Lugdun. mutuaverat Bertrando de Channaco quondam clerico camere, sunt restituti camere.
Introit. et Exit. 272 f. 43. Kirsch p. 252.

1201. — *1354 August 28. Villeneuve.*

Innocentius VI Renaldo abbati monasterii S. Arnulphi extra muros Met. concedit, ut a quocumque maluerit antistite, munus benedictionis recipere valeat.

Pridem monasterio Sancti... Dat. apud Villamnovam Avin. dioc. V kl. septembris a. secundo.
Reg. 227 f. 389 nr. 1027.

1202. — *1354 September 1. (Avignon.)*

Servicium monast. S. Arnulphi... XXII card.

Die prima¹) mensis. septembris anno [MCCCLIIII]... in camera apostolica... dominus frater Reynaldus abbas monasterii S. Arnulphi extra muros Metenses promisit pro suo communi servicio per dominum Albertum Mombor canonicum Tullensem suum procuratorem M. IIII ͨ flor. et V servicia consueta, solvendos terciam partem a festo S. Michaelis proxime venturo ad annum et aliam terciam partem in eodem festo anno revoluto et ultimam terciam partem in simili festo tunc proxime secuturo. Quod nisi etc. et iuravit etc.
Oblig. et Solut. 22 f. 160¹ et 27 f. 93¹ et 29 f. 102¹.

1203. — *1354 September 1. Villeneuve.*

Innocentius VI attendens, quod nonnulli ex archiepiscopis et episcopis pro ecclesiarum suarum tuitione vel recuperatione iurium a suis ecclesiis abesse compulsi sunt et compelluntur, multi vero in propriis ecclesiis residentes propter guerras civitates suas exire formidaverunt et formidant et aliis iustis impedimentis prepediti sunt, quominus visitationis officium exequantur, concedit plurimis archiepiscopis et episcopis et inter eos Maguntino Coloniensi et Treverensi necnon Metensi Virdunensi et Tullensi facultatem visitandi ecclesias et clerum diocesium

---
¹) nona *in Obl. et Sol. 27.*

suarum per personas idoneas et exigendi a visitatis procurationes solitas. Quorum tamen visitatorum facultates ad solvendas procurationes non suppetant, ultra suarum facultatum exigentiam solvere non teneantur; quique nichil solvere possint, ad solutionem nullatenus compellantur.

Licet venerabilibus fratribus . . . Dat. apud Villamnovam Avin. dioc. kl. septembris a. secundo.

Reg. 236 f. 157¹—167.

1204. — *1354 October 18. Avignon.*

Innocentius VI Gerardo de Arbento apostolice sedis nuncio mandat, quatinus decimam triennalem clero impositam exigat et recipiat in Viennensi Lugdunensi Tarantasiensi et Bisuntina provinciis necnon in Met. Virdun. et Tull. diocesibus.

Dudum ex certis causis . . . Dat. Avin. XV kl. novembris a. secundo.

Reg. 236 f. 181¹.

1205. — *1354 October 30. Avignon.*

Camerarius pape testatur, quod Hugo episcopus Virdun. pro parte partis communis servicii Ottonis predecessoris sui IIII ᶜ flor. auri camere apostolice necnon pro parte partis quatuor serviciorum familiarium C flor. auri clericis camere per manus Santini capellani sui et Johannis de Roncuria familiaris sui tempore debito solvi fecit.

Universis etc. . . . Dat. Avin. die XXX mensis octobris a. [MCCCLIIII] . . .

Obligat. et Solut. 30 f. 50¹; Reg. Avin. 122 f. 386; ex parte Introit. et Exit. 262 f. 31 et Obligat. et Solut. 24 (331) f. 21.

1206. — *1354 October 31. Avignon.*

Die ultima mensis octobris [a. MCCCLIIII] Hugo episcopus Vird. pro uno anno proxime transacto per . . . procuratores suos sedem apostolicam visitavit.

Oblig. et Solut. 30 (sine fol. nr.)

1207. — *1354 November 17. Avignon.*

Camerarius pape testatur, quod Bertrandus episcopus Tull. pro parte partis sui communis servicii octuaginta duo flor. auri camere apostolice et pro parte partis IIII serviciorum familiarium decem et septem flor. auri novem solidos et quatuor denarios monete Avin. clericis camere per manus Johannis de Grangia prioris prioratus Gymaci ord. Cluniacensis tempore debito solvi fecit.

Obligat. et Solut. 30 (334) f. 54; ex parte Introit. et Exit. 262 f. 31.

1208. — *1354 November 18. Avignon.*

Innocentius VI magistro Nicolao de Francavilla scriptori papali confert eccl. Met. scolastriam vacantem per obitum Theobaldi Ferrieti, non obstante quod is in Virdunensi archidiaconatum de Riparia ac in ea et in Nivellensi Leod. dioc. canonicatus et prebendas ac in S. Adalberti Leod. eccl. altare SS. Nicolai et Helizabeth obtinet. Scolastriam autem assecutus dimittat dictum altare. — De predicta scolastria in curia litigaverant Johannes de Hoyo et Petrus Bertrandi canonici eccl. Met.

Grata tue devotionis . . . Dat. Avin. XIIII kl decembris a. secundo.

Reg. 225 f. 107 nr. 74.

1209. — *1354 December 29. Avignon.*

Die XXIX decembris [a. MCCCLIIII] camerarius pape testatur, quod Gerardus de Arbento collector camere apostolice in provincia Lugdun. assignavit de mandato camere Guillermo de Buxeria pro usu palatii apostolici

IIII ^{c} LXXXIIII flor. XX sol. VI den.

Die eadem camerarius testatur, quod predictus Gerardus expendit pro diversis usibus palatii apostolici

II ^{m} II ^{c} XVIII flor. I sol. IIII den.

Introit. et Exit. 272 f. 43^t. Kirsch p. 253.

1210. — *1355 Januar 24. Avignon.*

Innocentius VI cum Admeto Jacobi rectore parrochialis eccl. B. Marie de Floreyo Met. dioc. in subdiaconatus ordine constituto, pro quo suo clerico et familiari Petrus episcopus Ostiensis supplicat, dispensat, ut ratione dicte parrochialis eccl. ad duos annos a data presentium computandos non teneatur ad diaconatus et presbiteratus ordines promoveri.

Vite ac morum honestas . . . Dat. Avin. VIIII kl. februarii a. tercio.

Reg. 231 f. 177^1 nr. 14.

1211. — *1355 Februar 4. Avignon.*

Innocentius VI archiepiscopo Treverensi mandat, quatinus tresdecim iusticiarios civitatis Metensis compellat, ut revocent bannum in Hugonem de Mirabello canonicum ecclesie Metensis pronunciatum eumque deputat iudicem quoad querelas ab Hugone contra suos concanonicos prolatas.

[Innocentius VI] archiepiscopo Treverensi.

Nuper siquidem pro parte dilecti filii Hugonis de Mirabello canonici eccl. Met. coram nobis in consistorio propositum extitit cum que rela, quod seculares iusticiarii civitatis Metensis, qui tresdecim homines sunt et tresdecim vulgariter nuncupantur, . . . prefatum Hugonem sine aliqua causa rationabili, sed ex eo solo, quia iura dicte ecclesie et officii curatarie (corr.: circatorie?), quod in eadem ecclesia obtinebat prout obtinet, defendebat, ab eadem civitate et diocesi Metensi, Poncio de Vico cive Metensi et nonnullis aliis id fieri maliciose procurantibus . . . ad quinquennium banniverunt, et per metum mortis sui proprii corporis octuaginta libras turonensium parvorum exigere presumpserunt . . . quodque licet dictus Hugo propter bannum huiusmodi et etiam metum mortis, cum idem bannum talis condicionis existeret, quod quicunque reperiret ipsum Hugonem in dictis civitate et diocesi, eum interficere posset impune, in dicta ecclesia personalem residentiam facere non potuisset neque posset, tamen alii canonici et capitulum dicte ecclesie eidem Hugoni de fructibus redditibus proventibus et obventionibus canonicatus et prebende, quos in dicta ecclesia obtinebat, prout obtinet, et dicti officii respondere contra iusticiam recusaverant et etiam recusabant; quare dictus Hugo super premissis prefate sedis remedium imploravit. Quocirca fraternitati tue . . . mandamus, quatinus, si est ita, prefatos tresdecim, ut bannum huiusmodi revocent, monitione premissa per censuram ecclesiasticam appellatione remota compellas. Super aliis vero vocatis, qui fuerint evocandi, et auditis hinc inde propositis, quod iustum fuerit, simili appellatione cessante decernas . . . Dat. Avin. II nonas. februarii a. tercio.

Reg. 231 f. 178 nr. 16; Reg. Avin. 129 f. 421¹ nr. 16.

1212. — *1355 Februar 4. Avignon.*

Innocentius VI Carolo de Pictavia primicerio ecclesie Metensis deputat tres executores, qui ulterius procedant contra Fulconem Bertranni detentorem contumacem primiceriatus Metensis.

[Innocentius VI] abbati monasterii S. Andree Avin. dioc. et sacriste Avin. ac Johanni de Hoyo canonico Met. eccl.

Exposuit nobis dilectus filius Carolus de Pictavia primicerius ecclesie Met., quod orta dudum inter ipsum et Fulconem Bertranni, qui se gerit pro presbitero Metensi, super primiceriatu dicte ecclesie, de quo tunc vacante pro eo, quod nobilis vir Rogerius comes Petragoricensis primiceriatum ipsum tunc obtinens se ad vota laicalia transferendo matrimonium cum quadam nobili muliere publice contraxerat per verba legitime de presenti, nulli alii de iure debitum (!) auctoritate apostolica canonice provisum fuerat quemque dictus Fulco contra iusticiam occupaverat et detinuerat et detinebat indebite occupatum . . . materia questionis et causa huiusmodi coram diversis auditoribus palacii apostolici . . . ventilata, idem Carolus tres pro se et contra eundem Fulconem super dicto primiceriatu diffinitivas sentencias reportavit . . . Et licet postmodum dictus Fulco, qui monitioni . . . parere contumaciter recusaverat et etiam recusabat, per . . . abbatem monasterii S. Vincenti Metensis . . . excommunicatus publice nunciatus et contra eum dicti processus per predictum abbatem aggravati fuissent, tamen idem Fulco . . . dictum primiceriatum ac bona et iura ipsius detinet pertinaciter occupata . . . Ipsius itaque Caroli supplicationibus inclinati discretioni vestre . . . mandamus, quatinus . . . in eodem negotio procedatis . . . invocato ad hoc, si opus fuerit, auxilio brachii secularis . . . Dat. Avin. II nonas februarii a. tercio.

Reg. Avin. 129 f. 422 nr. 17; Reg. Vatic. 231 f. 178 nr. 17.

1213. — *1355 Februar 8. Avignon.*

Innocentio VI supplicat Johannes de Hoyo socius et familiaris Caroli de Pictavia canonicus prebendatus eccl. Met., quatinus sibi conferatur eccl. Tull. canonicatus et prebenda ac scolastria vacantes per resignationem Caroli de Pictavia, non obstante quod canonicatum et prebendam ac preposituram eccl. S. Theobaldi extra muros Met. obtinet et quod ei est provisum de canonicatu et prebenda eccl. Magunt; quam provisionem dimittere est paratus. — Annuit papa.

Innoc. VI. Suppl. t. IV (26) f. 24¹.

1214. — *1355 Februar 8. Avignon.*

Innocentius VI Johanni de Hoyo confert eccl. Tull. canonicatum et prebendam ac scolastriam vacantes ex eo, quod Carolus de Pictavia per Balduinum Gronasii archidiaconum eccl. Metensis suum procuratorem eos apud sedem apostolicam resignavit, non obstante quod Johannes prepositura eccl. S. Theobaldi extra muros Metenses, que simplex beneficium existit, ac in eadem et in Met. ecclesiis canonicatus et prebendas obtinet quodque ei est provisum de canonicatu et prebenda eccl. Maguntine. Tamen ecclesie Tull. canonicatum et prebendam ac scolastriam assecutus dimittat eccl. Magunt. canonicatum cum prebenda.

Exigentibus probitatis et virtutum . . . Dat. Avin. VI idus februarii a. tercio.

In e. m. S. Apri et S. Mansueti extra muros Tull. monasteriorum abbatibus ac sacriste eccl. Avin.

Reg. 230 f. 58¹ nr. 4; Reg. Avin. 129 f. 176 nr. 4.

1215. — *1355 Februar 17. Avignon.*

Innocentio VI supplicat Fulco Bertrandi canonicus Met. et subcollector camere apostolice, quatinus consanguineo suo Nicolao de Ayx semicanonico prebendato eccl. Met., provideatur de canonicatu sub expectatione prebende eccl. Met., non obstante quod Nicolaus obtinet eccl. Met. semiprebendam, quam dimittere est paratus. — Annuit papa.
Innoc. VI Suppl. t. IV (26) f. 40¹.

1216. — *1355 Februar 22. Avignon.*

Innocentius VI episcopo Virdunensi mandat, quatinus Thomam de Thequestorp canonicum ecclesie Metensis excommunicatum contumacem compellat, ut a perturbationibus divini officii in ecclesia Metensi desistat et capitulo dicte ecclesie satisfaciat de dampnis illatis.

[Innocentius VI] episcopo Virdunensi.

Nuper pro parte dilecti filii Balduini Groynasii de Metis archidiaconi ecclesie Metensis propositum extitit in consistorio coram nobis, quod . . . Thomas de Thequestorp canonicus dicte ecclesie, qui a duodecim annis et citra a canone et aliis diversis maioris excommunicationis sentenciis, licet hoc ignoraretur, ligatus et a certo tempore citra excommunicatus publice nunciatus extiterat, . . . animo indurato, quamvis pluries ab aliis eiusdem ecclesie canonicis caritative monitus extitisset, ut se . . . absolvi faceret, . . . ad chorum dicte ecclesie, dum in eo divina officia celebrabantur, multotiens . . . accesserat ac etiam accedebat seque in divinis immiscuerat et etiam immiscebat, predictique alii canonici non valentes potentie dicti Thome resistere nec alias sibi de oportuno remedio providere pluries de dicto choro propter dicti Thome potentiam non incepto et interdum etiam inchoato, sed incompleto divino officio recesserant et quod propter hoc ac etiam dicti Thome et suorum complicium maliciam divinum officium erat in eadem ecclesia quasi penitus derelictum . . . Idemque archidiaconus sentiens se et dictam ecclesiam premissorum occasione enormem sustinuisse et sustinere iacturam . . . ad sedem apostolicam appellaverat multasque expensas propterea fecerat et tam ipse quam alii canonici predicti et etiam capitulum dicte ecclesie propter turbationes huiusmodi dampna gravia et iniurias sustinuerant et sustinebant . . . Fraternitati tue . . . mandamus, quatinus, si ita est, prefatum Thomam . . . compellas, ut a predictis perturbationibus et impedimentis desistat ac de premissis expensis dampnis et iniuriis satisfaciat competenter; quodsi a predictis . . . desistere contumaciter recusaverit, eum ex parte nostra peremptorie citare procures, ut infra certum terminum competentem per te prefigendum eidem se apostolico conspectui personaliter representet . . . Dat. Avin. VIII kl. marcii a. tercio.

Reg. Avin. 131 f. 491.

1217. — *1355 März 5. Avignon.*

Innocentio VI supplicat Johannes comes de Saraponte: quatinus sibi et Gilete eius uxori et eorum cuilibet concedatur altare portatile. — Annuit papa.

quatinus nepoti suo Symoni nato domini Guerardi de Blanqueneheim domini de Kestemberch militis clerico Colon. dioc. provideatur de canonicatu sub expectatione prebende in eccl. Colon. — Annuit papa.

quatinus capellano suo Dominico Jennini de S. Albino presbitero Tull. dioc. conferatur decanatus eccl. Aschaffenburg, vacans ex eo, quod Conradus de Spigelberg parrochialem eccl. in Bacheym cum dicto decanatu curato simul per duos annos tenuit ad sacerdotium non promotus, non obstante quod Dominicus canonicatum et prebendam S. Nicolai de Commarceyo et parrochialem eccl. de Morleyo Tull. dioc. ex presentatione laici patroni ac canonicatum sub expectatione prebende Tull. eccl. necnon quoddam modicum beneficium dictum panem de Ree in eccl. monasterii de Romaricomonte Tull. dioc. obtinet, quam parrochialem eccl. et dictum beneficium dimittere est paratus. — Annuit papa.

quatinus secretario suo Dominico Olrici de Minorivilla presbitero Tull. dioc. provideatur de canonicatu sub expectatione prebende eccl. Tull., non obstante quod obtinet eccl. parrochialem S. Eucharii Met., cuius fructus XXX librarum turonensium parvorum valorem annuum non excedunt. — Annuit papa.

Innoc. VI Suppl. t. IV (26) f. 64.

1218. — *1355 März 5. Avignon.*

Innocentius VI Johanni comiti et Gilete comitisse de Saraponte eius uxori concedit altare portatile.

Eisdem indulget, ut missam, antequam illucescat dies, sibi et ipsorum alteri per proprium sacerdotem facere celebrari valeant.

Sincere devotionis affectus . . . Dat. Avin. III nonas marcii a. tercio.

Reg. Avin. 130. f. 508.

1219. — *1355 März 5. Avignon.*

Innocentius VI Olrico de Minorivilla presbitero, cui papa providit de eccl. Hatoniscastri Vird. dioc. canonicatu sub expectatione prebende, ex qua provisione is multos labores sustinuit et expensas et que propter multitudinem in eadem ecclesia exspectantium et ipsius ecclesie reddituum tenuitatem eidem inutilis reputatur cuique propterea renunciavit, providet de eccl. Met. canonicatu sub expectatione prebende, non obstante quod is parrochialem ecclesiam S. Eucharii Met. obtinet, cuius fructus triginta librarum turonensium parvorum valorem annuum non excedunt.

Vite ac morum honestas . . . Dat. Avin. III nonas marcii a. tercio.

Reg. 230 f. 168¹ nr. 44.

1220. — *1355 März 7. Avignon.*

[Innocentius VI] Boemundo archiepiscopo Treverensi.

Sicut audivimus, bone memorie Baldewinus archiepiscopus Treverensis castrum de Castras(!), quod ad ecclesiam Metensem pleno iure pertinet, hactenus occupavit et, quamdiu vixit, detinuit occupatum, tuque post illum castrum ipsium diceris detinere. Quocirca fraternitatem tuam attente rogamus, quatinus dictum castrum . . . Ademaro episcopo Metensi . . . restituas et dimittas. Dat. Avin. nonas marcii a. tercio.

Reg. 237 f. 59¹.

1221. — *1355 März 16. Avignon.*

Innocentius VI decano ecclesie Aurelianensis mandat, quatinus Jacobo d'Enghien baccalario in legibus de nobilitate generis commendato conferat eccl. Met. canonicatum et prebendam vacantes per obitum Alberti de Metis capellani papalis, non obstante quod is in Colon. et S. Fursei Peronensi ac in S. Petri Lutosensi et in S. Vincentii Senogiensi Noviomensis et Cameracensis dioc. ecclesiis canonicatus et prebendas obtinet.

Dignum arbitramur et congruum . . . Dat. Avin. XVII kl. aprilis a. tercio.

Reg. 228 f. 83 nr. 217.

1222. — *1345 Juli 20—1355 Mai 29. Avignon.*

Gerardus de Arbento obedienciarius eccl. S. Justi Lugdun. sedis apostolice nuncius et camere apostolice collector in Vienn. Lugdun. Tarantas. Bisuntin. et Trever. provinciis reddit rationem de pecuniis ab ipso a. d. XX m. iulii a. MCCCXLV usque ad d. XXIX m. maii a. MCCCLV receptis et expensis.

Collectoriarum t. 65 f. 1, 292—300, 371—376, 408; Kirsch p. 187, 189—196, 241—250.

1223. — *1355 Mai 31. Avignon.*

Innocentius VI Philippo de Syrocuria confert eccl. Met. canonicatum et prebendam vacantes ex eo, quod et is thesaurariam Tullensis per Gerardum de S. Deodato prepositum et Burniquinus de Perroya canonicatum et prebendam eccl. Met. per Gerardum Xaudeti canonicum eccl. S. Deodati apud sedem apostolicam ex causa permutationis resignarunt, non obstante quod Philippus in Tullensi canonicatum sub expectatione prebende ac in monasterii S. Mansueti extra muros Tull. ord. S. Bened. ecclesiis perpetuam capellaniam B. Marie obtinet.

Apostolice sedis circumspecta . . . Dat. Avin. II kl. iunii a. tercio.

In e. m. abbati monasterii S. Apri extra muros Tull. et archidiacono de Riperia in eccl. Virdun. ac officiali Tull.

Reg. 230 f. 103¹ nr. 20; Reg. Avin. 129 f. 250¹ nr. 20.

Similiter Burniquino Auberti de Perroya confert eccl. Tull. thesaurariam.

Reg. Avin. 129 f. 187 nr. 19.

1224. — *1355 Juni 8. Avignon.*

Innocentius VI providet eccl. Bisuntine vacanti per obitum Hugonis archiepiscopi de persona Johannis thesaurarii eiusdem eccl. in subdiaconatus ordine constituti.

Pastoralis officii, cui . . . Dat. Avin. VI idus iunii a. tercio.

Reg. Avin. 129 (IX) f. 79 nr. 16.

*****1225.** — *1355 Juni 18.*

Ademarius episcopus Metensis publicari facit nova statuta synodalia.

Ademarius dei et apostolice sedis gracia Metensis episcopus universis et singulis archipresbiteris curatis vicariis mercenariis ceterisque ecclesiarum rectoribus notariis tabellionibus et clericis in civitate et diocesi Metensi constitutis, ad quos presentes littere pervenerint salutem in domino. Nos igitur statutis synodalibus nostra et predecessorum nostrorum episcoporum auctoritate hactenus ordinatis et privilegiatis inherendo et ea innovando in hac presenti synodo, ex certis causis nos ad id rationabiliter moventibus, omnes et singulas gracias licentias et auctoritates oretenus vel litteratorie sub quacunque forma verborum per nos vel auctoritate nostra concessas super residentiis personalibus per curatos rectores seu perpetuos vicarios nobis iure diocesis subiectos in suis parrochialibus ecclesiis minime faciendis aut super eisdem ecclesiis officiandis et deserviendis necnon super absolutionibus per quoscunque religiosos vel alios presbiteros exemptos et non exemptos quibuscunque nostris subditis in foro confessionis impendendis in casibus quibuscunque nobis reservatis aut super sacris ordinibus infra iuris precepta per curatos ecclesiarum nostrarum civitatis et diocesis Metensis ex causa qualibet non suscipiendis, et super questis quibuscunque in nostris predictis civitate et diocesi Metensi exercendis — questa beati Antonii et commissione per nos facta reverendo patri domino fratri Liberto dei gracia episcopo Valliscompatrensi vicario nostro in pontificalibus dumtaxat exceptis — etiam si in litteris super ipsis graciis licenciis et auctoritatibus confectis caveatur, quod revocari per nos vel alios vice nostra non debeant neque possint per litteras non facientes plenam et expressam ac de verbo ad verbum de litteris graciarum, licenciarum et auctoritatum huiusmodi mencionem, in hiis scriptis totaliter revocamus et anullamus, pro revocatis et anullatis haberi volumus et mandamus.

(2) Precipimus insuper et mandamus omnibus et singulis archipresbiteris nobis subditis in hiis scriptis sub pena excommunicationis late sententie canonica trium dierum monitione premissa, quatenus ipsi, antequam ab hac civitate Metensi recedant sigillifero curie nostre Metensis nomina curatorum in suis archipresbiteratibus non promotorum aut in suis ecclesiis personaliter non residentium ac etiam nomina curatorum mercenariorum vicariorum et aliorum presbiterorum excommunicatorum suspensorum vel interdictorum in ecclesiis deservientium et celebrantium in scriptis tradant, ut contra eos ad penas iuris, prout rei qualitas exegerit, procedatur. Nos enim in hiis scriptis monemus omnes et singulos pastores curatos rectores et perpetuos vicarios ecclesiarum parrochialium, ut ipsi non obstante quacunque gracia seu licencia sub quovis verborum tenore concessa infra quindecim dies a die hodierna continue numerandas ad ecclesias eis commissas personaliter accedant ibidem moram et residentiam continuam et personalem facturi et officium sibi commissum circa curam et regimen animarum sollicite peracturi, nisi cum eis ex licitis causis fuerit dispensatum. Alioquin omnes et singulos huic nostre monitioni non parentes, quos nos exnunc prout extunc in hiis scriptis excommunicamus, excommunicatos auctoritate nostra faciemus et mandamus generaliter et publice nunciari.

(3) Item inhibemus omnibus pastoribus curatis vicariis perpetuis et rectoribus ecclesiarum, ne in suis ecclesiis parrochialibus aliquos mercenarios vel vicarios deservientes ad divina celebranda vel officianda recipiant vel admittant nec ipsos in eisdem divina celebrare permittant post lapsum quindecim dierum, nisi primitus examinati fuerint et super

huiusmodi officiis per ipsos mercenarios exercendis ab officiali seu sigillifero curie nostre Metensis licenciales litteras obtinuerint speciales, ut in talibus est fieri consuetum.

(4) Ipsis etiam archipresbiteris presbiteris curatis vicariis et ecclesiarum rectoribus quibuscunque precipimus et mandamus, quatenus ipsi et eorum quilibet singulis diebus dominicis et festivis in ecclesiis suis omnes parrochianos utriusque sexus auctoritate nostra moneant in genere palam et publice, ut si sit aliquis sciens aliquos in ipso parrochiatu matrimonialiter copulatos vel copulandos, inter quos sit aliquod consanguinitatis vel affinitatis seu compaternitatis aut aliud impedimentum, de quo sibi constet, illud extra sigillum confessionis sub peña excommunicationis trium dierum monitione premissa vobis denunciet, detegat et revelet, et eo denunciato tales copulatos minus canonice ad examen nostri officialis Metensis fideliter remittatis.

(5) Eisdem nichilominus presbiteris vicariis mercenariis et ecclesiarum rectoribus sub dicta pena excommunicationis late sentencie precipimus et mandamus, quatinus ipsi super quibuscunque matrimoniis contrahendis in facie ecclesiarum suarum tria banna solemnia tribus diebus dominicis seu festivis solemnibus et feriatis solemniter proclament alta voce et intelligibili nec alias ad solemnizacionem cuiuscunque matrimonii procedant, nulli parcendo, nisi per nos seu vicarium vel officialem nostros super talibus bannis graciose fuerit dispensatum et super hoc haberent more consueto licentiam specialem. In omnes et singulos archipresbiteros presbiteros curatos vicarios mercenarios et alios quoslibet dictis nostris inhibitionibus monitionibus et mandatis non parentes canonica monitione premissa excommunicationis sententiam proferimus in hiis scriptis.

(6) Item quia multorum relatione didicimus et rei experientia manifestat, quod nonnulli religiosi curati rectores vicarii mercenarii clerici et laici sue salutis immemores per fas et nefas procurant apud dominos temporales et alios baillivos castellanos prepositos et alios officiarios, ne mandata a nobis seu curia nostra Metensi et archidiaconis Metensis ecclesie emanantia executioni debite demandentur, penas graves canonicas incurrentes, quod cedit et vergitur in preiudicium totius iurisdictionis ecclesiastice non modicum gravamen: hinc est, quod nos omnes et singulas personas predictas talia procurantes et impedientes ac etiam eisdem procurantibus super hoc in premissis et circa ea auxilium consilium vel favorem dantes vel prestantes clam vel palam, directe vel indirecte, publice vel occulte, excommunicationis sententiam volumus et decernimus incurrere ipso facto, et tales ex-

communicatos in ecclesiis vestris generaliter et publice nuncietis. Et nichilominus vos omnes et singuli non exequentes mandata nostra et dictarum curiarum seu ea exequi recusantes obstante metu et precepto quorundam dominorum temporalium et tyrannorum perversorum in ducatu et aliis partibus episcopatus Metensis metum corporis et rerum pretendentes, sub pena excommunicationis late sententie canonica monitione premissa in eisdem ecclesiis cessetis contra eosdem iurisdictionem ecclesiasticam occupantes et usurpantes penitus a divinis absque alterius expectatione mandati.

(7) Item inhibemus omnibus et singulis archipresbiteris presbiteris personis ecclesiasticis notariis tabellionibus clericis et procuratoribus curiarum quarumcunque sub pena excommicationis late sentencie canonica trium dierum monitione premissa, ne quicumque eorum, cuiuscumque gradus status vel condicionis existant, nostra seu officialis curie nostre Metensis aut curiarum archidiaconorum Metensis ecclesie *[auctoritate]* aliquos iure diocesano nobis subditos vel subiectos ad excessus citari moveri seu vexari faciant vel procurent nec super hoc dent transscriptum super quocumque excessu notorio vel enormi ad terrorem vel alias, nisi in eisdem curiis vel altera earum procuratores ad excessus fuerint legitime deputati, neve etiam quodcumque emolumentum presens vel futurum in esculento vel poculento seu alias quomodolibet inde recipiant ipsos excessus celando vel occultando clam vel palam, directe vel indirecte, publice vel occulte. In omnes et singulos contrarium facientes presenti mandato nostro et inhibitioni non parentes dicta monitione premissa excommunicationis sententiam proferimus in hiis scriptis, excommunicatos faciemus publice nunciari.

(8) Item cum nuper serenissimus et invictissimus princeps et dominus noster dominus Karolus Romanorum imperator semper augustus tam papalibus quam suis propriis epistolis reverendissimo in Christo patri et domino domino Boemundo dei gracie sancte Treverensis ecclesie archiepiscopo sacrique imperii per Galliam archicancellario patefecisset, qualiter ad maiestatis sue preces sanctissimus in Christo pater et dominus noster dominus Innocentius divina providentia .. papa VI ad gloriam dei et sacri speciale decus imperii festum dominice lancee atque clavium perpetuo celebrari et solemne ac speciale officium nobis directum cum largo indulgentiarum numero de eisdem venerandis imperialibus reliquiis statuit decantari, ipsius domini archiepiscopi inter cetera devotionem requirens, ut statim dicti officii copias nobis et ceteris suis suffraganeis transmissurus providere solicite curaret, quatenus singuli nostrum per omnes et singulas regulares seculares collegiatas conven-

tuales et parrochiales ecclesias exemptas et non exemptas nostrarum civitatis et diocesis idem officium dirigeremus et perpetuis futuris temporibus faceremus celebriter decantari, quapropter idem dominus archiepiscopus Treverensis volens imperialibus monitis parere, nos per suas patentes litteras affectuose requisivit hortando, quatenus ad laudem divini nominis et dictarum reliquiarum sacratissimarum ac etiam decorem imperii dictum festum et officium per eum nobis transmissum, in cuius lectionibus matutinalibus papales epistole desuper confecte de verbo ad verbum plenius continentur, in nostra cathedrali et aliis nostrarum civitatis et diocesis Metensis ecclesiis singulis annis in antea feria sexta proxima post octavam resurrectionis dominice sublato cuiuscumque dilacionis obstaculo fieri faceremus et celebriter decantari cum octava solemni: nos igitur Ademarius episcopus antedictus receptis dictis litteris et officio cum benivolentia cordiali volentes mandatis apostolicis obedire ac precibus et monitis tanti serenissimi principis domini nostri Karoli imperatoris totis viribus applaudere, ad laudem divini nominis et dictarum reliquiarum sacratissimarum ac etiam imperii decorem statuimus in hiis scriptis, dictum festum et officium in nostra cathedrali et omnibus aliis et singulis monasteriis et ecclesiis collegiatis et parochialibus nostrarum civitatis et diocesis Metensis singulis annis deinceps feria sexta predicta post octavam resurrectionis dominice sublato cuiuslibet dilacionis obstaculo fieri et solemniter decantari cum solemni octava, precipientes omnibus et singulis archipresbiteris, quam cito commode poterunt, aliis vero, quorum interest, ut dictum officium infra instans festum beati Remigii proxime instantis scribi et penes se haberi faciant et procurent, ut de tam salutifera veneratione lancee et clavium predictorum grata mereamur apud deum et homines consequi beneficia premiorum. Alioquin contra quoslibet presentibus non parentes per excommunicationis sententiam procedemus.

Et licet nonnulla quasi de die in diem in nostris predictis civitate *[et]* diocesi Metensi immineant et occurrant, que novorum possent inducere materiam statutorum, ne tamen propter multiplicitatem statutorum subditos nostros opprimere videamur, ab aliorum statutorum nova editione supersedentes ad presens, omnia et singula statuta synodalia alias per nos seu ex parte nostra in aliis synodis publicata et promulgata, quae ad presens propter prolixitatem eorundem commode designare seu exprimere non valemus, innovamus, pro innovatis publicatis et ad omnium vestrum notitiam deductis in hac presenti synodo haberi volumus et mandamus. Ceterum vobis archipresbiteris omnibus et singulis supradictis harum serie precipimus districtius in virtute sancte obedientie, iniungentes sub pena excommunicationis late sentencie canonica monitione premissa, quatinus vos archipresbiteri predicti, antequam a civitate Metensi recedatis, hec omnia et singula suprascripta sub sigillo curie Metensis recipiatis et reportetis ac presbiteris et aliis sociis quibuscumque ecclesiarum rectoribus vestrorum archipresbiteratuum copiam premissorum infra duos menses proximos fieri faciatis, quam et ipsi recipere teneantur et recipiant a vobis suis sumptibus et expensis, ut sic omnia et singula premissa in nostris predictis civitate et diocesi nunc omnibus quorum interest, publicentur. Actum et datum sub sigillo curie nostre Metensis, quo utimur in hac parte, anno domini M^{o}CCC^o quinquagesimo quinto feria quinta proxima post octavam festi sanctissimi sacramenti altaris eiusdem, que fuit XVIII^a dies mensis iunii in nostra synodo in nostri absentia ibidem celebrata.

Or. membr. c. sig. del. Metz. Bez.-Arch. Nachtr. zu G 433.

1226. — *1355 Juli 5. Avignon.*

Innocentio VI supplicant Yolandis de Flandria comitissa de Longavilla et domina de Caselz et Robertus dux Barrensis et marchio de Ponte eius filius, quatinus papa collationem ecclesie S. Maximi in castro ipsorum Barroducis Tull. dioc. a papa Gerardo de Viculo cuidam inimico comitisse et ducis factam declaret irritam et confirmet collationem eiusdem ecclesie a duce eiusdem patrono factam Symoni de Fago dicti ducis capellano et secretario, cum consueverit etiam ad decanatum eiusdem eccl. assumi persona multum fidelis ex eo, quod habeat custodire privilegia cartas litteras et iocalia ducatus Barrensis. —

Annotatur in margine: Attende, si debuit regestrari, quia dominus papa non clare respondit ad petita.

Innoc. VI Suppl. t. IV (26) f. 147^l.

1227. — *1355 Juli 8. Avignon.*

Innocentius VI cum Johanne de Spinallo domicello et Clementia nata Johannis Renaldi de Pontemoncionis Tull. et Met. dioc. dispensat, ut non obstante quarto consanguinitatis gradu matrimonium contrahere valeant.

Apostolice sedis circumspecta . . . Dat. Avin. VIII idus iulii a. tercio.

Reg. 229 f. 201 nr. 1255.

1228. — *1355 August 5. Villeneuve.*

Innocentius VI Guigoni Ademarii capellano papali reservat eccl. Met. dignitatem vel personatum aut officium cum cura vel sine cura, non obstante quod in eadem quandam perpetuam capellaniam ac in ea necnon in Vivariensi et Valentinensi eccl. canonicatus et prebendas obtinet.

Grata devotionis obsequia . . . Dat. apud Villamnovam Avin. dioc. nonas augusti a. tercio.

In e. m. abbati monasterii S. Vincentii Met. et decano eccl. Avin. ac officiali Met.

Reg. 230 f. 93 nr. 11; Reg. Avin. 129 f. 229¹ nr. 11.

1229. — *1355 August 16. Avignon.*

Innocentius VI officiali Aurelianensi mandat, quatinus Johanni Oddonis in iure civili in studio Aurelianensi studenti conferat eccl. Met. canonicatum et prebendam vacantes per promotionem et consecrationem Petri episcopi Placentini, non obstante quod Johannes in Cameracensi canonicatum sub expectatione prebende et in parrochiali de Gauarreto Auxitane dioc. eccl. quandam perpetuam capellaniam obtinet.

Dignum arbitramur et congruum . . . Dat. Avin. XVII kl. septembris a. tercio.

Reg. 230 f. 139 nr. 87.

1230. — *1355 August 17. Villencuve.*

Innocentio VI significat Carolus de Pictavia, quod primiceriatum eccl. Met., et Johannes de Hoyo, quod canonicatum et prebendam ac scolastriam eccl. Tull. permutationis causa in curia resignarunt et supplicant, quatinus provideatur Johanni de primiceriatu dicto et Carolo de dicto beneficio Tullensi, non obstante quod Carolus in Lingon. et Tholon. cum archidiaconatibus et in Aniciensi cum decanatu ac in Vivariensi et Johannes in Met. canonicatus et prebendas ac prepositúram S. Theobaldi extra muros Met. obtinet, quam dimittere est paratus. — Annuit papa.

Eidem supplicat Carolus, quatinus Johanni nato Ferrici domin de Cronoberg clerico Trever. conferatur eccl. Met. canonicatus et prebenda, quam Carolus in curia resignavit. — Annuit papa.

Innoc. VI Suppl. t. IV (26) f. 190¹.

1231. — *1355 August 17. Villencuve.*

Innocentius VI Johanni de Hoyo confert eccl. Met. primiceriatum vacantem ex eo, quod et is canonicatum et prebendam ac scolastriam eccl. Tull. et Carolus de Pictavia dictum primiceriatum per magistrum Nicolaum de Franchavilla archidiaconum de Riparia in eccl. Virdun. et scriptorem papalem et Johannem de Vertriaco clericum Lugdun. dioc. suos procuratores in curia Romana ex causa permutacionis resignaverunt, non obstante quod Johannes in dicta Met. canonicatum et prebendam ac prepositituram eccl. S. Theobaldi extra muros Met. obtinet. Assecutus autem primiceriatus possessionem dimittat dictam prepositituram.

Apostolice sedis circumspecta... Dat. apud Villamnovam Avin. dioc. XVI kl. septembris a. tercio.

In e. m. abbati monasterii S. Mansueti extra muros Tull. et archidiacono de Riparia in eccl. Virdun. ac officiali Met.

Reg. 228 f. 150¹ nr. 368.

1232. — *1355 August 17. Villeneuve.*

Innocentius VI Carolo de Pictavia confert eccl. Tullensis canonicatum et prebendam ac scolastriam vacantes *(ex eadem causa, que notatur in nr. 1230 et 1231)* non obstante quod Carolus in Lingonensi et Tholonensi cum archidiaconatibus et in Aniciensi cum decanatu ac in Vivariensi eccl. canonicatus et prebendas obtinet.

Apostolice sedis circumspecta... Dat. apud Villamnovam Avin. dioc. XVI kl. septembris a. tercio.

In e. m. abbati monasterii S. Mansueti extra muros Tull. et archidiacono de Riparia in eccl. Virdun. ac officiali Met.

Reg. 228 f. 150 nr. 367.

1233. — *1355 August 17. Villeneuve.*

Innocentius VI officiali Met. mandat, quatinus Johanni nato nobilis viri Ferrici domini de Enoroberg(!) clerico Trever. dioc. conferat eccl. Met. canonicatum et prebendam vacantes per Caroli de Pictavia resignationem in curia per Johannem de Vertriaco factam.

Dignum arbitramur et congruum... Dat. apud Villamnovam Avin. dioc. XVI kl. septembris a. tercio.

Reg. 228 f. 151 nr. 369.

1234. — *1355 September 22. Avignon.*

Stephanus pape camerarius testatur, quod Bertrandus episcopus Tull. solvi fecit pro parte partis sui communis servicii CXXIX flor. auri camere papali et pro parte partis quatuor serviciorum minutorum XXI flor. clericis camere, quod ei prorogatus est terminus solvendi complementum usque ad festum purificationis B. Marie proxime venturum et quod absolutus est a censuris, quas incurrerat non solvendo tempore debito.

Reg. Avin. 122 f. 413; Oblig. et Solut. 30 f. 82.

1235. — *1355 September 30. Villeneuve.*

Innocentio VI supplicat Gaucherus de Montil miles, quatinus capellano suo Jacobo de Buxeriis provideatur de canonicatu sub expectatione prebende in eccl. Met., non obstante quod is in eccl. S. Leodegarii de Marsallo preposituram et in eccl. S. Salvatoris Met. canonicatus et prebendas ac parrochialem eccl. de Dompno Apro Met. dioc. obtinet, qui quidem prepositura canonicatus et prebende ac eccl. parrochialis valorem LXX flor. portat. communiter non ascendunt. — Annuit papa.

Innoc. VI Suppl. t. IV (26) f. 223 [1].

1236. — *1355 September 30. Villeneuve.*

Innocentius VI abbati monasterii S. Martini prope Metis mandat, quatinus Jacobo de Buxeriis provideat de eccl. Met. canonicatu sub expectatione prebende, non obstante quod is in S. Leodogarii de Marsallo cum prepositura ac in S. Salvatoris Met. ecclesiis canonicatus et prebendas obtinet.

Dignum reputamus et congruum... Dat. apud Villamnovam Avin. dioc. II kl. octobris a. tercio.

Reg. 230 f. 204 nr. 109.

1237. — *1355 October 3. Avignon.*

Camerarius pape testatur, quod Raynaldus abbas monasterii S. Arnulphi iuxta muros Met. pro tercia parte sui communis servicii CCXXXIII flor. auri VIII sol. camere apostolice necnon pro tercia parte quatuor serviciorum familiarium XLII flor. auri VIII sol. X den. monete Avin. clericis camere per manus Henrici servientis familiaris sui tempore debito solvi fecit.

Universis *etc.*... Dat. Avin. die III mensis octobris a. LV ...

Oblig. et Solut. 30 f. 83; Reg. Avin. 122 f. 414.

1238. — *1355 October 21. (Avignon.)*

Dominus B. Melioris prepositus eccl. S. Salvatoris Met. eodem anno [LV] et XXI die octobris obligavit se pro fructibus dicte prepositure in
XX flor.

Complevit totum XXII die augusti anni VIII domini Innocentii.

Oblig. et Solut. 23 a (300) f. 29.

1239. — *1355 October 31. Avignon.*

Stephanus pape camerarius testatur, quod Hugo episcopus Virdun. solvi fecit per Thomassetum familiarem suum et Johannem de S. Agatha procuratorem in Romana curia tempore debito pro parte partis sui communis servicii CCCCXXXVI flor. auri camere papali et pro parte partis quatuor serviciorum minutorum LXIIII flor. auri clericis camere et quod ei prorogatus est terminus solvendi usque ad festum resurrectionis domini proxime venturum.

Reg. Avin. 122 f. 415¹; Oblig. et Solut. 30 f. 85.

1240. — *1355 November 13. Avignon.*

[Innocentius VI] episcopo Tullensi.

Gravis dilectorum filiorum conventus Alteriacensis ord. S. August. tue dioc. querela ad nostrum non sine mentis turbacione deduxit auditum, quod dilectus filius Matheus, qui pro abbate dicti monasterii se gerit, ... vitam ducit enormiter dissolutam ac multis et variis criminibus irretitus et inutilis ad regimen dicti monasterii fore dinoscitur multaque bona eiusdem monasterii dilapidare et in pravis usus(!) consumere non expavit et continue enormiter dilapidat et consumit ipsique conventui multa gravamina indebite inferre presumpsit, propter que divinus cultus in eodem monasterio non modicum diminutus existit ac paucis ex canonicis dicti monasterii in eo remanentibus alii ex eis inde recedere sunt compulsi ... Nos igitur ... fraternitati tue ... mandamus, quatinus ad dictum monasterium personaliter accedens ... de premissis te diligenter informare et ea et alia omnia, que in dicto monasterio tam in capite quam in membris correctionis et reformationis officio noveris indigere, corrigere et reformare procures ... Dat. Avin. idus novembris a. tercio.

Reg. 229 f. 235¹ nr. 1420.

1241. — *1355 November 15. Avignon.*

Innocentius VI decano eccl. S. Salvatoris Met. mandat, quatinus Petro Bertrandi conferat eccl. S. Theobaldi extra muros Met. prepositurram, cuius fructus duodecim librarum turonensium parvorum valorem annuum non excedunt queque vacat ex eo, quod papa precepit Johanni de Hoyo, ut eam dimitteret assecutus primiceriatum eccl. Met. *(conf. nr. 1231)* non obstante quod Petrus in eccl. Met. canonicatum et prebendam obtinet et super eiusdem scolastria litigat; assecutus tamen dictam preposituram dimittat dictam scolastriam.

Dignum arbitramur et congruum . . . Dat. Avin. XVII kl. decembris a. tercio.

Reg. 228 f. 203 nr. 477.

1242. — *1356 Januar 14. Avignon.*

Innocentius VI preposito S. Crucis extra muros et decano S. Marie ad gradus Magunt. ac sacriste Avin. eccl. mandat, quatinus Theoderico nato nobilis viri Symonis dicti Beyer de Bopardia conferant eccl. Magunt. cantoriam vacantem per obitum Reynardi de Spanheim, non obstante quod Theodericus in Magunt. et Trever. ac Wormat. eccl. canonicatus et prebendas obtinet et quod ei papa providit de prepositura eccl. Spirensis. Tamen preposituram assecutus dimittat cantoriam.

Nobilitas generis, vite . . . . Dat. Avin. XVIIII kl. februarii a. quarto.

Reg. Avin. 134 f. 115 nr. 2.

1243. — *1356 Februar 9. Avignon.*

Stephanus pape camerarius testatur, quod Bertrandus episcopus Tull. solvi fecit per Paulum Mathei de Florentia tempore debito pro parte partis sui communis servicii LXXX flor. auri camere papali et pro parte partis quatuor serviciorum minutorum XV flor. auri clericis camere et quod ei prorogatus est terminus solvendi usque ad festum penthecostes proxime venturum.

Reg. Avin. 122 f. 429; Obligat. et Solut. 30 f. 100[1]; brevius Obligat. et Solut. 24 (331) f. 76 et Introit. et Exit. 262 f. 37.

1244. — *1356 Februar 19. Avignon.*

Innocentius VI episcopo Eduensi et decano eccl. de Burlacio Castrensis dioc. ac officiali Met. mandat, quatinus Guichardo de Vauzellis licentiato in legibus conferant eccl. Met. canonicatum et prebendam vacantes ex eo, quod Gibaudus de Melloto ad laicalia vota se transferens cingulum militare suscepit, non obstante quod Guichardus in eccl. S. Pauli Lugdun. canonicatum et canonicalem portionem et parrochialem eccl. de Montoux Eduensis dioc. obtinet.

Litterarum scientia, vite. . . Dat Avin. XII kl. marcii a. quarto.

Reg. Avin. 132 f. 131.

1245. — *1356 Februar 26. Avignon.*

Innocentius VI episcopo Virdunensi mandat, quatinus Willermino nato Johannis dicti Chavresson clerico Metensi, pro quo Karolus Romanorum imperator supplicat, provideat de eccl. Met. canonicatu sub expectatione prebende.

Dignum arbitramur et congruum... Dat. Avin. V kl. martii a. quarto.

Reg. Avin. 134 f. 508.

1246. — *1356 Februar 29. Avignon.*

Innocentius VI Met. et Virdun. ac Palentino episcopis mandat, quatinus monasterii Gorziensis abbatem et conventum per censuram ecclesiasticam appellatione remota compellant ad solvendum Johanni episcopo Trivisiensi (?) pensionem annuam quingentarum librarum bonorum turonensium parvorum, quam ei concessit Clemens VI de consensu Nycholai abbatis monasterii. Ob denegatam pensionem executores a papa dicto episcopo dati iam promulgaverunt excommunicationis et suspensionis sententias in abbatem et conventum, qui easdem vilipendebant.

Dudum felicis recordationis... Dat. Avin. II kl. martii a. quarto.

Reg. Avin. 133 f. 211 nr. 61.

1247. — *1356 April 6. Villeneuve.*

Innocentius VI cum nobili viro Joffrido de Ragecourt milite Met. et nobili muliere Catherina de Prigneio, cuius prior maritus Poncignonnus dictus Hanebouriat cum Joffrido quarto consanguinitatis gradu erat coniunctus, dispensat, ut matrimonium valeant contrahere.

Apostolice sedis graciosa... Dat. apud Villamnovam Avin. dioc. VIII idus aprilis a. quarto.

Reg. Avin. 132 f. 475.

1248. — *1356 April 12. Villeneuve.*

Innocentius VI ecclesie Thefelicensi vacanti per translationem Bertrandi ad eccl. Ampuriensem providet de persona Bertrami ord. Predic. in sacerdotio constituti, cui iam per Guidonem episcopum Portuensem munus consecrationis fecit impendi.

Pastoralis officii debitum... Dat. apud Villamnovam Avin. dioc. II idus aprilis a. quarto.

In e. m. capitulo eccl. Thefelic. clero civit. et dioc. Thefelic. populo civit. et dioc. Thefelic. archiepiscopo Soltaniensi.

Reg. Avin. 134 f. 61¹ nr. 15.

1249. — *1356 Mai 8. Avignon.*

Innocentius VI officiali Tullensi mandat, quatinus Henrico de Amancia nato nobilis viri Wichardi de Amancia domicelli clerico Tull.

dioc. conferat eccl. Met. canonicatum et prebendam vacantes ex eo, quod Henricus de Germineyo per magistrum Nicolaum de Franchavilla archidiaconum de Riparia in eccl. Virdun. apud curiam resignavit.

Dignum arbitramur et congruum ... Dat. Avin. VIII idus maii a. quarto.

Reg. Avin. 132 f. 124.

1250. — *1356 Mai 19. Avignon.*

Innocentius VI reservat camere apostolice fructus anni primi ad novum biennium.

Dudum felicis recordationis ... Dat. Avin. XIIII kl. iunii a. quarto.

Reg. 238 f. 252¹.

1251. — *1356 Mai 29. Villeneuve.*

[Innocentius VI] Roberto(!) episcopo Tullensi.

Negotium decime, quam diversis prelatis et personis ecclesiasticis dudum imposuimus, ita duximus moderandum, ut ii, qui de decima ipsa nichil possunt solvere, nichil solvant, qui vero eam integre, integraliter, et qui partem eius possunt solvere, partem solvant ... Et ideo fraternitati tue ... mandamus, quatinus ad collectionem et exactionem ipsius decime in tuis civitate et diocesi faciendam procedas ... non obstantibus frivolis appellationibus quibuscunque. Dat. apud Villamnovam Avin. dioc. IIII kl. iunii a. quarto.

Reg. 238 f. 81.

1252. — *1356 Juni 18. Avignon.*

Stephanus pape camerarius testatur, quod Bertrandus episcopus Tull. solvi fecit per Paulum Mathei tempore debito pro parte partis sui communis servicii LI flor. auri camere papali et pro parte partis quatuor serviciorum minutorum IX flor. auri clericis camere et quod ei prorogatus est terminus solvendi usque ad festum nativitatis domini proxime venturum.

Reg. Avin. 122 f. 443¹; Oblig. et Solut. 30 f. 118.

1253. — *1356 Juni 30. Villeneuve.*

Innocentius VI Guillelmo de Blezis licentiato in legibus, vicario et procuratori Nicolai tit. S. Marie in via lata diaconi cardinalis confert eccl. Met. canonicatum et prebendam vacantes per obitum Guillelmi de Neyraco cubicularii eiusdem cardinalis, non obstante quod ille in Virdun. eccl. canonicatum et prebendam et perpetuam vicariam eccl. de Oillevilla Tull. dioc. obtinet.

Litterarum scientia, morum ... Dat. apud Villamnovam Avin. dioc. II kl. iulii a. quarto.

In e. m. cantori Pictav. et Guidoni de Pestello canonico Ruthenensis eccl. ac officiali Met.

Reg. Avin. 132 f. 184.

*1254. — *1356 Juli 7.*

Ademari episcopi decretum in synodo dioecesana promulgatum.

Ademarius dei et apostolice sedis gratia Metensis episcopus universis et singulis archipresbyteris, curatis, perpetuis vicariis ceterisque ecclesiarum rectoribus in nostris [civitate] et dyocesi Metensi constitutis, ad quos presentes littere pervenerint, in domino.

(1) Noveritis, quod nos ex certis causis nos ad id rationabiliter moventibus omnes et singulas gracias, licencias et auctoritates oretenus vel literatorie sub quacumque forma verborum per nos vel auctoritate nostra concessas seu indultas super non residenciis personalibus et per curatos, rectores et perpetuos vicarios nobis iure dyocesis subiectos in suis parrochialibus ecclesiis minime faciendis aut super eisdem ecclesiis officiandis; necnon super absolutionibus per quoscunque religiosos aut alios presbyteros exemptos et non exemptos quibuscunque personis dictarum civitatis et diocesis Metensis a) in foro confessionis impendendis in casibus quibuscumque nobis specialiter reservatis aut super ordinibus sacris infra iuris tempora per curatos seu rectores ecclesiarum dictarum civitatis et dyocesis ex causa qualibet non suscipiendis; et super questis quibuscunque in civitate [et diocesi] exercendis, questa beati Anthonii dumtaxat excepta. Etiam si in litteris huiusmodi super ipsis graciis, licenciis et auctoritatibus confectis caveatur, quod per nos revocari non debeant neque possint per litteras non facientes plenam et expressam ac de verbo ad verbum de eisdem litteris mentionem in hiis scriptis, totaliter revocamus et adnullamus b) pro revocatis et anullatis haberi volumus et mandamus.

(2) Monemus insuper in hiis scriptis omnes et singulos pastores curatos, ecclesiarum rectores et perpetuos vicarios ecclesiarum civitatis et diocesis Metensis, ut ipsi, non obstante quacunque gracia seu licencia sub quovis tenore verborum concessa, infra 15 dies a die hodierna numerandos ad ecclesias eis commissas personaliter accedant, ibidem c) moram et residenciam personalem et continuam facturi officiumque sibi comissum solicite peracturi circa curam d) et regimen animarum,

---

a) civitatum in diocesi Metensi *in codice.* — b) adnullatis *in codice.* — c) et ibidem *in codice.* — d) curiam *in codice.*

nisi eis ex causis rationabilibus fuerit canonice dispensatum ; precipientes etiam et mandantes in hiis scriptis omnibus archipresbyteris nobis subditis sub pena excommunicationis late sentencie canonica trium dierum monitione premissa, quatenus ipsi, antequam ab hac civitate Metensi recedant, sigillifero curie nostre Metensis nomina curatorum [e]), mercenariorum vicariorum et aliorum presbyterorum excommunicatorum suspensorum et interdictorum et non promotorum aut in suis ecclesiis personaliter non residencium et illorum, qui duas vel plures de facto tenent, ymo verius parrochiales occupant ecclesias, ac etiam nomina ecclesiarum parrochialium in suis archipresbyteratibus existencium in scriptis tradant, ut contra eos ad penas iuris, prout qualitas rei exegerit, procedatur. Alioquin omnes et singulos huic nostre monitioni non parentes, quos nos ex nunc prout ex tunc in hiis scriptis excommunicamus, excommunicatos auctoritate nostra faciemus publice nunciari.

(3) Nos igitur, aliis statutis synodalibus per nos et vicarios nostros in spiritualibus seu auctoritate nostra hactenus promulgatis inherendo et ea innovando, in hiis scriptis inhibemus [f]) omnibus et singulis presbyteris, notariis clericis, procuratoribus et aliis personis quibuslibet sub pena excommunicacionis late sententie canonica trium dierum monitione premissa, prout alias inhibuimus, ne quicumque ipsorum procuratoris officium exercentes et processus excommunicatorum facientes auctoritate quacunque eosdem processus ipsis, contra quos facti fuerint, postquam composuerint cum eisdem, deliberent vel restituant suis presbyteris exhibendos vel deliberandos sine scitu iudicis vel officialis et sigilliferi, a quo processus emanaverint ; neve archipresbyteri, presbyteri curati, vicarii mercenarii aut matricularii quicumque nobis subditi aliquos suos parrochianos seu subditos contumaces per quoscunque competentes iudices reputatos seu interdictos, suspensos vel excommunicatos exnunc in antea, postquam eis constiterit contumaciis vel excommunicationis eorundem, per restitutionem vel exhibitionem contumaciarum seu processuum quorumcumque factorum contra ipsos pro absolutis habeant vel teneant, nec ipsos ad divina admittant, quousque de suis absolutionibus sigillis iudicum, a quibus processus emanarint, sigillatis eisdem suis presbyteris fecerint plenam fidem ; ne insuper notarii, tabelliones clerici, procuratores presbyteri seu alie persone nostre et archidiaconorum et ecclesie Metensis curiarum nostrarum seu officiales curie nostre Metensis aut curiarum eorundem archidiaconorum Metensis ecclesie auctoritate aliquos nobis iure diocesis subiectos citari moneri seu vexari faciant vel procurent super quocunque excessu difficili vel enormi, nisi in eisdem

---

[e]) nominis *in codice*. — [f]) *bis in codice*.

curiis vel altera procuratores ad excessus denunciandos et prosequendos fuerint legitime deputati per litteras sigillo, quo contumacie sigillantur, sigillatas; neve etiam quicunque religiosi vel alii presbyteri seu rectores nostrarum g) civitatis et dyocesis Metensis quoscunque nobis iure diocesis subiectos a iure vel a statutis quibuscunque excommunicationis sententia innodatos pro clandestinis matrimoniis seu propter oppressione[m] et persecutionem violentam iurisdictionis ecclesiastice aut manuum iniectionem in presbyterum clericum vel religiosum aut alias sub quovis pretextu colore vel alia licencia a nobis in genere concedenda in foro consciencie vel alias absolvere presumant, nisi de nostra licencia speciali et expressa; quorum talium absolutiones ex causa nobis tantummodo nobis specialiter reservamus et quibuslibet aliis super hoc interdicimus potestatem. In archipresbyteros vero, curatos presbyteros, vicarios mercenarios, religiosos exemptos et non exemptos, notarios tabelliones, matricularios procuratores clericos et alias personas ecclesiasticas vel seculares, qui seu que contra inhibitionem seu inhibitiones nostras suprascriptas vel earum aliquam quicquam presumpserit attemptare h), ex nunc prout ex tunc medio tempore pro monitione currente singulariter in singulis excommunicationis sententiam proferimus in hiis scriptis cum in premissis quoniamque fraudes et abusiones ac pericula animarum quam plurimum repeterentur et nervus ecclesiasticus deprimatur et minuatur i).

(4) Item declaramus in hiis scriptis et declaratum esse in iure asserimus, omnes et singulos, qui duas vel plures ecclesias parrochiales non annexas ultra unum mensem tanquam curati et rectores earundem absque sedis apostolice dispensatione canonica simul detinuerint occupatas, de facto ipso iure eisdem ecclesiis privatos esse ac inhabiles ad sacros suscipiendos ordines necnon ad ecclesiastica de cetero obtinenda beneficia; statuentes nichilominus tales ipso iure excommunicatos esse et penam viginti librarum Turonensium incurrisse, nisi ipsas ecclesias verbo et facto dimiserint in manibus ordinariorum suorum infra mensem a data publicatione presentium computandum.

(5) Item ut magis caveatur censura ecclesiastica, statuendo innovamus, ut ecclesie cymeteria oratoria, in quibus corpora excomunicatorum vel interdictorum a perceptione sacramentorum, licet in mortis articulo tales fuerint vel sint absoluti, censeantur esse polluta et reconciliatione indigere, propterea inhibemus omnibus subditis nostris, ne talia corpora de cetero tradant ecclesiastice sepulture; ne etiam

---

g) nostrorum *in codice*. — h) acceptare *in codice*. — i) *Ultime tres linee exhibent textum nimis corruptum!*

presbyteri curati in ecclesiis cymitteriis, in quibus continget de cetero talia corpora inhumari, divina celebrent sacramenta vel alia corpora defunctorum inhument seu sepeliant, quousque dicte ecclesie seu cymiteria reconciliate vel reconciliata fuerint; eisdem etiam archipresbyteris presbyteris curatis et rectoribus precipientes, ut antequam a civitate Metensi recedant, nomina ecclesiarum et cymiteriorum in suis locis et archipresbyteratibus seminis vel sanguinis effusione aut excommunicatorum et interdictorum sepultura pollutorum seu alias violatorum sigillifero curie Metensis in scriptis dare non postponant, ut remedium a talibus in talibus apponatur.

(6) Eisdem nichilominus archipresbyteris, pastoribus curatis, perpetuis vicariis et ecclesiarum rectoribus quibuslibet penes [sc] non habentibus statuta provincialia et synodalia precipimus et mandamus, ut ipsi infra instans festum natale domini Christi venturum eadem statuta synodalia et provincialia scribi et penes se haberi faciant et procurent, cum de die in diem sint eis necessaria propter regimen eis comissum, potissime cum alias ex parte nostra huiusmodi preceptum salubriter fuerit eis factum. Alioquin omnes et singulos predictis nostris mandatis et monitionibus, preceptis et inhibitionibus non parentes, medio tempore pro mon*itione* [currente] singulariter singulos excomunicationis sententia in[n]odamus.

(7) Et licet nonnulla quasi de die in diem in nostris predictis civitate [et diocesi] immineant et occurant, que novorum possunt inducere materiam statutorum, ne tamen k) propter multiplicitatem statutorum subditos nostros opprimere videamur, ab aliorum statutorum nova editione supersedentes, omnia et singula statuta synodalia alias per nos seu auctoritate nostra in aliis synodis hactenus publicata et promulgata, que ad presens propter lixitatem eorundem designare et specificare seu exprimere non valemus, in hiis scriptis innovamus, pro innovatis et publicatis ad omnium vestrum notitiam deductis in hac presenti synodo haberi volumus et mandamus.

(8) Ceterum vobis archipresbyteris omnibus et singulis harum serie¹) precipimus districtius in virtute sancte obedientie iniungentes sub pena excommunicationis late sententie canonica, trium dierum monitione premissa, quatenus archipresbyteri predicti, antequam a civitate Metensi recedant, hec et omnia et singula suprascripta sub sigillo curie nostre Metensis recipiatis et reportetis ac presbyteris et aliis sociis vestris cum capitularibus ecclesiarum, rectoribus vestrorum archipresbyteratuum copiam premissorum infra duos menses proximos fieri faciatis, quam

---

k) cum *in codice*. — l) scire *in codice*.

1257. — *1356 Juli 15. Villeneuve.*

Innocentius VI episcopum Lingonensem et decanum Lingonensem ac archidiaconum Tull. eccl. deputat iudices Ademaro episcopo Met. conquerenti, quod nonnulli nobiles cives burgenses et habitatores diversarum civitatum et diocesium nonnulla castra villas terras et alia loca necnon census et redditus ad mensam suam spectantia dudum detinuerunt et nunc etiam detinent ex facto quorundam predecessorum suorum pro certis pecuniarum summis titulo pignorum obligata illaque Ademaro restituere denegant, licet ex eis receperint ultra sortem.

Significavit nobis venerabilis . . . Dat. apud Villamnovam Avin. dioc. idus iulii a. quarto.

Reg. Avin. 133 f. 278 nr. 201.

1258. — *1356 September 17. Avignon.*

Stephanus pape camerarius testatur, quod Raynaldus abbas monasterii S. Arnulphi solvi fecit per Nicolaum curatum de Granier Met. dioc. suum familiarem tempore debito pro tercia parte sui communis servicii CCXXXIII flor. auri VIII sol. camere papali et pro tercia parte quatuor serviciorum minutorum XLII flor. auri X sol. IIII den.

Reg. Avin. 122 f. 446; Obligat. et Solut. 30 f. 121.

1259. — *1356 September 28. Avignon.*

Camerarius pape testatur, quod Ademaro episcopo Met. intellecta mole eius gravaminum terminus solvendi est prorogatus usque ad festum resurrectionis domini proxime venturum et quod is absolutus est a censuris ecclesiasticis, quas incurrerat ex non solutis debito tempore serviciis.

Universis etc. . . . Dat. Avin. die XXVIII mensis septembris a. [MCCCLVI] . . .

Oblig. et Solut. 30 f. 123.

1260. — *1356 October 10. Avignon.*

Innocentius VI Ademario episcopo Met. concedit licentiam instituendi quatuor perpetuas capellanias in ecclesia Met. et earum quamlibet de viginti quinque libris monete Met. currentis dotandi de emolumentis provenientibus ex salina, quam is nuper in villa de Albendenges Met. dioc. ordinavit.

Illorum desideria libenter . . . Dat. Avin. VI idus octobris a. quarto.

Reg. Avin. 133 f. 282 nr. 218.

hortamur . . . quatinus de prefatis quantitatibus apud vos depositis, ut prefertur, huiusmodi summam mille quingentorum florenorum auri sub arresti nomine retinere ac de ea, postquam vobis constiterit de huiusmodi dampnis illatis dictis cardinali et prioratui, usque ad concurrentem quantitatem dampnorum prefatorum seu extimacionem ipsorum procuratoribus cardinalis eiusdem pro ipso et dicto prioratu restituenda (!) cardinali prefato, prout pertinebit ad ipsum . . . debitam satisfactionem impendere procuretis . . . Dat. Avin. XVI kl. decembris a. quarto.

Reg. 244 F nr. 405.

1264. — *1356 November 30. Avignon.*

Innocentius VI petente Richerduno Gerardi de Mennoncort canonico prebendato eccl. S. Theobaldi extra muros Met. decernit, quod provisio ei facta de dictis canonicatu et prebenda vacantibus per obitum Reguelloni nati Therrici de Pallait perinde valeat.

Probitatis et virtutum merita . . . Dat. Avin. II kl. decembris a. quarto.

Reg. Avin. 133 f. 306 nr. 294.

1265. — *1356 December 4. Avignon.*

[Innocentius VI] Carolo imperatori Romanorum.

Quantis fili carissime, premamur oneribus quantisque negotiis implicemur, per litteras et nuncios nostros . . . perpendere potuisti ac dilectus filius Androinus abbas monasterii Cluniacensis Matisconensis diocesis, quem ad te ultimo misimus, ea . . . seriosius narravit . . . Attendentes igitur, quod in congregatione ipsorum prelatorum earundem partium Alamanie coram te Metis actore domino in proximo facienda huiusmodi negotium decimarum prestante deo et favente te disponi felicius, efficacius dirigi et votivius poterit terminari, serenitatem tuam . . . rogamus attente, quatinus sic pro huismodi negotii conclusione felici des operam favorabiliter efficacem . . . Dat. Avin. II nonas decembris a. quarto.

Reg. 238 f. 240, W. 399.

1266. — *1356 December 12. Avignon*

Innocentius VI Androino abbati monasterii Cluniacensis scribit se recepisse eius litteras, quibus is ipsi retulit, Karolum imperator Treverim venisse et in proximo esse venturum Metim, eumque hortatur, quatinus Meti negotia ecclesie super facto impositionis decime apud imperatorem promoveat.

... Dat. ut supra (= Avin. II idus decembris a. quarto).
Reg. 238 f. 241; W. 403.

1267. — *1357 Februar 18. Avignon.*

Innocentius Ademaro episcopo Metensi petenti exhibet copiam litterarum, quibus Johannes XXII Henrico electo Met. denuo prorogat terminum recipiendi ordines sacros et consecrationem, datarum Avinione XV kl. iulii anno quarto. (Considerantes in persona tua . . .).
Provisionis nostre debent . . . Dat. Avin. XII kl. marcii a. quinto.
Reg. 232 f. 352 nr. 20.

1268. — *1357 April 8. Avignon.*

Stephanus pape camerarius testatur, quod Ademaro episcopo Met. prorogatus est terminus solvendi usque ad festum B. Michaelis proxime venturum.
Reg. Avin. 122 f. 463¹; Oblig. et Solut. 30 f. 143.

1269. — *1357 Mai 10. Pontsorge.*

Innocentio VI significat Henricus comes de Widemont dominus de Jeynsil, quod religiosa domina Alheidis nata Theoderici dicti Zolner de Lyningen militis monialis monasterii in Hesse ord. S. Bened. Met. dioc. pro eo, quod in dicto monasterio propter paupertatem oppresso ipsa et alie moniales eiusdem non habent de bonis dicti monasterii, de quo suam vitam possint decenter sustentare, ymmo eas oportet ad suas domos proprias vagando propter suum victum redire et ibidem esse continue et sic cultum divinum deserere, cupiat transferri in monasterium Hirbitsheim ord. et dioc. predictorum. Supplicat, quatinus papa eam transferat. — Annuit papa.
Innoc. IV Suppl. t. V (27) f. 114.

1270. — *1357 Mai 25. Villeneuve.*

[Innocentius VI] priori ordinis fratrum Predicatorum Tullensi nunciat, quod Arnaldus de Moleriis canonicus Turonensis, utriusque iuris professor, capellanus papalis, cum episcopo et clero diocesis Tullensis asserentibus se nimia paupertate gravari super decima triennali composuit, ut pro dicta decima camere apostolice infra tres annos extunc proxime secuturos sexcentos florenos auri, id est quolibet trium annorum ducentos florenos auri solverent. Papa hanc compositionem acceptans mandat priori, quatinus illos, qui forsan per processus super exactione decime habitos penas ecclesiasticas incurrerunt, absolvat.

Dudum ad supportandum commodius . . . Dat. apud Villamnovám Avin. dioc. VIII kl. iunii a. quinto.

Reg. 239 f. 76; Reg. 243 f. 28.

1271. — *1357 Mai 25. Villeneuve.*

Innocentius VI priori Predicatorum Tullensi nunciat, quod Arnaldus de Moleriis cum decano et capitulo ecclesie Tullensis asserentibus se ipsos ac alias personas dicte ecclesie paupertate gravari super decima triennali composuit, ut pro huiusmodi decima solverent camere apostolice ducentos quadraginta florenos auri. Papa hanc compositionem acceptans mandat priori, quatinus eos, qui forsan per processus super exactione dicte decime habitos penas ecclesiasticas incurrerunt, absolvat.

Dudum ad supportandum commodius . . . Dat. apud Villamnovam Avin. dioc. VIII kl. iunii a. quinto.

Reg. 239 f. 76¹; Reg. 243 f. 28. W. 429.

1272. — *1357 Juni 12. Villeneuve.*

Innocentius VI Thielmanno abbati monasterii S. Naboris ord. S. Bened. Met. dioc. concedit, ut a quocunque maluerit antistite catholico valeat munus benedictionis recipere.

Cum nos pridem . . . Dat. apud Villamnovam Avin. dioc. II idus iunii a. quinto.

Reg. Avin. 135 f. 390¹.

1273. — *1357 Juni 30. Villeneuve.*

Innocentius VI monasterio S. Naboris ord. S. Bened. Met. dioc. vacanti per obitum Folmari abbatis, cuius provisionem papa iam ante Folmari obitum sibi reservavit, providet de persona Thielmanni eiusdem monasterii camerarii et monachi in sacerdotio constituti, quem conventus predicte reservationis ignarus in abbatem concorditer elegit et episcopus Met. confirmavit.

Inter solicitudines varias . . . Dat. apud Villamnovam Avin. dioc. II kl. iulii a. quinto.

In e. m. conventui monasterii, universis vassallis monasterii, episcopo Met.

Reg. Avin. 137 f. 235.

1274. — *1357 Juli 11. (Avignon.)*

Anno domini MCCCLVII die XI mensis iulii fuit facta commissio domino Gerardo de Arbenco . . . collectori vel eius subcollectori in civit. et dioc. Metensi ac officiali vel decano eccl. Met. super informatione facienda de valore monasterii S. Naboris . . . de quo vacante per obitum fratris Folmarii . . . provisum fuit . . . fratri Tilmanno tunc eiusdem monasterii monachi et camerarii, et quod si valor excedat summam C flor. quod recipiat obligationem pro communi servicio et remittat etc. . . .

Oblig. et Solut. 30 (sine fol. nro.).

1275. — *1357 Juli 12. Villeneuve.*

Innocentio VI supplicat Thyellemannus electus et confirmatus in abbatem monasterii S. Naboris ord. S. Bened., quatinus fratri suo Johanni provideatur de officio camerarie vacaturo per munus benedictionis dicti Thyellemanni. — Annuit papa.

Innoc. VI Suppl. t. V (27) f. 172.

1276. — *1357 September 1. Avignon.*

Stephanus pape camerarius testatur, quod Ademaro episcopo Met. prorogatus est terminus solvendi usque ad festum resurrectionis domini proxime venturum.

Reg. Avin. 122 f. 474; Obligat. et Solut. 30. f. 155.

1277. — *1357 September 17. Avignon.*

Innocentius VI Johanni de Vayrchiis baccalario in legibus confert eccl. Met. canonicatum et prebendam ac archidiaconatum vacantes per obitum Baldoyni Gromacii (!), qui Petri episcopi Penestrinensis capellanus existens nuper apud sedem apostolicam diem clausit extremum, non obstante quod Johannes in Caturcensi et Carpentoracensi eccl. canonicatus et prebendas ac prioratum secularis eccl. de Corcolesio sine cura Carpentoracensis dioc. obtinet et quod patitur in etate defectum in vicesimo primo etatis anno constitutus.

Nobilitas generis, litterarum . . . Dat. Avin. XV kl. octobris a. quinto.

In e. m. episcopo Castrensi et archidiacono de Boriaco in eccl. Comituarensi ac . . officiali Met.

Reg. 232 f. 71 nr. 13; Reg. Avin. 136 f. 114 nr. 13.

1278. — *1357 September 17. Avignon.*

Innocentius VI Johanni de Vayroliis archidiacono Met. baccalario in legibus indulget, ut iuris civilis studio in loco, ubi illud vigeat generale, insistens usque ad triennium leges audire et legere licite valeat[1].

---

[1] *Litteris non est addita taxa, cuius loco est annotatum:* Gratis pro nepote domini cardinalis.

Nobilitas generis, litterarum . . . Dat. Avin. XV kl. octobris a. quinto.

Reg. Avin. 136 f. 511¹ nr. 101.

1279. — *1357 September 23. Avignon.*

Stephanus pape camerarius testatur, quod Raynaldus abbas monasterii S. Arnulphi extra muros Met. solvi fecit per Nicholaum de Metis tempore debito pro complemento sui communis servicii CCXXXIII flor. auri et VIII sol. monete Avin. camere papali et pro complemento quatuor serviciorum minutorum XLII flor. auri XII sol. VI den. monete Avin.

Reg. Avin. 122 f. 475¹; Reg. Avin. 122 (Innoc. VI t. II) f. 475¹; Obligat. et Solut. 30 f. 157¹; brevius Introit. et Exit. 262 f. 32.

1280. — *1357 October 31. Avignon.*

Stephanus camerarius pape testatur, quod Hugo epíscôpus Virdun. pro parte partis communis servicii CCCL flor. auri camere apostolice necnon pro parte partis quatuor serviciorum familiarum L flor. auri clericis camere solvi fecit, quod ei terminus solvendi prorogatus est usque ad festum resurrectionis domini proxime venturum et quod absolutus est a censuris, quas incurrerat propter non factam debito tempore solutionem.

Oblig. et Solut. 30 f. 160¹; Reg. Avin. 122 f. 478.

1281. — *1357 November 18. Avignon.*

Innocentio VI supplicat Johanna de Asperomonte domina Montilii Ademari[1]) pro fratribus suis Henrico et Joffredo de Asperomonte.

Innoc. VI Suppl. t. V (27) f. 275.

1282. — *1357 November 18. Avignon.*

Innocentius VI decano eccl. Met. mandat, quatinus Joffrido de Asperomonte canonico prebendato Virdunensis et in Montisfalconis Remensis dioc. ecclesiarum conferat eccl. Leod. canonicatum sub expectatione prebende.

Dignum arbitramur et congruum . . . Dat. Avin. XIIII kl. decembris a. quinto.

Reg. 233 f. 190¹ nr. 85.

---

[1]) Gaucherius Adeymarii dominus Montilii Adeymarii. *Loc. cit. fol. 282.*

1283. — *1357 November 21. Avignon.*

Innocentio VI supplicat Franciscus papalis notarius et secretarius, quatinus confirmetur collatio Dominico Petri de Rapasia Met. dioc. facta ante duos annos et dimidium de eccl. S. Leodegarii in Marsallo canonicatu et prebenda vacantibus per mortem Reguillonni nati Therrici dicti Pollait. — Annuit papa.

Innoc. VI Supplic. t. V (27) f. 272[1].

1284. — *1357 December 3. Avignon.*

Innocentio VI significat Ademarus Met. episcopus, quod ipse in eccl. Met. quandam capellam ad honorem B. Marie virginis construxit, in qua instituit quatuor capellanos perpetuos, qui certas missas diebus singulis in ipsa capella dicere et in eadem eccl. Met. cum aliis eiusdem eccl. capellanis magne misse celebrationi et horis canonicis interesse et deservire diebus singulis teneantur; quas capellanias certis annuis redditibus dotavit de emolumentis salinarum, quas ipse de novo construxit iuxta villam de Habendanges aut in casu defectus salinarum huiusmodi de emolumentis ceterorum reddituum ville castri et castellanie de Habendanges ad episcopatum Met. spectantium; supplicat, quatinus hec fundatio confirmetur. — »Exhibeatur in cancellaria ordinatio, et si rationabilis fuerit, confirmetur. G.« (*Conf. nr. 1260.*)

Item supplicat, quatinus capellano suo Johanni Coyterio dioc. Valentinensis provideatur de canonicatu sub expectatione prebende in eccl. Virdun., non obstante quod is quandam parrochialem eccl. in cancellaria nominandam obtinet. — Annuit papa.

Item supplicat pro familiari suo Bertrammo nato Symonis de Germineyo.

Item supplicat pro Petro de Griffelstein.

Item supplicat, quatinus fisico suo Johanni de S. Cruce in artibus et medicina licentiato, pro quo iam supplicarat episcopi soror Johanna de Asperomonte domina Montilii Ademari, quatinus ei provideatur de canonicatu et prebenda eccl. Pictav. vacaturis per promotionem Johannis de Lyons electi Pictav. et de canonicatu sub expectatione prebende in eccl. Carpentorat. — Annuit papa.

Item supplicat pro suo secretario Johanne de Comme clerico Met. dioc.

Item supplicat, quatinus clerico suo Stephano Gervasii de Montilio Ademarii reservetur beneficium cum cura vel sine cura spectans ad dispositionem abbatisse et conventus monasterii S. Petri ad moniales Met. dioc. — Annuit papa.

Item supplicat, quatinus suo capellano Johanni de Vico provideatur de canonicatu sub expectatione prebende in eccl. Trev., non obstante quod canonicatum et prebendam ac decanatum eccl. collegiate de Vico Met. dioc. obtinet. — Annuit papa.

Item supplicat, quatinus capellano suo Jacobo de Buxeriis provideatur de canonicatu sub expectatione prebende eccl. collegiate S. Deodati Tull. dioc., non obstante quod prepositurara ac canonicatum et prebendam eccl. de Marcello et canonicatum et prebendam eccl. S. Salvatoris Met. et parochialem eccl. de Dommeyvre Met. dioc. obtinet et quod canonicatum sub expectatione prebende maioris eccl. Met. expectat. — Annuit papa.

Innoc. VI Suppl. t. V (27) 299—300.

1285. — *1357 December 17. Avignon.*

Innocentius VI Nicolao Daix confert perpetuam capellaniam capelle S. Laurentii in castro de Cons (*vel* Cous) Met. dioc. vacantem ex eo, quod et Nicolaus beneficium, semiprebendam alias stipendium vulgariter nuncupatum, in eccl. Met. et Johannes natus Jacobi dicti Daix capellaniam predictam apud curiam Romanam causa permutationis per procuratores resignaverunt.

Apostolice sedis circumspecta . . . Dat. Avin. XVI kl. ianuarii a. quinto.

In e. m. S. Vincentii Metensis et S. Arnulphi extra muros Met. monasteriorum abbatibus ac decano eccl. S. Salvatoris Met.

Reg. 232 f. 232 nr. 81; Reg. Avin. 136 f. 210 nr. 81.

1286. — *1357 December 17. Avignon.*

Innocentius VI Johanni nato Jacobi dicti Daix confert beneficium semiprebendam alias stipendium vulgariter nuncupatum in eccl. Metensi vacans ex eo, quod et Johannes capellaniam in capella S. Laurentii in castro de Cons (*vel* Cous) Met. dioc. et Nicolaus Daix supradictum beneficium apud curiam Romanam ex causa permutationis per procuratores resignaverunt.

Apostolice sedis circumspecta . . . Dat. Avin. XVI kl. ianuarii a. quinto.

In e. m. S. Vincentii Met. et S. Arnulphi extra muros Met. monasteriorum abbatibus ac decano eccl. S. Salvatoris Met.

Reg. 232 f. 232¹ nr. 81. Reg. Avin. 136 f. 210 nr. 81.

1287. — *1358 Januar 16. Avignon.*

Servicium monasterii S. Naboris. XXIII card.

Dicta die [XVI m. ianuarii a. MCCCLVIII] dominus frater Thilemanus abbas monasterii S. Naboris ord. S. Bened. Met. dioc. promisit pro suo communi servicio per fratrem Johannem de Spinallo monachum dicti monasterii procuratorem suum C flor. auri et V servicia consueta solvendos terminis supra proxime positis¹). Quod nisi etc. et iuravit etc.
Oblig. et Solut. 22 f. 214.

1288. — *1358 Februar 10. Avignon.*

Innocentio VI supplicat Joffridus dominus de Asperomonte et de Duno miles, quatinus Warnessono de Annayo Tull. dioc. clerico Joffridi et Henrici de Asperomonte, liberorum Goberti de Asperomonte provideatur de eccl. S. Theobaldi extra muros Met. canonicatu sub expectatione prebende. — Annuit papa.
Innoc. VI Suppl. t. VII (29) f. 16.

1289. — *1358 Februar 10. Avignon.*

Innocentius VI decano eccl. Met. mandat, quatinus Henrico de Asperomonte de generis nobilitate commendato conferat eccl. Cameracensis canonicatum sub expectatione prebende, non obstante quod is in Met. et Trev. cum prebendis ac in B. Marie Magdalene Virdun. eccl. sub expectatione prebende canonicatus obtinet.

Dignum arbitramur et congruum ... Dat. Avin. IIII idus februari a. sexto.
Reg. 233 f. 167 nr. 13; Reg. Avin. 138 f. 200¹ nr. 13.

1290. — *1358 Februar 10. Avignon.*

[Innocentius VI] universis christifidelibus presentes litteras inspecturis.

Licet is, de cuius ... Cum itaque, sicut accepimus, edificia ecclesie collegiate B. Nicolai de Asperomonte Vird. dioc. per ... Joffridum dominum dicti loci de Asperomonte et quondam Gobertum eius patrem de bonis eis a deo collatis de novo canonice fundate et dotate, in qua unus decanus et sex canonici esse dicuntur, propter guerras et alia impedimenta adhuc perfici nequiverint ... nos cupientes, quod edificia ipsa ... compleantur ... et ut christifideles ... ad perfectionem dicte ecclesie manus porrigant adiutrices, ... omnibus vere penitentibus et confessis, qui dictam ecclesiam devote visitaverint et manus ad premissa porrexerint adiutrices ... unum annum et XL dies de iniunctis

---

¹) *i. e.* medietatem in festo nativitatis domini proxime venturo et aliam medietatem in simili festo anno revoluto.

eis penitenciis misericorditer relaxamus; presentibus post decennium minime valituris. Dat. Avin. IIII idus februarii a. sexto.

Reg. 233 f. 417 nr. 84.

1291. — *1358 Februar 15. Avignon.*

Innocentius VI officiali Trever. mandat, quatinus Petro nato quondam Hannequini dicti Lovischeide de Lucembourg clerico Trever. dioc., si post diligentem examinationem eum repererit idoneum, conferat eccl. Met. canonicatum sub expectatione prebende.

Dignum arbitramur et congruum ... Dat. Avin XV kl. martii a. sexto.

Reg. 233 f. 192 nr. 81; Reg. Avin. 138 f. 242 nr. 81.

1292. — *1358 März 17. Avignon.*

Innocentio VI supplicat Ademarius episcopus Metensis, quatinus sibi concedatur, ut possit missam ante diem celebrare vel facere coram se celebrari. — Annuit papa.

Item quatinus capelle in honorem B. Marie virginis in eccl. Met. fundate concedantur indulgentie (non plenarie). — Annuit papa.

Innoc. VI Suppl. t. VII (29) f. 96.

1293. — *1358 April 22. Avignon.*

Innocentius VI petente Hugone episcopo Virdunensi confirmat litteras a Carolo IV imperatore Metis V kl. ianuarii a. 1357 datas, quibus insertum est diploma a Friderico I imperatore Alberto Virdunensi episcopo eiusque ecclesie Columbari d. XVII m. augusti a. MCLVI concessum.

[Innocentius VI.] Ad perpetuam rei memoriam.

Hiis, que pro ecclesiarum et personarum ecclesiasticarum utilitate et commodo facta sunt, ut illibata consistant, libenter adicimus apostolici muniminis firmitatem. Sane peticio pro parte venerabilis fratris nostri Hugonis episcopi Virdunensis nobis exhibita continebat, quod carissimus in Christo filius noster Carolus Romanorum imperator semper augustus nonnullas concessiones et donationes per clare memorie Fredericum Romanorum imperatorem ipsius Caroli predecessorem bone memorie Alberto episcopo Virdunensi eiusdem Hugonis predecessori et per eum ecclesie Virdunensi factas auctoritate imperiali ex certa scientia approbavit et confirmavit, et nichilominus per dictum Fridericum donata et concessa de novo, quantum potuit, dedit et concessit et contulit, prout in patentibus litteris inde confectis dicti Caroli imperatoris signo signatis et bulla aurea munitis, quarum tenorem de verbo ad verbum presentibus inseri fecimus, plenius continetur. Quare pro parte ipsius Hugonis episcopi nobis fuit humiliter supplicatum, ut premissis per eundem Karolum factis robur confirmationis adicere de benignitate apostolica dignaremur. Nos igitur eiusdem Hugonis episcopi in hac parte supplicationibus inclinati, premissa per eundem Karolum imperatorem, ut premittitur, facta preterquam quoad Juveniacensis abbatie et ecclesie Sancti Germani Montisfalconis fundos ac banna et advocatias pertinentia sua, de quibus in predictis litteris fit mentio, quos ab huiusmodi nostra confirmatione prorsus excludimus, rata habentes et grata, illa auctoritate apostolica ex certa scientia confirmamus et presentis scripti patrocinio communimus. Tenor vero dictarum litterarum talis est:

In nomine sancte et individue trinitatis feliciter amen. Carolus quartus divina favente clemencia Romanorum imperator semper augustus et Boemie rex ad perpetuam rei memoriam.

Inter gloriosas rei publice curas, quibus animus noster pro subiectorum quiete sedula meditatione distrahitur, ad illa precipue aciem mentis nostre dirigimus ac pervigilem destinamus affectum, per que pia loca divinis deputata cultibus incrementa grata suscipiant et persone ecclesiastice tanto sinceriori corde vota sua valeant exequi, quanto gratiori fruunt[ur][a]) pacis dulcedine et emunitatis amenitate gavisi, saluberrimum arbitrantes, si cultus illius per [b]) nostre maiestatis ministerium ampliatur eiusque ministrorum quies desiderata dirigitur, cuius largiflue virtutis dono per ampla mundi spatia imperii nostri potentia dilatatur. Sane venerabilis Hugo episcopus Virdunensis princeps et devotus noster dilectus in nostre maiestatis constitutus presentia quoddam privilegium divi Friderici Romanorum imperatoris predecessoris nostri recolende memorie eidem maiestati nostre exhibere curavit humiliter supplicando, ut idem privilegium seu [c]) immunitates libertates indulta gratias et iura sibi et ecclesie sue per ipsum privilegium concessas et concessa, factas et facta ratificare et approbare ex certa scientia confirmare innovare [et] etiam de novo concedere dignaremur. Cuius quidem tenor privilegii talis est:

In nomine sancte et individue trinitatis. Fridericus divina favente clementia Romanorum imperator augustus . . Alberto dilecto et fideli suo Virdunensi episcopo suisque successoribus in perpetuum.

Antecessores nostri reges et imperatores ecclesiarum rectoribus archiepiscopis episcopis abbatibus et ceteris prelatis ob [d]) eorum devotionis et fidelitatis insigne meritum bona data dare consueverunt et ab omni pravorum hominum incursione non tantum eos sed et eorum possessiones imperiali

---
[a]) fruunt *in reg.* — [b]) pro *in reg.* — [c]) se *in reg.* — [d]) ab *in reg.* —

protectione defensare. Recolentes igitur ex anteactis Virdunensium episcoporum ad antecessores nostros in diversis rerum et temporum varietatibus memoranda obsequia, tuam quoque personam constanter in nostra fidelitate perseverare cognoscentes, precibus tuis iustis permoti ad impetranda, que volueris, inclinamur. Beneficium quoque comitatus et marchie, quod recolende memorie Otto Romanorum imperator augustus Hemoni Virdunensi episcopo et successoribus suis et per eum Virdunensi ecclesie quondam donavit, nos eodem spiritu et eadem firmitate constante tibi ecclesieque Virdunensi et tuis posteris confirmamus eodem etiam iure et forma donationis valitura, prout a prefato imperatore Ottone iam dicto antecessori tuo Hemoni et ceteris episcopis in processu temporis nomen et dignitatem episcopalem subituris dinoscitur prestitum, videlicet ut tu et tui successores liberam imperpetuum habeatis potestatem eundem comitatum in usus ecclesie tenendi, comitem eligendi, absque ullo hereditario iure ponendi habendi seu quicquid libuerit faciendi atque modis omnibus disponendi, bannum theloneum monetam et districtum civitatis in omnibus causis criminalibus et cuilibet e) pleno iure tibi et successoribus tuis habenda concedimus, Valdentiam quoque castrum cum advocatia et banno et curia, que molendinum dicitur, cum suis pertinenciis Wolfisvillare (vel: Wolfervillare) cum advocatione et banno et ceteris pertinentiis, Remandulam cum banno et advocatia et suis pertinentiis, curiam Sancti Medardi cum banno et advocatia et suis pertinentiis et curiam Juppile cum banno et advocatia et suis pertinentiis, fundum Juveniacensis abbatie cum banno et advocatia et suis pertinentiis, castrum Deuslewait (!) cum banno et advocatia, bannum et advocatiam de Monte Sancti Vitoni, fundum ecclesie S. Germani Montisfalconis cum banno et advocatia et suis pertinentiis, castrum Wentronisville, Viemiam castrum, Claromontem castrum, Dunum castrum cum foresto Mervant, castrum Septunatum, Hathonis castrum cum foresto, Sapiniacum castrum; et si tibi quando et terre tue necessarium fore perspexeris aliud presidium auctoritatis nostre concessione construere, liceat infra terminos tuos. Ut autem huiusmodi nostre confirmationis statutum omni evo inviolabile permaneat, hanc inde cartam conscribi et nostra bulla aurea insigniri iussimus manuque propria corroborantes idoneos testes, qui presentes aderant, subternotari fecimus, quorum nomina sunt hec: Burcardus Argentinensis episcopus, Ortlebus Basiliensis episcopus, Stephanus Metensis episcopus, Henricus Tullensis episcopus, Helolfus Marbacensis abbas, Bertolfus dux, Matheus dux Lothoringie, Otto Pa-

---

e) *corr.:* civilibus?

— 170 —

lentinus comes, comes Rudolphus, comes Ulricus, Hermannus marchio, comes Wernerus, comes Theodericus, Symon comes, Conradus comes et multi nobiles. Ego cancellarius Reynaldus vice Arnaldi Maguntini archiepiscopi et archicancellarii recognovi. Datum Columbari X kl. septembris anno dominice incarnationis millesimo CoLVIo indictione IIII imperii nostri secundo.

Nos igitur rationabilibus et iustis episcopi Virdunensis predicti supplicationibus favorabiliter annuentes predictum privilegium et omnia et singula in ipso contenta necnon universas et singulas libertates emunitates iura laudabiles consuetudines et indulta per dictum privilegium sibi et ecclesie sue datas concessas oblatas dataque concessa rationabiliter et collata auctoritate imperiali ratificamus approbamus laudamus prorogamus auctorizamus et de plenitudine potestatis imperatorie ex certa scientia confirmamus ac de novo, sicuti digne possumus, damus concedimus conferimus liberaliter et donamus, nostris et sacri Romani imperii et aliorum in premissis et eorum quolibet iuribus semper salvis. Nulli ergo omnino hominum liceat hanc nostre maiestatis paginam infringere vel ei quovis ausu temerario contraire. Si quis autem contrarium attemptare presumpserit, indignationem nostram et penam centum marcharum auri puri, quarum medietatem fisci nostri imperialis, reliqua vero lesorum usibus applicari statuimus totiens, quotiens contrafactum fuerit, se noverit ipso facto irremissibiliter incursurum. Signum serenissimi principis et domini Caroli quarti Romanorum imperatoris invictissimi gloriosissimi, Boemie regis. Testis huius rei sunt venerabiles Wilhelmus Coloniensis, Gerlacus Maguntinus et Boemundus Treverensis archiepiscopi, illustres Ruppertus senior comes Palatinus Reni, Rudolphus dux Saxonie et Ludovicus Romanus marchio Brandenburgensis principes electores, venerabiles Johannes Argentinensis, Ademarus Metensis, Bertrandus Tullensis, Henricus Lubucensis episcopi, Henricus Fuldensis et Eberhardus Wyzemburgensis abbates, illustres Wilhelmus dux Juliacensis, Fridericus marchio Misnensis, Rupertus iunior comes Palatinus Reni et dux Bavarie et plures alii nostri et imperii sacri fideles dilecti, presentium etiam sub bulla aurea, typario nostre imperialis maiestatis impressa testimonio litterarum. Datum Metis anno domini millesimo trecentesimo quinquagesimo septimo indictione decima V kl. ianuarii regnorum nostrorum anno undecimo, imperii vero secundo.

Nulli ergo omnino hominum liceat hanc paginam nostre confirmationis et exclusionis infringere vel ei ausu temerario contraire. Si quis autem hoc attemptare presumpserit, indignationem omnipotentis dei et Beatorum Petri et Pauli apostolorum eius se noverit incursurum. Datum Avinione X kl. mai p. n. a sexto.

Reg. 233 f. 417 nr. 85; Reg. Avin. 139 f. 603 nr. 85.

1294. — *1358 April 22. Avignon.*

Innocentius VI petente Hugone episcopo Virdunensi confirmat has suis litteris insertas a Carolo IV Metis d. I m. ianuarii a. MCCCLVII datas in favorem episcopi et ecclesie Virdunensis.

In nomine sancte et individue trinitatis feliciter amen. Karolus quartus divina favente clementia Romanorum imperator semper augustus et Boemie rex ad perpetuam rei memoriam.

Imperatorie maiestatis generosa sublimitas, licet omnium generaliter saluti dignetur et tranquillitati prospicere eo quod solii imperialis decorem equitas custodia^a) magnificat et observata extollit iusticia in subiectis, eorum tamen profectibus et commodis merito intendit uberius, qui in sacri imperii fide pariter et devotione iugiter persistentes propensioribus virtutum studiis et indefessis laboribus in eius obsequio pre ceteris desudarunt. Porrecta siquidem nostro culmini venerabilis Hugonis Virdunensis episcopi principis et devoti nostri dilecti supplex conquestio continebat, quod burgenses incole habitatores et homines civitatis Virdunensis necnon opidorum villarum locorum et pertinenciarum ecclesie et episcopatus eiusdem ac progenitores ipsorum a nonnullis potentibus nobilibus et ignobilibus, civitatensibus etiam et aliis vicinis suis pro debitis eiusdem episcopi et predecessorum suorum, pro quibus neque promiserant nec se nullatenus obligarant, pignorati arrestati occupati capti detenti et rebus et bonis suis indebite spoliati et alias, licet servilis conditionis non essent, multipliciter molestati, ad nova etiam et inconsueta thelonea vectigalia pedagia et indicta preter auctoritatem et scientiam nostre celsitudinis adinventa solvenda coacti fuerunt iniuste, super quibus per nos de oportunis sibi petebat remediis provideri. Nos igitur attendentes pignorationes seu repressalias huiusmodi sacris legibus esse prohibitas, equitati naturali contrarias ac bonis moribus inimicas, cum etiam non deceat alium pro alio pregravari nec posse quempiam nova^b) thelonea vectigalia pedagia vel indicta statuere sine auctoritate cesaree potestatis non deliberato sano electorum et aliorum principum procerum ac nobilium nostrorum accedente consilio, declaramus et auctoritate imperiali tenore presentium ex certa scientia declaramus, quicquid in preterito de predictis hominibus, illis videlicet qui non servilis conditionis existunt, circa represalias etiam novorum et inconsuetorum thelo-

---

a) *corr.:* custodita? — b) nos *in reg.*

neorum vectigalium pedagiorum et indictorum exactiones et extorsiones actum est, illicite et contra iusticiam factum esse. Eadem auctoritate imperiali districtius inhibemus, ne quis, cuiuscumque dignitatis condi- tionis aut status existat, predictos burgenses incolas inhabitatores et homines civitatis Virdunensis necnon opidorum villarum locorum et pertinenciarum ecclesie et episcopatus eiusdem ac infra terminos et li- mites episcopatus ipsius ubilibet consistencium, qui servilis conditionis non sunt, pro debitis ipsius Virdunensis episcopi, qui nunc est et qui fuerit pro tempore, pro quibus videlicet iidem homines se non consti- tuerunt fideiussores nec se alias obligaverunt, pignorare arrestare oc- cupare detinere capere, bonis suis decetero spoliare seu in personis vel rebus invadere dampnificare aut ad quecunque thelonea pedagia vecti- galia vel indicta preter auctoritatem et scientiam cesaream instituta seu potius adinventa compellere aut illa ab eis extorquere presumat... Signum serenissimi principis et domini domini Karoli quarti Romanorum imperatoris invictissimi et gloriosissimi, Boemiae regis. Testes huius rei sunt hii: Wilhelmus Coloniensis, Gerlacus Maguntinus et Boemundus Treverensis archiepiscopi, illustres Robertus senior comes Palatinus Reni, Rudolphus dux Saxonie et Ludowicus Romanus marchio Brandem- burgensis principes electores, venerabiles Engelbertus Leodiensis, Jo- hannes Argentinensis, Ademarus Metensis, Bertrandus Tullensis, Hen- ricus Lubucensis episcopi, Henricus Fuldensis et Eberhardus Wizzem- burgensis abbates illustres, Wilhelmus dux Juliacensis et Rubertus iunior comes Palatinus Reni et dux Bavarie ac plures alii nostri et imperii sacri fideles dilecti, presentium sub bulla aurea, typario im- periali nostre maiestatis, impressa testimonio litterarum. Datum Metis anno domini millesimo CCC° quinquagesimo septimo indictione decima kl. ianuarii regnorum nostrorum anno undecimo, imperii vero secundo.
In supreme dignitatis solio... Dat. Avin. X kl. maii a. sexto.
Reg. 233 f. 418 nr. 86; Reg. Avin. 139 f. 604[1] nr. 86.

1295. — *1358 April 22. Avignon.*

Innocentius VI petente Hugone episcopo Virdunensi confirmat hasce litteras a Carolo IV in favorem episcopi et eccl. Virdun. datas d. a. MCCCLVI, quibus Carolus approbat diploma a Friderico imperatore II m. maii a. MCCXXXII concessum et cassat magistratum civitatis Virdunensis noviter institutum.

In nomine sancte et individue trinitatis feliciter amen. Carolus quartus divina favente clementia Romanorum imperator semper augustus et Boemie rex. Ad perpetuam rei memoriam.

Inter gloriosas rei publice curas, quibus animus noster pro subiectorum quiete sedula meditatione distrahitur, ad illa precipue aciem mentis nostre dirigimus et pervigilem destinamus effectum, per que pia loca divinis deputata cultibus incrementa grata suscipiant et persone ecclesiastice tanto sinceriori corde vota sua valeant exequi, quanto gratiori fuerint pacis dulcedine et emunitatis amenitate gavisi, saluberrimum arbitrantes, si cultus illius per nostre maiestatis ministerium ampliatur eiusque ministrorum quies desiderata dirigitur, cuius largiflue virtutis dono per ampla mundi spatia imperii nostri potentia dilatatur. Sane venerabilis Hugo episcopus Virdunensis princeps et devotus noster dilectus in nostre maiestatis constitutus presentia nobis exposuit, quod licet ipse subscriptum privilegium super certis ecclesie sue libertatibus a clare memorie divo Frederico secundo quondam Romanorum imperatore predecessore nostro collatum habuerit hactenus et habeat in presenti ac eo sine interpolatione sit usus, novissime tamen inconsulte ac minus deliberate agens et rem non ita perniciose, ut postea comperit, credens procedere, a communitate et popularibus civitatis Virdunensis se circumvenire permisit in tantum, quod consensit eisdem, ut exclusis maioribus et nobilibus civitatis eiusdem communitas et populares iidem magistratum sibi, qui caput diceretur, et quatuor consiliarios eligerent, sicuti elegerunt, qui potestatem habere deberent supra processus et sententias consuetorum iudicum suorum ordinariorum cognoscendi et etiam iudicandi. Quare idem episcopus dicens liquido constare, quod licet hoc bona fide et ex simplicitate promiserit, postea tamen cognovit et cognoscit aperte, ymmo asserit esse notorium, id non solum in privilegii sui dispendium, verum etiam in rei publice boni status civitatis prefate non modicam vergere perniciem et iacturam, maiestati nostre humiliter supplicavit, ut predictum privilegium et contenta in eo confirmare approbare innovare ipsumque episcopum et ecclesiam ad usum eiusdem privilegii ... reducere et factum predictum ac omnia ex eo secuta vel adhuc sequi possibilia irritare cassare abolere ei anullare gratiosius dignaremur. Cuius quidem privilegii tenor per omnia talis erat:

In nomine sancte ... Fredericus secundus ... Cum Romanam monarchiam dignitatis ... revocamus in irritum et cassamus in omni civitate et opido Alamannie communia consilia et magistros civium seu rectores vel alios quoslibet officiales, qui ab universitate civium sine archiepiscoporum vel episcoporum beneplacito statuuntur ... irritamus nichilominus et cassamus cuiuslibet artificii confraternitates seu societates, quocunque nomine vulgariter censeantur. Item hac nostra edictali sanctione placuit statuendum, ut in omni civitate vel opido, ubi moneta iure cuditur, nec victualia nec mercimonia aliquo argenti pondere emantur seu vendantur preterquam illis denariis, qui cuilibet civitati sine (!) communes... Testes huiusmodi rei sunt: B. patriarcha Aquilegensis, A. Magdeburgensis, Ravennas, et B. Panormi archiepiscopi; B. Ratisponensis episcopus, imperialis aule cancellarius, C. Bambergensis, Wormaciensis, Brixinensis, Ozemburgensis, Curiensis, Reginensis, Mutinensis et Taventinus episcopi; A. Saxonie, O. Moravie, et B. Karinth. duces; H. comes de Ortemberg, comes H. de Nassaw, comes S. de Spanheim et H. frater eius, comes L. de Hoenstat, G. de Hamestet sacri imperii in Italia legatus, G. de Hohenloch, G. de Bolandia, Gunezulus, Ricardus camerar. et alii quam plures. Signum domini Friderici secundi dei gratia invictissimi Romanorum imperatoris semper augusti Jherusalem et Sicilie regis. Ego Siffridus Ratisponensis episcopus imperialis aule cancellarius vice domini S. venerabilis Maguntini archiepiscopi et totius Germanie archiepiscopi(!) cancellarii recognovi. Acta sunt hec anno dominice incarnationis Millesimo ducentesimo tricesimo secundo mense maii V indictione imperante domino nostro Friderico secundo dei gratia invictissimo Romanorum imperatore semper augusto Jherusalem et Sicilie rege anno Romani imperii eius XII regni Jherusalem VII et regni Sicilie XXXIIII feliciter amen. Datum apud Portumnaonis anno mense et indictione prescriptis. *(Conf. Böhmer(-Ficker) Regesta Imperii V nr. 1917, *1927, 1934 et *1978.)*

Nos igitur... prefatum privilegium... approbamus... et... confirmamus... Ceterum quia informati sumus suprascriptam magistratus seu capitis et consiliariorum electionem necnon et quandam magistrorum ministrorum adinventionem nullathenus expedire, sed magis in episcopi ecclesie cleri civitatis et civium Virdunensium et aliorum scandalum et incommodum redundare, electionem ipsam sive consensum ab episcopo prestitum necnon predictum consiliariorum et magistrorum ministrorum adinventionem, omnia quoque et singula, que ex hiis vel eorum aliquo sequuta sunt et sequi poterant quovismodo, irritamus cassamus abolemus et totaliter annullamus, episcopum et ecclesiam Virdunensem et alios, quorum interest, ac predictum privilegium adversus hec omnia restituentes in integrum... Preterea omnes et singulas gardias quibuscumque hominibus dictorum episcopi ecclesie civitatis et episcopatus Virdunensis per quemcumque cuiuscumque etiam potestatis preeminentie status preter auctoritatem cesaream concessas et factas vel imposterum concedendas, sicut per leges nostras imperiales cassavimus, ita cassas et irritas et invalidas... esse decernimus... Signum serenissimi principis et domini domini Karoli quarti Romanorum imperatoris invictissimi et gloriosissimi, Boemie regis. Testes huiusmodi rei sunt hii: venerabiles Wilhelmus Coloniensis, Gerlacus Maguntinus et Boemundus Treverensis archiepiscopi, Rupertus senior comes palatinus Reni, Rudolphus dux Saxonie et Ludovicus Romanus marchio Brandemburgensis principes electores, venerabiles Johannes Argentinensis, Ademarus Metensis, Bertrandus Tullensis, Henricus Lubucensis episcopi, Henricus Fuldensis et Eberhardus Wizzemburgensis abbates illustres, Wilhelmus dux Juliacensis, Fridericus marchio Misnensis, Rupertus iunior comes palatinus Reni et dux Bavarie et plures alii nostri et sacri imperii fideles dilecti, presentium sub bulla aurea, typario nostre imperialis maiestatis, impressa testimonio litterarum. Datum Metis anno millesimo trecentesimo quinquagesimo septimo indictione decima V kl. ianuarii regnorum nostrorum anno undecimo, imperii vero secundo.

Inter solicitudines varias . . . Dat. Avin. X kl. maii a. sexto.

Reg. 233 f. 419 nr. 87; Reg. Avin. 138 f. 605¹ nr. 87.

1296. — *1358 April 22. Avignon.*

Innocentius VI confirmat litteras a Carolo IV in favorem episcopi et ecclesie Virdunensis die III m. ianuarii a. MCCCLVII datas tenoris sequentis:

In nomine sancte . . . Carolus quartus . . . ad perpetuam rei memoriam.

Pre ceteris virtutum operibus . . . Exhibita siquidem nostre maiestati venerabilis Hugonis Virdunensis episcopi . . . supplex conquestio continebat, qualiter sui et ecclesie sue Virdunensis, feudalium quoque et vassallorum suorum servi, qui ab ipsorum progenitoribus a tempore, cuius contrarii nunc non exstat memoria, servili conditioni fuerunt obnoxii et eisdem episcopo ecclesie et feudalibus iugo servitutis communiter vel divisim sunt et semper fuerunt astricti nec unquam manumitti meruerunt vel etiam petierunt, in dominorum suorum, episcopi ecclesie et feudalium predictorum, non modicum iniuriam contentum (!) atque gravamen, dum illud eis visum fuit et pro qualitate rerum et temporum videtur expediens, in preterito ab eisdem suis dominis temeritate propria fugierunt et fugiunt in presenti, alias civitates opida castella villas aut loca desertis naturalibus predictis dominis queritant et subintrant; hii quoque, qui civitatibus opidis castellis villis et locis dominantur eisdem, amodo ipsos fugitivos servos manutenent protegunt et defensant censentes et dicentes ipsos per translationem domicilii, que potius fuga isto casu dici meretur, factos esse libertos aut liberos . . . Nos igitur attendentes, quod servos ecclesiarum non per quamcumque fugam . . .

sed de mera dominorum liberalitate et servorum merito manumitti iura sanxerunt, qui nichilominus post manumissionem in impositis sibi obsequiis manent eis, quorum servi fuerunt, ecclesiis allegati, decernimus ... predictorum episcopi ecclesie feodalium et vassallorum ecclesie Virdunensis ... a nemine preter eos manumitti aut[a]) consequi retroactis temporibus potuisse aut posse vel debere temporibus futuris ... ab aliquo ... preterquam a suis predictis dominis .. Liceat autem predictis episcopo feudalibus et vassallis ... servos suos, qui preteritis temporibus modis fugiere premissis vel fugiunt, ... ubicumque servos suos compererunt, auctoritate propria apprehendere arrestare et in pristinam ... reducere servitutem ... Signum serenissimi principis et domini domini Karoli quarti ... Testes huius rei sunt hii: Venerabilis Boemundus archiepiscopus Treverensis, illustres Rudolphus dux Saxonie et Ludovicus Romanus marchio Brandenburgensis principes electores, venerabiles Argentinensis Johannes, Ademarus Metensis, Betrandus Tullensis episcopi, Androynus Cluniacensis et Henricus Fuldensis abbates illustres, Wencelt Lucemburgensis Brabantie Lothoringie et Homburg, ac Johannes Magnopolitanus duces spectabiles, Johannes de Saraponte, Johannes de Katzenellebogen, Fridericus de Lyningen et Hannemannus de Geminoponte comites et quam plures alii ... presentium sub bulla aurea, typario imperialis nostre maiestatis impressa testimonio litterarum. Datum Metis anno domini millesimo trecentesimo [quinquagesimo] septimo indictione X. III nonas ianuarii regnorum nostrorum anno undecimo, imperii vero secundo.

Universalis ecclesie regimini ... Dat. Avin. X kl. maii a. sexto.

Reg. 233 f. 420 nr. 88; Reg. Avin. 139 f. 607[1] nr. 88.

1297. — *1358 April 28. Avignon.*

Stephanus pape camerarius testatur, quod Hugo episcopus Virdun. a. MCCCLI die XVIII m. iulii pro communi servitio promisso et non soluto Otthonis predecessoris sui quatuor milia et quatercentos florenos auri et quinque servitia integra camere apostolice et collegio recognovit et pro suo communi servitio alia quatuor milia et quatercentos florenos et quinque servitia integra promisit, quod postea anno MCCCLIII die IIII mensis iulii in consistorio ordinatum est, quod idem episcopus in singulis festis Omnium Sanctorum mille florenos auri camere apostolice et collegio teneretur solvere usque ad integram solutionem et quod pro complemento communis servitii debiti et termino festi Omnium Sanctorum proxime preteriti octuaginta florenos auri camere papali et pro com-

---
a) ut *in reg.*

plemento quatuor serviciorum familiarum pape viginti florenos auri per manus Laurentii de Combis et Johannis de Pilon familiarium suorum clericis camere solvit.

Oblig. et Solut. 32 (336) f. 17 ; ex parte Obligat. et Solut. 24 (331) f. 24.

1298. — *1358 Mai 11. Avignon.*

Innocentius monasterio Gorziensi vacanti ex eo, quod Nicolaus olim eius abbas per Therricum de Biuncuria canonicum Tullensem in curia Romana resignavit, providet de persona Hugonis de Fenestrangis monachi monasterii de Wissemburg Spir. dioc.

Inter solicitudines varias . . . Dat. Avin. V idus maii a. sexto.

In e. m. conventui monasterii, episcopo Met.

Reg. 233 f. 27¹ nr. 23; Reg. Avin. 138 f. 117 nr. 23.

1299. — *1358 Mai 15. Avignon.*

Innocentius VI officiali Met. mandat, quatinus Egidio de Toreno¹) conferat eccl. Met. elemosinariam consuetam canonicis prebendatis eccl. Met. in perpetuum beneficium assignari, vacantem per promotionem Boemundi archiepiscopi Trever.

Dignum arbitramur et congruum . . . Dat. Avin. idus maii a. sexto.

Reg. Avin. 138 f. 453¹.

1300. — *1358 Mai 19. Avignon.*

Servicium monasterii Gorziensis

Dicta die [XVIIII mensis maii a. 1358] dominus Hugo abbas monasterii Gorziensis ord. S. Bened. Met. dioc. recognovit pro domino Johanne predecessore suo camere XL flor. auri et quatuor servicia pro rata. Item collegio dominorum cardinalium II^{c}L flor. auri et quintum servicium integrum.

Item recognovit pro domino fratre Nicolao alio predecessore suo M V^c flor. auri et V servicia consueta solvendum recognitum domini Johannis totum a festo S. Johannis Baptiste proximo venturo ad annum et medietates, recogniti domini Nicolai in similibus festis annis revolutis.

Item²) promisit pro suo communi servicio M V^c flor. auri et V servicia consueta, solvendos in similibus festis tunc proxime subsecuturis, donec fuerit satisfactum. Quod nisi etc. et iuravit etc.

Obl. et Sol. 22 f. 219 (CCLIX).

---

¹) Pro quo supplicavit eadem die vel episcopus Cavallicensis vel Henricus de Tremonia vel uterque. *Innoc. VI Supplic. t. VII (22) f. 133.*

²) XXIII card. *additum in margine.*

1301. — *1358 Mai 22. Avignon.*

Stephanus pape camerarius testatur, quod fratrem Nicolaum olim monasterii Gorziensis ord. S. Bened. Met.-dioc. abbatem ab excommunicationis suspensionis et interdicti sententiis et ab aliis penis absolvit et cum eo super irregularitate dispensavit, quas incurrit pro eo, quod suum et fratris Johannis predecessoris sui communia servitia camere apostolice et consueta servitia familiarium pape »per eum dudum gratis et liberaliter promissa« in terminis sibi prefixis non solvit, presertim cum frater Hugo nunc abbas predicti monasterii ad solvendum predicta servitia se obligavit.

<small>Oblig. et Solut. 32 (336) f. 23.</small>

1302. — *1358 Mai 24. Villeneuve.*

Innocentio VI supplicat Hugo de Fenestranges abbas monasterii Gorsiensis, quatinus fratri Nicolao de Prigneyo, qui nuper resignavit abbatie predicte, provideatur de officio camerarii, cuius redditus annui triginta libras turonensium parvorum supportatis oneribus non excedunt, vacante per obitum Badeti de Pontemoncionis. — Annuit papa.

Item quatinus eidem Nicolao pro solatio dicte renunciationis concedatur capellanatus honoris. — Annuit papa.

Item quatinus consiliario suo magistro Terrico de Bioncuria Tull. et Met. eccl. canonico prebendato reservetur beneficium spectans ad collationem episcopi Met., non obstante quod capellaniam de Buxi Met. dioc., quam alius possidet, et parrochialem eccl. de Campis et de Brueriis Tull. dioc. una cum canonicatu et prebenda eccl. collegiate S. Germani Montis Falconis Remensis dioc. obtinet. — Annuit papa.

Item quatinus secretario suo Gotfrido de Alba rectori parrochialis eccl. de Buderstorf Met. dioc. provideatur de beneficio spectante ad dispositionem episcopi Argentin., non obstante quod canonicatus et prebendas in S. Deodati de S. Deodato et B. Nicolai de Monasterio ecclesiis Tull. et Met. dioc. obtinet. — Annuit papa.

Item quatinus Johanni Johannis de Gorgia Met. dioc. provideatur de beneficio spectante ad collationem abbatisse et conventus monasterii S. Petri ad moniales Met. ord. S. Bened. — Annuit papa.

(*Tres aliae eiusdem suppl. sunt omittendae.*)

<small>Innoc. VI Suppl. t. VII (29) f. 149.</small>

1303. — *1358 Mai 24. Villeneuve.*

Innocentius VI primicerio Met. et sacriste Avin. eccl. ac officiali Met. mandat, quatinus Nicolao de Prygneio monacho monasterii Gorziensis, pro quo etiam Hugo abbas supplicat, conferant officium camerarie dicti monasterii vacans per obitum Baudeti de Montepontionis cuius officii fructus triginta librarum turonensium parvorum valorem annuum non excedunt.

Religionis zelus, vite ... Dat. apud Villamnovam Avin. dioc VIIII kl. iunii a. sexto.

Reg. 233 f. 382 nr. 108.

1304. — *1358 Mai 24. Villeneuve.*

Innocentius VI Johanni Johannis de Gorsia clerico Met. dioc. reservat beneficium ecclesiasticum cum cura vel sine cura, cuius fructus, si cum cura, sexaginta, si vero sine cura fuerit, quadraginta librarum turonensium parvorum s. t. d. valorem annuum non excedant, spectans communiter vel divisim ad dispositionem abbatisse et conventus monasterii S. Petri ad moniales Met. ord. S. Bened.

Laudabilia probitatis et virtutum ... Dat. apud Villamnovam Avin. dioc. VIIII kl. iunii a. sexto.

In e. m. decano S. Agricoli Avin. et primicerio ac ..... curia canonico Met. eccl.

Reg. Avin. 138 f. 438¹ nr. 56.

1305. — *1358 Mai 29. Villeneuve.*

Innocentius VI petente Nicolao dicto Baudoche canonico Met. quem mortuo Waltero Alberti eccl. Met. cancellario capitulum eccl. Met. elegit cancellarium, decernit ad cautelam dictam electionem perinde valere.

Suffragantia tibi probitatis ... Dat. apud Villamnovam Avin. dioc. IIII kl. iunii a. sexto.

Reg. 233 f. 488¹ nr. 360.

1306. — *1358 Mai 31. Avignon.*

Die ultima m. maii a. MCCCLVIII camerarius pape testatur, quod Gerardus de Arbento collector camere apostolice in Lugdun. Vienn. Tarantas. Bisuntin. et Trever. provinciis de mandato camere assignavit Stephano Vitalis cursori   C flor. auri.
et expendit pro diversis usibus palatii apostolici.

III^m IIII^c V flor. XLV sol. III den. monete Avinion.

Introit. et Exit. 286 f. 50; Kirsch p. 254—255.

1307. — *1358 Juni 1. Villeneuve.*

Innocentius VI Trever. et S. Agricoli Avin. ac S. Salvatoris Met. ecclesiarum decanis mandat, quatinus Johanni de Lucembourch conferant eccl. Met. canonicatum et prebendam vacantes per obitum Galcheri cancellarii eccl. Met. et reservatos iam vivo Galchero dispositioni papali, cui Johanni capitulum eccl. Met. ignarum reservationis predicte dictum canonicatum cum prebenda contulerit, non obstante quod Johannes in S. Paulini extra muros Trever. et in S. Symeonis Trever. cum prebendis et in Leod. eccl. sub expectatione prebende et dignitatis personatus administrationis vel officii cum cura vel sine cura canonicatus ac parrochialem eccl. in Esperin (*vel:* Asperin) Trever. dioc. obtinet.

Honestas morum et vite … Dat. apud Villamnovam Avin. dioc. kl. iunii a. sexto.

Reg. Avin. 138 f. 601¹.

1308. — *1358 Juni 4. Avignon.*

Stephanus pape camerarius testatur, quod Bertrandus episcopus Tull. solvit pro parte partis sui communis servitii octuaginta quatuor florenos auri camere papali et pro parte partis quatuor servitiorum familiarium pape sexdecim florenos auri clericis camere per manus Pauli Mathei de Florentia mercatoris in curia et quod ei prorogatus est terminus solvendi usque ad festum Omnium Sanctorum proxime venturum.

Oblig. et Solut. 32 (336) f. 21; brevius Obligat. et Solut. 24 (331) f. 25 et Introit. et Exit. 262 f. 42¹.

1309. — *1358 Juli 6. Villeneuve.*

[Innocentius VI] Treverensi Remensi et Bisuntino archiepiscopis.

Infesta relatione percepimus, quod … Lucemburgensis et Barrensis duces contra … episcopum Virdunensem et eius etiam civitatem et episcopatum Virdunensem sine aliqua iusta causa repentinis motibus unanimiter insurgentes cum armatorum multitudine copiosa, civitatem et episcopatum predictos hostiliter invaserunt et contra ipsos suos firmantes exercitus non absque personarum excidiis res et bona ipsorum episcopi ecclesie et subditorum suorum extra civitatem ipsam existentia spoliis depopulationibus et incendio subiiciunt … Fraternitati vestre … mandamus, quatinus … ad partes ipsas vos personaliter sine dilatione qualibet conferentes prefatos exercitus et incursus … cessare facere et inter partes ipsas … pacem et concordiam reformare vel saltem treugas indicere ... studeatis ... Dat. apud Villamnovam Avin. dioc. II nonas iulii a. sexto.

Reg. 233 f. 427¹ nr. 127; Reg. Avin. 138 f. 621 nr. 127.

1310. — *1358 Juli 17. Villeneuve.*

Innocentius VI Alisete Moretetz mulieri Metensi concedit plenariam peccatorum remissionem semel tantum in mortis articulo.

Provenit ex tue devotionis ... Dat. apud Villamnovam Avin. dioc. XVI kl. augusti a. sexto.

Reg. 233 f. 514¹ nr. 357.

1311. — *1358 August 1. Villeneuve.*

Innocentius VI Alardo de Thiacuria in utroque iure licentiato, in diaconatus ordine constituto confert eccl. Virdun. canonicatum sub expectatione prebende, non obstante quod in Metensi cum cantoria, cuius fructus decem librarum turonensium parvorum valorem annuum non excedunt, ac in S. Marie Magdalene Virdun. canonicatus et prebendas obtinet.

Litterarum scientia, vite ... Dat. Apud Villamnovam Avin. dioc. kl. augusti a. sexto.

In e. m. S. Agricoli Avin. et B. Marie Magdalene Virdun. eccl. decanis ac officiali Virdun.

Reg. 233 f. 177¹ nr. 39.

1312. — *1358 September 5. Avignon.*

Innocentio VI supplicat Johannes de Saraponte, quatinus dilecto suo Matheo Ludovici de Wernepech clerico Met. dioc. nato nutricis comitisse de Nassovia filie provideatur de canonicatu sub expectatione prebende eccl. S. Salvatoris Met. — Annuit papa.

Innoc. VI Suppl. t. VII (29) f. 272¹.

1313. — *1358 September 6. Avignon.*

Innocentio VI supplicat Johannes Willelmi de Conflanto clericus Virdun. dioc., quatinus sibi reservetur beneficium cum cura vel sine cura spectans ad dispositionem decani et capituli ac prepositi B. Marie Rotunde eccl. Met. — Annuit papa.

Innoc. VI Suppl. t. VII (29) f. 252¹.

1314. — *1358 September 13. Avignon.*

Innocentius VI Bertrando dicto Le Hungre civi Met. elargitur plenariam peccatorum remissionem semel tantum in mortis articulo.

Provenit ex tue devocionis . . . Dat. Avin. idus septembris a. sexto.
Reg. 233 f. 516¹.

1315. — *1358 October 22. Avignon.*

Stephanus pape camerarius testatur, quod Ademario episcopo Met. prorogatus est terminus ad solvendum pecuniarum quantitates, quas ratione communis servitii camere et familiaribus pape solvere tenebatur, usque ad festum pentecostes proxime venturum.
Oblig. et Solut. 32 (336) f. 28.

1316. — *1358 October 31. Avignon.*

Die ultima m. octobris a. MCCCLVIII camerarius pape testatur, quod Gerardus de Arbento collector camere apostolice in Lugdun. Vienn. Tarantas. Bisuntin. et Trever. provinciis expendit de mandato camere pro usibus palatii apostolici V°LXXXIX flor. XIX sol. VI den.
Introit. et Exit. 286 f. 50¹; Kirsch p. 255.

1317. — *1359 Januar 4, Avignon.*

Innocentius VI Johanni de Lucembourch canonico Met. sedis apostolice nuncio familiari papali indulget, ut insistendo obsequiis memoratis fructus omnium suorum beneficiorum ecclesiasticorum, cotidianis distributionibus dumtaxat exceptis, usque ad triennium integre percipere valeat nec ad residendum in eis teneatur.

Dum grata tue fidelitatis . . . Dat. Avin. II nonas ianuarii a. septimo.
In e. m. decano et archidiacono Trever. ac sacriste Avin. eccl.
Reg. 234 f. 229¹ nr 1.

1318. — *1359 Januar 8. Avignon.*

Stephanus pape camerarius testatur, quod Bernardus (!) episcopus Tull. solvit pro parte partis sui communis servicii sexaginta novem florenos auri et pro parte partis quatuor servitiorum familiarium pape duodecim flor. auri decem septem solidos et octo denarios clericis camere per manus Johannis Henrici de Florentia clericis camere et quod ei prorogatus est terminus solvendi usque ad festum penthecostes proxime venturum.
Oblig. et Solut. 32 (336) f. 37¹.

1319. — *1359 Januar 20. Avignon.*

Innocentius VI Bernardo Melioris[1]) canonico Met. licentiato in legibus indulget, ut insistendo obsequiis episcopi Rivensis fructus prebende eccl. Met. usque ad triennium integre percipere valeat.

---
[1]) Eadem die supplicat. *Innoc. VI Supplic. t. VIII (30) f. 13¹.*

Litterarum scientiam, vite … Dat. Avin. XIII kl. februarii a. septimo.

In e. m. episcopo Convenarum et abbati monasterii S. Arnulphi extra muros Met. ac decano eccl. S. Salvatoris Met.

Reg. Avin. 141 f. 510.

1320. — *1359 Februar 2. Avignon.*

Innocentio VI significant Brunequinus de Vinstinga canonicus prebendatus eccl. Met. et Godefridus quondam Conradi de Alba canonicus prebendatus eccl. S. Georgii de Nanceyo Tull. dioc., quod predicta beneficia Brunequinus per procuratorem et Godefridus per se ipsum causa permutationis in curia resignarunt, et supplicant, quatinus utrique provideatur de beneficio permutato, non obstante quod Godefridus S. Nicholai de Monasterio Met. dioc. et in S. Deodati et B. Nicolai de Comerceyo eccl. Tull. dioc. canonicatus et prebendas obtinet et quod ei nuper est reservatum beneficium cum cura vel sine cura spectans ad dispositionem episcopi Argentin. — Annuit papa.

Innoc. VI Suppl. t. VIII (30) f. 27¹.

1321. — *1359 Februar 10. Avignon.*

Innocentius VI Godefrido quondam Conradi de Alba confert eccl. Metensis canonicatum et prebendam vacantes ex eo, quod et is per se ipsum tunc S. Georgii de Nanceyo Tull. dioc. et Brunequinus de Vinstinga per Johannem quondam Folmari de Sarbourg presbiterum Met. dioc. eccl. Met. canonicatus et prebendas ex causa permutationis apud curiam resignarunt.

Simili modo Brunequino de Vinstinga confert eccl. S. Georgii de Nanceyo canonicatum et prebendam vacantes.

Apostolice sedis circumspecta … Dat. Avin. III idus februarii a. septimo.

In e. m. archidiacono Turonensi et sacriste Avin. eccl. ac officiali Met.

Reg. 234 f. 85¹ et 86 nr. 1 et 2; Reg. Avin. 140 f. 196 nr. 1 et 2.

1322. — *1359 März 13. Avignon.*

Stephanus pape camerarius testatur, quod Thilemono(!) abbas monasterii S. Naboris ord. S. Bened. Met. dioc. solvit pro parte sui communis servitii camere papali viginti quinque florenos auri et pro parte quatuor servitiorum familiarium pape clericis camere quatuor florenos auri octo solidos et quatuor denarios monete Avin. clericis camere.

Oblig. et Solut. 32 (336) f. 41¹.

1323. — *1359 Mai 15. Avignon.*

Innocentius VI episcopo Metensi mandat, quatinus Reymboldo nato nobilis viri Simonis dicti Beyer de Boperdia militis conferat eccl. Spirensis prepositúram de iure vacantem, non obstante quod is in eccl. Wilburgensi Trever. dioc. preposituram et in Trever. Bamberg. et S. Andree Wormatiensi canonicatus et prebendas obtinet et quod in Trever. dignitatem personatum vel officium auctoritate litterarum Innocentii VI expectat et quod hic papa hodie Reymboldum in iure, quod competebat Theoderico electo Wormatiensi in canonicatu et prebenda eccl. Spirensis, super quibus ipse electus cum Johanne dicto Krempnecker clerico Spir. dioc. in palatio apostolico litigabat, surrogavit. Tamen eccl. Spirensis preposituram assecutus dimittat preposituram Wilburgensem et predictam gratiam expectativam. — Prepositura Spirensis de iure vacabat ex eo, quod Conradus de Kirkel eam una cum eccl. parrochiali in Rosach *(Rufach?)* Basil. dioc. per plures annos tenuerat dispensatione non obtenta.

Nobilitas generis, morum . . . Dat. Avin. idus maii a. septimo.

Reg. Avin. 140 f. 176[1] nr. 31.

1324. — *1359 Juni 24. Villeneuve.*

Innocentius VI Gerardo de Francavilla iuniori confert eccl. Met. canonicatum et prebendam vacantes ex eo, quod et is perpetuam capellaniam in altari SS. Nicolai et Elisabeth in eccl. S. Adalberti [Aquensi] Leod. [dioc.] et Johannes de S. Maxmo(!) scriptor papalis dictos canonicatum et prebendam ex causa permutationis apud curiam resignarunt.

Apostolice sedis circumspecta . . . Dat. apud Villamnovam Avin. dioc. VIII kl. iulii a. septimo.

In e. m. decano Tull. et archidiacono de Riparia Virdun. eccl. ac officiali Met.

Reg. 234 f. 101 nr. 31; Reg. Avin. 140 f. 215[1] nr. 31.

1325. — *1359 Juli 2. Avignon.*

Stephanus pape camerarius testatur, quod Hugo abbas monasterii Gorziensis pro complemento communis servitii Johannis antecessoris sui et pro parte partis communis servitii Nicholai predecessoris sui ducentos decem florenos auri camere apostolice et pro complemento quatuor servitiorum familiarium pape predecessoris et antecessoris quadraginta florenos auri clericis camere per manus Johannis Fonteyn camerarii S. Naboris Met. dioc. solvi fecit et quod ei prorogatus est terminus solvendi usque ad festum nativitatis domini proxime venturum.

Oblig. et Solut. 32 (336) f. 52; ex parte Introit. et Exit. 262 f. 45 [1].

1326. — *1359 Juli 8. Avignon.*

Stephanus pape camerarius testatur, quod Br. episcopus Tull. solvit pro parte partis sui communis servicii octuaginta quinque florenos auri camere papali et pro parte partis quatuor servitiorum familiarium pape quindecim florenos auri clericis camere per manus Johannis de Donabricio et quod ei prorogatus est terminus solvendi usque ad festum nativitatis domini proxime venturum.

Oblig. et Solut. 32 (336) f. 52.

1327. — *1359 September 9. Avignon.*

Innocentio VI supplicat Johanna de Asperomonte domina Montilii et Garde, quatinus papa, qui consanguineorum eius Johannis de Verinis, cui papa providit de Tull. eccl. canonicatu sub expectatione prebende, et Warnessonis de Anneyo, cui papa providit de eccl. S. Theobaldi extra muros Met. canonicatu sub expectatione prebende, examina commisit ad partes, etiam Symonis Laurentii de Valle B. Marie subtus Asperomonte, cui papa providit de S. Germani Montisfalconis Remensis dioc. canonicatu sub expectatione prebende necnon de beneficio ad dispositionem abbatis et conventus monasterii Gorziensis spectante, examen committat ad partes. — Annuit papa.

Innoc. VI Suppl. t. VIII (30) f. 177.

1328. — *1359 September 28. Avignon.*

Stephanus pape camerarius testatur, quod Ademario episcopo Met. prorogatus est terminus solvendi complementum communis servitii et servitiorum familiarium pape usque ad festum B. Johannis Baptiste proxime venturum.

Oblig. et Solut. 32 [336] f. 56.

1329. — *1359 November 11. Avignon.*

Innocentius VI Roberto de Ponte in iure canonico scolari providet de eccl. Met. canonicatu sub expectatione prebende.

Laudabilia tue merita... Dat. Avin. III idus novembris a. septimo.

In e. m. abbati monasterii S. Simphoriani Met. et decano eccl. S. Agricoli Avin. ac officiali Met.

Reg. Avin. 140 f. 306[1] *nr. 78.*

1330. — *1359 November 12. Avignon.*

Innocentio VI supplicat Johanna de Barro comitissa Garane, quatinus capellano suo Gerardo de Duseyo provideatur de canonicatu et prebenda eccl. Met., non obstante quod eccl. parrochialem de Duseyo et canonicatum et prebendam eccl. Quintini de S. Quintino Noviom. dioc. obtinet. — Annuit papa.

Item supplicat, quatinus Hugoni de Villeyo clerico Tull. dioc., pro quo etiam comes de Saraponte dicte comitisse nepos supplicat, provideatur de canonicatu et prebenda eccl. Virdun. — Annuit papa.

Innoc. VI Suppl. t. VIII [30] f. 212¹.

1331. — *1359 November 21. Avignon.*

Innocentio VI supplicat Ademarus episcopus Met., quatinus suo secretario et nuncio Johanni de Comme de presbitero et soluta genito concedatur, ut preter eccl. S. Marie Magdalene Virdun. canonicatum, quem obtinet sub expectatione prebende, duo alia beneficia ad invicem compatibilia obtinere et obtenta pro similibus permutare et ad omnes ordines promoveri possit. — Annuit papa.

Innoc. VI Suppl. t. VIII [30] f. 242.

1332. — *1359 November 22. Avignon.*

[Innocentius VI] Ademario episcopo Metensi.

Grata se nobis plurimum presentavit tuarum series litterarum, que mentem nostram super nonnullis colligationibus seu confederationibus, que in partibus tibi subiectis per Brocardum de Vinstinga¹) militem et quosdam alios contra nostrum et apostolice sedis honorem machinari dicebantur, prout fraternitati tue dilectus filius Audoynus tit. SS. Johannis et Pauli presbiter cardinalis hactenus intimavit, sublata cuiuscunque suspicionis nebula serenarunt ... Nos itaque ... fraternitatem ipsam excitandam attente duximus et hortandam, quatinus circa huiusmodi colligationes seu confederationes et alias quascunque, si que insurrexissent aut imposterum intra tue potestatis limites suadente hoc insatiabili hominum malignantium iniqua cupiditate consurgerent, ... te opponas ... Dat. Avin. X kl. decembris a. septimo.

Reg. 240 pars I f. 97¹. W. 502; Raynaldi Annal. eccl. § 11.

Simili modo episcopo Argentinensi.

Simili modo abbati monasterii Gorziensis et nobilibus viris Johanni et Olrico dominis in Vinstinga¹), fratribus Brocardi de Vinstinga.

Reg. 240 pars I f. 98 et 98¹); W. 504.

---

¹) Borcardus et Ulricus anno 1357—1358 erant ligati et cives Metensis civitatis. Hist. gén. de M. IV, 163.

1333. — *1359 November 22. Avignon.*

[Innocentius VI] Johanni episcopo Argentinensi.

Nuper nobis venerabilis frater noster Ademarius episcopus Met. per suas litteras intimare curavit, quod cum ad aures suas quorundam fidedignorum intimatio perduxisset, quod Brocardus de Vinstinga sibi et ecclesie Metensi subiectus et nonnulli alii complices sui machinari colligationes et confederationes aliquas conabantur, que in dei contemptum et Romane ecclesie atque nostrum non modicum redundabant, episcopus ipse . . . diligentius inquisivit easque tandem repperit sine fundamento existere. Nos itaque . . . fraternitatem tuam . . . excitandam duximus attentius et hortandam, quatinus ad obviandum huiusmodi confederationibus, si que forsan . . . per Brocardum prefatum seu per quoscunque alios perditionis viros spe temerarie cupiditatis adductos insurgerent, attentis invigiles oculis eisdemque ab ipsis principiis . . . ne perditorum virorum sceleribus locus detur, tam efficaciter quam viriliter te opponas . . . si quid ad tuas inde perveniat aures, ad nostram noticiam perducere quantocius curaturus. Dat. ut supra (= Avin. X kl. decembris a. septimo).

Reg. 240 f. 98; W. 504.

1334. — *1359 November 22. Avignon.*

[Innocentius VI] Hugoni abbati monasterii Gorsiensis et Johanni et Olirico militibus dominis in Vinstinga.

Litteras vestras nobis noviter presentatas omnem de nostre mentis archario suspicionis nebulam summoventes super nonnullis sinistris relationibus nobis factis [de] Brocardo de Vinstinga fratre vestro et quibusdam personis aliis benigne suscepimus . . . Equidem nimium nobis incredibile videbatur, quod vos ac tu precipue abbas, quem honorem sancte Romane ecclesie procurare magis convenit et tueri, aliquid nobis et apostolice sedis contrarium sentiretis, quod non statim pro posse impedire et tollere et ad nostram perferre noticiam curaretis. Nos itaque . . . devotionem et nobilitatem vestras excitandas attentius duximus et hortandas, quatinus timorem domini, qui Romanam ecclesiam sponsam suam in terris voluit a fidelibus pre ceteris honorari, privatis quibuscunque affectibus preferentes Brocardum prefatum, si qua forte, quod non credimus, eius animam maligni hostis iniqua suggestio subintrasset ad machinandum aliquid colligationibus seu confederationibus quibuscunque contra honorem vicarii Christi et sedis apostolice, eundem ab huiusmodi temerario et prorsus insano proposito retrahatis, ... vestram adhibeatis*a*) diligentiam ... Diligentiam autem super inquisitione facta in premissis in presentia vestra per ... Ademarium episcopum Metensem ... multipliciter in domino commendamus. Dat. ut supra (= Avin. X kl. decembris a. septimo).

<small>Reg. 240 pars I f. 97¹. W. 505.</small>

1335. — *1359 November 28. Avignon.*

Innocentius VI Audoyno de Acra¹) confert eccl. Met. canonicatum et prebendam ac capellaniam perpetuam S. Anthonii in eadem eccl. vacantes per obitum Alardi de Tyacuria camere apostolice in civitate et dioc. Virdun. subcollectoris, non obstante quod is eccl. Bisuntinensis canonicatum et prebendam obtinet.

Laudabilia probitatis et virtutum ... Dat. Avin. IIII kl. decembris a. septimo.

In e. m. cantori Met. et sacriste Avin. eccl. ac officiali Met.

<small>Reg. Avin. 140 f. 261 nr. 102. [Suppl. in Innoc. VI Suppl. t. VIII [30] f. 244.]</small>

1336. — *1359 December 23. Avignon.*

Stephanus pape camerarius testatur, quod Tilmannus abbas monasterii S. Naboris ord. S. Bened. Met. dioc. solvi fecit pro complemento sui communis servitii viginti quinque florenos auri camere papali et pro complemento quatuor servitiorum familiarium pape quatuor florenos auri octo solidos et octo denarios monete Avin. clericis camere.

<small>Oblig. et Solut. 32 [336] f. 62.</small>

1337. — *1359 December 24. Avignon.*

Stephanus pape camerarius testatur, quod Hugo abbas monasterii Gorziensis pro parte partis communis servitii predecessoris sui ducentos decem florenos auri camere apostolice et pro parte partis quatuor serviciorum familiarium pape quadraginta florenos auri clericis camere per manus Godefredi de Alba solvi fecit et quod ei prorogatus est terminus solvendi usque ad festum Omnium Sanctorum proxime venturum.

<small>Oblig. et Solut. 32 [336] f. 62¹.</small>

1338. — *1359 December 27. Avignon.*

Innocentius VI officiali Virdunensi mandat, quatinus Gerardo de Duseyo conferat eccl. Met. canonicatum sub expectatione prebende, non

---

<small>a) adhibentes *in reg.*
¹) thesaurario comitatus Venayssini.</small>

obstante quod ecclesiam parrochialem de Duseyo Virdun. dioc. ac canonicatum et prebendam eccl. S. Quintini Noviomensis dioc. obtinet.

Dignum arbitramur et congruum . . . Dat. Avin. VI kl. ianuarii a. septimo. (*Conf. nr. 1331.*)

Reg. 234 f. 84 nr. 21; Reg. Avin. 140 f. 192 nr. 21.

1339. — *1359 December 29. Avignon.*

Innocentio VI supplicat Johannes de Hoyo primicerius eccl. Met., quatinus consanguineo suo Symoni filio Johannis dicti Markou clerico Met. provideatur de eccl. Met. canonicatu sub expectatione prebende necnon personatus officii vel beneficii simplicis. — Annuit papa.

Item quatinus consanguineo suo Albrico nato Nicolai Piedechaut fiat similis gratia in eccl. Tull. — Annuit papa.

Item quatinus capellano suo Francisco dicto Morel presbitero Met. reservetur beneficium cum cura vel sine cura spectans ad dispositionem decani et capituli Met. eccl. ac prepositi B. Marie Rotunde in eadem eccl. — Annuit papa.

Item quatinus Remigio de Puteolis canonico prebendato eccl. S. Salvatoris Met. magistro in artibus provideatur de canonicatu sub expectatione prebende in eccl. B. Marie Magdalene Virdun. — Annuit papa.

Item quatinus Symoni Vendehanap canonico prebendato eccl. S. Salvatoris Met. provideatur de canonicatu sub expectatione prebende in eccl. S. Deodati Tull. dioc. — Annuit papa.

Item quatinus Nicholao de Saraponte canonico prebendato eccl. S. Arnualis Met. dioc. licentiato in legibus et baccalario in decretis provideatur de canonicatu sub expectatione prebende in eccl. Wormat. — Annuit papa et committit examina ad partes.

Innoc. VI Suppl. t. VIII [30] f. 254.

1340. — *1359 December 29. Avignon.*

Innocentius VI Nicolao de Saraponte licentiato in legibus et in decretis baccalario confert eccl. Wormatiensis canonicatum sub expectatione prebende, non obstante quod eccl. S. Arnualis Met. dioc. canonicatum et prebendam obtinet.

Litterarum scientia, morum . . . Dat. Avin. IIII kl. ianuarii a. septimo.

In e. m. abbati monasterii S. Arnulphi et S. Theobaldi extra muros Met. ac S. Salvatoris Met. eccl. decanis.

Reg. Avin. 140 f. 310 nr. 92.

1841. — *1360 Februar 29. Avignon.*

Die ultima m. februari a. MCCCLX camerarius pape testatur, quod Geraldus de Arbento collector camere apostolice in Lugdun. Vienn. Tarantas. Bisuntin. et Trever. provinciis assignavit manualiter Stephano Vitalis cursori pro usibus palatii apostolici   LXXX flor.

Introit. et Exit. 293 f. 47; Kirsch p. 255.

1842. — *1360 März 2. Avignon.*

Innocentius VI Petro de Wargni in utroque iure licentiato confert eccl. Met. canonicatum et prebendam vacantes ex eo, quod et is perpetuum beneficium S. Agathe in eccl. Liciensi et Guido de Angiaco dictos canonicatum et prebendam ex causa permutationis per procuratores in curia resignaverunt, non obstante quod Petrus in S. Aldegundis Melbodiensi cum prebenda S. Quintini ac in Luchosensi et in B. Marie Hoyensi ecclesiis canonicatus et prebendas ac parrochialem eccl. de Felinnes Camerac. Leod. et Atrebat. dioc. obtinet.

Apostolice sedis circumspecta ... Dat. Avin. VI nonas marcii a. octavo.

In e. m. abbati monasterii S. Symphoriani prope muros Met. et S. Agricoli Avin. et S. Salvatoris Met. eccl. decanis.

Reg. Avin. 142 f. 87.

1843. — *1360 März 12. Avignon.*

Innocentio VI supplicat nobilis Burghardus de Venestrengis pro quibusdam suis.

Innoc. VI Suppl. t. IX [31] f. 50.

1844. — *1360 März 24. Avignon.*

Die XXIIII marcii [a. MCCCLX] recepti fuerunt a. domino Gerardo de Arbento ... collectore apostolico in provinciis Lugdun. Vienn. Tarantas. Bisuntin. et Trever. ... de pecuniis per eum receptis ... solvente per manus domini Dominici Clerici canonici Met. capellani sui

                                               V^c flor. fort.

Introit. et Exit. 293 f. 47; Kirsch p. 256.

*1845. — *1360 März 28. Avignon.*

Innocentius VI decernit petente Symone dicto Gileto monacho monasterii S. Simphoriani extra muros Metenses, quod perinde valeat collatio officii camerarie dicti monasterii Symoni post obitum Luwwici de Grangia, camerarii collati a Symone monasterii abbate.

Religionis zelus, vite . . . Dat. Avin. V kl. aprilis a. octavo.

Reg. Avin. 144 f. 298¹ nr. 189. [Innoc. VI Suppl. t. IX [31] f. 58¹]
— Or. membr. cum plumbo; sub plica ad sinistr: $\overline{X}$ Jo. Belli]; in plica ad dextr. P. Estricii. — Metz. Bez.-Arch. H. 1358.

1346. — *1360 April 22. Avignon.*

Innocentius VI Nicolao Bertrandi confert eccl. S. Salvatoris prepositutam vacantem ex eo, quod et is per Johannem de Vitriaco canonicum eccl. B. Marie Rotunde in ecclesia Metensi perpetuam capellaniam altaris S. Johannis siti in eccl. Met. et Bernardus Melioris per se ipsum dictam prepositutam sine cura existentem permutationis causa in curia resignaverunt, non obstante quod Nicolaus in eccl. Met. canonicatum et prebendam obtinet.

Apostolice sedis circumspecta . . . Dat. Avin. X kl. maii a. octavo.

In e. m. episcopo Appamiarum et abbati monasterii S. Arnulphi extra muros Met. ac Petro Maioris precentori eccl. Valentinensis.

Reg. Avin. 143 f. 111 nr. 4.

1347. — *1360 April 22. Avignon.*

Innocentius VI Bernardo Melioris confert cappellaniam perpetuam altaris S. Johannis siti in ecclesia Metensi vacantem ex eo, quod et Bernardus per se prepositutam sine cura ecclesie S. Salvatoris Met. et Nicolaus Bertrandi per Johannem de Vitriaco canonicum B. Marie Rotunde in eccl. Metensi permutationis causa in curia resignaveruut.

Apostolice sedis circumspecta . . . Dat. Avin. X kl. maii a. octavo.

In e. m. episcopo Tull. et precentori Valentinensis ac Petro de Frigidavilla canonico Cathalaunensis eccl.

Reg. Avin. 143 f. 358 nr. 5.

1348. — *1360 April 30. Avignon.*

Die ultima aprilis a. MCCCLX Gerardus de Arbento collector camere apostolice in Lugdun. Vienn. Tarantas. Bisuntin. et Trever. provinciis solvit de mandato camere pro usu palatii apostolici

VIIᶜ IIII flor. fort. XXIII sol. II den.

Introit. et Exit. 293 f. 47; Kirsch p. 256.

1349. — *1360 April 30. Avignon.*

Die XXX m. aprilis a. MCCCLX Gerardus de Arbento collector camere apostolice in Lugdun. Vienn. Tarantas. Bisuntin. et Trever. pro-

vinciis assignat de mandato camere Johanni Rosseti canonico Cabilonensi pro usibus Panhote IIII°L. flor.
et Ysnardo Porchalhe mercatori pro usu palatii apostolici
CLXII flor. XXI sol.

Introit. et Exit. 293; Kirsch p. 256.

*1350. — *1360 Mai 17.*

Libert. évêque de Patras, suffragan de l'évêché de Metz sous Adémar de Montil, benit l'eglise nouvelle du monastère des Pucelles de la vigne sur l'île de la Moselle de l'ordre de St. Benoît.

Huguenin, Les chroniques de Metz p. 4; Histoire générale de Metz II, 126.

1351. — *1360 Mai 23. Avignon.*

Die XXIII maii [a. MCCCLX] recepti fuerunt a Gerardo de Arbento collectore apostolico in Vienn. Lugdun. Tarantas. Bisuntin. et Trever. provinciis de pecuniis receptis et recollectis per eum vel subcollectores suos. M. flor.

Introit. et Exit. 293 f. 47¹; Kirsch p. 256.

1352. — *1360 Juni 23. Avignon.*

Stephanus pape camerarius testatur, quod Bertrandus episcopus Tull. solvit pro parte partis sui communis servitii septuaginta octo florenos auri et pro parte partis quatuor servitiorum familiarium pape sexdecim florenos auri clericis camere per manus Pauli Mathei de Florentia et quod ei prorogatus est terminus solvendi usque ad festum Omnium Sanctorum proxime venturum.

Oblig. et Solut. 32 (336) f. 78¹); ex parte Introit. et Exit. 293 f. 15 et Introit. et Exit. 262 f. 47¹).

1353. — *1360 Juni 27. Villeneuve.*

Innocentio VI supplicatur, quatinus de novo provideatur Johanni Syfridi presbitero de parrochiali eccl. de Theonisvilla ab ipso obtenta post obitum Simonis Nicasii, cum is dubitet, quod dicta ecclesia per non-promotiones et inhabilitates predecessorum suorum fuerit reservata[1]).

Innoc. VI Suppl. t. IX (31) f. 131¹).

---

[1]) Eadem supplicatio sub data 17 Augusti. L. cit. f. 266¹.

1354. — *1360 Juli 11. Avignon.*

Die XI iulii [a. MCCCLX] recepti fuerunt a domino Geraldo de Arbento collectore camere apostolice in Vienn. Lugdun. Tarantas. Bisuntin. et Trever. provinciis . . . C. flor. fort.

Introit. et Exit. 293 f. 47¹); Kirsch p. 257.

1355. — *1360 Juni 27. Villeneuve.*

Innocentius VI Roberto duci Barrensi concedit altare portatile.

Idem eidem concedit facultatem faciendi celebrari missam coram ipsi, antequam illucescat dies.

Sincere devotionis affectus . . . Dat. apud Villamnovam Avin. dioc. VI kl. augusti a. octavo.

Reg. Avin. 144 f. 501.

1356. — *1360 August 16. Villeneuve.*

Innocentius VI Johannem de Hoyo primicerium eccl. Met. deputat collectorem camere apostolice in civitatibus et diocesibus Met. Virdun. et Tull. cum facultate deputandi succollectores.

Obsequiorum gratitudo tuorum . . . Dat. apud Villamnovam Avin. dioc. XVII kl. septembris a. octavo.

Reg. 241 pars II f. 50¹—52.

1357. — *1360 August 17. Villeneuve.*

Innocentio VI commendat (Philippus) episcopus Cavallicensis apostolice sedis nuncius Johannem de Sarwerde fratrem germanum comitis de Sarwerde presbiterum archidiaconum de Marsallo in eccl. Met. sedis apostolice capellanum collectorem camere apostolice in civit. et dioc. Spirensi, qui supplicat, quatinus sibi provideatur de eccl. Magunt. canonicatu sub expectatione prebende, non obstante quod in Met. archidiaconatum et canonicatum sub expectatione prebende ac in Spirensi canonicatum et prebendam et quoddam simplex beneficium ad provisionem fratrum sedium nuncupatum et in Trev. et Argentin. eccl. canonicatus et prebendas obtinet. — Annuit papa.

Innoc. VI Suppl. t. IX (31) f. 263¹.

1358. — *1260 August 27. Avignon.*

Stephanus pape camerarius testatur, quod Hugo episcopus Virdunensis pro parte partis sui communis servicii octuaginta octo florenos auri camere papali et pro parte partis quatuor serviciorum familiarium pape duodecim florenos auri clericis camere [per manus Ulrici Pontin familiaris sui] solvit et quod ei prorogatus est terminus solvendi complementum usque ad festum purificationis B. Marie virginis proxime venturum.

<small>Oblig. et Solut. 32 (336) f. 82; Introit. et Exit. 293 f. 17¹.</small>

1359. — *1360 August 31. Avignon.*

Innocentius VI ecclesie Legionensi vacanti providet de persona Petri archidiaconi de Gadalfaiera in eccl. Toletana legum doctoris in minoribus ordinibus constituti.

Inter cetera que ... Dat. Avin. II kl. septembris a. octavo.

<small>Reg. Avin. 143 (23) f. 83 nr. 29.</small>

1360. — *1360 September 4. Avignon.*

Innocentius VI Nicolao de Deicustodia canonico Metensi concedit plenariam peccatorum remissionem semel tantum in mortis articulo.

Provenit ex tue devotionis ... Dat. Avin. II nonas septembris a. octavo.

In e. m. Odeliete Roucelz mulieri Metensi.

<small>Reg. Avin. 144 f. 456¹ nr. 508, 509.</small>

1361. — *1360 September 28. Avignon.*

Die XXVIII m. septembris [a. MCCCLX] recepti fuerunt a. domino Gerardo de Arbento collectore camere apostolice in Lugdun. Vienn. Tarantas. Bisuntin. et Trever. provinciis   XCVII flor. fort. III sol.

<small>Introit. et Exit. 293 f. 48; Kirsch p. 257.</small>

*****1362.** — *1360 October 6. Avignon.*

Innocentius VI archiepiscopo Treverensi.

Conquesti sunt nobis ... abbas et conventus monasterii S. Arnulphi extra muros Met. ..., quod Johannes de Marley, Terricus eiusdem Johannis milites, Johannes quondam Johannis de Marley iunioris militis armiger, Forquegnonnus quondam Walteri dicti Le Grantclerc filii(!), Franciscus dictus Chauderon et Johannes dictus Jelevon de Spinalo laici Virdun. et Tull. dioc. super quibusdam pecuniarum summis terris possessionibus et rebus aliis iniuriantur eisdem. Ideoque fraternitati tue ... mandamus, quatinus partibus vocatis audias causam et appellatione remota debito fine decidas ... Dat. Avin. II nonas octobris p. n. a. octavo.

<small>Or. membr. sig. del.; in plica ad dextr.: Rᵗᵃ Vivianus; in dorso Albertus de Franchavilla. — Metz. Bez.-Arch. H 89, 4.</small>

1363. — *1360 October 19. Avignon.*

Innocentius VI Borghardo de Fenestringis militi et Margarite eius uxori Trever. dioc. concedit plenariam peccatorum remissionem semel tantum in mortis articulo.

Provenit ex vestre devotionis . . . Dat. Avin. XIIII kl. novembris a. octavo.

Reg. Avin. 143 f. 536 [1]).

1364. — *1360 October 31. Avignon.*

Stephanus pape camerarius testatur, quod Ademario episcopo Met. prorogatus est terminus solvendi complementum servitii communis et serviciorum familiarium pape usque ad proximum festum S. Michaelis de mense septembris.

Oblig. et Solut. 32 (336) f. 86.

1365. — *1360 November 4. Avignon.*

Stephanus pape camerarius testatur, quod Hugo abbas monasterii Gorziensis pro parte partis communis servicii Nicholai eius predecessoris II[e] sexaginta florenos auri camere apostolice et pro parte partis quatuor serviciorum familiarium pape quadraginta florenos auri per manus Garconis Alardi de Metis clericis camere solvi fecit et quod ei est prorogatus terminus solvendi usque ad festum Omnium Sanctorum proxime venturum.

Oblig. et Solut. 32 (336) f. 86 [1]); Introit. et Exit. 293 f. 20 [1].

1366. — *1360 November 25. Avignon.*

Innocentio VI supplicat Johanna de Asperomonte domina Montilii et Garde pro fratre suo germano Joffrido de Asperomonte canonico eccl. Montisfalconis Remensis dioc.

Innoc. VI Suppl. t. IX (31) f. 319 [1].

1367. — *1360 December 2. Avignon.*

Innocentius VI Therrico domino de Lenoncourt militi et Johanne domine de Perroyes eius uxori Tull. dioc. concedit plenariam peccatorum remissionem semel tantum in mortis articulo.

Provenit ex vestre devotionis . . . Dat. Avin. IIII nonas decembris a. octavo.

Reg. Avin. 142 f. 539 [1].

1368. — *1360 December 3. Avignon.*

Innocentius VI Symoni de Germineyo militi et Lorete eius uxori Tull. dioc. concedit plenariam peccatorum remissionem semel tantum in mortis articulo.

Provenit ex vestre devotionis . . . Dat. Avin. III nonas decembris a. octavo.

Reg. Avin. 142 f. 538.

1369. — *1360 December 24. Avignon.*

Die XXIII decembris [a. MCCCLX] cum . . . esset mandatum per dictam cameram [apostolicam] domino Gerardo de Arbento collectori Lugdun. et Tarantas. et Bisuntin. provinciarum, ut de pecuniis necessariis provideret dicto Johanni (Rosseti) idemque Johannes . . . retulit se recepisse et habuisse a dicto collectore M flor . . . . ideo fuerunt positi in receptis dicti collectoris dictos. (!) IX^c flor.

Introit. et Exit. 293 f. 48; Kirsch p. 257.

1370. — *1361 Februar 1. Avignon.*

Innocentius VI Johanni nato quondam Sifridi dicti Fus de Hilbezheym presbitero Met. dioc. concedit, quod provisio et collatio de parrochiali eccl. de Theonisvilla ei facta vigore litterarum apostolicarum post obitum Simonis Nicasii ultimi rectoris perinde valeat. Dubitavit enim Johannes, dictam ecclesiam non per Simonis obitum vacavisse, sed pro eo quod, sicut a nonnullis asseratur, dictus Simon seu nonnulli huius antecessores ad sacerdotium non promoti aut alias inhabiles existentes ipsam ecclesiam tenuerunt indebite occupatam.

Laudabilia probitatis et virtutum . . . Dat. Avin. kl. februarii a. nono.

Reg. Avin. 146 f. 598 (Innoc. VI Suppl. t. X (32) f. 61.

1371. — *1361 Februar 10. Avignon.*

Innocentius VI Bernardo Melioris licentiato in legibus reservat beneficium ecclesiasticum cum cura vel sine cura, cuius fructus, si curatum, centum et viginti, si vero fuerit non curatum, octuaginta librarum turonensium parvorum s. t. d. valorem annuum non excedant, spectans ad archiepiscopi Narbonensis dispositionem, non obstante quod is in eccl. Met. canonicatum et prebendam ac altare S. Johannis et prioratum secularis eccl. sine cura B. Marie Magdalene Nemausensis obtinet.

Litterarum scientia, vite . . . Dat. Avin. IIII idus februarii a. nono.

In c. m. Reginaldo de Arfolieria cantori Pictavensis et Petro de Frigidavilla canonico Cathalaunensis eccl. ac officiali Biterrensi.

Reg. Avin. 145 f. 13.

1372. — *1361 April 3. Avignon.*

Stephanus pape camerarius testatur, quod Bernardus (!) episcopus Tull. solvit pro parte partis sui communis servitii quadraginta duos florenos auri camere papali et pro parte partis quatuor servitiorum familiarium pape octo florenos auri clericis camere per manus Johannis Gastelli prioris de Monceto et quod ei prorogatus est terminus solvendi complementum usque ad festum B. Marie de medio augusto.

Oblig. et Solut. 32 (336) f. 97¹.

1373. — *1361 April 30. Avignon.*

Innocentius VI notum facit, quod Joffridi de Asperomonte precibus commotus districtius inhibet episcopo Metensi eiusque successoribus, ne feudum castri de Asperomonte et nonnullarum villarum et locorum in Virdunensi necnon in Met. et Tull. dioc. consistentium, que Joffridus eiusque progenitores per longa tempora ab eccl. Met. et episcopo Met. in feudum tenuerunt, alienent aut extra manum suam ponant.

Ad perpetuam rei memoriam. Ex iniuncto nobis ... Dat. Avin. II kl. maii a. nono.

Reg. Avin. 146 f. 572 (Innoc. VI Suppl. t. X (32) f. 79).

*1374. — *1361 Mai 15. Metz.*

Sede episcopali vacante[1]. Vigilia penthecostes per capitulum fuerunt assumpti in vicarios in spiritualibus cancellarius et archidiaconus de Vico et Nicolaus Daix et episcopus Predicatorum in pontificalibus et dominus Philippus officialis et curatus S. Jacobi sigillifer.

Protocolla capituli Metensis (deposita in sacristria eccl. cathedr.) 1344—1404 f. 25.

*1375. — *1361 Mai 21. Metz.*

Doyens et capitre de l'eglise de Mes font savoir, que l'eglise et l'eveschiet de Mes vacant par la mort signour Ademar, ils ont fait administrours au temporel et governours de l'eveschiet de Mes et des biens dou dit eveschiet signours Jehan de Heu princier, Ugue cerchour, Jaique prevost de Marsaul, Jehan de Meirs, Nicol Bertran prevost de S. Salvour, Jehan Bertran prevost de Nostre Dame et Bertran Faxin

---

[1] Ademarius episcopus † d. XII m. maii a. MCCCLXI.

conchanones (de la cathredale de Metz) ... l'an de la graice nostre signour mil troiz cens sexante et un lou venredy apres la feste de la penthecoste.

<small>Or. membr. sig. del. — Metz. Bez.-Arch. G 446, 11.</small>

*1376. — *1361 Mai 26. Metz.*

Symon quondam Petri dictus Vendehanep de Metis clericus apostolica et imperiali auctoritate publicus et curie Metensis notarius adscitis testibus magistris Richardo decano et Johanne Anselmi canonico S. Salvatoris Metensis iurisperitis notum facit, quod in capitulo monasterii S. Petri ad moniales Metensis ordinis S. Benedicti constitute religiose persone domine Isabella de Crehenges olim abbatissa, Hawela de Aix, Anna de Geminoponte, Aelidis de Vendieres, Mahuldis de Fousseulz (vel Sousseulz), Salmona de Hiungues, Katherina de Bioncourt, Margareta de Boucourt, Aelidis de Bellefontene, Isabella de Basemont, Aelidis de Letreycourt, Marguareta de Serieres, Beatrix de Ammete, Beatrix de Fakemont, Katherina de Aerenges, Isabella de Cousance et Cecilia de Vileires predicti monasterii moniales in predicto capitulo congregate et maiorem partem totius capituli seu conventus eiusdem monasterii facientes eodem monasterio tunc vacante per resignationem predicte domine Isabelle de Crehenges per vicarios in spiritualibus generales episcopatus Metensis sede episcopali vacante per obitum Ademarii admissam diem Jovis terciam instantis mensis iunii ad electionem abbatisse prefixerunt.

<small>Or. membr. cum signeto notarii. — Paris: Bibl. nat. Collect. Lorraine 972 nr. 90.</small>

1377. — *1361 Mai 30. Avignon.*

Die XXX maii [a. MCCCLXI] recepti fuerunt a domino Johanne de Oyo primicerio eccl. Met. collectore apostolico in Met. Tull. et Virdun. episcopatibus de pecuniis per eum receptis in collectoria sua ad cameram pertinentibus ipso manualiter assignante   IIII^c flor. fort.

<small>Introit. et Exit. 295 f. 45,¹); Kirsch p. 318.</small>

1378. — *1361 Juni 1. Avignon.*

Innocentio VI supplicat Johannes Folmari de Sarburg presbiter Met. dioc. capellanus et familiaris commensalis cardinalis de Cavilhaco, quatinus sibi confirmetur collatio (canonicatus et) prebende eccl. collegiate de Sarburg, quam obtinuit vacantem per obitum Johannis Colini, non obstante quod eccl. parrochialem in Sweynheim Magunt. dioc. obtinet. — Annuit papa.

Innoc. VI Suppl. t. X (32) f. 103¹).

1379. — *1361 Juni 1. Avignon.*

Innocentio VI supplicat Jacobus de Buxeriis canonicus prebendatus eccl. Met., quatinus sibi confirmetur collatio perpetue capellanie S. Johannis evangeliste site in capella S. Galli iuxta ecclesiam Met. — Annuit papa.

Innoc. VI Suppl. t. X (32) f. 104¹).

1380. — *1361 Juni 25. Avignon.*

Innocentius VI S. Agricoli Avin. et S. Theobaldi extra muros Met. decanis ac preposito S. Andree Colon. eccl. mandat, quatinus Haperto dicto Muylgin de Rode clerico Leod. dioc. et familiari continuo commensali Petri episcopi Ostiensis conferant eccl. Met. canonicatum et prebendam vacantes per obitum Johannis de Albapetra capellani et familiaris domestici dicti cardinalis legati.

Laudabile testimonium quod . . . Dat. Avin. VII kl. iulii a. nono.

Reg. Avin. 147 f. 360¹ nr. 61.

1381. — *1361 August 20. Avignon.*

Bertrando episcopo Tull. prorogatur a camerario papali terminus solvendi usque ad festum Omnium Sanctorum proxime venturum.

Oblig. et Solut. 34 f. 4¹.

1382. — *1361 September 19. Avignon.*

Innocentius VI Egidio presbitero cardinali confert canonicatum et prebendam eccl. Met. et archidiaconatum de Salburgo in eadem ecclesia vacantes per obitum Bernardi tit. S. Eustachii diaconi cardinalis.

Dum exquisitam tue . . . Dat. Avin. XIII. kl. octobris a. nono.

In e. m. decano S. Petri Avin. et preposito S. Walburgis Furnensis Morin. dioc. ac officiali Met.

Reg. Avin. 146 f. 522¹.

1383. — *1361 September 24. Avignon.*

Innocentius VI Joffrido de Panin ᵃ) confert capellam S. Katherine sitam in villa de Magney Met. dioc. vacantem ex eo, quod et is quoddam perpetuum beneficium in eccl. Met., officium cape nuncupatum, per

---

a) Xanin (Xanry?) in suppl.

Johannem de Uhnonte clericum Remensis dioc. et Johannes Bertrandi dictam capellam per Henricum de Villa canonicum eccl. S. Salvatoris Met. permutationis causa in curia resignaverunt.

Apostolice sedis circumspecta ... Dat. Avin. VIII kl. octobris a. nono.

In e. m. decano S. Agricoli Avin. et Bernardo Melioris ac Nicolao Bertrandi canonicis Met. eccl.

Reg. Avin. 145 f. 220 nr. 216. (Innoc. VI Suppl. t. XI (33) f. 214 [1].)

*1384. — 1361 October 6. Metz.

Vicarii in spiritualibus generales episcopatus Metensis sede vacante Johannis de Sona archidiaconi de Vico vices gerenti officiali seu auditori nunciant se admittere et confirmare Ancillonem de Metis clericum ad ecclesiam parochialem de Tinquerey Met. dioc. presentatum a Renaldo S. Arnulfi extra muros Metenses et Johanne de Mediolacu Trever. dioc. abbatibus et patronis eiusdem ecclesia parochialis.

Or. membr. sig. del. Metz. Bez.-Arch. (Fonds Cheltenham) A. 1905.

1385. — 1361 October 31. Avignon.

Arnaldus archiepiscopus Auxitanus camerarius pape testatur, quod Hugoni abbati monasterii Gorziensis prorogatus est terminus solvendi servitia usque ad octabas epiphanie domini proxime venturas.

Oblig. et Solut. 34 f. 34.

1386. — 1361 November 5. Avignon.

Innocentius VI Bertrandum [de la Tour] episcopum Tull. transfert ad eccl. Aniciensem.

Credite nobis dispensationis ... Dat. Avin. nonas novembris a. nono.

Reg. Avin. 147 (XXVII) f. 208 nr. 67.

1387. — 1361 November 8. Avignon.

Innocentius VI providet monasterio Hornbacensi vacanti per resignationem Johannis tunc abbatis nunc monachi factam in curia per Nicolaum de Saraponte canonicum eccl. S. Arnualis Met. dioc. de persona Hugonis camerarii dicti monasterii in 'sacerdotio constituti, pro quo etiam conventus monasterii per litteras patentes supplicavit.

Suscepti cura regiminis ... Dat. Avin. VI idus novembris a. nono.

In e. m. conventui monasterii, episcopo Metensi.

Reg. Avin. 147 (XXVII) 225 nr. 91.

1388. — *1361 November 8. Avignon.*

Bertrandus episcopus Aniciensis recognovit pro suo servicio pro eccl. Tullensi, cui prefuit, collegio III° XCI flor. et unum servicium integrum. Item camere apostolice. — XXIII card.

Cuius obligatio fuit facta pro dicta eccl. Tull. die XVIII m. septembris de anno etc. LIII.

Oblig. et Solut. 35 f. 10.

1389. — *1361 November 15. Avignon.*

Innocentius VI Johannem archiepiscopum Bisuntinum transfert ad ecclesiam Metensem vacantem per obitum Ademari episcopi.

Credite nobis dispensationis . . . Dat. Avin. XVII kl. decembris a. nono.

In e. m. capitulo eccl. Met., universis vassallis eccl. Met., populo civit. et dioc. Met., archiepiscopo Trever., Karolo Romanorum imperatori, clero civit. et dioc. Met.

Reg. Avin. 147 (XXVII) f. 228¹ nr. 96.

1390. — *1361 November 19. Avignon.*

Innocentius VI providet ecclesie Tull. vacanti per translationem Bertrandi ad ecclesiam Aniciensem de persona Petri electi Legionensis in sacerdotio constituti.

Credite nobis dispensationis . . . Dat. Avin. XIII kl. decembris a. nono.

In e. m. capitulo eccl. Tull., clero civit. et dioc. Tull., populo civit. et dioc. Tull., universis vassallis eccl. Tull., archiepiscopo Trever.ᵃ⁾

Reg. Avin. 146 f. 74¹.

1391. — *1357 Juli 11—1361 November 20. Metz.*

Johannes de Hoyo primicerius eccl. Met. collector procurationis biennalis ab Innocentio VI clero Alamanie imposito in Met. civitate et diocesi a Philippo episcopo Cavallicensi deputatus reddit rationem de receptis per cum pecuniis.

Computus subsidii biennalis civitatis et diocesis Metensis.
Ad cuius evidentiam in primis est sciendum quod dominus noster papa imposuit in Alemannia subsidium biennalis procurationis exigende

---

ᵃ⁾ Deest nomen imperatoris!

a personis ecclesiasticis, prout archidiacono visitanti quo ad curata beneficia debentur secundum tenorem Benedictine[1]) super hoc edite, cum moderamine tamen, quod ecclesie, quarum facultates non sufficerent ad solutionem integram procurationis predicte, pro suarum modulo dumtaxat solverent facultatum, et super hoc conscientiam collectoris oneravit.

Secundo, reverendus pater et dominus dominus . . Cavallicensis episcopus tunc, nunc patriarcha Iherosolimitanus, generalis collector huius subsidii in tota Alemannia deputatus, in civitate et diocesi Meten. me Iohannem de Hoyo primicerium ecclesie Metensis predicti subsidii constituit exactorem: cuius commissionis virtute in huiusmodi negotio procedens recepi de huiusmodi subsidio summas infrascriptas.

Est etiam ulterius attendendum quod in huiusmodi decretali Benedictina continetur hec clausula: In Alemannie quoque, Anglie, Ungarie, Boemie, Polonie, Norvegie, Dacie, Scotie et Suecie regnis ac certis provinciis et partibus eisdem adiacentibus . . archiepiscopi et epicopi aliique prelati ac persone ecclesiastice, cum, ut premittitur, personaliter visitabunt iidem archiepiscopi, etiam si primates existant, a suis vel suffraganeorum suorum ecclesiis cathedralibus et personis earum pro procuratione unius diei sive in victualibus sive a volentibus in pecunia ultra trecentorum et viginti, a monasteriis vero et aliis ecclesiis et prioratibus secularibus vel regularibus habentibus collegium duodecim vel plurium personarum ultra ducentorum et sexaginta, ab aliis vero monasteriis, ecclesiis seu prioratibus minus collegium habentibus aliisque ecclesiis, prioratibus et locis ultra ducentorum et viginti; episcopi etiam a cathedralibus ecclesiis ultra ducentorum et viginti, a monasteriis vero et aliis ecclesiis et prioratibus secularibus et regularibus habentibus collegium duodecim vel plurium personarum ultra centum et octoginta, ab habentibus vero minus collegium et quibuslibet aliis ecclesiis prioratibus atque locis ultra centum et quinquaginta; abbates insuper a monasteriis vel prioratibus seu ecclesiis habentibus collegium duodecim vel plurium personarum ultra centum, ab habentibus vero minus collegium ac ecclesiis, prioratibus, aliis locis quibuslibet ultra octoginta; archidiaconi vero ultra quadra-

---

[1]) Corpus iuris canonici. Extravag. comm. l. III tit. X cap. unicum: ›Vas electionis.‹

ginta, archipresbiteri etiam ultra decem turonensiam argenti valorem recpere non presumant.

Item alia clausula: Porro turonenses predictos tales fore intelligimus, quod 12 ipsorum valeant unum florenum boni et puri auri legalis ponderis et cuni Florentini.

Sequitur compotus summatim abbreviatus et postea particularis et distinctus.

In primis sciendum est, quod in civitate Metensi sunt episcopus et capitulum ecclesie Metensis.

Item tam in civitate quam in diocesi capitula talia qualia 11.

Item abbates sive monasteria monachorum 19.

Item abbatisse 9.

Et una domus religiosa, ubi est magistra et non abbatissa.

Item prioratus 11.

Item parrochiales ecclesie competentes 461.

Bene verum est, quod sunt plures alie capellanie et parrochiales ecclesie, que sunt notorie ita pauperes et exiles, quod nec de hiis nec de aliis quibuscumque subsidiis ordinariis vel extraordinariis solvunt piccam nec aliquid exigitur ab eisdem.

Primo dominus episcopus nichil solvit. (Attende.)[a]

Capitulum ecclesie Metensis solvit integram procurationem.

Abbates { Gorziensis / Sancti Arnulpi / Sancti Symphoriani / Sancti Vincentii } solverunt integram procurationem.

Item 31 parrochiales ecclesie et non plures solverunt integram procurationem.

Cetera vero collegia, monasteria monachorum et monialium, prioratus et parrochiales ecclesie non solverunt integram procurationem propter suarum penuriam facultatum, sed solverunt partem, quam potuerunt, prout infra in conpoto particulari et distincto continetur.

Recollectis igitur summis singulis huiusmodi subsidii, tam pro integris quam pro aliis impositis, ascendit huiusmodi subsidium pro anno ad summam   911 flor. et 7 gross.

Resta. De qua restant solvendi pro primo anno   16 flor. et 2 gros.

Sic recepi pro primo anno   895 flor. 5 gross.

(Approbatur.)

(Resta.) De secundo anno restant   77 flor. 8 gross. cum dimidio.

---

[a]) His uncis inclusa addita sunt toti textui gennino manu quadam altera.

Sic recepi pro secundo anno 833 flor. 10 gross. cum dimidio.
(Approbatur.)
Summa recepte totius biennii 1729 flor. 3 gross. cum dimidio.
(Approbatur.)
Ex hiis assignavi Camere 1600 flor.
(Approbatur.)
(ut per librum domini Reginaldi condam tezaurarii fecit fidem.)
Quibus deductis debeo ex receptis per me de huiusmodi subsidio
129 flor. 3 gross. cum dimidio.
(quos 129 flor. cum 3 gross. cum dimidio manualiter solvit videlicet die 20ª Novembris anno 61º.)
Resta solvendorum ex toto biennio
93 flor. 10 gross. cum dimidio.
Resta maior. Sequitur conpotus particularis et distinctus.

Ecclesia Metensis pro integra	26 flor. et 8 gross.
Capitulum sancti Salvatoris Metensis pro parte	10 flor.
Capitulum sancti Theobaldi extra muros Metenses pro parte	10 flor.
Canonici beate Marie Rotunde Metensis	8 flor.
Canonici sancti Petri Metensis	4 flor.
Capitulum sancti Arnualis	10 flor.
Capitulum de Hombourg	4 flor.
Capitulum de Monasterio	4 flor.
Capitulum de Marsallo	4 flor.
Capitulum de Sarburgo	4 flor.
Capitulum de Vico	3 flor.
Capitulum de Hornbacho	3 flor.

Summe impositionum de cathedrali et collegiatis ecclesiis civitatis et diocesis Meten. pro primo anno
90 flor. cum duabus partibus unius flor.
(Approbatur.)

Integre	Abbas Gorziensis	21 flor. et 8 gross.
	Abbas sancti Arnulphi	tantundem.
	Abbas sancti Symphoriani	tantundem.
	Abbas sancti Vincentii	tantundem.
	Abbas sancti Clementis	10 flor.
	Abbas sancti Martini ante Metis	12 flor.
	Abbas sancte Crucis	6 flor.
	Abbas Iustimontis	4 flor.
	Abbas de Hornbacho	10 flor.
	Abbas sancti Martini Glanderiensis	10 flor.

Abbas sancti Naboris	10 flor.
Abbas Bosonisville	6 flor.
Abbas de Villeryo	5 flor.
Abbas de Wernivillerio	6 flor.
Abbas monasterii Sancti Benedicti	2 flor.
Abbas Pontistyffridi	2 flor.
Abbas Sancti Petrimontis	8 flor.
Abbas Salinevallis	8 flor.
Abbas de Stulceborne	6 flor.
Summa pro monasteriis monachorum	191 flor. et 8 gross.
	(Approbatur.)
Abbatissa Sancte Glodesindis Metensis	8 flor.
Abbatissa Sancte Marie Metensis	5 flor.
Abbatissa Sancti Petri Metensis	3 flor.
Abbatissa de Wergavilla	10 flor.
Abbatissa de Hesse	3 flor.
Abbatissa de Hertzbotzheim	4 flor.
Abbatissa de Crotaul	4 flor.
Abbatissa de Novomonasterio	3 flor.
Abbatissa de Frystorph	4 flor.
Magistra de Bassela	3 flor.
Summa monasteriorum monialium	47 flor.
	(Approbatur.)
Prior Beate Marie de Campis	3 flor. et 4 gross.
Prior Sancti Petri de Campis	3 flor. et 4 gross.
Prior de Cella	2 flor.
Prior de Teheicourt	2 flor.
Prior de Viviers	2 flor.
Prior de Ensminga	3 flor. et 4 gross.
Prior de Vico	2 flor.
Prior de Montione	2 flor.
Prior de Alba	2 flor.
Prior Sancti Quirini	6 flor.
Prior de Lukesheim	6 flor.
Summa pro prioratibus	34 flor.
	(Approbatur.)

(Resta.) Ex quibus restant solvendi per priores de Ensminga et Cella
5 flor. et tertia pars.

Summa omnium premissorum pro collegiis, monasteriis et prioratibus
                                            363 flor. et 4 gross.
De quibus ut predicitur restant   5 flor. et 4 gross.
                                            (Approbatur.)
Restant . . . . 358 flor.

In archipresbyteratu Metensi ecclesie parrochiales :

	Sancti Symplicii	3 flor. et 4 gross.
	Sancti Martini	tantundem.
	Sancti Gengulphi	tantundem.
Integre	Sancti Iacobi	tantundem.
	Sancti Ilarii maioris	tantundem.
	Sancti Eukarii	tantundem.
	Sancte Crucis	tantundem.
	Sancti Amancii	tantundem.

Sancti Maximini   3 flor. et 4 gross.
Sancti Marcelli   2 flor.
Sancti Victoris   2 flor.
Sancte Segolene   2 flor.
Sancti Livarii   1 flor. cum dimid.
Sancti Georgii   1 flor. cum dimid.
Sancti Medardi   1 flor. cum dimid.
Sancti Euzebii   1 flor. cum dimid.
Sancti Ferrutii   1 flor. cum dimid.
Sancti Gorgonii   1 flor. cum dimid.
Sancti Viti   2 flor.
Sancti Iohannis ad Novummonasterium   1 flor. cum dimid.
Sancti Iuliani   1 flor. cum dimid.
Sancti Benigni   8 gross.
Sancti Stephani Laniati   8 gross.
Sancti Iohannis in Sancto Clemente   8 gross.
Sancti Ilarii minoris   8 gross.
Ecclesia de Valleriis   6 gross.
Summa impositionum in archipresbyteratu Metensi
                                          53 flor. et 2 gross.
                                          (Approbatur.)

In archipresbyteratu de Suligney ecclesie parrochiales :
De Cuvrey   1 flor. cum dimid.
De Rozelluere   2 flor. cum dimid.
De Iuxey   2 flor.

De Arcubus supra Mosellam	2 flor.
Integre. — De Wappey	3 flor. 4 gross.
De Ioiey	2 flor.
De Sulligney	2 flor.
De Awigney	6 gross.
De Sancto Martino ante Metim	6 gross.
De Molendino	8 gross.
De Anceyo	8 gross.
De Marleyo	6 gross.
De Sciey	8 gross.
De Laney	8 gross.
Summa in archipresbyteratu de Sulligney	19 flor. cum dimid.
	(Approbatur.)

In archipresbyteratu de Nowessevilla ecclesie parrochiales:

Nowessevilla	2 flor.
De Pontey	1 flor. cum dimid.
De Columbario	1 flor.
De Orcevalz	1 flor. cum dimid.
De Courcelles	2 flor.
De Flerey	2 flor.
De Megney	2 flor. cum dimid.
De Failley	1 flor. cum dimid.
De Retonfay	1 flor. cum dimid.
De Maclives	1 flor.
De Vantouz	6 gross.
De Arcancey	6 gross.
De Chairley	6 gross.
De Powilley	6 gross.
De Sorbey	6 gross.
Summa in archipresbyteratu de Nowessevilla	19 flor.
	(Approbatur.)

In archipresbyteratu de Nomeney ecclesie parrochiales;

De Buxeriis	3 flor. 4 gross.
De Chamineto	1 flor. cum dimid.
De Goyns	1 flor. cum dimid.
De Sancto Georgio	12 gross.
De Sarleyo	8 gross.
De Raucourt	1 flor.
De Nommeney	2 flor. cum dimid.

De Portu	8 gross.
De Lyehon	4 gross.
De Clemerey	6 gross.
De Morvilla	6 gross.
De Soignes	6 gross.
De Loveney	6 gross.
De Taixey	12 gross.
De Aboncourt	12 gross.
De Menoncourt	8 gross.
De Thiemonvilla	12 gross.
De Serieres	12 gross.
De Allemmont	8 gross.
Summa in archipresbyteratu de Nommeney	19 flor. 10 gross.

Resta. Ex hiis restant solvendi 20 grossi, quos debent ecclesie de Thiemonville et de Allemont.

In archipresbyteratu de Moncone ecclesie parrochiales:

Ecclesia Sancti Martini de Pontemonconis	2 flor.
Integre. — De Condey	3 flor. 4 gross.
De Sancti Petri atrio	2 flor.
De Millerey	1 flor. cum dimid.
De Croney	2 flor.
Integre. — De Loreyo	3 flor. 4 gross.
De Eston	8 gross.
De Xerpaimes	6 gross.
De Moncone	8 gross.
De Champelz	8 gross.
De Airey	6 gross.
De Sancta Genovefa	8 gross.
De Morey	6 gross.
Summa in archipresbyteratu de Montone	18 flor. 4 gross.

(Approbatur.)

In archipresbyteratu de Rombaco ecclesie parrochiales:

De Richiemont	2 flor.
De Hawentoncourt	2 flor.
De Vitrey	1 flor.
De Moieuvre	1 flor.
De Malencourt	1 flor. cum dimid.
De Mairanges	2 flor.

De Noweroy	1 flor.
De Semeicourt	2 flor.
De Briey	2 flor.
De Mondelanges	1 flor.
De Rombairt	2 flor. cum dimid.
Integre. — De Famatre	3 flor. 4 gross.
De Maixieres	6 gross.
De Talanges	8 gross.
Integre. — De Enerey	3 flor. 4 gross.
Integre. — De Arey	3 flor. 4 gross.
De Trieulz	1 flor. cum dimid.
De Loignes	8 gross.
De Routhelanges	6 gross.
De Mance	8 gross.
De Nueschief	6 gross.
De Amennvilla	4 gross.
De Lomeranges	6 gross.
Summa in archipresbyteratu de Rombaco	33 flor. 10 gross.
	(Approbatur.)

In archipresbyteratu de Gorzia ecclesie parrochiales :

De Sancto Iuliano	1 flor. cum dimid.
De Neulant	2 flor. cum dimid.
De Onvilla	4 gross.
De Thiacuria	12 gross.
De Wavilla	6 gross.
De Calcia	6 gross.
De Arnavilla	6 gross.
Integre. — De Hagevilla	3 flor. 4 gross.
De Rixonvilla	6 gross.
De Hadonvilla	12 gross.
De Chambley	3 flor.
De Bollonville	12 gross.
De Berney	6 gross.
De Wandelenvilla	4 gross.
De Baionvilla	3 flor.
De Busseriis	4 gross.
De Tautelenvilla	8 gross.
De Noviant	2 flor.
De Xammes	12 gross.

De Pannes	12 gross.
De Chairey	6 gross.
De Monso	2 flor. cum dimid.
De Xeurey	3 flor. 4 gross.
Summa in archipresbyteratu de Gorzia	30 flor. 10 gross.
	(Approbatur.)

Ex hiis restant solvendi 5 flor. et 10 gross., quos debent ecclesie de Manso et de Xeurey.

In archipresbyteratu de Demis ecclesie parrochiales:

De Aree	1 flor. cum dimid.
De Criencourt	1 flor.
De Faulz	2 flor.
De Tinkerey	2 flor.
De Moiveron	2 flor.
De Foussieulz	1 flor. cum dimid.
De Baucourt	1 flor.
De Letreicourt	1 flor.
De Gremecey	1 flor. cum dimid.
De Lemoncourt	2 flor.
De Laiey	2 flor.
De Fraines	2 flor.
De Sallonnez	4 gross.
De Ameleicourt	1 flor. cum dimid.
De Villeirs	8 gross.
De Byoncourt	2 flor. cum dimid.
De Chambrey	4 gross.
De Beirs	6 gross.
De Donieuf	6 gross.
Summa in archipresbyteratu de Demis	25 flor. 10 gross.
	(Approbatur.)

In archipresbyteratu de Marsallo ecclesie parrochiales:

De Manonvilleirs	1 flor. cum dimid.
De Aultrepiere	1 flor.
De Amenoncourt	1 flor.
De Sornevilla	1 flor.
De Embermeney	1 flor.
De Lentrey	1 flor.
De Perroya	2 flor.

De Ryovilla	1 flor.
De Novavilla	1 flor.
De Alba ecclesia	1 flor.
De Sancto Medardo	1 flor.
De Heraucourt	2 flor. cum dimid.
De Sancto Martino ante Marsallum	2 flor. cum dimid.
De Domeivre	1 flor. cum dimid.
De Miltey	2 flor.
De Gerinlize	1 ffor.
Integre. -- De Marsallo	3 flor. 4 gross.
De Herbevilleirs	8 gross.
De Reicourt	6 gross.
De Chazelles	8 gross.
De Govigney	4 gross.
De Henameny	6 gross.
De Rappex	6 gross.
De Xousse	6 gross.
De Rollon	8 gross.
De Remeicourt	6 gross.
De Leizey	1 gross.
De Besengia parva	6 gross.
De Besengia magna	6 gross.
De Moncourt	8 gross.
De Donnerey	12 gross.
De Monte	8 gross.
De Matoncourt	8 gross.
De Maixeires	1 flor.
De Attienville	4 gross.
Summa in archipresbyteratu de Marsallo	36 flor.

(Approbatur.)

Ex hiis restat solvendus flor. cum dimidio quem debet ecclesia de Domeivre.

In archipresbyteratu de Theonisvilla ecclesie parrochiales:

Integre
De Husinga	3 flor. 4 gross.
De Rodemacre	tantundem.
De Ottrangez	tantundem.
De Bertrangez	tantundem.
De Theonisvilla	tantundem.
De Iutz	tantundem.
De Roucey	tantundem.
De Canthevenne	tantundem.

De Guinanges	2 flor. cum dimid.
De Ketthenheim	2 flor. cum dimid.
De Esconay	1 flor. cum dimid.
De Euchevilleir	2 flor.
De Eukerangez	1 flor.
De Haiengez	2 flor.
De Walkerangez	2 flor. cum dimid.
De Bergue	2 flor. cum dimid.
De Florehanges	2 flor. cum dimid.
De Euxeranges	12 gross.
De Monneheim	14 gross.
De Fontoy	6 gross.
Summa in archipresbyteratu de Theonisvilla	48 flor. 4 gross.
	(Approbatur.)

In archipresbyteratu de Werrise ecclesie parrochiales:

De Berwilre	1 flor.
De Werrise	1 flor.
De Remilley	1 flor. cum dimid.
De Bonbenderstorf	1 flor.
De Baninga	1 flor.
De Sancto Martino Glanderiensi	1 flor. cum dimid.
De Guenkirchein	1 flor.
De Sancto Nabore	1 flor. cum dimid.
De Fullinguen	1 flor.
De Espengez	1 flor.
De Ottendorf	2 flor.
Integre. — De Morthena	3 flor. 4 gross.
De Exwilre	1 flor. cum dimid.
De Witoncourt	1 flor.
De Guenguelanges	8 gross.
De Hain	4 gross.
De Bosperon	4 gross.
De Grusselanges	6 gross.
De Drutanges	6 gross.
De Heukanges	4 gross.
De Wilre	4 gross.
De Atteville	8 gross.
De Sancti Petri-monte	8 gross.
De Flutteranges	8 gross.

De Luppey	5 gross.
De Meurangez	8 gross.
De Bainguen	8 gross.
De Crichinguen	6 gross.
De Vltestorf	8 gross.
De Willinguen	8 gross.
De Bazoncourt	8 gross.
De Burlize	4 gross.
De Guertangez	4 gross.
De Condey supra Nydam	2 flor.
De Chantey	6 gross.
Summa in archipresbyteratu de]Werrise	31 flor. 9 gross.
	(Approbatur.)

In archipresbyteratu de Morhanges ecclesie parrochiales:

Bublestorf	2 flor.
Ebresanges	1 flor. cum dimid.
De Breheim	1 flor. cum dimid.
De Billinguen	2 flor.
De Tenneyo	2 flor.
De Winteringuen	1 flor. cum dimid.
De Morhanges	1 flor.
De Mairney	1 flor.
De Bannestorf	2 flor. cum dimid.
De Monasterio	1 flor.
De Amanges	1 flor.
De Lesse	1 flor.
De Heylemer	1 flor.
De Lendinguen	2 flor.
De Breulinguen	1 flor. cum dimid.
De Bystorf	2 flor. cum dimid.
De Wirminguen	1 flor.
De Mackestat	1 flor. cum dimid.
De Stenbenderstorf	1 flor.
De Faukemont	1 flor. cum dimid.
De Guebeldinguen	1 flor.
De Luderinguen	1 flor. cum dimid.
De Rey	1 flor. cum dimid.
De Altreippen	1 flor. cum dimid.
De Bepinguen	8 gross.

De Raqueningen	6 gross.
De Mavilleirs	6 gross.
De Hobedinga	6 gross.
De Contil	6 gross.
De Destrey	6 gross.
De Hulsperch	4 gross.
De Teheicourt	6 gross.
De Sotru	8 gross.
De Halvinga	4 gross.
De Flocourt	8 gross.
De Walen	8 gross.
De Nebinguen	8 gross.
De Torvilleir	6 gross.
De Alacourt	3 gross.
De Tatinga	8 gross.
De Barandorf	8 gross.
De Baninguen	8 gross.
De Leywilre	4 gross.
De Brulloncourt	1 flor.
De Hampont	3 gross.
De Vertigneicourt	1 flor. cum dimid.
Summa in archipresbyteratu de Morhanges	48 flor. 5 gross.
	(Approbatur.)

In archipresbyteratu de Hestrize ecclesie parrochiales :

Integre. — Gerney	3 flor. 4 gross.
Integre. — Eurecourt	tantundem.
De Leubez	1 flor.
De Beata Maria ad quercus	1 flor. cum dimid.
De Sancto Stephano	1 flor. cum dimid.
De Villa super Yron	2 flor.
De Martisturre	2 flor.
De Genavilla	2 flor.
De Monasterio	2 flor.
De Coinville	2 flor.
De Laibrie	1 flor. cum dimid.
De Hestrize	2 flor.
De Iuef	1 flor. cum dimid.
De Howavilla	2 flor. cum dimid.
De Abbatisvilla	1 flor. cum dimid.
Summa in archipresbyteratu de Hestrize	29 flor. 8 gross.
	(Approbatur.)

In archipresbyteratu de Wergavilla ecclesie parrochiales:

De Dompneheim	1 flor. cum dimid.
De Bispinguen	1 flor.
De Wergavilla	1 flor.
De Cutinguen	1 flor.
De Doze	2 flor.
De Esseloncourt	1 flor. cum dimid.
De Guebedinguen	8 gross.
De Rorebach	6 gross.
De Anseldinguen	6 gross.
De Lindes	8 gross.
De Malringuen	6 gross.
De Bederstorf	8 gross.
De Auwilre	4 gross.
De Falloncourt	5 gross.
De Teckempach	5 gross.
Summa in archipresbyteratu de Wergavilla	12 flor. 8 gross.
	(Approbatur.)

In archipresbyteratu de Quedanges ecclesie parrochiales:

Enguelinguen	1 flor.
De Elzinguen	1 flor.
De Herstorf	1 flor.
De Walmunstre	2 flor.
De Wadrich	1 flor.
De Bettinguen	1 flor. cum dimid.
De Matre	1 flor. cum dimid.
De Feilestorf	2 flor.
De Mensekirche	1 flor.
De Esch	6 gross.
De Auronvilla	6 gross.
De Kemputre	8 gross.
De Quedinguen	6 gross.
De Gamelanges	6 gross.
De Druwiney	6 gross.
De Bettelenvilla	8 gross.
De Frystorf	8 gross.
De Aboncourt	8 gross.
De Vigey	6 gross.
Summa in archipresbyteratu de Quedanges	17 flor. 8 gross.
	(Approbatur.)

— 216 —

In archipresbyteratu de Sarbourg ecclesie parrochiales:

De Sarbourg	1 flor.
De Welteringuen	1 flor.
De Sancto Quirino	1 flor.
De Hobertinguen	1 flor.
De Wintesperch	1 flor.
De Rudinguen	2 flor.
De Hove	2 flor.
De Bettelinguen	1 flor.
De Walscheit	2 flor.
De Ruckesinguen	8 gross.
De Hilbecheim	6 gross.
De Sancto Remigio	6 gross.
De Hesse	6 gross.
De Ebeeswilre	6 gross.
De Bibera	6 gross.
De Lauffenburne	6 gross.
De Lorchinga	4 gross.
De Frichelinga	4 gross.
De Huttinguen	5 gross.
De Sweckesinguen	4 gross.
De Irgesinguen	4 gross.
De Folkeränges	8 gross.
De Yburguen	8 gross.
De Rukesinguen	8 gross.
De Bergue	6 gross.
De Berwilre	4 gross.
Summa in archipresbyteratu de Sarbourg	20 flor. 4 gross.

(Approbatur.)

(Resta. Ex hiis deficiunt unus flor. et 10 gross., quos debent ecclesie de Wintesperch, de Sancto Remigio et de Friquelinga.

In archipresbyteratu de Hornbach ecclesie parrochiales:

De Walsburen	1 flor.
De Scorspach	1 flor.
De Erneswilre	1 flor. cum dimid.
De Beden	2 flor.
De Birmesensein	1 flor.
De Buchenbach	2 flor.
De Contwich	6 gross.

De Mennembach	6 gross.
De Modelheim	6 gross.
De Nemmeswilre	8 gross.
De Bedenburen	6 gross.
De Rorebach	6 gross.
De Rüssewilre	8 gross.
De Wackewilre	6 gross.
De Vckesheim	8 gross.
De Kircheim	6 gross.
De Lützewilre	8 gross.
De Kirperch	6 gross.
De Walmunster	6 gross.
De Altheim	6 gross.
De Rotawez	6 gross.
Summa in archipresbyteratu de Hornbach	16 flor. 8 gross.

(Approbatur.)

In archipresbyteratu de Bouckenheim ecclesie parrochiales:

De Bouckenheim	2 flor. cum dimid.
De Wiger	1 flor. cum dimid.
De Stensel	1 flor.
De Altorf	2 flor.
De Wolkeskircheim	1 flor.
De Herbotzheim	2 flor.
De Donevassele	1 flor.
De Gosselinguen	1 flor.
De Syderstorf	1 flor. cum dimid.
De Betbur	1 flor. cum dimid.
De Harskircheim	2 flor.
De Hambach	1 flor. cum dimid.
De Birkenspach	6 gross.
De Wolfeskircheim	4 gross.
De Stürdelden	4 gross.
De Delinguen	6 gross.
De Reckesinguen	6 gross.
De Odewilre	6 gross.
De Kirperch	4 gross.
De Helgueriguen	6 gross.
De Sancto Laurentio	8 gross.
De Steinsel	8 gross.

De Pelestorf	5 gross.
De Pruzil	8 gross.
De Druldinguen	6 gross.
De Bergue	6 gross.
De Dymeringa	8 gross.
De Budena	6 gross.
De Delinguen	6 gross.
De Xalkembach	4 gross.
De Diepach	8 gross.
De Willderdinguen	6 gross.
De Codemburez	3 gross.
Summa in archipresbyteratu de Bouckenheim	28 flor. 9 gross.

(Approbatur.)

In archipresbyteratu de Sancto Arnuali ecclesie parrochiales:

De Sancto Walfrido	1 flor. cum dimid.
De Albe	1 flor. cum dimid.
De Mengue	2 flor.
De Warswilre	2 flor. cum dimid.
De Winteringuen	1 flor.
De Noswilre	1 flor.
De Puthelanges	1 flor.
De Rymeringuen	2 flor.
De Bliterstorph	8 gross.
De Folkelinguen	8 gross.
De Ruldinguen	8 gross.
De Rûssele	6 gross.
De Seilbach	8 gross.
De Tentelinguen	10 gross.
De Hapkirchein	4 gross.
De Weckelinguen	8 gross.
De Omersheim	6 gross.
De Blitwilre	5 gross.
De Rubenheim	8 gross.
De Buspach	4 gross.
De Dudewilre	6 gross.
De Ovesheim	5 gross.
De Sancto Ignelberto	1 flor.
De Fromespach	6 gross.
De Winterheim	6 gross.

De Ranspach	4 gross.
De Ranspach iuxta Quiege	4 gross.
De Brucken	4 gross.
De Rorebach	4 gross.
De Emmexwilre	4 gross.
De Fourpach	1 flor.
Summa in archipresbyteratu de Sancto Arnuali	25 flor.

(Approbatur.)

In archipresbyteratu de Novomonasterio ecclesie parrochiales:

De Leuxwilre	1 flor.
Integre. — De Sancto Wandelino	3 flor. 4 gross.
De Wilkeschircheim	2 flor.
De Limbach	1 flor. cum dimid.
De Novomonasterio	1 flor.
De Ildinguen	8 gross.
De Tyffwilre	8 gross.
De Mora	8 gross.
De Haltwilre	4 gross.
De Furcha	4 gross.
De Betkensbach	6 gross.
De Fourbach	6 gross.
De Spisheim	3 gross.
Summa in archipresbyteratu de Novomonasterio	12 flor. 10 gross.

(Approbatur.)

(Conclusio.)

(Anno Domini millesimo trecentesimo sexagesimo primo, die XX^a mensis novembris, computavit predictus receptor coram domino Eblone; per quod compotum et conclusionem apparuit, quod procurationes biennales sive subsidia biennii episcopatus Metensis assendit in summa, prout de singulis superius designat, videlicet

1823 flor. 2 gross.

De quibus assignavit Camere apostolice diversis vicibus et per diversas manus usque ad diem presentem videlicet

1729 flor. 3 gross. cum dimidio.

Conclusio. — Quibus exclusis restant ad levandum penes debitores, prout supra singula apparent, videlicet   93 flor. 10 gross. cum dimidio.)

Rationes Collectoriae Alamanniae, 1357—1365. Collectoriarum tom. 9 f. 72—94. — Kirsch p. 300—318.

1392. — *1361 November 20. Avignon.*

Innocentio VI supplicat nobilis baro Ulricus dominus de Fenistrangis, quatinus sibi concedatur altare portatile.

Item quatinus suo consobrino Buchardo nato nobilis Volmari comitis domini Parvepetre in nono etatis sue anno vel circa constituto provideatur de canonicatu sub expectatione prebende in eccl. Argentinensi.

Item quatinus consobrino suo Nicholao nato predicti Volmari comitis monacho monasterii de Albocastro ord. S. Bened. Spir. dioc. reservetur beneficium consuetum assignari monachis dicti monasterii.

Item quatinus Walthero Perrexel rectori parrochialis eccl. S. Ferruci Met. provideatur de canonicatu et prebenda eccl. Met. vacantibus per mortem Johannis de Lucemburgh apud sedem apostolicam defuncti.

Item quatinus Nicholao Marsaul de Gotzia presbitero Met. dioc. reservetur beneficium spectans ad dispositionem monasterii Gorziensis, non obstante quod canonicatum et prebendam eccl. Tull. et perpetuam capellaniam S. Katherine sitam in domo episcopali Tull. obtinet.

Item quatinus capellano suo Johanni Bosch presbitero Met. dioc. reservetur beneficium spectans ad dispositionem monasterii monialium in Hohenburg ord. S. Bened. Argentin. dioc.

Item quatinus Ludovico Alberti de Warrisia presbitero Met. dioc. provideatur de canonicatu sub expectatione prebende eccl. collegiate S. Salvatoris Met., non obstante quod parrochialem eccl. de Vila Met. dioc. obtinet.

Item quatinus Johanni nato Hennemanni de Warrisia presbitero Met. dioc. reservetur beneficium spectans ad dispositionem eccl. collegiate S. Theobaldi extra muros Met.

Item quatinus predictis propter viarum discrimina committantur examina ad partes. — Annuit papa.

Innoc. VI Suppl. t. XI (33) f. 285.

1393. — *1361 November 20. Avignon.*

Innocentius VI officiali Tullensi mandat, quatinus Walterino Pierrexel rectori parrochialis eccl. S. Ferrucii Met. conferat eccl. Met. canonicatum et prebendam vacantes per obitum Johannis de Lutzemburch, qui nuper apud sedem apostolicam diem clausit extremum.

Dignum arbitramur et congruum . . . Dat. Avin. XII kl. decembris a. nono.

Reg. Avin. 147 f. 442 nr. 224.

1394. — *1361 November 20. Avignon.*

Innocentius VI Nicolao Marsaul de Gorzia reservat beneficium ecclesiasticum cum cura vel sine cura consuetum clericis secularibus assignari, cuius fructus, si cum cura, sexaginta, si vero sine cura fuerit, quadraginta librarum turonensium parvorum s. t. d. valorem annuum non excedant, spectans communiter vel divisim ad dispositionem abbatis et conventus monasterii Gorziensis, non obstante quod is canonicatum et prebendam eccl. Tull. ac perpetuam capellaniam S. Catherine in domo episcopali Tullensi obtinet.

    Vite ac morum honestas . . . Dat. Avin. XII kl. decembris a. nono.
    Reg. Avin. 145 f. 251[1] nr. 48.

1395. — *1361 November 20. Avignon.*

Innocentius VI nobili viro Ulrico domino de Fenestranges militi Met. dioc. concedit licentiam habendi altare portatile.

    Sincere devotionis affectus . . . Dat. Avin. XII kl. decembris a. nono.
    Reg. Avin. 145 f. 508 nr. 14.

1396. — *1361 November 29. Avignon.*

Die XXIX eiusdem m. novembris [a. MCCCLXI] recepti fuerunt a domino Philippo olim episcopo Cavallicensi nunc autem patriarcha Jerosolimitano . . . pro dicto subsidio biennali per ipsum recepto in episcopatu Met., prout in fine computorum per eum camere apostolice redditorum d. XX dicte m. novembris proxime preterita lacius continetur, solvente per manus domini Johannis de Hoyo primicerii et collectoris apostolici in dicto episcopatu Met.   CXXIX flor. fort. VII sol.

    Introit. et Exit. 194 f. 61; Kirsch p. 318.

1397. — *1361 December 1. Avignon.*

Servicium abbatis S. Pirmini Herb. (!)   XX card.

Dominus frater Nicholaus abbas S. Pirmini Horbacensis . . . promisit pro suo communi servicio CLXVI flor. et V servicia consueta solvendo etc. (*scilicet:* medietatem in festo S. Andree proxime venturo et aliam medietatem in simili festo anno revoluto. Alioquin etc.)

    Oblig. et Solut. 35 f. 12[1].

1398. — *1361 December 2. Avignon.*

Innocentius VI Hugoni abbati monasterii Hornbacensis ord. S. Bened. Met. dioc. concedit facultatem a quocumque maluerit antistite catholico munus benedictionis recipiendi.

    Cum nos pridem . . . Dat. Avin. II nonas decembris a. nono.
    Reg. Avin. 146 f. 582[1].

1399. — *1361 December 9. Avignon.*

Innocentio VI supplicat Johannes de Hoyo primicerius eccl. Met., quatinus sibi provideatur de canonicatu et prebenda ac archidiaconatu eccl. Tull. vacantibus per obitum cardinalis Ostiensis, non obstante quod is obtinet cum canonicatu et prebenda eccl. Met. primiceriatum, cui, licet sit dignitas maior post episcopalem, tamen nulla imminet cura nimarum nec onus alicuius sacri ordinis est annexum. — Annuit papa.

Innoc. VI Suppl. t. XI (33) f. 278 [1].

1400. — *1361 December 13. Avignon.*

Innocentius VI Nicolao de Sareponte licentiato in legibus confert eccl. B. Marie Rotunde, que est contigua ecclesie Metensi, canonicatum et prebendam vacantes per obitum Roberti Bannisii, qui nuper apud sedem apostolicam diem clausit extremum, non obstante quod Nicolaus in Wormatiensi sub expectatione prebende et in S. Arnualis eccl. cum prebenda, cuius redditus sexdecim librarum turonensium parvorum s. t. d. valorem annuum non excedunt, canonicatus obtinet.

Litterarum scientia, morum . . . Dat. Avin. idus decembris a. nono.

In e. m. S. Simphoriani et S. Arnulphi Met. monasteriorum abbatibus ac decano eccl. S. Agricoli Avin.

Reg. Avin. 147 f. 434 nr. 197 (Innoc. VI Suppl. t. XI (33) f. 274 [1].)

1401. — *1361 December 14. Avignon.*

Servicium episcopi Tullensis.   XX card.

Dominus Petrus episcopus Tullensis promisit pro suo communi servicio II^m V^c flor. et V servicia consueta.

Item recognovit pro domino B., predecessore suocollegio III^c XCI flor. et unum servicium integrum

Item camere apostolice.

Cuius predicti obligatio facta fuit die XVIII septembris de anno etc. LIII.

Solvendo medietatem promissi a festo nativitatis domini proxime venturo ad unum annum et aliam medietatem in festo omnium sanctorum extunc proxime sequturo, et recognitum in casu, in quo dictus predecessor suus non solveret, ut tenetur, in festo nativitatis domini de anno eiusdem MCCCLXV.

Oblig. et Solut. 35 (589) f. 13 [1].

1402. — *1361 December 14. Avignon.*

Innocentio VI supplicat Henricus de Barro miles dominus de Petraforti et de Antegarda, quatinus consanguineo suo germano Ferico de Barro clerico Tull. dioc. provideatur de canonicatu et prebenda ac archidiaconatu eccl. Tull. vacantibus per mortem P. Ostiensis et Velletrensis episcopi S. Romane eccl. cardinalis, non obstante quod canonicatum et prebendam ac preposituram eccl. Nivellensis obtinet, quos dimittere est paratus. — Annuit papa.

Innoc. VI Suppl. t. XI (33) f. 275¹.

1403. — *1361 December 21. Avignon.*

Innocentius VI Xanctonensis et Tullensis cantoribus ac officiali Met. eccl. mandat, quatinus Geraldo de Franchavilla scriptori litterarum apostolicarum conferant eccl. Metensis canonicatum et prebendam vacantes per obitum Nicolai de Franchavilla scriptoris litterarum apostolicarum et capellani familiaris Talayrandi episcopi Albanensis, non obstante quod Geraldus in Tullensi et S. Nicolai de Byiceyo(!) ecclesiis canonicatus et prebendas ac de Halbranvilla et de Chinisey invicem annexas parrochiales ecclesias Tull. dioc. obtinet.

Grata dilecti filii . . . Dat. Avin. XII kl. ianuarii a. nono.

Reg. Avin. 146 f. 455¹.

1404. — *1361 December 28. Avignon.*

Innocentius VI Johanni de Hoyo confert canonicatum et prebendam et archidiaconatum maioris et preposituram S. Gengulphi Tullensium ecclesiarum adinvicem canonice annexos et vacantes per obitum Petri episcopi Ostiensis, non obstante quod Johannes in eccl. Met. canonicatum et prebendam ac primiceriatum, qui quidem primiceriatus, ut is asserit, licet post dignitatem episcopalem dignitas in eadem eccl. maior existat, tamen, ut idem asserit, sine cura animarum existit nec sacrum ordinem requirit, obtinet.

Multiplicia probitatis et virtutum . . . Dat. Avin. V kl. ianuarii a. nono.

In e. m. S. Simphoriani extra muros Met. et S. Martini prope Metis monasteriorum abbatibus ac decano eccl. S. Salvatoris Met.

Reg. Avin. 147 f. 286 nr. 56.

1405. — *1361 December 29. Avignon.*

Innocentius VI petente Guigone Ademarii de Montilio canonicatum et prebendam in eccl. Met. et capellam B. Galli extra eccl. Met. obtinente decernit, quod collatio thesaurarie eccl. Met. ei vigore litterarum apostolicarum facta post obitum Johannis de Tornamira prioris thesaurarii perinde valeat.

Probitatis et virtutum merita . . . Dat. Avin. IIII kl. ianuarii a. nono.

Reg. Avin. 145 f. 477 nr. 359.

1406. — *1362 Januar 7. Avignon.*

Innocentius VI Argentinensem et Spirensem ac Treverensem decanos deputat conservatores monasterii Gorziensis.

Militanti ecclesie licet . . . Dat. Avin. VII idus ianuarii a. decimo.

Reg. Avin. 149 f. 522.

1407. — *1362 Januar 8. Avignon.*

Servicium episcopi Metensis.   XX card.

Dominus Johannes episcopus Met. promisit pro suo communi servitio VI^m flor. et V servicia consueta, solvendo ut supra (*scilicet:* medietatem in festo nativitatis domini proxime venturo et aliam medietatem in simili festo anno revoluto. Alioquin etc.)

Oblig. et Solut. 35 f. 16.

1408. — *1362 Januar 14. Avignon.*

Arnaldus camerarius pape testatur, quod Hugo abbas monasterii Gorziensis solvi fecit per Theobaldum monachum dicti monasterii pro complemento communis servitii Nicholai predecessoris sui C et X florenos auri camere papali et pro complemento quatuor servitiorum minutorum XV florenos auri XVII sol. II den. monete Avin. clericis camere, item pro parte partis sui communis servicii C III florenos auri camere papali et pro parte partis quatuor servitiorum minutorum XVII florenos auri XXI sol. IIII den. monete Avin. clericis camere et quod ei est prorogatus terminus solvendi usque ad festum nativitatis B. Johannis Baptiste proxime venturum.

Oblig. et Solut. 34 f. 37; ex parte Reg. Avin. 149 f. 58.

1409. — *1362 Januar 20. Avignon.*

Innocentius VI Jacobo Hennequini de Metis confert eccl. Met. canonicatum et prebendam S. Petri ad ymagines Met. consuetam canonicis Met. eccl. assignari vacantes ex eo, quod et Jacobus canonicatum et prebendam eccl. Wormat. et Bandonus Adhemarii alias de Calma dictos anonicatum et prebendam et preposituram permutationis causa in curia resignarunt.

Apostolice sedis circumspecta . . . Dat. Avin. XIII kl. februarii a. decimo.

In e. m. maioris et S. Salvatoris Met. et S. Agricoli Avin. decanis eccl.

Reg. Avin. 149 f. 303[1].

1410. — *1362 Januar 22. Avignon.*

Innocentius VI Nicolao dicto Manais monacho monasterii S. Clementis extra muros Met. ord. S. Bened., cui post obitum Nicolai de Dun vacantem prioratum eccl. S. Andree extra muros Met. ord. S. Bened., cuius fructus triginta florenorum auri valorem annuum non excedunt, contulit Guillelmus abbas dicti monasterii, concedit, quod predicta collatio perinde valeat.

Religionis zelus, vite . . . Dat. Avin. XI kl. februarii a. decimo.

Reg. Avin. 148 f. 494¹ nr. 29.

1411. — *1362 April 8. Avignon.*

Innocentius VI ecclesie Virdunensi, cuius provisionem Hugone episcopo adhuc vivo sibi reservavit, providet de persona Johannis decani eccl. Eduensis licentiati in legibus in sacerdotio constituti.

Romani pontificis, quem . . . Dat. Avin. VI idus aprilis a. decimo.

In e. m. capitulo eccl. Virdun., clero civit. et dioc. Virdun., populo civit. et dioc. Virdun., universis vassallis eccl. Virdun., archiepiscopo Trever.[1]

Reg. Avin. 149 f. 202.

1412. — *1362 Mai 5. Avignon.*

Innocentius VI officiali Metensi mandat, quatinus Philippo Ludovici de Warspecch presbitero Met. dioc. reservet beneficium ecclesiasticum cum cura vel sine cura, cuius fructus, si cum cura, sexaginta, si vero fuerit sine cura, quadraginta librarum turonensium parvorum s. t. d. valorem annuum non excedant, spectans communiter vel divisim ad dispositionem abbatis et conventus monasterii S. Martini extra muros Met.

Dignum arbitramur et congruum . . . Dat. Avin. III nonas maii a. nono.

Reg. Avin. 148 f. 406 nr. 34.

1413. — *1362 Mai 14. Avignon.*

Servicium episcopi Verdunensis.   XIX card.

Dominus Johannes episcopus Virdun. promisit pro suo communi servicio IIII ᵐ IIII ᶜ flor. et V servicia consueta.

Item recognovit pro communi servicio domini Hugonis predecessoris sui collegio M. CC. LXXXVII flor. XII sol. et unum servicium integrum. Cuius predecessoris obligatio facta fuit die XVIII iulii de anno domini MCCCLI — XXVIII card.

---

[1] Deest nomen Caroli IV imperatoris!

Solvendo in festo purificationis B. Marie proxime venturo M. flor. et V servicia pro rata; et tantundem in similibus terminis annis revolutis, quousque fuerit de omnibus satisfactum, solvere teneatur.

(Noticia marginalis): XVI kl. iunii anno LXIII fuerunt sibi mutati termini, videlicet quod in quolibet festo purificationis B. Marie solvat I^c flor. usque ad X annos et transactis X. annis solvat totum, prout continetur in quadam bulla. *(Conf. nr. 1433.)*

Oblig. et Solut. 35 (589) f. 27.

1414. — *1362 November 8. Avignon.*

Urbanus V abbati monasterii S. Simphoriani extra muros Met. et Petro Ratouchini canonico Regensis ac officiali Met. mandat, quatinus Petro dicto Boucayt de Pouil (Penil?) clerico Met. dioc. conferant canonicatum et prebendam eccl. S. Stephani de Salburgo Met. dioc. vacantes per obitum Symonis de Fricourt alias Martialis, quorum fructus XV librarum turonensium parvorum valorem annuum non excedunt.

Ratloni congruit et convenit . . . Dat. Avin. VI idus novembris a. primo.

Reg. Avin. 151 f. 196.

1415. — *1362 November 14. Avignon.*

Arnaldus camerarius pape testatur, quod Hugo abbas monasterii Gorziensis solvi fecit[1] pro complemento communis servitii Nicolai predecessoris sui centum decem florenos auri camere papali et pro complemento quatuor serviciorum minutorum quindecim florenos auri XVII sol. VIII den. clericis camere, item pro parte partis sui communis servicii centum viginti septem florenos auri camere apostolice et pro parte partis quatuor serviciorum minutorum viginti duos florenos[2] auri clericis camere et quod ei est prorogatus terminus solvendi usque ad festum nativitatis B. Johannis Baptiste proxime venturum.

Oblig. et Solut. 34 f. 72. Brevius Introit. et Exit. 298 f. 5 et 304 f. 4[1].

1416. — *1362 November 27. Avignon.*

Urbanus V Johanni Porree clerico Met. magistro in artibus reservat beneficium ecclesiasticum sine cura, cuius fructus quadraginta librarum turonensium parvorum valorem annuum non excedat, spectans ad dispositionem prepositi capelle B. Marie Rotunde site in eccl. Met.

[1] scil. per manus Johannis Folmari Met. dioc. *Introit. et Exit. l. cit.*
[2] viginti septem flor. *Introit. et Exit. l. cit.*

Litterarum scientia, vite . . . Dat. Avin. V kl. decembris a. primo.

In e. m. maioris et S. Salvatoris Met. ac S. Agricoli Avin. eccl. decanis.

Reg. Avin. 153 f. 234¹.

1417. — *1362 December 20. Avignon.*

»Motu proprio providemus G. tit. S. Laurentii in Lucina presbitero cardinali de prioratu de Flavigneyo ord. S. Bened. Tull. dioc. vacante per obitum cardinalis de Aragonia . . .«

Dat. Avin. XIII kl. ianuarii a. primo.

Urbani V Supplic. t. I (nr. 34) f. 171.

1418. — *1363 Januar 1. Avignon.*

Urbanus V Johanni de Wipeyo (Wixeyo?) presbitero et magistro in artibus confert eccl. Met. canonicatum sub expectatione prebende, non obstante quod perpetuam vicariam eccl. parrochialis de Castineto Tull. dioc. obtinet, cuius fructus decem et octo librarum turonensium parvorum valorem annuum non excedunt.

Litterarum scientia, vite . . . Dat. Avin. kl. ianuarii a. primo.

In e. m. S. Salvatoris Met. et S. Agricoli Avin. eccl. decanis ac officiali Tullensi.

Reg. Avin. 151 f. 368¹ nr. 198.

1419. — *1363 Januar 14. Avignon.*

Urbanus V Gileberto Divitis de Spinalo magistro in artibus et in medicina providet de eccl. Met. canonicatu sub expectatione prebende necnon dignitatis etc. in dicta eccl., non obstante quod obtinet perpetuum beneficium patronagium de Sernomio nuncupatum Remensis dioc., cuius fructus viginti librarum turonensium parvorum valorem annuum non excedunt.

Litterarum scientia, vite . . . Dat. Avin. XVIIII kl. februarii a. primo.

In e. m. Virdun. et S. Agricoli Avin. decanis eccl. ac officiali Met.

Reg. Avin. 151 f. 86.

1420. — *1363 Februar 1. Avignon.*

Petro episcopo Tull. prorogatur a camerario papali terminus solvendi usque ad festum nativitatis B. Johannis Baptiste proxime venturum.

Oblig. et Solut. 34 f. 102.

1421. — *1363 Februar 10. Avignon.*

Urbanus V Johanni electo Virdun. concedit, ut a quocunque maluerit catholico antistite ascitis duobus vel tribus catholicis episcopis munus consecrationis valeat accipere.

Cum felicis recordationis . . . Dat. Avin. IIII idus februarii a. primo.

Reg. Avin. 154 f. 485.

1422. — *1363 Februar 10. Avignon.*

Urbano V supplicat G. tit. S. Martini in montibus presbiter cardinalis, quatinus familiari suo magistro Nicolao de Sareponte licentiato in legibus provideatur de canonicatu et prebenda eccl. Met. ac archidiaconatu de Saurburch in dicta eccl. Met. vacantibus per resignationem Johannis de Foresio, non obstante quod Nicolaus canonicatus et prebendas ecclesiarum B. Marie Rotunde Metensis ac S. Arnualis Met. dioc. obtinet, quos canonicatum et prebendam S. Arnualis dimittere est paratus. — Annuit papa.

Dat. Avin. IIII idus marcii a. primo.

Urbani V Supplic. t. II (nr. 35) f. 198. Ibidem f. 195 sub data: XVI kl. marcii.

1423. — *1363 Februar 10. Avignon.*

Urbanus V Nicolao de Sareponte licentiato in legibus confert eccl. Met. canonicatum ei prebendam ac archidiaconatum de Sarburch in Met. eccl. Quorum possessionem assecutus dimittat S. Arnualis et S. Marie Rotunde Met. canonicatus et prebendas. Dictus archidiaconatus vacat ex eo, quod Johannes de Foresto in curia resignavit, postquam eundem permutando obtinuit ab Egidio tit. S. Martini in montibus presbitero cardinali.

Litterarum scientia morum . . . Dat. Avin. IIII idus februarii a. primo.

In e. m. abbati monasterii S. Arnulphi et S. Agricoli Avin. ac S. Salvatoris Met. eccl. decanis.

Reg. 151 f. 27¹.

1424. — *1363 Februar 13. Avignon.*

Arnaldus camerarius pape testatur, quod Hugo abbas monasterii S. Pirmini Herbacensis(!) solvi fecit per Simonem de Geminoponte pro parte partis sui communis servicii triginta florenos auri camere papali et pro parte partis quatuor serviciorum minutorum sex florenos auri clericis camere et quod ei est prorogatus terminus solvendi usque ad festum B. Johannis Baptiste proxime venturum.

<small>Oblig. et Solut. 34 f. 91¹. Brevius Introit. et Exit. 304 f. 9.</small>

1425. — *1363 Februar 16. Avignon.*

Urbanus V Waltero de Amancia confert eccl. Met. canonicatum sub expectatione prebende, non obstante quod in Trever. et S. Deodati Tull. dioc. canonicatus et prebendas obtinet. Tamen Met. prebendam assecutus dimittat prebendam S. Deodati.

Nobilitas generis vite ... Dat. Avin. XIIII kl. marcii a. primo.

In e. m. S. Apri extra muros Tull. et S. Clementis extra muros Met. monasteriorum abbatibus ac decano S. Agricoli Avin.

<small>Reg. Avin. 151 f. 421 nr. 364.</small>

1426. — *1363 März 7. Avignon.*

Urbanus V Nicasio dicto Honlier perpetuo capellano capelle S. Martini de Streliis Suession. dioc. confert eccl. S. Arnualis Met. dioc. canonicatum et prebendam vacantes ex eo, quod papa nuper Nicolao de Saraponte tunc eosdem obtinenti contulit eccl. Met. canonicatum et prebendam ac archidiaconatum de Sarburch in eccl. Met.

Probitatis et virtutum ... Dat. Avin. nonas marcii a. primo.

In e. m. decano S. Agricoli Avin. et archidiacono Met. eccl. ac officiali Met.

<small>Reg. Avin. 152 f. 417.</small>

1427. — *1363 März 22. Avignon.*

Urbano V supplicat Johannes Moriseti clericus Tull., quatinus sibi reservetur canonicatus et prebenda B. Marie Rotunde infra ecclesiam Metensem vacaturi, simulac magister Henricus de Sarraponte adeptus fuerit possessionem archidiaconatus et prebende eccl. Met. — Annuit papa.

Dat. Avin. XI kl. aprilis a. primo.

<small>Urbani V Supplic. t. III (nr. 36) f. 72¹.</small>

1428. — *1363 April 10. (Avignon.)*

Eadem die [X aprilis a. MCCCLXIII] recepti fuerunt a domino Johanne episcopo Virdun. pro parte partis sui communis servicii solvente per manus Petri de Poleyo procuratoris sui

CXXII flor. XVI β.

<small>Introit. et Exit. 304 f. 11¹. Brevius Introit. et Exit. 296 f. 104 et 298 f. 36.</small>

1429. — *1363 April 27. Avignon.*

Urbanus V Arnoldo de Theonisvilla familiari Caroli imperatoris et in diaconatus ordine constituto confert eccl. Met. canonicatum sub expectatione prebende.

Nobilitas generis, vite ... Dat. Avin. V kl. maii a. primo.

In e. m. S. Agricoli Avin. et S. Symeonis Trever. eccl. decanis ac officiali Treverensi.

Reg. Avin. 150 f. 414.

1430. — *1363 Mai 9. Avignon.*

[Gaucelinus thesaurarius pape recepit] a domino Johanne de Hoyo primicerio eccl. Met. in prov. Trever. apostolice sedis nuncio et collectore auctoritate apostolica deputato de pecuniis per eum receptis ... ipso manualiter assignante VII^c flor.

Introit. et Exit. 296 f. 111[1] et 298 f. 41.

1431. — *1363 Mai 16. Pont-Sorgues.*

Urbanus V omnibus manus adiutrices porrigentibus ad ecclesie parrochialis S. Segolene Met. reparationem, cum pro maiori parte propter terre motus et alios casus fortuitus passa ruinam funditus sit destructa, concedit indulgentias (non plenarias).

Licet is, de cuius ... Dat. apud Pontem Sorgie Avin. dioc. XVII kl. iunii a. primo.

Reg. Avin. 155 f. 416[1] nr. 287. Suppl. Dominici rectoris eccl. supradictae in Urbani V Suppl. t. IV (nr. 37) f. 41 sub data: XV kl. iunii.

1432. — *1363 Mai 17. Avignon.*

Urbanus V Johanni episcopo Virdunensi prorogat terminos solvendi servitia.

[Urbanus V] Johanni episcopo Virdunensi.

Sincere devocionis affectus ... Cum itaque, sicut exhibita nobis pro parte tua peticio continebat, tu et ecclesia tua predicta pro communibus serviciis tam per te quam per nonnullos predecessores tuos Virdun. episcopos ... apostolice camere sacroque collegio ... cardinalium necnon pro quinque serviciis consuetis pro nostris et ipsorum cardinalium familiaribus debitis solvere teneamini multas et magnas pecuniarum summas tuque mense episcopalis redditus et proventus propter guerras et mortalitatum pestes, que in illis invaluerunt partibus, necnon propter nonnullorum magnatum et potentum illarum partium bona et iura mense et ecclesie predictarum occupantium oppressiones

— 231 —

multiplices sint adeo diminuti, quod dictas summas integre nequis solvere quoquomodo, pro parte tua fuit nobis humiliter supplicatum, ut providere tibi super hiis misericorditer dignaremur. Nos itaque ... fraternitati tue ... concedimus, quod ad solvendum usque ad decennium a data presentium computandum de summis predictis ultra duo milia florenorum auri, dummodo annis singulis dicti decennii in festo purificationis B. Marie virginis de dicta summa duorum milium florenorum ducentos florenos auri camere et collegio prelibatis ... persolvas, tu vel successores tui episcopi Vird. ... minime teneamini ... Dat. Avin. XVI kl. iunii a. primo. (Conf. nr. 1414.)

Reg. Avin. 155 f. 415 nr. 282.

1433. — *1363 Juni 7. Avignon.*

Arnaldus pape camerarius testatur, quod Hugo abbas monasterii S. Pirmini Hornbacensis solvi fecit per magistrum Nicolaum de Saraponte officialem curie Met. pro parte partis sui communis servitii undecim florenos auri XII sol camere papali et pro parte partis quatuor servitiorum minutorum duos florenos auri septem sol. et VII den.

Oblig. et Solut. 34 f. 111¹.

1434. — *1363 Juni 7. Avignon.*

Die VII dicti mensis [iunii a. MCCCLXIII] recepti sunt a domino fratre Hugone abbate monasterii S. Pirminii Hornbacensis ... pro parte partis sui communis servicii solvente per manus magistri Nicolai de Saraponte officialis curie Met. XI flor. XII sol.

Introit. et Exit. 300 f. 13.

1435. — *1363 Juni 9. Avignon.*

Urbanus V abbati monasterii S. Mansueti extra muros Tull. et decano eccl. S. Petri Avin. ac officiali Met. mandat, quatinus Colino Husseneti de Calvomonte supra Heram capellano perpetuo altaris B. Marie siti in eccl. de Septemmontibus Suession. dioc. conferant parrochialem eccl. de Nomeneyo Met. dioc. vacantem post obitum Folcherii Johannis et reservatam dispositioni papali ex eo, quod tanto tempore vacavit, ut eius collatio ad sedem apostolicam sit devoluta. Tamen parrochialem eccl. assecutus dimittat capellaniam.

Vite ac morum honestas ... Dat. Avin. V idus iunii a. primo.

Reg. Avin. 153 f. 113¹ nr. 210.

1436. — *1363 Juni 10. Avignon.*

Urbanus V Hugoni S. Marie in porticu diacono cardinali confert eccl. Met. canonicatum et prebendam ac altare S. Johannis in eadem vacantes per resignationem a Bernardo Melioris in curia factam.

Dum exquisitam tue . . . Dat. Avin. IIII idus iunii a. primo.

In e. m. episcopo Rivensi et Avin. et Met. officialibus.

Reg. Avin. 152 f. 359.

1437. — *1363 Juni 11. Avignon.*

Urbanus V Volmaro nato quondam Nicolai de Marsallo providet de eccl. S. Stephani in Sarburg canonicatu et prebenda vacantibus per obitum Johannis Volmari de Sarburg.

Vite ac morum honestas . . . Dat. Avin. III idus iunii a. primo.

In e. m. S. Salvatoris Met. et S. Agricoli Avin. ac S. Theobaldi extra muros Met. eccl. decanis.

Reg. Avin. 152 f. 245.

1338. — *1363 Juni 13. Avignon.*

Die XIII m. iunii [a. MCCCLXIII) recepti fuerunt a domino Johanne de Hoyo primicerio ecclesie Metensis in provincia Treverensi apostolice sedis collectore de resta per ipsum debita camere apostolice . . . ipso manualiter assignante

II^c LXII flor. fortes.
LXIX scudati Philippi

Introit. et Exit. 298 f. 48[1].

1339. — *1363 Juni 20. Avignon.*

Urbanus V abbati monasterii S. Symphoriani extra muros Met. mandat, quatinus Johanni de Puteolis canonico eccl. S. Salvatoris Met. magistro in artibus in diaconatus ordine constituto conferat eccl. Met. canonicatum et prebendam vacantes per obitum Johannis Warini fructuum camere apostolice succollectoris in dioc. Lugdun.

Dignum arbitramur et congruum . . . Dat. Avin. XII kl. iulii a. primo.

Reg. Avin. 151 f. 251[1] nr. 134.

1440. — *1363 Juni 24. Avignon.*

Arnaldus camerarius pape Hugoni abbati monasterii Gorziensis prorogat terminum solvendi usque ad festum B. Johannis Baptiste proxime venturum.

Oblig. et Solut. 34 f. 116.

1441. — *1363 Juli 5. Avignon.*

Urbanus V Petrum episcopum Tullensem transfert ad eccl. Mirapiscensem vacantem per translationem hodie factam Arnaldi electi Mirapiscensis ad Electensem ecclesiam.

Romani pontificis, quem . . . Dat. Avin. III nonas iulii a. primo.
Reg. Avin. 155 (t. VI) f. 175.

1442. — *1363 Juli 21. Avignon.*

Urbanus V eccl. Tull. vacanti per translationem Petri episcopi ad ecclesiam Mirapisc. providet de persona Johannis archidiaconi eccl. Tull. in subdiaconatus ordine constituti.

Pastoralis officii debitum . . . Dat. Avin. XII kl. augusti a. primo.

In e. m. capitulo eccl. Tull., clero civit. et dioc. Tull., populo civit. et dioc. Tull., universis vassallis eccl. Tull., archiepiscopo Trever. *(Non Karolo Romanorum imperatori!)*

Reg. Avin. 155 (Urb. V t. VI) f. 198¹.

1443. — *1363 August 1. Avignon.*

Urbano V supplicat Joffridus de Asperomonte et de Duno dominus miles:

quatinus capelle S. Georgii site in diocesi Tullensi in terra sive dominio ipsius et per ipsum de novo fundate concedantur pro certis festis indulgentie (non plenarie). — Annuit papa.

quatinus concedatur filio suo Goberto de Asperomonte militi et eius uxori, quod possint facere celebrari coram se cum altari viatico, familiaribus suis et aliis casualiter supervenientibus admissis, etiamsi talia loca supposita sint interdicto. — Annuit papa ad sex annos.

Dat. Avin. kl. augusti a. primo.
Urbani V Supplic. t. V (nr. 38) f. 7.

1444. — *1363 August 18. Avignon. (1363 Juli 22. Metz.)*

Urbano V supplicat Johannes Anselini officialis Metensis, quatinus examen Johannis de Puteolis rectoris scholarum ecclesie Metensis, cui papa providit de ecclesie Met. canonicatu et prebenda, committatur ad partes.

Sanctissimo in Christo patri et domino beatissimo domino Urbano . . . Johannes Anselini officialis Metensis . . .

Vestre Sanctitati significo, quod honestus vir magister Johannes de Puteolis rector scolarum ecclesie Metensis sedecim annis iam elapsis et ultra fuit et est magister in artibus et iuvenum scolarium doctor et instructor laudabilis et famosus nedum in primitis(?) scientiis et logicalibus ac philosophia naturali, verum etiam in vite conversatione et moribus et extunc continue scolas rexit et circa instructionem parvorum et iuvenum scolarium in scientiis liberalibus multis hactenus laboribus fideliter et efficaciter insudavit et multos sub suo regimine discipulos habuit et instruxit postmodum viros laudabiles effectos, quorum quamplures ad alciora conscendentes in sacra pagina et in iure canonico et civili multipliciter profecerunt. Idem etiam magister Johannes in sacra studens scriptura collationes et disputationes publicas mendicantium continue prosequitur arguens cum eisdem et respondens suo loco in materia disputabili quacunque. Cum igitur Vestra Beatitudo eidem magistro Johanni benemerito gratiam specialem de canonicatu et prebenda ecclesie Metensis fecisse dicatur, eidem Vestre Beatitudini placeat ex uberioris dono gracie dicti magistri Johannis examen remittere vel committere ad partes. Veraciter enim cum multitudinem scolarium habeat copiosam, circa quorum instructionem continue insistit, eos dimittere et se absentare non potest sine ipsorum dispendio et maximo detrimento. Quod volens prohibere testimonium veritati Vestre Sanctitati notum facio per presentes sigilli curie Metensis munimine roboratas. Datum Metis a. d. MCCCLXIII vicesima secunda die mensis Julii. Fiat B.

Dat. Avin. quintodecimo kl. septembris a. primo.

Urbani V Suppl. t. V (nr. 38) f. 49.

1445. — *August 22. Avignon.*

Urbano V supplicat Johannes Johannis de Moreyo clericus Met. dioc., quatinus sibi provideatur de canonicatu et prebenda eccl. S. Stephani de Salburgo, quorum fructus XV libras turonensium parvorum non excedunt, vacantibus ex eo, quod Johannes Forquignoni de Moreyo clericus Met. dioc., cui camerarius papalis post resignationem Johannis Grimaudi in curia factam de iis providit, acceptare noluit-provisionem.

Eidem supplicat Pontius Thirieti de Louwy clericus Trever. dioc., quatinus sibi provideatur de parrochiali eccl. de Briey Met. dioc., cuius fructus annui XLI libras turonensium parvorum non excedunt, tanto tempore vacante, quod eius collatio devoluta est ad sedem apostolicam, non obstante quod ei est reservatum beneficium ecclesiasticum in dioc. Trever. spectans ad collationem abbatis et conventus monasterii S. Simphoriani Met. — Annuit papa.

Urbani V Supplic. t. V (nr. 38) f. 83¹.

1446. — *1363 September 17. — Avignon.*

Urbanus V Johanni electo Tullensi concedit, ut fructus beneficiorum, que tempore promotionis sue obtinebat, perinde usque ad quadriennium percipere valeat.

[Urbanus V] Johanni electo Tullensi.

Sincere devotionis affectus ... Nos volentes tibi, qui dictam ecclesiam *[Tullensem]* magnis debitorum oneribus et multis oppressionibus asseris pregravatam, ut incumbentia tibi expensarum onera commodius supportare valeas, de alicuius subventionis auxilio providere, tuis supplicationibus inclinati tibi, qui infra tempus de consecrandis episcopis a canonibus diffinitum esse dinosceris, [ut] archidiaconatum dicte Tullensis ac primiceriatum Metensis eccl. ac canonicatus et prebendas ipsarum ecclesiarum, quos tempore promotionis tue ... obtinebas, sicut adhuc obtines, etiam ... una cum episcopatu Tullensi usque ad quadriennium licite retinere ac fructus reddittus et proventus ex illis interim percipere valeas ... concedimus, proviso quod archidiaconatus primiceriatus ac canonicatus et prebende predicti debitis interim obsequiis non fraudentur, sed per bonos et sufficientes vicarios ... animarum [cura], si eis imminet, diligenter exerceatur ... Dat. Avin. XV kl. octobris p. n. a. primo.

Reg. Avin. 155 f. 509¹ nr. 568. Johannis supplic. in Urbani V Supplic. t. V (nr. 38) f. 158.

1447. — *1363 September 20. Avignon.*

Camerarius pape Johanni episcopo Met. prorogat terminum subsidii pro defensione terrarum ecclesie impositi, quod ascendit ad duo milia florenorum auri ponderis camere, solvendi usque ad festum resurrectionis domini proxime venturum.

Oblig. et Solut. 31 f. 184.

1448. — *1363 September 27. Avignon.*

Urbano V supplicat Johannes de Sancta Cruce civis Avinion. licentiatus in artibus et medicina, quondam Ademarii episcopi Met. medicus et familiaris fere per decem annos, in civitate Met. propriam mansionem libros et bona habens, quatinus sibi provideatur de canonicatu sub expectatione prebende eccl. Met., non obstante quod obtinet parrochialem eccl. de Versio Uticensis dioc., quam paratus est dimittere, et canonicatum et prebendam eccl. Carpensis. — Annuit papa.

Dat. Avin. V kl. octobris a. primo.

Urbani V Supplic. t. V (nr. 38) f. 166¹.

1449. — *1363 October 7. Avignon.*

Servicium episcopi Tullensis.   XIX card.

Dominus Johannes episcopus Tull. promisit pro suo communi servicio camere apostolice et collegio II^m V^c flor. et V servicia consueta.

Item recognovit pro domino Petro predecessore suo prefate camere et collegio alios II^m V^c flor. et V servicia consueta. Cuius predecessoris obligatio facta fuit die XIIII decembris de anno etc. LXI. — XX card.

Item recognovit pro domino Bertrando antepredecessore suo collegio III^c XCI flor. et unum servicium integrum. Cuius obligatio fuit facta die XVIII septembris de anno etc. LIII. — XXIII card.

Item camere apostolice.

Solvendo a festo Omnium Sanctorum proximo ad unum annum M. flor. et V servicia pro rata, et in simili festo anno revoluto alios M. flor. et tantundem in quolibet simili festo annis revolutis, quousque de omnibus fuerit integre satisfactum. Alioquin etc.

Oblig. et Solut. 35 f. 60 et 36 f. 43¹.

1450. — *1363 October 10. Avignon.*

Urbanus V Johanni electo Tull. indulget, ut a quocunque maluerit catholico antistite ascitis et in hoc sibi assistentibus duobus vel tribus episcopis munus consecrationis recipere valeat.

Cum nos pridem . . . Dat. Avin. VI nonas octobris a. primo.

Reg. Avin. 155 f. 500¹ nr. 539.

1451. — *1363 November 7. Avignon.*

Johannes episcopus Metensis pro parte partis sui communis servitii quadragintos sexdecim florenos auri et XVI sol. camere apostolice et pro parte partis quatuor servitiorum octuaginta tres florenos auri et octo sol. clericis camere per manus magistri Geraldi de Cergiaco procuratoris sui solvi fecit ¹). Prorogatus est ei terminus solvendi usque ad festum B. Johannis Baptiste proxime venturum.

Oblig. et Solut. 34 (337) f. 135. Similiter l. cit. f. 16 et brevius Introit. et Exit. 307 f. 3.

1452. — *1363 November 7. Avignon.*

Urbano V supplicant Johannes de Pilon canonicus Virdunensis, Maria abbatissa S. Mauri Virdunensis ord. S. Bened., Laureta et Margareta sorores moniales incluse monasterii Clarevallensis Metensis ord. Cisterc., quatinus ipsis concedantur indulgentie plenarie semel tantum in mortis articulo. — Annuit papa.

Dat. Avin. VII idus novembris a. secundo.

Urbani V Supplic. t. VI (nr. 39) f. 2.

---

¹) *Oblig. et Solut. 34 f. 16 additur:* Item pro sigillo III flor.

1453. — *1363 November 14. Avignon.*

Urbano V Bertrandus li Hungres civis Metensis supplicat, quatinus concedantur pro certis festis diebus indulgentie eccl. B. Marie de campis extra muros Metenses per unum priorem ord. S. Bened. gubernari solite, quam Bertrandus multa reparatione indigentem de bonis suis reparari et decenter ornari et iu qua — sunt XII anni — singulis diebus missarum sollenia et percipue unam missam de B. Virgine cum cantu celebrari omni die fecit et facit per tres capellanos, quibus providit et providet et intendit perpetuos redditus sufficientes assignare. — Annuit papa.

Dat. Avin. XVIII kl. decembris a. secundo.

Urbani V Supplic. t. VI (nr. 38) f. 33¹ et f. 46¹ (bis!)

1454. — *1363 December 19. Avignon.*

Urbanus V Joffrido domino castri de Asperomonte, qui unam capellam in hospitali pauperum in honore S. Georgii ab ipso in dicto castro de novo fundato et dotato construere et pro uno vel duobus capellanis dotare proponit, largitur licentiam id faciendi, iure patronatus ipsi ipsiusque successoribus imposterum reservato.

Devotionis tue sinceritas . . . Dat. Avin. XIIII kl. ianuarii a. secundo.

Reg. 253 f. 112¹ nr. 387. — Joffridi supplic. in Urbani V Supplic. t. VI (nr. 39) f. 104¹.

1455. — *1363 December 19. Avignon.*

Urbano V supplicat Joffridus dominus de Asperomonte et de Duno miles, quatinus filio suo Goberto de Asperomonte Virdun. dioc. militi et Ysabelle eius uxori concedatur altare portatile. — Annuit papa.

Dat. Avin. XIIII kl. ianuarii a. secundo.

Urbani V Supplic. t. VI (nr. 39) f. 104¹.

1456. — *1363 December 28. Avignon.*

Urbanus V Nicolao de Thiacuria presbitero licentiato in legibus et baccalario in decretis providet de canonicatu eccl. Met. sub expectatione prebende necnon dignitatis vel personatus seu officii cum cura vel sine cura, non obstante quod parrochialem eccl. de Mavillo(!) ac canonicatum et prebendam eccl. S. Mauri de Hattoni-castro Virdun. dioc. obtinet. Tamen possessionem dignitatis personatus vel officii curati assecutus dimittat parrochialem ecclesiam, possessionem vero canonicatus et prebende vel officii non curati Met. assecutus dimittat canonicatum et prebendam in Hattoni-castro.

Litterarum scientia, vite . . . Dat. Avin. V kl. ianuarii a. secundo.

In e. m. abbati monasterii S. Simphoriani extra muros Met. et decano eccl. S. Agricoli Avin. ac officiali Met.

Reg. Avin. 158 f. 352¹. — R. ducis Barrensis suppl. pro N. familiari et consiliario suo in Urbani V Suppl. t. VI (nr. 39) f. 111¹.

1457. — *1364 Januar 3. Avignon.*

Urbanus V episcopo Metensi mandat, quatinus cum nobili viro Nicolao Moretel milite et nobili muliere Jacoba relicta Willermi dicti le Hungre militis dispenset, ut matrimonium contrahere valeant, non obstante quod Nicolaus Willermo attingebat quarto consanguinitatis gradu.

Petitio dilecti filii . . . Dat. Avin. III nonas ianuarii a. secundo.

Reg. 261 f. 94 nr. 10. Reg. 251 f. 197 nr. 44.

1458. — *1364 Februar 10. Avignon.*

Arnaldus pape camerarius testatur, quod Hugo abbas monasterii S. Pirmini Herbacensis(!) solvi fecit per Walterum de Mengen[a] presbiterum Argentinensis dioc. pro complemento sui communis servicii quadraginta unum flor. auri et XII sol. monete Avin. camere papali et pro complemento quatuor servitiorum minutorum octo florenos auri sex sol. et novem den.

Oblig. et Solut. 34 f. 152. Brevius Introit. et Exit. 307 f. 8.

1459. — *1364 Februar 27. Avignon.*

Camerarius pape testatur, quod Johannes episcopus Virdun. solvi fecit per Ulricum Poncini presbiterum familiarem suum pro parte partis communis servicii octuaginta quatuor florenos auri camere papali et pro parte partis quatuor serviciorum minutorum quindecim florenos auri et X solidos clericis camere.

Oblig. et Solut. 34 f. 157¹.

1460. — *1364 März 15. Avignon.*

[Urbanus V] Johanni electo Tullensi apostolice sedis nuncio.

Cum nuper per nostras certi tenoris litteras venerabilem fratrem nostrum Johannem episcopum Hildesemensem nostrum et apostolice sedis in nonnullis Alamanie provinciis generalem deputaverimus nuncium et collectorem . . . hinc est quod nos . . . ut officium collectorie in Metensi Tullensi et Virdunensi civitatibus et diocesibus apostolica tibi auctoritate commissum . . . plenarie exercere valeas et eo libere uti non obstantibus commissionibus prefato episcopo Hildesemensi seu

---

[a] Gengon *Introit. et Exit. l. cit.*

quibusvis aliis quacunque forma verborum factis . . . plenam et liberam tibi tenore presentium concedimus potestatem . . . Dat. Avin. idus marcii a. secundo.

Reg. 246 f. 140¹.

1461. — *1364 März 20. Avignon.*

Urbanus V Nicolao dicto Musaulz confert eccl. Met. canonicatum et prebendam vacantes ex eo, quod et Nicolaus eccl. Tull. canonicatum et prebendam per Nicolaum de Thiacuria canonicum eccl. S. Crucis Virdun. et Moraudus de Bagunelz eccl. Met. canonicatum et prebendam per Johannem Pauli canonicum eccl. Leod. apud curiam causa permutationis resignarunt.

Apostolice sedis circumspecta . . . Dat. Avin. XIII kl. aprilis a. secundo.

Reg. Avin. 157 f. 324¹ nr. 27.

1462. — *1364 April 20. Avignon.*

Urbanus V Tullensis et S. Agricoli Avin. eccl. decanis ac officiali Met. mandat, quatinus Alberto Viviani de S. Cristoforo canonico Astoricensi conferat eccl. Met. canonicatum et prebendam vacantes ex eo, quod et Johannes de Lucemburg clericus collector camere apostolice in provincia Trever. et Raymundus Rogerii clericus collector camere apostolice in provincia Tholosana de dictis canonicatu et prebenda vacantibus per obitum Galteri Diaboli alias Alberti apud curiam litigantes mortui sunt, non obstante quod Albertus canonicatum et prebendam cum certis prestimoniis eccl. Astoricensis obtinet, que beneficia tamen dimittat, simulac eccl. Met. prebende possessionem fuerit assecutus.

Probitatis et virtutum merita . . . Dat. Avin. XII kl. maii a. secundo.

Reg. Avin. 157 f. 354 nr. 79.

1463. — *1364 Mai 6. Avignon.*

Urbanus V Aubrico Radulphi de Lingonis in presbiteratus ordine constituto, qui in provincia Lugdunensi camere apostolice collector existit, confert eccl. Virdun. canonicatum et prebendam ac primiceriatum vacantes per obitum Talayrandi episcopi Albanensis, non obstante quod Aubricus in S. Justi Lugdun. cum portione canonicali et obedienciaria et in Lingonensi et S. Marie Magdalene Aquesparse ecclesiis cum prebendis canonicatus ac parrochialem eccl. de Donnomartino Eduensis et Lingonensis dioc. obtinet ac super decanatu Lingonensis eccl. litigat. Tamen canonicatum et prebendam eccl. Virdun. assecutus dimittat parrochialem eccl. et obedientiam ac decanatum prefatos.

Vite ac morum honestas ... Dat. Avin. II nonas maii a. secundo. In e. m. decano eccl. S. Agricoli Avin. et Lingon. ac Virdun. officialibus.

Reg. Avin. 157 f. 201¹ nr. 19.

1464. — *1364 Mai 7. Avignon.*

Urbano V supplicant abbas et conventus monasterii Gorziensis, quatinus provideatur fratri Guillelmo de Xaving monacho dicti monasterii de prioratu S. Petri de Amella Virdun. dioc. a dicto monasterio dependente et vacante per resignationem Guillelmi tit. S. Marie in Transtiberim presbiteri cardinalis in curia factam. — Annuit papa.

Item quatinus provideatur fratri Joffrido dicto lou Braconnier monacho dicti monasterii de prioratu S. Dagoberti de Sathenacho Trever. dioc. a dicto monasterio dependente et vacante per resignationem Guidonis episcopi cardinalis in curia factam. — Annuit papa.

Item quatinus fratrum Guillelmi et Joffridi examen committatur ad partes, cum sint absentes et dictus Guillelmus cardinalis sit de eorum sufficientia plenarie informatus. — Annuit papa.

Dat. Avin. nonas maii a. secundo.

Urbani V Suppl. t. VII (nr. 40) f. 146¹.

1465. — *1364 Mai 7. Avignon.*

Urbano V Guido Portuensis episcopus cardinalis supplicat, quatinus, cum abbas et conventus monasterii Gorziensis sibi, quoad vixerit, pensionem annuam quingentarum florenorum auri per eorum patentes litteras assignarint, prout etiam continetur in eorum supplicatione, papa confirmare dignetur dictam pensionis assignationem. — Annuit papa.

Dat. Avin. nonas maii a. secundo.

Urbani V Suppl. t. VII (nr. 40) f. 148.

1466. — *1364 Juni 14. Avignon.*

Urbanus V decanos eccl. maioris et B. Marie Magdalene Virdun. ac officialem Virdun. constituit iudices, qui discernant litem inter Johannem de Bistorph rectorem parrochialis eccl. S. Simplicii Met. et Johannetam abbatissam monasterii S. Marie ad moniales Met. ord. S. Bened. exortam. Dicta abbatissa suggesserat officiali Metensi, quod ipsa certam partem fructuum dicte eccl. parochialis percipere debebat quodque dictus rector iniuste impediebat, quominus ipsa eandem percipere posset. Quo facto officialis Met. in dicta eccl. parrochiali, in qua est maxima christifidelium multitudo, cessari mandavit a divinis.

Exhibita nobis pro parte . . . Dat. Avin. XVIII kl. iulii a. secundo.
Reg. 251 f. 294 [1] *nr. 364.*

1467. — *1364 Juni 17. Avignon.*

[Urbanus V] Johannem ducem Lothoringie hortatur, quatinus abstineat a gabellis, impositionibus et aliis oppressionibus impositis in villis castris locis et terris decani et capituli ecclesie S. Deodati Tull. dioc., cuius ecclesie redditus adeo tenues sunt, quod iidem decanus et capitulum non possunt ex eis commode sustentari.

Manifesta deo irrogatur . . . Dat. Avin. XV kl. iulii a. secundo.
Reg. 246 f. 217.

1468. — *1364 Juni 17. Avignon.*

[Urbanus V] nobili viro Brocardo de Vestinga, militi Metensis diocesis.

Scribimus dilecto filio nobili viro Johanni duci Lothoringie pro dilectis filiis decano et capitulo ac subditis ecclesie S. Deodati ad nos et Romanam ecclesiam nullo medio pertinentes (!) Tull. dioc. secundum tenorem presentibus interclusum. Quare nobilitatem tuam rogamus et hortamur attente, quatinus dictum decanum et capitulum et ecclesiam apud eundem ducem habeas pro dei ac nostra et apostolice sedis reverentia favorabiliter commendatos. Datum ut supra (= Avin. XV kl. iulii a. secundo).

Eodem modo nobili viro Johanni de Theloz militi Tull. dioc.
Eodem modo nobili viro Ferrico de Perroya militi Tull. dioc.
Reg. 246 f. 217.

1469. — *1364 Juni 17. Avignon.*

Urbanus V Guillelmum tunc abbatem monasterii S. Clementis Met. inclinatus eius precibus transfert in abbatem monasterii S. Martini Metensis.

Romani pontificis, cui . . . Dat. Avin. XV kl. iulii a. secundo.
In e. m. conventui. episcopo Metensi.
Reg. Avin. 156 f. 124.

1470. — *1364 Juni 17. Avignon.*

Urbanus V Andream tunc abbatem monasterii S. Martini Met. inclinatus eius precibus transfert in abbatem monasterii S. Clementis Metensis.

Romani pontificis cui . . . Dat. Avin. XV kl. iulii a. secundo.

In e. m. conventui, episcopo Metensi.
Reg. Avin. 156 f. 124¹.

1471. — *1364 Juni 21. Avignon.*

Urbanus V archiepiscopum Trever. et episcopos Metensem ac Trecensem constituit conservatores Johanni episcopo Tullensi ad quinquennium.

Ad hoc nos deus ... Dat. Avin. XI kl. iunii a. secundo.
Reg. 251 f. 179 nr. 56.

1472. — *1364 Juni 23. Avignon.*

Hugo abbas monasterii Gorsiensis solvit pro parte partis sui communis servicii CXCI flor. auri et XX sol. camere et pro parte partis IIII serviciorum XXXIII flor. auri VI sol. clericis camere per manus Johannis de Ulmonte procuratoris in curia Romana. Terminus solvendi ei prorogatus est usque ad festum nativitatis domini proxime venturum.
Oblig. et Solut. 37 (338) f. 11¹.

1473. — *1364 Juni 26. Avignon.*

[Urbanus V] Cononi archiepiscopo Treverensi.

Illo te decet ... Olim siquidem, sicut accepimus, quidam episcopus Metensis predecessor bone memorie Ademarii Metensis episcopi castrum de Castris ad episcopum et mensam episcopalem Metensem pertinens quibusdam nobilibus illarum partium bone memorie Balduino tunc archiepiscopo Treverensi et dicte tue ecclesie emulis seu rebellibus dedit in pignus pro certa pecunie quantitate. De qua licet per dictum Ademarium episcopum fuerit eisdem nobilibus satisfactum, nichilominus dictus Balduinus predecessor tuus eorundem emulorum instigatus iniuriis dictum castrum recepit et occupavit, ipsumque nunc tu detines minus iuste. Tuam igitur fraternitatem attente requirimus et hortamur attentius, quatinus ... dictum castrum ... Johanni episcopo Metensi ... restituas ... Dat. Avin. VI kl. iulii a. secundo.
Reg. 246 f. 229¹.

1474. — *1364 Juli 4. Avignon.*

Urbanus V Petro de Herba de Dola licentiato in artibus, pro quo supplicat Johannes episcopus Met. asserens eum esse capellanum et secretarium suum et multos labores pro eccl. Met. sustinuisse et adhuc sustinere, providet de eccl. Met. canonicatu sub expectatione prebende, non obstante quod obtinet parrochialem eccl. S. Petri Bisuntinam, cuius fructus quindecim librarum turonensium parvorum valorem annuum non excedunt.

Litterarum scientia, vite . . . Dat. Avin. IIII nonas iulii a. secundo.

In e. m. S. Salvatoris Met. et S. Agricoli Avin. eccl. decanis ac Humberto de Say canonico Bisuntine eccl.

Reg. Avin. 158 f. 302.

1475. — *1364 Juli 26. Avignon.*

Urbanus V priori provinciali et fratribus ordinis Heremitarum S. Augustini provincie Trever. notificat, quod Roberto duci Barrensi elargitur licentiam fundandi et construendi de bonis suis in villa sua de Barro-Ducis Tull. dioc. monasterium dicti ordinis, dummodo episcopi Tull. ad id accedat assensus et duodecim fratres dicti ordinis decenter ibidem valeant sustentari.

Sacre religionis vestre . . . Dat. Avin. VII kl. augusti a. secundo.

Reg. 251 f. 368¹ nr. 616.

1476. — *1364 Juli 26. Avignon.*

Urbanus V Roberto duci Barrensi indulget, ut in locis interdicto suppositis liceat ei missam et alia divina officia facere sibi celebrari.

Devotionis tue sinceritas . . . Dat. Avin. VII kl. augusti a. secundo.

Reg. 251 f. 361¹ nr. 587.

1477. — *1364 Juli 27. Avignon.*

Urbanus V episcopo Metensi mandat, quatinus procedat contra quosdam fratres rebelles domus Predicatorum Metensis.

[Urbanus V] episcopo Metensi.

Gravem dilectorum filiorum Symonis magistri ordinis fratrum Predicatorum et priorum provincialium ac diffinitorum generalis capituli dicti ordinis nuper Valencie celebrati querelam accepimus continentem, quod dudum bone memorie Nicolaus tit. S. Syxti presbiter cardinalis ex commissione felicis recordationis Innocentii pape VI . . . sibi facta nonnullis fratribus domus Metensis dicti ordinis, qui inhobedientes fuerant et rebelles magistro et ordini supradictis, in virtute sancte obediencie et sub excommunicationis pena per suas litteras mandavit et precepit, ut ad ipsorum magistri et ordinis obedientiam redeuntes de dicta domo exirent et ad alia certa loca et domos eiusdem ordinis per ipsum cardinalem dictis fratribus pro mansione et residentia ipsorum in eisdem litteris assignata accederent ibidem moraturi nec ulterius ad dictam domum Metensem redituri ab ipsius magistri vel prioris provincialis fratrum dicti ordinis provincie Francie iuxta morem dicti ordinis petita licentia et obtenta. Sed ipsi fratres dicti domus, ut asseritur, spretis mandato et precepto huiusmodi eis parere contumaciter recusarunt et recusant adhuc in sua rebellione et inobedientia huiusmodi, in qua iam per novem annos fuerunt, persistentes . . . Quare pro parte ipsorum magistri priorum et diffinitorum fuit nobis humiliter supplicatum, ut providere super hoc de oportuno remedio dignaremur. Nos igitur . . . fraternitati tue . . . mandamus, quatinus, si est ita, predictos fratres, quod de dicta domo recedant ad alia loca dicti ordinis per dictum magistrum seu provincialem dicte provincie assignanda moraturi et magistro dicti ordinis, qui est et erit pro tempore, in omnibus, prout tenentur, obediant . . . necnon ipsos per captionem et incarcerationem personarum, si tibi expediens videatur, ac eos et contradictores quoslibet et rebelles per censsuram ecclesiasticam et alia iuris remedia appellatione remota compellas . . . Dat. Avin. VI kl. augusti a. secundo.

Reg. 251 f. 333¹ nr. 494.

1478. — *1364 Juli 28. Avignon.*

Urbanus V Johannis episcopi Tullensis precibus inclinatus, qui pape exposuit, quo fructus mense episcopalis Tullensis adeo diminuti existunt, quod ex eis onera tam pro defensione iurium dicte mense quam alias sibi incumbentia commode supportare non potest, quodque occasione iurisdictionis temporalis civitatis Tullensis, que ad episcopum pertinet, multum interdum subire habeat onera, quodque archidiaconus eccl. Tullensis, qui est pro tempore, in qua quidem ecclesia unus decanus, qui est maior in eadem ecclesia post episcopum, curam animarum personarum eiusdem ecclesie habet, et quinque alii archidiaconi existunt, iurisdictionem spiritualem in civitate predicta ac per spatium duarum leucarum vel circiter circa eam pro maiori parte obtinet, quodque idem episcopus predictam iurisdictionem temporalem cum spirituali iurisdictione huiusmodi commodius et facilius manutenere posset et etiam defensare, incorporat dictum archidiaconatum, qui maior nuncupatur, cum omnibus iuribus eius et pertinenciis, etiamsi prepositura collegiate ecclesie S. Gengulphi Tullensis eidem sit annexa, dicte mense episcopali, ita quod cedente vel decedente archidiacono, qui nunc est, liceat eidem Johanni vel successoribus eius corporalem possessionem archidiaconatus eiusque iurium et pertinentiarum apprehendere et retinere.

Ad perpetuam memoriam. Etsi ex iniuncto . . . Dat. Avin. V kl. augusti a. secundo.

Reg. Avin. 158 f. 190.

1479. — *1364 August 7. Avignon.*

Johannes episcopus Metensis solvit camere pro parte partis sui communis servicii CXLIII flor. auri VIII sol. VIII den. et clericis camere pro parte partis IIII serviciorum XXVIII flor. XVII sol. IIII den. per manus Gerardi de Sergiaco procuratoris in Romana curia. Terminus solvendi ei prorogatus est usque ad festum B. Andree proxime futurum.

Oblig. et Solut. 37 (338) f. 22.

1480. — *1364 August 17. Avignon.*

Urbanus V providet monasterio S. Petri-montis ord. S. August. apostolice sedi immediate subiecto vacanti per obitum Johannis abbatis de persona Habeleti prepositi eiusdem monasterii in sacerdotio constituti, quem conventus ignarus reservationis papalis concorditer elegit in abbatem.

Summi dispositione rectoris . . . Dat. Avin. XVI kl. septembris a. secundo.

In e. m. conventui.

Reg. Avin. 157 f. 182 nr. 93.

1481. — *1364 August 17. Avignon.*

Eadem die [XVII m. augusti a. MCCCLXIIII] frater Guillelmus abbas monasterii S. Martini ante Metis . . . promisit camere apostolice et collegio pro suo communi servicio per . . . procuratorem suum . . . II^c flor. auri et quinque servicia consueta, solvendo ut supra [*scil:* medietatem in festo B. Johannis Baptiste proxime venturo et aliam medietatem in simili festo anno revoluto]. — XVI card.

Oblig. et Solut. 36 f. 84; item Oblig. et Solut. 35 (389) f. 81[1].

1482. — *1364 August 17. Avignon.*

Urbanus V S. Arnulphi Met. et S. Martini extra muros Met. monasteriorum abbatibus ac decano eccl. S. Agricoli Avin. mandat, quatinus Folmaro monacho monasterii S. Clementis extra muros Met. concedant, quod perinde valeat collatio ei post obitum Johannis Gemel a Guillelmo abbate dicti monasterii facta prioratus S. Petri ad harenas vel ad campos extra muros Metenses.

Religionis zelus, vite . . . Dat. Avin. XVI kl. septembris a. secundo.

Reg. Avin. 156 f. 385[1].

1483. — *1364 October 10. Avignon.*

... Habeltus abbas monasterii Petrimontis ord. S. Augustini Met. dioc. promisit camere apostolice et collegio pro suo communi servicio per Henricum Gelu de Marvilla clericum Trever. dioc. procuratorem suum ... II^c flor. auri et V servicia solvendo ut supra (*scil*: medietatem a festo omnium sanctorum proxime venturum ad unum annum et aliam medietatem in festo B. Marie medio augusto tunc proxime venturo). — XVI card.

Oblig. et Solut. 36 f. 87.

1484. — *1364 October 31. Avignon.*

Urbanus V Richero Anselini de Marsallo confert eccl. S. Stephani de Sarburgo Met. dioc. canonicatum et prebendam vacantes ex eo, quod Martinus Conraldi de Marsallo vigore litterarum pape obtinuit eccl. S. Leodegarii de Marsalo canonicatum et prebendam pertinentes ad dispositionem episcopi Met.

Vite ac morum honestas ... Dat. Avin. II kl. novembris a. secundo.

Reg. Avin. 157 f. 365 nr. 99.

1485. — *1364 November 28. (Avignon.)*

Johannes episcopus Met. solvit camere pro parte partis sui communis servicii CXXV flor. auri et clericis camere pro parte partis IIII serviciorum XXV flor. auri per manus magistri Gerardi de Cergiaco procuratoris sui tempore debito. Terminus solvendi ei prorogatus est usque ad primam diem m. aprilis proxime futuri.

Oblig. et Solut. 37 (338) f. 39¹. Partim et brecius Introit. et Exit. 311 f. 4¹.

1486. — *1364 December 10. Avignon.*

Johanni episcopo Tull. prorogatus est terminus solvendi camere apostolice usque ad festum pasche proxime venturum. Insuper dispensatum est cum eo super irregularitate.

Oblig. et Solut. 37 (338) f. 39.

1487. — *1364 December 13. Avignon.*

Urbanus V Jacobo Pulli subdiacono, qui per plures annos in philosofia Parisius studuit, reservat eccl. Met. canonicatum et prebendam, quorum fructus sexaginta librarum turonensium parvorum valorem annuum non excedunt, quorumque possessionem assecutus dimittat parrochialem eccl. de Cloyes Trever. dioc., de qua papa ei nuper providit.

Probitatis et virtutum merita . . . Dat. Avin. idus decembris a. tercio.

In e. m. S. Agricoli Avin. et S. Theobaldi extra muros Met. eccl. decanis ac officiali Met.

Reg. Avin. 161 f. 104 nr. 93.

1488. — *1364 December 19. Avignon.*

Urbanus V Remigio de Puteolis canonico prebendato eccl. S. Salvatoris Met., qui novem annis iam lapsis magister in artibus extitit et per plures annos in iure canonico studuit prout adhuc studet, confert eccl. Met. canonicatum et prebendam vacantes ex eo, quod papa primo Johanni de Vayroliis et deinde Joffrido de S. Desiderio contulit loco dictorum alia beneficia ecclesiastica.

Litterarum scientia, vite . . . Dat. Avin. XIIII kl. ianuarii a. tercio.

In e. m. abbati monasterii S. Simphoriani extra muros Met. et S. Petri Avin. ac S. Salvatoris Met. eccl. decanis.

Reg. Avin. 161 f. 31¹ nr. 25.

1489. — *1365 Januar 8. (Avignon.)*

Hugo abbas monasterii Gorziensis solvit camere pro parte partis sui communis servicii CXXXVI flor. auri et clericis camere pro parte partis IIII serviciorum X flor. auri per manus fratris Theobaldi Hivelli monachi dicti monasterii. Terminus solvendi ei prorogatus est usque ad primam diem mensis augusti proxime venturam.

Oblig. et Solut. 37 (330) f. 49. Partim et brevius Introit. et Exit. 311 f. 8.

1490. — *1365 Februar 6. Avignon.*

Urbanus V Guillelmo tit. S. Laurentii in Lucina presbitero cardinali confert eccl. Met. archidiaconatum vacantem ex eo, quod Johannes de Vayroliis antea archidiaconus Met. vigore litterarum Urbani assecutus est archidiaconatum Vesalinensem in eccl. Agenensi.

Dudum exquisitam tue . . . Dat. Avin. VIII idus februarii a. secundo.

In e. m. abbati monasterii S. Simphoriani extra muros Met. et S. Petri Avin. ac S. Salvatoris Met. eccl. decanis.

Reg. Avin. 159 f. 85 nr. 7.

1491. — *1365 März 17. Avignon.*

Johannes episcopus Virdun. solvit camere apostolice pro parte partis sui communis servicii LXXXIII flor. auri et clericis camere pro parte partis

IIII serviciorum XVII flor. auri per manus Auberti Bertrandi clerici familiaris sui.

Oblig. et Solut. 37 (338) f. 65.

1492. — *1365 März 27, 28, April 4. Metz.*

Incentarium bonorum mobilium relictorum a Simone abbate monasterii S. Symphoriani die XXVI m. martii sepulto confectum ab executoribus testamenti.

In dei nomine. Amen. Per hoc presens publicum instrumentum cunctis pateat evidenter, quod anno ab incarnatione eiusdem MCCCLXV indictione III mensis marcii die vicesima septima circa horam vesperarum ... in domo, que dicitur domus S. Symphoriani sita in civitate Metensi in vico porte Serpentine ad monasterium S. Symphoriani extra muros Metenses spectante in presentia mei publici subscripti notarii et testium infrascriptorum ad hoc vocatorum specialiter et rogatorum constituti venerabilis pater dominus Renaldus dei paciencia abbas monasterii S. Arnulphi extra muros predictos et religiosi viri fratres Arnulphus dictus Poioize custos et Symon dictus Eulecol camerarius et monachi predicti monasterii S. Symphoriani ordinis S. Benedicti executores ordinis seu dispositionis et ultime voluntatis domini Symonis bone memorie quondam abbatis monasterii S. Symphoriani predicti die vicesima sexta presentis mensis marcii traditi ecclesiastice sepulture, scientes, ut dicebant, se de iure teneri ad inventarii confectionem de bonis et rebus per eundem dominum abbatem in morte relictis ad executionem ordinationis sue seu ultime voluntatis spectantibus volentesque, non inconsulte sed cum beneficio inventarii se rebus et bonis eiusdem immiscere, ne ultra vires bonorum ipsorum teneantur aut a quibuscunque valeant coartari, et ut beneficium ex inventario de iure debitum ipsis integrum reservetur, protestatione per ipsos executores premissa et facta, quod ipsi pretextu seu ratione predicte executionis nolebant nec intendebant in plus(?) quomodolibet seu ubilibet teneri vel obligari, quam summa seu valor bonorum ad predictam executionem spectantium, que ad manus executorum ipsorum devenerit et deveniet, excedere se valebit^a), et quod onus executionis huiusmodi iuxta predicte protestationis seriem et ne bona ipsa in dampnum et preiudicium dicti monasterii S. Symphoriani dissipentur illicite, et non alias assumebant salva superiore auctoritate. Et deinde executores ipsi ob totius doli culpam vitandam omnemque fraudis suspicionem tollendam tactis ab eorum quolibet corporaliter sacrosanctis evangeliis solenniter

---

^a) *Textus hoc loco mendosus.*

iuraverunt, quod ipsi per se, alium seu alios clam vel palam, directe vel indirecte de bonis mobilibus quibuscunque per dictum dominum abbatem in morte relictis seu ad ipsam executionem spectantibus nichil penitus subtraxerunt amoverunt occultaverunt asportaverunt vel in fraudem executionis predicte alienaverunt quocunque modo, et quod quecunque de bonis eisdem habent pre manibus et sciunt et habere ac reperire poterunt, de presenti fideliter exhibebunt in inventarium redigenda et super hoc fieri facient publicum instrumentum et ea in executionem ultime voluntatis predicti domini abbatis iuxta ipsius dispositionem exponent pro viribus fideliter et convertent, et quod si in imposterum aliqua alia de bonis ad dictam executionem spectantibus repererint et ad manus pervenerint eorundem, illa suis locis et temporibus manifestabunt exhibebunt in executionem eandem fideliter convertenda. Factoque et prestito per eosdem executores huiusmodi iuramento statim dei nomine invocato ad confectionem huiusmodi inventarii processerunt et super bonis per eos, ut dicebant, repertis inventarium inchoaverunt et fieri fecerunt coram me notario publico et testibus infrascriptis et procuraverunt in hunc modum:

In primis igitur de quadam testudine seu camerula lapidea sita in ingressu camere predicti domini abbatis defuncti plures et diversos sacculos, in quibus plures et diverse florenorum et aliarum pecuniarum summe erant inferius designate et quamplura vasa argentea, quorum etiam aliqua erant deaurata, sub pondere inferius designato, extraxerunt et super mensam unam in dicta camera positam reposuerunt videnda ibidem computanda et extimanda. In quibus quidem sacculis summe subscripte per computationem legitimam ibidem coram me publico subscripto notario et testibus infrascriptis per singulos saculos singulatim et distincte factam reperte fuerunt: In primo igitur saculo reperti fuerunt duo millia et ducenti ac quatuor scutati tam veteres quam novi et tam ad scutum regis Francie quam ad scutum cum aquila, quorum, ut prima videbatur facie, maior pars erat scutatorum novorum. Item in alio saculo reperti fuerunt duo millia et quingenti ac quadraginta novem parvi floreni. Item in alio saculo mille sexcenti et octoginta septem parvi floreni. Item in alio mille centum et septem parvi floreni. Item in alio sexcenti et triginta quinque floreni dicti regales auri. Item in alio ducenti et quinquaginta quinque floreni dicti papiliones. Item in alio centum et sex floreni dicti ad cathedram. Item in alio viginti septem floreni dicti duplices et duo parvi denarii metenses aurei. In alio vero quinquaginta octo floreni novi cum scuto aquile. In alio autem octo floreni ad scutum aquile et sexdecim floreni ad coronam, tres scutati Francie, duo regales, tres leones, octo agni aurei et duodecim denarii metenses aurei. Item in alio trecenti viginti quatuor tam arietes quam franci. Et in alio septuaginta unus arietes. Item in alio sedecim tam scutati Francie quam arietes et centum et quinque parvi floreni. Item in alio saculo reperti fuerunt duo millia quadringenti et triginta duo grossi turonenses argentei et unus piguis(!) denarius et unus duplex argenti monete Metensis. Item in parvis turonensibus et aliis minutis et parvis monetis repertum extitit ad extimacionem septem librarum cum dimidia metensium, cuius monete Metensis decem solidi et decem denarii valent unum florenum. Item in moneta Argentinensi reperti fuerunt septuaginta quatuor solidi vel circiter monete eiusdem. Item in moneta Metensi novem libri et novem solidi cum duobus denariis metensibus. Item octo marce ducatus Lotharingie minus legitimi et modici valoris. Et hec sunt summe prescripte florenorum et pecunie, que reperte fuerunt in testudine antedicta.

Item in eadem testudine reperta fuerunt vasa argentea quamplura, poti urceoli cupe ciphi godeti coclearia et alia utensilia argentea, quorum aliqua alba et absque[a]) dealbatione quacunque erant et aliqua deaurata, que coram me publico subscripto notario ac testibus infra scriptis ponderata fuerunt ascendentia ad centum et novem marcas argenti nec alias ad pretium extimata fuerunt.

Reperti etiam fuerunt tunc ibidem undecim anuli aurei tam magni quam parvi, quorum aliqui videbantur satis parvi valoris. Nec fuerunt ipsi anuli ibidem appreciati vel ad certum precium extimati. De quibus anulis predictus dominus Symon Eulecol coexecutor dixit et asseruit, quod tres meliores eorum ad ipsum dominum abbatem defunctum non spectabant, licet usum eorum haberet, dum viveret, sed spectabant et spectant ad fratrem domini Symonis, ut dicebat, asserens, quod illi tres anuli ad progenitores eorum spectaverint ab antiquo et semper fuerint talis condicionis, quod ad antiquiorem heredem in linea obvenerint et hoc iure obvenerint ad matrem ipsius domini Symonis, ut dicebat, sed pater ipsius domini Symonis, videlicet dominus Johannes Eulecol, volens dictum dominum abbatem sororium suum offendere, eosdem anulos eidem tradiderat conservandos sub hac condicione, quod post eius obitum ad heredes ipsius domini Johannis redirent.

Super quibus bonis per executores tunc, ut prefertur, repertis iidem executores per me publicum subscriptum notarium fieri petierunt publicum instrumentum. Acta fuerunt hec anno indictione mense die hora pontificatu et loco predictis. presentibus ibidem venerabilibus

---
[a]) abque *in or.*

— 251 —

ac circumspectis viris dominis Nicholao de Ultricuria decano, Nicolao dicto de Aix cantore maioris et Richerdo Henriquelli decano S. Salvatoris ecclesiarum Metensium testibus ad premissa vocatis specialiter et rogatis.

Item anno indictione mense et pontificatu predictis die vicesima octava predicti mensis marcii circa horam prime in predicto monasterio S. Symphoriani extra muros Metenses in domo seu camera, que dicitur maldenee sita retro ecclesiam dicti monasterii in presencia mei publici subscripti notarii et testium prescriptorum prenominati executores dictum inventarium continuando dixerunt et asseruerunt, se in eodem monasterio adhuc reperisse quosdam alios ciphos et alia vasa argentea, quibus in camera abbatis ibidem edentes et conversantes utebantur, et eosdem ciphos ac vasa coram nobis exhibuerunt et ponderari fecerunt, que inventa fuerunt esse ponderis decem et novem marcharum argenti. Quibus actis prenominati executores dixerunt et asseruerunt, quod iam plura nesciebant in auro vel argento aut pecunia seu vasis argenteis quibuscunque de bonis per dictum dominum abbatem in morte relictis et ad executionem predictam spectantibus et quod adhuc de bladis vinis animalibus residuis necnon et de utensilibus domorum dicti domini abbatis tam in monasterio quam in civitate Metensi existentium inventarium facere proponebant, quam cito commode possent, et hoc protestati fuerunt expresse asserentes, quod hoc facere non erat nec est opus unius diei sed multorum, tum quia bladi predicti monasterii et vina non erant in monasterio ipso sed in civitate Metensi una cum pluribus aliis bonis utensilibus et supellectilibus monasterii eiusdem propter timorem guerrarum et insultus inimicorum notorios in diversis locis et domibus pro maiori parte reposita et deducta, ad que loca singula de presenti difficile et tediosum existeret, ut dicebant, ipsos executores ac predictos duos testes discurrere et morari, usquequo dicta blada vina et utensilia visa mensurata et extimata existerent, tum quia etiam executores prefati tunc circa tuitionem propriorum bonorum monasteriorum predictorum et deductionem eorum ad civitatem Metensem erant sicut et ceteri cives et habitatores Metenses inevitabiliter occupati, et idcirco ita cito, prout vellent, non poterant, ut dicebant, procedere ad expeditionem inventarii supradicti, sed quantocius commode possent, blada omnia dicti monasterii facerent mensurari et vina in doliis reposita per doliarios fideliter extimari utensiliaque lectisternia et supellectilia omnia et singula ad usum predicti domini abbatis tam in monasterio predicto quam in civitate Metensi hactenus deputata diligenter inspici et videri et in scriptis fideliter redigi et super hoc fieri unum vel plura, prout opus fuerit, publica instrumenta. Acta fuerunt hec presentibus dominis decanis et cantore testibus antedictis.

Item anno indictione et pontificatu predictis die quarta mensis aprilis immediate sequentis circa horam prime in curia domus fratrum S. Trinitatis Metensi in presentia mei publici subscripti notarii et testium predictorum prenominati executores dictum inventarium continuando septuaginta novem petias tam boves quam vaccas et vitulos ibidem in dicta curia existentes se reperisse dixerunt residuas de bobus et vacis curtium seu coloniarum monasterii antedicti ad civitatem Metensem causa refugii et tuitionis deductas, in quibus iidem executores moterarios seu colonos dictarum pecudum custodes porciones suas habere decebant, que in veritate, ut manifeste videbatur, tenues et deboles ac macillente et sub pretio aliquo tunc posite non fuerunt. Actum presentibus testibus antedictis.

Et ego Symon quondam Petri dictus Ven-
(Signum notarile) harnep clericus publicus apostolica et imperiali auctoritate et curie Metensis notarius etc.

<small>Or. membr. instrum. notarile. — Instrum. miscell. a. 1365 nr. 13.</small>

1493. — *1365 März 31. (Avignon.)*

Johannes episcopus Met. solvit camere apostolice pro parte partis sui communis servicii CXXV flor. auri et clericis camere pro parte partis IIII serviciorum XXV flor. auri per manus Gerardi de Cergiaco procuratoris sui. Terminus solvendi ei prorogatus est usque ad primam diem m. augusti proxime venturi.

<small>Oblig. et Solut. 37 (338) f. 69. Partim Introit. et Exit. 311 f. 11¹.</small>

1494. — *1365 April 2. Avignon.*

Urbanus V Johanni Perroti magistro in artibus providet de eccl. Met. canonicatu sub expectatione prebende.

Litterarum scientia, vite . . . Dat. Avin. IIII nonas aprilis a. tercio.

In e. m. S. Petri Avin. et S. Salvatoris Met. et S. Theobaldi extra muros Met. eccl. decanis.

<small>Reg. Avin. 160 f. 387.</small>

1495. — *1365 April 3. (Avignon.)*

Johannes electus Tullensis solvit camere apostolice pro parte partis sui communis servicii CXV flor. auri XVII sol. et clericis camere pro parte partis IIII serviciorum XXIIII flor. auri IX sol. per manus magistri Remigii de Puteolis canonici S. Salvatoris Met. Terminus solvendi ei prorogatus est usque ad festum S. Michaelis de mense septembris proxime venturi.

Oblig. et Solut. 37 (338) f. 70¹. Partim Introit. et Exit. 311 f. 11¹.

1496. — *1365 April 3. Avignon.*

Urbanus V Johanni de Wixeyo licentiato in decretis et magistro in artibus perpetuam vicariam parrochialis eccl. de Castineto Tull. dioc. obtinenti, cui papa providit de eccl. Met. canonicatu et prebenda, quos etiam obtinuit, concedit, quod dicta provisio perinde valeat, etsi in ea non erat additum, quod Johannes patiebatur defectum natalium de presbitero et soluta genitus.

Litterarum scientia, vite . . . Dat. Avin. III nonas aprilis a. tercio.

Reg. Avin. 159 f. 315.

1497. — *1365 Juni 16. Avignon.*

Urbanus V officiali Parisiensi mandat, quatinus Petro Heymoneti de Clareyo in artibus magistro reservet beneficium ecclesiasticum, cuius fructus, si curatum, sexaginta, si vero fuerit non curatum, quadraginta librarum turonensium parvorum valorem annuum non excedant, spectans ad dispositionem episcopi et capituli Metensis, non obstante quod canonicatum et prebendam eccl. S. Eucharii de Liberduno Tull. dioc. obtinet, cuius fructus taxantur ad quindecim libras monete Nancicorum(!) valentes triginta libras turonensium parvorum, licet fructus prebendarum dicte ecclesie propter guerras sunt quamplurimum diminuti.

Dignum arbitramur et congruum . . . Dat. Avin. XVI kl. iulii a. tercio.

Reg. Avin. 161 f. 435¹ nr. 104.

1498. — *1365 Juni 27. Avignon.*

Urbano V supplicat Johannes Mauriseti clericus Tull., cui papa reservavit canonicatum et prebendam capelle B. Marie Rotunde infra eccl. Met. situate, quatinus sibi provideatur de dictis canonicatu et prebenda vacantibus ex eo, quod Nicolaus de Saraponte est assecutus archidiaconatum et prebendam eccl. Met. — Annuit papa . . .

Dat. Avin. V kl. iulii a. tercio.

Urbani V Suppl. t. VIII (nr. 41) f. 129¹.

1499. — *1365 Juli 30. Avignon.*

Hugoni abbati monasterii Gorziensis prorogatus est terminus solvendi usque ad festum B. Andree proxime venturum.

Oblig. et Solut. 37 (338) f. 90¹.

1500. — *1365 August 10. Avignon.*

Johanni episcopo Met. prorogatus est terminus solvendi camere apostolice usque ad primam diem mensis septembris. Insuper cum eo dispensatum est super irregularitate.

Oblig. et Solut. 37 (338) f. 94¹.

1501. — *1365 August 13. Avignon.*

Urbanus V transfert Johannem episcopum Metensem ad eccl. Basiliensem vacantem per obitum Johannis quondam episcopi Basiliensis.

Credite nobis dispensationis ... Dat. Avin. idus augusti a. tercio.

Reg. Avin. 159 f. 107¹.

1502. — *1365 August 13. Avignon.*

Urbanus V Theodericum tunc episcopum Wormat. transfert ad eccl. Met. vacantem ex eo, quod papa hodie Johannem absentem de eccl. Met. transtulit ad eccl. Basiliensem.

Credite nobis dispensationis ... Dat. Avin. idus augusti a. tercio.

., In e. m. capitulo eccl. Met., clero civit. et dioc. Met., populo civit. et dioc. Met., universis vassallis eccl. Met., archiepiscopo Trever., Carolo Romanorum imperatori.

Reg. Avin. 159 f. 102¹ nr. 45.

1503. — *1365 September 6. Metz.*

Testium iuratorum depositiones de redditibus monasterii S. Symphoriani Metensis.

In dei nomine. Amen. Infrascripte sunt depositiones testium pro parte religiosi viri domini Arnulphi abbatis monasterii S. Symphoriani extra muros Metenses ordinis S. Benedicti productorum coram nobis decano ecclesie Metensis et .. S. Arnulphi ac .. S. Clementis extra muros predictos monasteriorum abbatibus commissariis sub certa forma deputatis a reverendo in Christo patre domino Johanne dei gracia archiepiscopo Remensi productorum receptorum iuratorum et diligenter examinatorum super valore fructuum reddituum proventuum et emolumentorum monasterii antedicti sabbato ante festum nativitatis B. Marie virginis anno domini M°CCC°LXV°.

Henricus de Vallibus civis Metensis etatis XLII vel XLIII annorum, ut dicit, iuratus et interrogatus super valore fructuum omnium S. Symphoriani dicit, quod de hoc nesciret deponere, quia de regimine dicti monasterii vel bonorum ipsius receptione nunquam se intromisit. Rogatus, quantum a XXV annis valuerit communiter quarta bladi wayni, dicit, quod a dicto tempore vidit aliquibus annis quartam wayni dari pro XXVIII denariis Metensibus et quandoque pro XXXII denariis et pro tribus solidis et frumentum pro quatuor solidis Metensibus et quandoque pro VIII solidis, pro VIIII vel X solidis, et hoc anno quarta melioris frumenti per aliquod tempus valuit XI solidos sed raro; sed magis continue vidit quartam wayni valere communiter quasi quatuor solidos. Siliginis vero vidit communis pro XX denariis et pro II solidis, et quartam avene aliquando pro X denariis, aliquando pro XII denariis et quandoque pro II solidis cum dimidio et quandoque cariorem; tamen ut communis reputat eam pro II solidis Metensibus a XXV annis citra valuisse. Rogatus de stagnis monasterii, quod(!) sunt et quantum valere potuerunt a dicto tempore, dicit, quod monasterium habet parvas piscarias apud Racourt et apud Liehons; nescit, quid valuerint vel valere potuerint a dicto tempore, sed tenet, quod modici sint valoris et quod deductis expensis circa replecionem ipsorum et aliis necessariis et piscibus, quos in piscatione eorum dari oportet nobilibus et vicinis, modicum remanet abbati. Rogatus, pro quanto vellet ea habere annuatim, dicit quod pro X libris Metensibus, licet tamen nesciat, ut dicit, si tantum valeant. Rogatus de vineis monasterii dicit per iuramentum, quod nescit, quod(!) iugera habeant. Rogatus, quantum valuerint et valere potuerint a XXV annis citra centum iugera vinearum, dicit, quod communibus annis fertilibus et sterilibus compensatis expensisque multiplicibus, que circa culturam vinearum sunt necessarie, videtur sibi, quod valde modicum valere potuerant dicte vinee, et ipse testis in se ipse experitur et pluries est expertus, quod in cultura vinearum suarum plus expendit quam percepit in fructibus eorundem. Nec prece precio etc.

Jacobus dictus de Alba civis Metensis quinquagenarius, ut dicit, testis iuratus et interrogatus de et super valore fructuum reddituum monasterii S. Symphoriani et quantum valere potuerunt a XXV annis et citra, dicit, quod de hoc nichil scit, quia raro conversatus fuit in dicto monasterio nec inquisivit nec se intromisit de valore fructuum monasterii eiusdem. Interrogatus, quantum a XXV annis citra valuit communiter et valere consuevit quarta frumenti et quantum siliginis et quantum avene, dicit, quod bene sunt XXIII anni, quod ipse duxit uxorem, et extunc tenuit domicilium cum familia sua, et ab illo tempore, cum emeret blada tam pro domo sua quam etiam causa mercationis et lucri, frequenter vidit et habuit quartam frumenti pro duobus solidis vel pro duobus cum dimidio, aliquando pro tribus vel pro quatuor solidis et ab octo annis citra blada cariora sunt effecta quam antea fuerant a tempore supradicto, quia aliquando quarta frumenti vendita extitit pro quinque solidis, quandoque pro sex et aliquando pro VII vel pro VIII solidis Metensibus. Quartam insuper siliginis vidit quandoque vendi in foro communiter pro XVI denariis vel pro XX et quandoque pro duobus solidis cum dimidio, et postmodum etiam carius vendita fuit aliquando. Quartam etiam avene vidit dari et habuit pro XIV denariis vel XVI vel XVIII et pro duobus solidis cum dimidio; sed nunc carius venduntur avene, quia iam quarta valet quatuor solidos cum dimidio, et est causa, ut dicit idem testis, quia propter guerrarum discrimina multe undique destruuntur et consumuntur, et etiam nuper propter ventorum tempestatem avene ipse in campis adhuc existentes pro maxima parte excusse fuerunt. Asserit etiam idem testis super hoc rogatus, quod ipse extimat, quod quarta frumenti valere possit communiter hiis temporibus V solidos Metenses, quarta vero wayni, quod est bladum frumenti et siliginis mixtum, tres solidos Metenses et quarta avene II solidos Metenses. De stagnis vero monasterii et eorum valore rogatus dicit se nichil scire, nec etiam quantas et quales vineas monasterium habeat. Bene tamen scit, ut dicit, et in se ipso experitur quod quicunque vineas habet, quas de pecunia propria per alios coli facit, modicam inde potest consequi utilitatem post impensas, nec vellet, ut asserit, quod sibi libere darentur XX iugera vinearum et ipsum eas coli facere expensis suis oporteret. Nec prece etc.

Jacobus dictus Cabaie civis Metensis etatis LVI annorum testis iuratus et interrogatus super valore fructuum reddituum predicti monasterii dicit se nichil scire de valore reddituum eorundem. Interrogatus, quantum a XXV annis citra valuerit et valere potuerit communiter quarta frumenti et wayni, siliginis et avene, dicit, quod tempore predicto et citra vidit aliquando quartam frumenti pro III solidis Metensibus et pro tribus cum dimidio et multotiens pro IIII solidis et aliquando pro V pro VI pro VII et VIII. Et nunc venditur quarta antiqui frumenti pro XI solidis et quarta novi frumenti pro VIIII. Interrogatus de causa huius tante caristie presentis dicit, quod hoc est propter guerras Britonum. Vidit etiam quandoque quartam wayni, scilicet bladi mixti ex frumento et siligine, pro XXVIII denariis, pro duobus solidis cum dimidio et quandoque carius, secundum etiam quod carius vendebatur frumentum. Vidit etiam a predicto tempore multis vicibus quartam avene pro XV denariis et aliquando pro XVIII et aliquando pro duobus solidis et quandoque carius, scilicet tempore guerrarum et quando imperator cum electoribus suis fuit in civitate Metensi. Et ut communiter a tempore supradicto XXV annorum secundum suam extimacionem vidit quartam frumenti ad extimacionem seu precium V solidorum Metensium vel circa, quartam vero wayni ad IIII solidos Metenses, quartam avene ad II solidos Metenses. De stagnis monasterii et eorum valore necnon et de vineis monasterii interrogatus dicit se nichil scire, nec eciam quantum valere potuerint a dicto tempore dicte vinee, sed ut dicit per iuramentum, non vellet, quod sibi gratis et libere conferrentur XX iugera nec etiam C iugera vinearum et ipse eas expensis suis coli faceret et fructus perciperet earundem, quia ut dicit, sumptus culture vinearum valde sunt immoderati apud illos, qui eas non in personis propriis sed per alios coli faciunt, et frequenter valde tenues sunt proventus. Nec prece precio etc.

Wernerus dictus de Pontois civis Metensis pistor seu panifex sexagenarius, ut dicebat, iuratus et interrogatus super valore fructuum reddituum monasterii predicti dicit se nichil scire penitus de eisdem. Interrogatus, quantum a XXV annis et citra valuerit communiter et valere potuerit quarta frumenti ad monetam redacta et quantum quarta wayni, quantum siliginis et quantum avene, dicit, quod aliquando a tempore XXVI annorum vidit frumentum bonum valere et vendi quartam pro XXXII denariis et waynum pro XXV denariis et siliginem pro XVI denariis et avenam pro XIIII. Nec vidit postmodum bladum in minori seu viliori foro, quia postmodum pluries vidit frumentum vendi pro III solidis pro IIII pro V pro VI et aliquando eciam pro VIII et X. Et adhuc nunc quarta frumenti novi bene valet VIII solidos. Sed hoc est, ut dicit idem testis, racione guerre Britonum, quia pauperes non audent esse in locis suis nec triturare vel excutere blada sua nec nova seminare. Asserit etiam idem testis super hoc rogatus, quod a XXV annis et citra annis fertilibus et sterilibus compensatis quarta frumenti potuit valere communiter V solidos Metenses, quarta wayni seu bladi mixti IIII solidos vel circa, quarta siliginis III solidos et quarta avene ut frequentius XVIII denarios, et adhuc anno proxime preterito, licet alia blada cara essent, quarta tamen avene habita fuit in foro communi pro XX denariis. De proventibus autem vinearum, quantum valere possint, dicit se nescire, quia nunquam fecit aliquas vineas excoli sumptibus suis. Sed bene vidit a tempore, de quo supra deposuit, vendi modium vini communiter pro IIII solidis Metensibus et aliquando postmodum pro X vel XII et aliquando multum carius. Anno etiam immediate preterito venditus fuit modius vini pro LX[a] solidis [a]) Metensibus, et anno presenti iam venditur pro XV solidis Metensibus. Et tam blada quam vina diversis annis diversimode venduntur secundum defectum vel habundamciam eorundem. Nec prece precio etc.

---

[a]) *Loco* LX[a] *corrigendum videtur:* IX.

— 258 —

Pontius dictus Poignel pistor seu bolungarius civis Metensis quinquagenarius vel circa, ut dicit, iuratus et interrogatus super valore fructuum reddituum predicti monasterii dicit se penitus nichil scire de eisdem. Interrogatus de communi valore bladorum a tempore XXV annorum et citra dicit, quod bene sunt XXVI anni, quod ipse in officio pistorie cuidam magistro suo serviebat, et bene recolit, quod tunc quarta melioris frumenti, quod tunc inveniri posset, XXVIII denarios Metenses vel II solidos cum dimidio Metenses nullatenus excedebat, quarta autem moliture et siliginis et etiam grossi bladi mixti non excedebat XVI denarios Metenses, et quarta avene vix valebat XII denarios Metenses. Sed postmodum pluribus et diversis vicibus blada ipsa in precio excreverunt, quia postmodum vidit frumentum vendi pro III pro IIII et V et pro VI solidis et aliquando pro XII solidis. Et hoc dumtaxat semel contigit tempore suo, licet bene XXXV annis excercuerit(!) officium pistorie, nec duravit illa caristia ultra XV dies vel circa. Interrogatus, in quo precio communius steterit et pluries a tempore supradicto quarta frumenti in precio V solidorum Metensium et citra aut in maiori precio et ulteriori ultra V solidos, dicit, quod frequencius fuit in precio V solidorum vel infra quam ultra precium illud, et eodem modo dicit, quod a tempore predicto quarta wayni seu bladi mixti frequencius fuit in precio III solidorum Metensium, quarta siliginis in precio II solidorum cum dimidio et quarta avene in precio XX denariorum Metensium vel infra precia ipsa quam ultra. De valore proventuum vinearum et de impensis circa culturam vinearum faciendis nichil scit deponere. Sed vidit aliquando unum vendi modium pro VI pro X pro XX solidis Metensibus. Nec prece precio amore odio vel timore etc.

Wirionus dictus Labayle balungarius civis Metensis etatis XLV annorum, ut dicit, iuratus et interrogatus dicit se nichil scire de valore reddituum et proventuum monasterii S. Symphoriani nec etiam de vineis eorundem(!). Quantum autem a XXV annis citra valuerit et valore potuerit communiter quarta frumenti et quantum wayni et aliorum bladorum, interrogatus concorditer cum Poncio Poignel conteste prescripto. Nec prece etc.

Item testes subscripti iurati iam alias examinati super universo valore fructuum reddituum et proventuum et emolumentorum predicti monasterii, iterum super certis interrogatoriis infrascriptis ad pleniorem depositionum suarum declaracionem et informationem certiorem in hac parte habendam singulariter et divisim examinati et per iuramenta per eos prestita requisita deposuerunt in modum, qui sequitur, et in formam:

Henequinus de Vienna olim famulus domini Symonis abbatis interrogatus de etate sua dicit se esse LIII annorum. Interrogatus, quantum extimetur communiter in universo valor reddituum et proventuum monasterii S. Symphoriani, dicit, quod audivit aliquando a Symone quondam dicto Chienchien dicti monasterii celerario, qui longo tempore predicto domino abbati servierat, quod dictum monasterium in redditibus et proventibus annuis extimabatur ad summam septingentarum librarum Metensium et quod erat monasterium monachorum Metense pauperius et debilius dotatum. De valore autem stagnorum dicti monasterii interrogatus dicit, quod raro bene proveniunt, nec vellet habere, ut asserit, omnia emolumenta ipsorum post impensas necessarias pro X libris Metensibus annuatim. De vineis autem interrogatus dicit, quod si iornalia vinearum bona et mala invicem compensantur, quodlibet ad V solidos Metenses annuatim satis est, quia valde sumptuose sunt in cultura, et ipse idem testis, cum habeat, ut dicit, quatuor iornalia vinearum, que per alios coli facit a XII annis citra, ultra omnes proventus eorum perdidit XL libras Metenses in eisdem. Rogatus, quanto tempore servierat abbati, dicit, quod bene per XXVI vel XXVII annos. Rogatus, quantum communiter valuerit quarta wayni siliginis et avene a XXV annis citra, dicit, quod tempora et anni non semper eodem modo se consecuntur, sed frequenter mutantur vendiciones bladorum. Ipse enim vidit aliquando vendi per dominum abbatem de bladis plurium annorum per eum congregatis quasi ad extimationem X millium quartarum XXXII denariorum pro quarta et avenam XVI denariorum pro quarta. Et ipse idem testis tunc ab eodem domino abbate, licet sibi serviret, emit duo millia quartarum dicti bladi, quas in Allemaniam causa lucri per fluvium duci fecit. Vidit et aliquando quartam wayni vendi pro tribus solidis pro IIII pro V et pro VI e pro VII et quartam siliginis pro III pro IIII pro V solidis aliquando, et etiam quartam avene pro XX denariis pro duobus solidis et pro duobus cum dimidio et aliquando carius, sicut aliquando sterilitates aut tempestates proveniunt. Dicit insuper super hoc interrogatus, quod a VII vel VIII annis citro raro extitit, quod quarta wayni valuerit communiter V solidos vel ultra, et a XV vel XVI annis antea usque ad illud tempus valde frequentius quarta wayni fuit sub inferiori precio V solidorum Metensium, quam ad precium ipsum pervenit. Quarta vero siliginis quasi communiter pro maiori parte temporis fuit usque et citra precium trium solidorum Metensium et fuerunt^a) etiam, que seminate fuerant per ventorum valitudinem in campis ^b) excusse et per homines

---

a) fuerint *in ms.*
b) fuerit *additur in ms.*

armorum pro . . . .*) unde iam quelibet quarta avene venditur fere V solidis Metensibus.

Pieressonius de Vico clericus dicit se esse fere XXX annorum. Interrogatus, quantum stagna dicti monasterii valuerint et valere potuerint communiter a XXV annis citra, dicit, quod nescit, quandum valuerunt, sed secundum extimacionem suam bene possunt valere X libras Metenses, et bene invenirentur mercatores, qui dicta stagna sumptibus suis impleverint et vellent abbati reddere X libras Metenses annuatim. Interrogatus, quantum in summa extimentur communiter universi redditus et proventus monasterii predicti, dicit, quod nescit, quia non audivit aliquando in summa dictos redditus et proventus extimari. Nec prece etc.

Renaldus Watrini Dawigney dicit se bene esse XL annorum. Interrogatus de valore bladorum a XXV annis et citra dicit, quod valde frequentius fuit, quod quarta wayni non excessit IIII solidos Metenses et quarta siliginis III solidos et quarta avene II solidos quam quod transcendere summas illas. Et vidit a tempore predicto idem testis, quod quarta siliginis per X annos continuos non excessit duos solidos Metenses in pretio, et eodem modo blada alia in foro seu precio debili vendebantur. Et pluries a tempore predicto vidit, quod quarta avene vendebatur pro XVI denariis et aliquando pro XV. De valore autem stagnorum dicti monasterii interrogatus dicit, quod nesciret de hoc deponere, et bene intellexit, quod parum valeant et multum sumptuosa existant; nec vellet idem testis emolumenta ipsorum habere pro X libris Metensibus annuatim et ipse ea retinere et sumptus circa hoc necessarios facere teneretur. Nec prece precio etc. Datum Metis sub sigillis nostris anno et die prescriptis.

<small>*Alia manu et alio atromento:* . . Sy. Vendeh[anep[. .
Or. membr. cum tribus filis membraneis, quorum sigilla sunt deleta Instrum miscell. a. MCCCLXV nr. 39.</small>

1504. — *1365 September 13. Avignon.*

Eadem die [XIII m. septembris] anno [MCCCLXV] ... dominus Theodericus episcopus Metensis promisit camere apostolice et collegio pro suo communi servicio per dominum Johannem de Monthabur decretorum doctorem procuratorem suum ... VI[m] floren. auri et V servicia consueta, solvendo medietatem in festo B. Marie Magdalene proxime venturo et aliam medietatem in festo pentecostes tunc sequturo. — XVI card.

*) *Textus hoc loco illegibilis.*

Item recognovit . . . pro domino Johanne predecessore suo in eccl. Met. camere apostolice II^m XXXIX flor. XXV sol. IIII den. — XX card.

Item quatuor servicia IIII^c XXXVII flor. XXIII sol. VIII den.

Item recognovit . . . camere apostolice et collegio pro domino Salamone predecessore in eccl. Wormatiensi VIII^c flor.

Item V servicia integra.

Item recognovit . . . camere apostolice pro suo communi servicio pro eccl. Wormat., cui prefuit, III^c LXX flor.

Item pro IIII serviciis . . . LXVI flor. XXI sol. VIII den. solvendo ista recognita in aliis duobus similibus terminis annis revolutis.

Oblig. et Solut. 36 (304) f. 112.

1505. — *1365 September 13. Avignon.*

Servicium episcopi Metensis. XVI card.

Dominus Theodericus episcopus Met. promisit pro suo communi servicio VI^m flor. et V servicia consueta.

Item recognovit pro communi servicio domini Johannis predecessoris sui collegio MCCCCL flor. et I servicium integrum. Cuius predecessoris obligatio facta fuit die VIII ianuarii de anno LXII. — XX card.

Item recognovit pro suo communi servicio ratione ecclesie Wormaciensis, cui prefuit, collegio CCLXXIIII flor. et I servicium integrum. Cuius obligatio facta fuit die XXI maii de anno LIX. — XXII card.

Item recognovit pro dicta eccl. pro domino Salamanno predecessore sue camere apostolice et collegio VIII^c flor. et V servicia integra. Cuius predecessoris obligatio facta fuit die VII iulii de anno XXIX. — XXIII card.

Oblig. et Solut. 35 f. 92¹.

1506. — *1365 September 22. Avignon.*

Urbanus V Johanni electo Tullensi apostolice sedis nuncio mandat, quatinus in civitate Metensi vel Parisiensi aut in loco de Brugis Perozio Corsini, Angelo Johannis, Laurentio Truosini, Nicolao Bini, Bartholo Johannis et Alexandro de Paradisis factoribus societatis Albertorum antiquorum de Florentia in partibus Flandrie et Brabantie commorantibus de proventibus ad cameram pertinentibus apostolicam assignet octo milia florenorum auri. Cum dilectus filius . . .

Dat. Avin. X kl. octobris a. tercio.

Eadem die idem mandat supradictis mercatoribus, quatinus a dicto nuncio dictam summam sibi assignari faciant.

Reg. 247 f. 329¹ et 330.

1507. — *1365 September 24. (Avignon.)*

Johannes episcopus Basiliensis solvit camere apostolice pro parte partis sui communis servicii eccl. Met., cui prefuit, IIe VIII flor. auri VIII sol. VIII den. et pro parte partis IIII serviciorum XLI flor. auri XVII sol. IIII den. clericis camere per manus magistri Gerardi de Cergiaco procuratoris in Romana curia. Terminus solvendi ei prorogatus est usque ad festum pasche proxime venturum.

Oblig. et Solut. 37 (33S) f. 113¹. Partim Introit. et Exit. 311 f. 17.

1508. — *1365 October 13. Avignon.*

Servicium episcopi Basiliensis.   XVI card.

Dominus Johannes episcopus Basiliensis in Alamannia promisit pro suo communi servicio M flor. et V servicia consueta.

Item recognovit pro eccl. Met., cui prefuit, camere apostolice II^m CLXXXIX flor. XXV sol. IIII den. et pro quatuor serviciis III^c XXXVII flor. XXIII sol. VIII den.

Item collegio pro dicta eccl. Met. MCCCCL flor. et I servicium integrum. Cuius obligatio facta fuit die VIII ianuarii de anno LXII. — XX card.

Solvendo totum recognitum pro eccl. Met. in festo pasce proxime venturo et medietatem promissi a festo nativitatis domini proxime venturo ad unum annum et aliam medietatem in simili festo anno revoluto. Alioquin etc.

Oblig. et Solut. 35 f. 94.

1509. — *1365 October 16. Avignon.*

Abbas S. Symforiani   XVI card.

Die XVI m. octobris anno [MCCCLXV] ... fuit in thesauraria apostolica presentatum quoddam publicum instrumentum signatum signo m[agist]ri Symonis quondam Petri dicti Vendehanep de Metis clerici apostolica et imperiali auctoritate notarii, in quo in effectu continebatur, quod dominus Arnulphus abbas monasterii S. Symforiani extra muros Metenses ordinis S. Bened. promisit camere apostolice et collegio pro suo communi servicio IIII^c LI flor. cum dimidio et medietatem unius grossi, solvendos a die decima mensis septembris, qua die fuit facta obligatio, anno quo supra ad unum annum et quinque servicia consueta. Alioquin etc. . . .

Oblig. et Solut. 35 f. 94 et 36 (304) f. 115.

1510. — *1365 November 13. Avignon.*

Hubeletus abbas monasterii S. Petrimontis ord. S. August. Met. dioc. solvit pro parte partis sui communis servicii camere apostolice XX flor. auri et pro parte partis IIII serviciorum clericis camere V flor. auri per manus Henrici Gelu procuratoris sui. Terminus solvendi ei prorogatus est usque ad festum B. Johannis Baptiste proxime venturum.

Oblig. et Solut. 37 (338) f. 112ᵗ.

1511. — *1365 November 27. Avignon.*

Hugoni abbati monasterii Gorziensis prorogatus est terminus solvendi usque ad festum purificationis proxime venturum.

Oblig. et Solut. 37 (338) f. 116.

1512. — *1365 · December 11. (Avignon.)*

Die XI m. predicti [decembris a. MCCCLXV] cum nuper die IX m. iunii proxime preteriti de mandato domini nostri pape de pecuniis sue camere apostolice mutuati fuissent dominis Theoderico Wormaciensis et Lamperto Spirensis eccl. episcopis . . . II^{m}V^c flor. auri . . . hinc est quod prefati domini . . . in deductionem . . . dicte summe . . . per manus domini Conrardi Henrici canonici Pragensis et Johannis Taukersem scutifferi Argentinensis dioc. solvi et assignari fecerunt

IIII^{c}LXIX flor. camere.

Introit. et Exit. 318 f. 21.

1513. — *1366 Januar 3. Avignon.*

Urbano V supplicat Otto abbas monasterii Novillarensis ord. S. Bened. Argentin. dioc., quatinus suo familiari domestico commensali Nicolao, quondam Richardi de Hemeringen clerico Met. dioc. provideatur de eccl. S. Stephani in Sarburg Met. dioc. canonicatu et prebenda, quorum fructus XX flor. auri non excedunt, vacantibus per mortem Volmari Pistoris de Sarburg, qui in Romana curia obiit, non obstante quod expectat beneficium ad dispositionem abbatis et conventus monasterii Gorziensis. — »Fiat. B. sed ipsam prebendam dimittas, cum habueris beneficium virtute predicte gracie. B.«

Dat. Avin. III nonas ianuarii a. quarto.

Suppl. 42 f. 45¹.

1514. — *1366 Januar 6. (Avignon.)*

Hugo abbas monasterii Gorziensis solvit camere apostolice pro parte [partis] sui communis servicii LXXXIII flor. VI sol. et clericis camere pro parte partis IIII serviciorum IX flor. auri XX sol. et X den. per manus Johannis de Fenestrangiis tempore debito.

Oblig. et Solut. 37 (338) f. 123. Partim Introit. et Exit. 318 f. 7¹.

1515. — *1366 Januar 22. Avignon.*

Urbanus V episcopo Met. mandat, quatinus cum Simone comite de Geminoponte et Agnete filia Johannis comitis de Sarwerda dispenset super impedimento consanguinitatis in quarto gradu.

Petitio dilecti filii . . . Dat. Avin. XI kl. februarii a. quarto.

Reg. 255 f. 17¹. Reg. Avin. 162 f. 488¹.

1516. — *1366 Februar 11. Montpellier.*

Urbanus V Johanni Guillelmi de Merceyo presbitero de dioc. Trever. oriundo confert eccl. Met. canonicatum et prebendam ac perpetuam capellaniam S. Johannis in capella S. Galli prope ecclesiam Met. sita vacantes ex eo quod et eosdem Audoinus de Acra familiaris papalis et in comitatu Venaysini thesaurarius papalis et Johannes supradictus prioratum eccl. secularis et ruralis S. Stephani de Frontinhano Carpentorat. dioc. causa permutationis apud curiam resignarunt.

Apostolice sedis circumspecta . . . Dat. apud Montem-Pessulanum Magalon. dioc. III idus februarii a. quinto.

In e. m. preposito maioris et decano S. Agricoli ac sacriste eiusdem maioris Avin. eccl.

Reg. Avin. 165 f. 39¹.

1517. — *1366 März 20. Avignon.*

Urbanus V Johanni electo Tullensi apostolice sedis nuncio, cui commiserat, quod bona mobilia ac debita et credita quondam Symonis abbatis monasterii S. Symphoriani Met. ante huius obitum dispositioni ipsius pape reservata exigeret, quique cum Arnulpho abbate dicti monasterii compositionem fecerat, per quam Arnulphus solvere debet camere apostolice in certis terminis quatuor milia florenorum auri, nunciat, quod hanc compositionem approbat, eique mandat, quatinus dictam summam exigat et, quamcito sine periculo commode poterit, ad eandem cameram mittat.

Dudum dispositionem bonorum . . . Dat. Avin. XIII kl. aprilis a. quarto.

Reg. 248 f. 202¹.

1518. — *1366 April 4. (Avignon.)*

Eadem die [IIII m. aprilis a. MCCCLXVI] recepti fuerunt a. domino Johanne episcopo Virdunensi pro parte partis sui communis servicii solvente per manus magistri Auberti Bertrandi clerici famuli sui XXIII flor. camere XX β VI d.

Introit. et Exit. 318 f. 12[1].

1519. — *1366 April 7. Avignon.*

[Urbanus V] officiali Virdunensi.

Ad audientiam nostram pervenit, quod quamplures tam viri quam mulieres in civitate et diocesi Virdunensi commorantes, qui propter guerras, que in illis partibus diu viguerant, multa dampna passi fuerant, pro eorum vite sustentatione a quamplurimis creditoribus diversarum pecuniarum summas, bladi vini ac rerum aliarum mobilium quantitates mutuo receperunt sub usuris; iidemque creditores, ut sibi cautum existeret, de dictis usuris promissiones ab eisdem viris et mulieribus extorserunt de solvendis aliis diversis pecuniarum summis, vini bladi ac rerum aliarum quantitatibus; et nichilominus occasione premissorum multa extorserunt et adhuc extorquere nituntur a prefatis viris et mulieribus per usurariam pravitatem, de solvendis et non repetendis usuris huiusmodi extortis ab eisdem viris et mulieribus nichilominus iuramentis, confectis exinde publicis instrumentis ac litteris necnon fideiussoribus et aliis cautionibus datis ab ipsis, factis renunciationibus et penis adiectis. Nos igitur ... discretioni tue ... mandamus, quatinus, si est ita, dictos usurarios, quod huiusmodi iuramenta relaxent et fideiussores super hoc datos a fideiussionibus huiusmodi absolvant monitione premissa per censuram ecclesiasticam, prefatisque iuramentis relaxatis et dictis fideiussoribus absolutis, sua sorte contenti ... prefatis viris et mulieribus sic extorta restituant et ab usurarum exactione desistant, per penam in Lateranensi consilio contra usurarios editam appellatione remota compellas ... Dat. Avin. VII idus aprilis a. quarto.

Reg. Avin. 162 f. 635.

In e. m. officiali Cathalaunensi.

L. cit. f. 634[1]. R[udulphi domini de Louppeyo et] gubernatoris dalphinatus Viennensis suppl. in Suppl. 43 f. 255.

1520. — *1366 April 8. Avignon.*

Johannes episcopus Virdun. solvit pro parte partis sui communis servicii camere apostolice XXIII flor. auri XX sol. VIII den. et pro parte partis IIII serviciorum clericis camere V flor. auri V sol. et VI den. per manus magistri Auberti Bertrandi familiaris sui tempore debito. Terminus solvendi prorogatus est ei usque ad festum B. Michaelis in mense septembris proxime venturum.

Oblig. et Solut. 37 (338) f. 147.

1521. — *1366 April 18. Avignon.*

Urbano V supplicat Henricus de Tremonia archidiaconus in ecclesia Leodiensi, quatinus filius fratris sui Albertus Suderman clericus Colon. dioc. surrogetur in omni iure et ad omne ius, quod competebat quondam Joffrido Xavin quoad prebendam eccl. Metensis. — Annuit papa.

Suppl. t. 42 f. 148.

1522. — *1366 April 22. Avignon.*

Urbanus V abbati monasterii S. Martini et preposito eccl. S. Paulini prope muros Trever. ac decano eccl. B. Marie in Vrilburg Trever. dioc. mandat, quatinus Everhardum natum quondam Theoderici dicti Tzolner de Lininghen presbiterum monachum monasterii Hornebacensis transferant in monasterium S. Maximini, cum monasterium Hornebacense propter malorum hominum insultus et rapinas ac debitorum onera maxima sit adeo depaupertatum et destructum, quod eius monachi ibidem nequeunt commode sustentari.

Illis apostolice sedis . . . Dat. Avin. X kl. maii a. quarto.

Reg. Avin. 163 f. 202 nr. 148.

1523. — *1366 Mai 7. Pont-Sorge.*

Urbano V exponit Theodericus episcopus Metensis, quod papa Gerardo de Montabur clerico et familiari Theoderici providit de ecclesie Wormatiensis canonicatu et prebenda precipiendo eidem, ut post eorum assecutionem teneretur dimittere parrochialem ecclesiam de villa Osme *(Trassem?)* sub castro Freudenberg Trever. diocesis, super qua idem litigabat, et canonicatum et prebendam ecclesie in Gamundia dicte(!) diocesis, et quod papa deinde concessit Gerardo, quod infra sex menses permutare posset dictam eccl. parrochialem. Cum autem Gerardus hanc permutationem infra dictum terminum facere non potuerit et eam postea permutaverit, supplicat Theodericus, quatinus papa decernat permutationem perinde valere.

Dat. apud Pontem Sorgie Avin. dioc. nonas maii a. quarto.

Supplic. t. 42 f. 164.

1524. — *1366 Juni 23. Avignon.*

Habeletus abbas monasterii S. Petrimontis ord. S. August. Met. dioc. solvit pro parte partis sui communis servicii camere XX flor. auri et pro parte partis IIII serviciorum clericis camere V flor. auri per manus Henrici Gelu de Marvilla tempore debito. Terminus solvendi ei prorogatus est usque ad festum B. Andree proxime futurum.

Oblig. et Solut. 37 (338) f. 161.

1525. — *1366 Juli 5. Avignon.*

Urbanus V Johanni episcopo Tullensi, cui papa concesserat, ut archidiaconatum Tullensem et primiceriatum Metensem et canonicatus et prebendas dictarum ecclesiarum cum episcopatu Tullensi usque ad quadriennium retinere valeat, prorogat hanc concessionem usque ad triennium.

Sincere devotionis affectus . . . Dat. Avin. III nonas iulii a. quarto.

Reg. 255 f. 83¹. Reg. Avin. 162 f. 568. Johannis suppl. in Suppl. 43 f. 235¹.

1526. — *1366 August 9. (Avignon.)*

Eadem die [IX m. augusti a. MCCCLXVI] recepti fuerunt a domino fratre Arnulpho abbate monasterii S. Symphoriani extra muros Metenses . . . pro parte partis sui communis servicii solvente per manus magistri Dominici de Manseyo in Romana curia procuratoris

II^c flor. camere.

Introit. et Exit. 318 f. 15¹.

1527. — *1366 November 28. (Avignon.)*

Arnaldus camerarius testatur, quod Habeletus abbas monasterii Petrimontis ord. S. August. Met. dioc. solvit camere apostolice pro parte partis sui communis servicii XL flor. auri et pro parte partis IIII serviciorum X flor. auri clericis camere manualiter per manus Henrici Gelu procuratoris sui.

Oblig. et Solut. 38 B (355) f. 65 (XXIIII) Partim Introit. et Exit. 320 f. 5¹.

1528. — *1366 December 11. (Avignon.)*

Die XI m. decembris [a. MCCCLXVI] recepti fuerunt a domino fratre Arnulpho abbate monasterii S. Simphoriani extra muros Met. . . . pro complemento sui communis servicii solvente per manus magistri Dominici de Nanceyo procuratoris in Romana curia

XXV flor. camere XX β.

Introit. et Exit. 320 f. 8¹.

1529. — *1366 December 24. (Avignon.)*

Arnaldus camerarius testatur, quod Johannes episcopus Virdun. solvit camere pro parte partis sui communis servicii XLI flor. auri VIII sol. et clericis camere pro parte partis IIII serviciorum VIII flor. auri XVIII sol. per manus Johannis de Derleta clerici sui. Terminus solvendi ei prorogatus est usque ad kl. m. maii proxime venturi.

Oblig. et Solut. 38 B (355) f. 82¹ (XLI). Partim Introit. et Exit. 320 f. 12.

1530. — *1367 Januar 4. Avignon.*

Urbanus V Johanni electo Tullensi mandat, quatinus corrigat mores dissolutos cleri civitatis et diocesis Tullensis.

[Urbanus V] Johanni electo Tullensi.

Attendentes, quod dum . . . Sane ad audientiam nostram pervenit, quod in tuis civitate et diocesi Tullensi a longo tempore invalescentibus guerris ac hostilibus pravarum societatum morsibus [! *corr:* incursibus?] clerici et persone ecclesiastice seculares et regulares dictarum civitatis et diocesis et presertim illi, qui se a iurisdictione ordinaria exemptos pretendunt, facti sunt adeo dissoluti in divinis et ecclasiarum suarum ac vacantes obsequiis(!) ac vestes breves et indecentis forme gestantes illicitisque et inhonestis actibus se immergunt, propter quod et ex aliis causis ecclesie ipse et alia eorum loca ecclesiastica civitatis et diocesis earundem maxima pertulerunt et perferunt in spiritualibus et temporalibus detrimenta. Nos itaque . . . discretioni tue . . . mandamus, quatinus . . . ecclesias et monasteria aliaque loca ecclesiastica secularia et regularia, exempta et non exempta, necnon capitula collegia conventus et personas earundem tuarum civitatis et diocesis predictarum, exempta videlicet apostolica et non exempta eadem etiam auctoritate, visites et tam in capitibus quam in membris corrigenda corrigas et reformanda reformes et alia omnia et singula exequaris et facias, que ad visitationis noscuntur officium pertinere, contradictores auctoritate nostra appellatione postposita compescendo, non obstantibus quibuscunque . . . Dat. Avin. II nonas ianuarii a. quinto.

Reg. Avin. 164 f. 372 nr. 177.

1531. — *1367 Januar 7. Würzburg.*

Karolus IV rogat cives Metenses, quatinus mittant homines expertos armorum et equis armisque aptatos Paduam profecturos cum imperatore ad reducendum Urbanum V in urbem Romanam.

[Karolus IV] magistro scabinorum, scabinis et consulibus civitatis Metensis iuratis et sacri imperii satisfidelibus dilectis gratiam suam et omne bonum.

Fideles dilecti! Quia sanctissimus in Christo pater dominus Urbanus sacrosancte Romane ecclesie summus pontifex se ad sedem suam propriam urbis Romane, ad sedem B. Petri apostoli, quem(!) altissimus in institutione S. Petri in apostolatus officio consecravit, transferre proponit et nos cum debita instantia rogavit nostrumque imploravit auxilium, quatinus nos ut Romanorum imperator ipsum cum principibus et fidelibus imperii ad dictam suam sedem secure et potenter conducere vellemus, et quia deus omnipotens sua benigna ordinatione disposuit, ut factum premissum ad nostrum et imperii sacri et vestrum honorem nostris temporibus fieri et executioni debite demandaret[a]; quocirca fidelitatem vestram cum omni diligentia, qua possumus, petimus et attento studio requirimus seriose, quod propter nostrum et imperii sacri et vestrum honorem, consideratis etiam proprie salutis compendio et indulgentia, quam nobiscum in dicto negotio transeuntes consequuntur, videlicet remissionem plenam omnium peccatorum, que in anno iubileo penitentibus plene confertur, prout episcopus huiusmodi indulgentias vobis publicabit, ut homines experti[b] armorum, equis et armis bene aptati[c] cum vestro banderio apud nos in Padua in dominica, qua in dei ecclesia: Cantate cantatur, que est ad quatuor septimanas post festum pasche proximum[1], absque more dispendio sitis constituti, ita quod dicti vestri homines adeo munientur, ut ad spatium sex mensium apud nos continue valeant remanere, qui sex menses a tempore recessus dictorum hominum ab eorum domicilio debeant computari, rogantes attente, ut vestros homines cum tanta decentia et honore ad nostram celsitudinem destinetis, quod prefatus dominus papa et alter quilibet videat et manifeste cognoscat, quod vos et alii imperii fideles libenter animo nobis et imperio manu forti et potenti servire potestis et cum prompta obediencia obsequi affectatis. Responsum vestrum super premissis nobis rescribi petimus per presentem.

[Dat. Herbipoli die VII mensis ianuarii regnorum nostrorum anno vicesimo primo, imperii vero anno duodecimo.]

Reg. Avin. 164 f. 528.

---

a) demandari *in reg.* — b) expertos *in reg.* — c) aptatos *in reg.*
1) 1367 Mai 16.

1532. — *1367 März 29. (Avignon.)*

Die XXIX dicti mensis [marcii a. MCCCLXVII] cum die XVI mensis ianuarii proxime preteriti dominus Johannes electus Tullensis in certis partibus Alamanie apostolice sedis nuncius et collector . . . deputatus . . . in civitate Metensi fecisset cambium cum Laurencio Fruosini de Florencia factore et procuratore domini Nicolay Jacobi militis et Benedicti Nerecii de Albertis antiquis de Florencia et eius societatis in partibus Flandrie et Brabancia commoranti de IIII^m flor. auri boni ponderis ad pondus civitatis Metensis, que . . . collector dixit se recepisse de bonis quondam fratris Symonis abbatis S. Symphoriani extra muros Met. ante ipsius quondam abbatis obitum per sedem apostolicam specialiter reservatis — quorum quidem IIII^m flor. dicti ponderis LXX flor. et I quartus valent LXIX flor. de Alamania, et sic valent dicti IIII^m flor. ad pondus civitatis Met. predictorum III^m IXe XXVIII flor. de Alamania et XVIII β IX d. monete Avin., singulis florenis de Alamania pro XXV β I d. computatis — hinc est quod Nicolaus de Perusiis(!) de Florentia factor et procurator domini Nicolay et Benedicti predictorum . . . manualiter solvit et assignavit in

III^m IIII^c XCVIII florat. auri
XIX β III d.

Introit. et Exit. 320 f. 27.

1533. — *1367 April 9. (Avignon.)*

Die IX dicti mensis [aprilis a. MCCCLXVII] recepti fuerunt a domino Johanne episcopo Verdun. pro parte partis sui communis servicii solvente per manus Johannis de Derleka clerici sui

XL flor. camere

Introit. et Exit. 320 f. 32.

1534. — *1367 April 17. (Avignon.)*

Arnaldus camerarius testatur, quod Johannes episcopus Basiliensis solvit camere pro parte partis sui communis servicii eccl. Basil. LXXX flor. auri et pro parte partis IIII serviciorum XX flor. auri clericis camere necnon pro parte partis communis servicii eccl. Met., cui prefuit, LXXXIII flor. auri VIII sol. VIII den. et pro parte partis IIII serviciorum eiusdem eccl. Met. XVI flor. auri XVII sol. IIII den. per manus magistri Nicolai de Merenco procuratoris sui. Terminus solvendi ei prorogatus est usque ad festum B. Andree apostoli proxime venturum. Insuper etc.

Oblig. et Solut. 38 B (355) f. 103 (LXII). Partim Introit. et Exit. 320 f. 34.

1535. — *1367 April 21. (Avignon.)*

Arnoldus camerarius testatur, quod Theodericus ep. Met. solvit camere pro parte partis sui communis servicii CCCLV flor. auri necnon clericis camere pro parte partis IIII serviciorum LXXXIX flor. auri per manus Henrici Bavari thesaurarii eccl. Wormat. Terminus solvendi ei prorogatus est usque ad *(lacuna!)*.

<small>Oblig. et Sol. 38 B (355) f. 99 (I.VIII). Partim Introit. et Exit. 320 f. 35.</small>

1536. — *1367 September 16. Viterbo.*

Urbanus V Tullensis et Metensis ecclesiarum decanis ac officiali Metensi mandat, quatinus Nicolaum Plantasange presbiterum monachum monasterii S. Martini extra muros Metenses latorem presentium, qui de dicto monasterio absque sui superioris licentia habitu suo derelicto recessit per seculum evagando, cupientem reverti faciant secundum Benedicti XII constitutionem recipi in eodem monasterio imposita eidem salutari penitentia.

Dudum fe. re . . . Dat. Viterbii XVI kl. octobris a. quinto.

<small>Reg. 256 f. 110¹.</small>

1537. — *1367 October 23. Rom.*

Urbanus V Johanni de Sclapa canonico monasterii S. Antonii ord. S. Augustini Viennensis dioc. de novo confert preceptoriam seu balliviam domus S. Antonii de Pontemoncionis alias Leodiensis nuncupate ord. S. Augustini Met. dioc. vacantem per obitum Aynardi de Claromonte, per canonicos dicti monasterii solitam gubernari.

Religionis zelus, vite . . . Dat. Rome apud S. Petrum X. kl. novembris a. quinto.

In e. m. S. Michaelis de Clusa Taurin. dioc. et S. Proculi Bonon. monasteriorum abbatibus ac decano eccl. Leod.

<small>Reg. Avin. 165 f. 166.</small>

1538. — *1367 December 5. Rom.*

Urbanus V Virdunensi et Tullensi episcopis mandat, quatinus decimam omnium reddituum in subsidium imperatoris cum manu forti in Italiam profecturi clero impositam et in festo penthecostes proxime secuturo solvendam exigant in sua diocesi.

Ecclesiarum omnium et ecclesiasticarum . . . Datum etc. nonas decembris a. VI.

<small>Reg. 249 f. 33—35.</small>

1539. — *1368 Februar 20. Rom.*

Urbanus V Hugoni Johannis de Alneto confert eccl. S. Salvatoris Met. canonicatum et prebendam vacantes ex eo, quod et eos Petrus de Serra et Hugo perpetuam capellaniam in eccl. Carpentoratensi causa permutationis per procuratorem in curia resignarunt, non obstante quod Hugo obtinet quandam perpetuam capellaniam eccl. S. Gengulphi Tull. et quod vigore litterarum papalium expectat canonicatum et prebendam eccl Met.

Apostolice sedis circumspecta . . . Dat. Rome apud S. Petrum XI kl. marcii a. sexto.

In e. m. decano S. Petri Avin. ac Jacobo Pulli canonico Met. ac officiali Met.

Reg. Avin. 166 f. 231[1].

1540. — *1368 März 1.*

Anno [MCCCLXVIII] . . . die [prima m. marcii] . . . recepti sunt a domino Johanne episcopo Virdun. pro parte partis sui communis servicii manus domini Ulrici canonici Virdun. familiaris sui

LXXXII flor. cam. XII sol. mon. Avin.

Introit. et Exit. 325 f. 8.

1541. — *1368 März 9. Rom.*

Urbanus V Symoni abbati monasterii S. Simphoriani extra muros Met. concedit, ut a quocunque maluerit catholico antistite valeat recipere munus benedictionis.

Cum nuper monasterio . . . Dat. Rome apud S. Petrum VII idus marcii p. n. a. sexto.

Reg. 257 f. 14.

1542. — *1368 März 29. Rom.*

Servicium abbatis S. Simphoriani.   XVII card.

Frater Simon abbas monasterii S. Simphoriani extra muros Met. promisit pro suo communi servicio IIII^c LI flor. cum dimidio et medium unius grossi et V servicia, solvendo ut supra de promisso. (*scil.* medietatem in festo annunciationis B. Marie proximo et aliam medietatem in festo purificationis ex tunc proxime secuturo). Alioquin etc.

Oblig. et Solut. 35 f. 114[1]; 36 f. 158.

1543. — *1368 September 30. Montefiascone.*

Die ultima dicti m. septembris (a. MCCCLXVIII) recepti sunt a domino Theoderico episcopo Met. pro parte partis sui communis servicii solvente per manus Johannis Metafelonis mercatoris

II^c flor. cam.

Introit. et Exit. 325 f. 18¹.

1544. — *1368 September 30. Montefiascone.*

Arnaldus camerarius testatur, quod Theodericus episcopus Metensis solvit camere pro parte partis sui communis servicii CC flor. auri et clericis camere pro parte partis IIII serviciorum L flor. auri, per manus Johannis Mataselonis. Terminus solvendi ei prorogatus est usque ad festum pasche proxime venturum. Insuper eum absolverunt et cum eo super irregularitate dispensaverunt.

Dat. apud Montemfiesconem die ultima m. septembris a. LXVIII. V flor. V gross.

Oblig. et Solut. 38 (339) f. 120.

1545. — *1368 October 1. Montefiascone.*

Urbanus V episcopo Tull. mandat, quatinus cum Symone filio Johannis comitis de Sarraponte de soluto et soluta genito scolari dispenset, ut possit ad omnes ordines promoveri et beneficium ecclesiasticum, etiam si habeat curam animarum et etiam si fuerit canonicatus et prebenda in eccl. collegiata, obtinere.

Ex parte dilecti ... Dat. apud Montemflasconem kl. octobris a. sexto.

In e. m. Johanni filio Johannis comitis de Sarraponte de soluto et soluta genito scolari.

Reg. 258 f. 168¹ nr. 139. Reg. Avin. 168 f. 402.

1546. — *1368 October 2. Montefiascone.*

Urbanus V Robertum ducem Barrensem, cuius captionem audivit, consolatur eique nunciat, quod mittit ad eius et maioris et scabinorum ac communitatis civitatis Metensis presentiam Johannem abbatem monasterii Fiscannensis Rothomag. dioc. ad tractandum pacem et concordiam inter utramque partem.

Sinistri casus eventum ... Dat. apud Montemflasconem VI nonas octobris anno VI.

Reg. 249 f. 174¹.

1547. — *1368 October 2. Montefiascone.*

Urbanus V maiori et scabinis ac communitati civitatis Met. nunciat, quod mittit ad eos Johannem abbatem monasterii Fiscannensis eosque adhortatur, quatinus eius adhortationibus assentientes ad pacis et concordie cum Roberto duce Barrensi federa ineunda suos animos inclinent et in liberatione ducis, quem ad carceris eorum custodiam belli eventus abduxit, se reddere velint benevolos et promptos.

Regis pacifici vices . . . Dat. ut supra (= apud Montemflasconem VI nonas octobris a. VI).

Reg. 249 f. 175.

1548. — *1368 November 13. Rom.*

Urbanus V commotus querelis decani et capituli Metensis archiepiscopo Trever. et Cathalaunensi ac Tullensi episcopis mandat, quatinus omnes et singulos, cuiuscumque dignitatis status ordinis vel conditionis existant, clericorum seu ecclesiasticorum se bellicis actibus non immiscentium captores detentores compulsores verberatores vulneratores occisores' ecclesiarumque invasores effractores et incendiarios, ecclesiarum spoliatores taliaque fieri mandantes publice denuncient excommunicatos ipsorumque terras opida castra villas et loca subiciant interdicto.

Ad reprimendas insolentias . . . Dat. Rome apud S. Petrum idus novembris a. septimo.

Reg. Avin. 170 f. 39.

***1549.** — *1368 November 13. Rom.*

Urbanus V conquerentibus decano et capitulo eccl. Met., quod nonnulli iniquitatis filii pretextu guerrarum, quibus partes ipse dicuntur multipliciter fatigari, et alias clericos et ecclesiasticas personas etiam in dignitatibus constitutas ecclesie predicte bellicis actibus se immiscentes capere, detinere, carceribus mancipare, tormentis subicere, verberibus cedere, vulnerare, morti tradere, ad redemptiones indebitas cohercere ac Metensem et alias ecclesias ac alia loca pia secularia et regularia civitatis et dioc. Met. ad decanum et capitulum eccl. Met. immediate spectantia invadere, capere, occupata detinere, diruere et incendio concremare ac Metensem et alias ecclesias libris, crucibus, sanctorum reliquiis, paramentis et ornamentis aliis spoliare necnon fructus, redditus, res et bona alia personarum ecclesiasticarum violenter capere non verentur, mandat archiepiscopo Trever. et Cathalaun. et Tull. episcopis, quatinus contra talia perpetrantes eorumque complices sententiis excommunicationis et interdicti procedant.

Sane lamentabilis querela ... Dat. Rome apud S. Petrum idus novembris p. n. a. septimo.

<small>Or. membr. cum plumbo; sub plica ad sinistr: LX. S. Tolerandi; in plica ad dextr: P. Gavaldani. — Metz. Bez. Arch. G. 440. 3.</small>

1550. — *1369 Januar 29. Rom.*

Urbanus V monasterio S. Martini prope Metis vacanti per obitum Guillelmi abbatis providet de persona Johannis sacerdotis prioris tunc prioratus B. Marie de Nantolis Cluniac. ord. Meldensis dioc., non obstante quod in ipso monasterio S. Martini alterius coloris et forme quam in monasterio Cluniacensi Matiscon. dioc. habitus habetur et geritur.

Suscepti cura regiminis ... Dat. Rome apud S. Petrum IIII kl. februarii a. septimo.

In e. m. conventui, episcopo Met.

<small>Reg. Avin. 170 f. 144.</small>

1551. — *1369 Februar 7. Rom.*

Urbanus V monasterio S. Martini Glandariensi ord. S. Bened. Met. dioc. vacanti per obitum Isembardi abbatis providet de persona Renaudi sacerdotis tunc prioris prioratus S. Salvatoris de Tegiis Cluniac. ord. Brixiensis dioc., non obstante quod in S. Martini alterius forme habitus quam in Cluniacensi monasterio geritur et habetur.

Suscepti cura regiminis ... Dat. Rome apud S. Petrum VII idus februarii a. septimo.

In e. m. conventui, universis vassallis, episcopo Met.

<small>Reg. Avin. 170 f. 146.</small>

1552. — *1369 Februar 19. Rom.*

Arnaldus camerarius testatur, quod Symon abbas monasterii S. Symphoriani extra muros Met. solvit pro parte sui communis servicii CXII flor. auri et XXIII sol. monete Avin. camere et clericis camere pro parte quatuor serviciorum XXVII flor. auri XX sol. predicte monete per manus Roberti de Aquineyo licentiati in legibus tempore debito.

III flor. III gr.

<small>Oblig. et Solut. 38 (339) f. 155¹.</small>

1553. — *1369 Februar 23. Rom.*

Urbanus V cantori ecclesiae Virdunensis causam inter Dominicum de Vico rectorem parrochialis ecclesiae S. Segolenae Met. et Petrum priorem S. Christofori extra muros de Vico pendentem committit.

[Urbanus V] cantori ecclesie Virdunensis.

Exhibita nobis pro parte dilecti filii Dominici de Vico rectoris parrochialis ecclesie S. Segolene Metensis petitio continebat, quod olim dilectus filius Petrus prior prioratus S. Christofori extra muros de Vico ord. S. Bened. Met. dioc. asserens, se nostras ad officialem Tullensem sub ea forma litteras impetrasse, ut ea, que de bonis dicti prioratus alienata invenerit illicite vel distracta, ad ius et proprietatem eiusdem prioratus legitime revocare curaret ... falsoque pretendens, quod idem rector sibi in quadam pecunie summa tunc expressa ex causa etiam tunc expressa legitime tenebatur, eundem rectorem super hoc petendo ipsum condempnari et compelli ad dandum et solvendum sibi huiusmodi pecunie summam, coram dilecto filio officiali Tullensi dictarum litterarum pretextu de facto fecit ad iudicium evocari: pro parte vero dicti rectoris fuit coram eodem officiali excipiendo propositum, quod cum in constitutione ... Bonifacii pape octavi ... caveatur expresse, ut cum eiusdem civitatis et diocesis fuerint actor et reus, extra ipsas nisi in certis exceptis casibus in dicta constitutione expressis causa per litteras apostolicas committi non debeat nec conveniri aliquis eorundem, dictus rector extra civitatem et diocesim predictas ... litterarum supradictarum pretextu ... coram eodem officiali conveniri de iure non poterat nec debebat; et quod idem officialis dictum rectorem super hoc audire contra iusticiam denegans nequiter pronunciavit peticioni dicti prioris per eundem rectorem fore respondendum. Dictus rector senciens exinde indebite se gravari ad sedem apostolicam appellavit. Idemque officialis etiam post et contra appellationem huiusmodi prefatum rectorem ... fecit excommunicatum publice nunciari, propter quod prefatus rector denuo ad sedem appellavit eandem. Ac huiusmodi appellationibus non obstantibus ... Nicholaus de Saraponte canonicus Metensis tunc officialis Metensis, Stephanus S. Maximini archipresbiter, Walterius S. Ferruci, Johannes S. Ilarii maioris, Nicholaus Gervacii S. Juliani suburbii Metensis, Stephanus S. Johannis ad novum monasterium Metense et Petrus S. Martini in curtis Metensium parrochialium ecclesiarum rectores ac Remigius Arnulphi canonicus ecclesie S. Petri ad ymagines Metensis ... ipsum Dominicum rectorem ... excommunicatum aggra-

---

a) peticionis *ms:*

vatum ... ad instantiam dicti prioris ... in diversis ecclesiis ... denunciarunt ... ipsumque nonnullis emolumentis ... spoliarunt et detinent spoliatum ... et insuper ... de mandato, ut dicebant, ... episcopi Metensis et sui officialis ... denunciarunt ... excommunicatum ac eum ... vitaverunt et ab aliis vitari fecerunt et faciunt de presenti necnon parrochianis dicte ecclesie S. Segolene inhibuerunt, ne divina officia per ipsum Dominicum celebranda audirent nec sacramenta ecclesiastica ab eo reciperent nec de iuribus ipsius ecclesie eidem Dominico rectori responderent, sed alium vicarium in dicta ecclesia instituerent. Propter que et nonnulla alia gravamina eidem Dominico rectori per eundem episcopum et gentes suos ac alios rectores et Remigium predictos et per Richardum decanum ecclesie S. Salvatoris Metensis illata idem Dominicus rector iterato ad sedem appellavit eandem nobisque humiliter supplicavit ... Nos itaque ... discretioni tue ... mandamus, quatinus ... quod iustum fuerit, appellatione remota decernas ... Dat. Rome apud S. Petrum VII kl. marcii a. septimo.

Reg. Avin. 170 f. 37¹.

1554. — *1369 März 2.*
Servicium abbatis S. Martini Glandariensis   XXI card.
Frater Bernardus abbas monasterii S. Martini Glandariensis ord. S. Bened. dioc. Met. promisit pro suo communi servicio V^c flor. et V servicia consueta solvendo ut supra (scil. medietatem in festo purificationis B. Marie proximo et aliam medietatem in simili festo anno revoluto).

Oblig. et Solut. 35 f. 124; 36 f. 178¹ (ubi d. III m. martii).

1555. — *1369 März 2.*
Servitium abbatis S. Martini prope Metis.   XXI card.
Frater Johannes abbas monasterii S. Martini prope Metis ... promisit pro suo communi servicio II° flor. et V servicia, solvendo ut supra. *(Conf. nr. immediate precedens.)*

Notitia marginalis: Nota! debet recognoscere pro fratre G. qui se obligavit die XVII augusti de anno LXIIII et nil solvit.

Oblig. et Solut. 35 f. 124; 36 f. 178¹.

Item recognovit pro domino Willelmo predecessore suo camere apostolice XX flor. auri et quatuor servitia pro rata solvendo ... ... (ut supra).

Oblig. et Solut. 36 f. 178¹.

1556. — *1369 März 8. Montefiascone.*

Arnaldus camerarius testatur, quod Johannes episcopus Virdun. solvit camere pro parte partis communis servicii XCVIIII flor. auri et XVII sol. et IIII den. et clericis camere pro parte partis IIII serviciorum XXI flor. auri per manus Thome Monis de Albertis antiquis. Terminus ei prorogatus est solvendi usque ad festum S. Michaelis proxime venturum. Insuper eum absolvit et cum eo dispensavit super irregularitate.

IIII flor. IIII gr.

Oblig. et Solut. 38 (339) f. 161.

1557. — *1369 Mai 5. Montefiascone.*

Arnaldus camerarius testatur, quod Johannes episcopus Tull. solvi camere pro parte partis sui communis servicii CXXII flor. auri VI solt monete Avin. et clericis camere pro parte partis IIII serviciorum XXVII flor. auri XX sol. per manus magistri Remigii de Puteolis canonici Met. Terminus solvendi ei prorogatus est usque ad festum purificationis proxime venturum. Insuper absolutus est et cum eo dispen. satum est super irregularitate.

V flor. V gross.

Oblig. et Solut. 38 (339) f. 173.

1558. — *1369 August 18. Rom.*

Urbanus V Johanni duci Lothoringie concedit altare portatile.

Sincere devotionis affectus . . . Dat. Rome apud S. Petrum XV kl. septembris a. septimo.

Eidem indulget, ut in locis interdicto suppositis possit in sua et familiarium suorum domesticorum presencia facere celebrari missam et alia divina officia.

Devotionis tue sinceritas . . . Dat. ut supra.

Reg. 259 f. 16[1] nr. 88 et 89.

1559. — *1369 September 20. Montefiascone.*

Johanni episcopo Virdun. prorogatus est terminus solvendi camere apostolice usque ad festum purificationis proxime venturum.

I flor. II gross.

Oblig. et Solut. 38 (339) f. 210[1].

1560. — *1369 October 29. Rom.*

Urbanus V Johanni Malgente, qui in hospitio papali per plures annos, ut asserit, servivit, prout adhuc continue servire non desistit, confert eccl. S. Salvatoris Met. canonicatum et prebendam vacantes per obitum Remigii de Puzey nuper apud curiam mortui, non obstante quod Johannes vigore litterarum papalium expectat beneficium spectans ad dispositionem episcopi Met., quod dimittat, simulac assecutus fuerit supradictos.

Laudabilia probitatis et virtutum . . . Dat. Rome apud S. Petrum IIII kl. novembris a. septimo.

In e. m. episcopo Foroiuliensi et abbati monasterii S. Theofredi Aniciensis dioc. ac decano eccl. Met.

Reg. Avin. 170 f. 335¹.

1561. — *1369 November 14. Rom.*

Urbanus V Nicolao Caude, pro quo capellano et familiari suo commensali continuo Stephanus tit. S. Eusebii presbiter cardinalis supplicat, providet de eccl. Met. canonicatu et prebenda vacantibus per obitum Remigii de Puteolis apud sedem apostolicam mortui, non obstante quod Nicolaus canonicatum et prebendam capelle inferioris domus episcopalis Paris. et .. parrochialem eccl. de Lardiaco Paris. dioc. obtinet. Tamen possessionem prebende Met. assecutus dimittat eccl. de Lardiaco.

Attributa tibi merita . . . Dat. Rome apud S. Petrum XVIII kl. decembris a. octavo.

Reg. Avin. 172 f. 58.

1562. — *1370 März 28. Rom.*

Arnaldus camerarius testatur, quod Symon abbas monasterii S. Symphoriani extra muros Met. solvit camere pro complemento sui communis servicii CXII flor. auri XXIII sol. monete Avin. et clericis camere pro complemento IIII serviciorum XXV flor. IX sol. II den. monete Avin. Insuper etc.

Oblig. et Solut. 38 (339) f. 258¹. Brevius Introit. et Exit. 331 f. 21¹.

1563. — *1370 Mai 1. Montefiascone.*

Urbanus V Johanni de Vilo (Vico?) canonico prebendato eccl. Met., qui fuit familiaris quondam Andruini tit. S. Marcelli presbiteri cardinalis, reservat eiusdem eccl. officium cum cura vel sine cura.

Vite ac morum honestas . . . Dat. apud Montemflasconem kl. maii a. octavo.

In e. m. episcopo Cabilonensi et S. Arnulphi Met. ac S. Martini prope Metis monasteriorum abbatibus.

Reg. Avin. 171 f. 140.

1564. — *1370 Mai 24. Montefiascone.*

Arnaldus camerarius testatur, quod Johannes episcopus Tull. solvit camere pro parte partis sui communis servicii XLI flor. auri camere sex solidos monete Avin. et clericis camere VIII flor. auri XX sol. per manus Symonis abbatis monasterii Dalmarivilla ord. S. August. Terminus solvendi ei prorogatus est usque ad festum nativitatis domini proxime futurum. Insuper eum absolvit et super irregularitate cum eo dispensavit.

IIII flor. IIII gross.

Oblig. et Solut. 38 (339) f. 280. Brevius Introit. et Exit. 331 f. 33 [1].

1565. — *1370 Juni 27. Montefiascone.*

Arnaldus camerarius testatur, quod Theodoricus episcopus Met. solvit camere pro parte partis sui communis servicii CLX flor. auri et clericis camere pro parte partis IIII serviciorum XL flor. auri per Bernardum de Borken. Terminus solvendi ei prorogatus est usque ad festum purificationis proxime venturum. -- V flor. V gross.

Oblig. et Solut. 38 (339) f. 302. Brevius Introit. et Exit. 331 f. 39.

1566. — *1370 August 9. (Avignon.)*

Die IX augusti (a. MCCCLXX) traditi fuerunt de mandato domini thesaurarii cum cedula domino Francisco Perrini rectori parrochialis eccl. S. Victoris Met. dioc., qui venit noviter de Monteflascone pro gubernatione equorum domini nostri pape Avinione applicat[orum?] pro expensis suis et equorum et famulorum faciend[is] . . .

C flor. cam.

Introit. et Exit. 332 f. 61 [1].

1567. — *1370 October 31. Avignon.*

Arnaldus camerarius testatur, quod Johannes episcopus Virdun. solvit camere pro parte partis sui communis servicii XXIX flor. auri camere et XVIII sol. monete Avin. et clericis camere pro parte partis IIII serviciorum VI flor. auri et X sol. per manus Henrici capellani sui et quod ei prorogatus est terminus solvendi usque ad festum purificationis B. Marie proxime venturum. Insuper etc. — IIII flor. IIII grossi.

Oblig. et Solut. 39 (340) f. 30 [1].

1568. — *1370 December 24. Avignon.*

Arnaldus camerarius testatur, quod Johannes episcopus Tull. solvit camere pro parte partis sui servicii communis XLI flor. auri X sol.

monete Avin. et pro parte partis IIII serviciorum clericis camere VIII flor. auri XVIII sol. et quod ei prorogatus est terminus solvendi usque ad festum pasche proxime venturum. — II flor. II gross.

Oblig. et Solut. 39 (340) f. 52.

SUPPLEMENTA.

1569. (78 a.) — *1303 April 27. Lateran.*

Bonifacius VIII abbati monasterii S. Pauli extra muros Urbis et archidiacono Castri Radulfi in eccl. Bituricensi ac Jacobo de Cancellariis de Urbe canonico Laudunensi exponit, quod Theobaldus episcopus Leod. ex permissione papali sub certis obligationibus recepit pro suis necessariis et pro ecclesie Leodiensis negotiis apud sedem apostolicam utiliter expediendis mutuum quatuor milium florenorum auri a Jacobo Nicolaii Muti, Paulo de Buzia(?) et Matheo Ciceronis, civibus et mercatoribus Romanis, videlicet a dicto Jacobo pro ipso et Romanello filio suo duo milia et quingentos, a prefato Paulo pro ipso et Angelo ipsius fratre septingentos quinquaginta et a dicto Matheo pro ipso et ipsius heredibus alios septingentos quinquaginta, et supradictis mandat, quatinus Theobaldum moneant, ud dictis creditoribus aut eorum procuratoribus statutis loco et tempore satisfaciat.

Exponente pridem nos ... Dat. Laterani VII kl. maii a. nono.

Arch. Vatic. Armar. XXXI. 27 f. 34.

1570. (224 a.) — *1315 September 4.*

Johannes episcopus Tullensis monasterium Bellicampi subiicit et incorporat monasterii et ordini Cluniacensi.

Johannes miseratione divina Tullensis episcopus universis christifidelibus ...

Divini consilii inperscrutabilis ... Sane non absque dolore et grandi cordis amaritudine cum planctu flebili referre cogimur, qualiter monasterium Bellicampi in sui principio cum suorum venustate membrorum nobilissime fundatum ac tot et tantis bonis dotatum, in quo etiam per dei graciam antiquis temporibus regebat ordinis disciplina, membrum nobile Tullensis ecclesie merito reputatum, nunc peccatis exigentibus ad tam miserabilem statum devenerit fratresque eiusdem monasterii ad tantam dissolutionis miseriam et ignominiam sunt conversi, quod in ipso monasterio ipse deus non colitur, religio non servatur, fratres ipsius habitu ac bono obediencie penitus depositis quasi profugi instabiles omnino [in]corrigibiles et acephali ubique extra monasterium evagantur bonis^a) eiusdem monasterii tam mobilibus quam immobilibus sacris vasis libris et aliis ecclesie ornamentis venditis distractis dispersis alienatis ac pro maiori parte consumptis, quorum bonorum quedam pro non modica parte ab ipsis fratribus alienata in manibus sunt posita potencium laycorum, de quibus vix est spes, immo potius dubium est, an possint vel debeant ad ius et proprietatem ipsius monasterii in posterum revocari. Et ipsa ecclesia dedicata, que prius dei et hominum religiosorum fuit habitaculum, nunc facta et spelunca latronum et data in seandalum et in opprobrium vicinorum. Et licet iam dudum retroactis temporibus per nonnullos predecessores nostros statum miserabilem ipsius monasterii Bellicampi reformare in melius cupientes abbates quidam eiusdem monasterii in regimine ipsius inutiles ac eciam negligentes ab administratione iam dicti monasterii suis exigentibus meritis remoti fuerunt et loco ipsorum alii subrogati, de quibus sperabatur, quod statum ipsius monasterii in melius reformare deberent, ipsi tamen subrogati — nescimus quo ipsorum abbatum monasterii eiusdem infortunio aut potius ultione divina — minus proficiebant quam eorum predecessores. Et sequebatur error novissimus peior priore, ita quod ad presens tres prefati monasterii supersunt abbates, unus videlicet presidens monasterio antedicto, alii vero duo depositi, qui aliorum depositorum loco fuerant subrogati. Nos itaque ... deliberatione apud nos et honorabilem [b]) virum Johannem de Molans decanum capitulumque nostre Tullensis ecclesie supradicte et cum aliis religiosis viris et iuris peritis habita diligenti ... de illo sanctissimo ac nobilissimo orto, ordinis videlicet Cluniacencis... in ipso monasterio de Bellocampo novellas plantulas supponere volumus et plantare ibidemque fratres Cluniacencis ordinis deinceps ponendos et instituendos decrevimus ac ipsum monasterium Bellicampi cum omnibus bonis iuribus membris feudis et pertinenciis quibuscunque ... monasterio et ordini Cluniacensi unimus perpetuo subicimus ac eciam incorporamus de consilio et assensu venerabilium virorum decani et capituli nostre Tullensis ecclesie sepedicte, venerabilis ac magnifici patris Henrici dei gracia ... abbatis Cluniacensis ad hoc interveniente consensu ac ad instantem supplicationem religiosi viri fratris Th. nunc abbatis monasterii Bellicampi ... Datum et actum a. d. MCCCXV quarta die mensis septembris.

Diar. R. Losse f. 80¹ (85¹). Darmstadt, Arch. Hassiacum.

a) et bonis *in ms.*   b) honorabilem abbatem *in ms.*

1571. (**555** a.) — *1328 Juli 5. Avignon.*

Johannes XXII abbati et conventui monasterii de Rutula ord. S. Bened. indulget, ut possessiones et bona alia mobilia et immobilia, que liberas eorum personas iure successionis vel alio justo titulo, si eedem persone remansissent in seculo, contigissent et que ipse potuissent aliis libere erogare, petere ac etiam retinere valeant.

Devotionis vestre precibus . . . Dat. Avin. III nonas iulii p. n. a. duodecimo.

Apogr. saec. XVII. Metz. Arch. H. 3567. 7.

1572. (**623** a.) — *1330 Juli 16. (Avignon.)*

De cancellaria Metensi vacante per obitum Othonis de Aventica apostolici capellani fuit provisum Johanni Petit Maheri canonico Metensi III idus iulii (a. XIIII).

De canonicatu et prebenda S. Theobaldi prope muros Met. vacante per obitum in curia Henrici de Byoncort fuit provisum Johanni cantori Metensi III idus iulii.

Collectoriarum t. 280 f. 22¹.

1573. (**963** a.) — *1348 Januar 16.*

Baldewinus archiepiscopus Trever. supplicat, quatinus, cum abbas et conventus monasterii de Bosonisvilla Met. dioc. ord. S. Benedicti adeo tenues et exiles habeant redditus, quod non possunt ex eis commode sustentari et onera eis incumbentia supportare, annectatur et uniatur eidem monasterio eccl. parrochialis de Filzdorf dicte dioc. prope ipsum monasterium situata et ad ipsorum collationem seu presentationem spectans.

Item quatinus ipsi abbas et conventus parrochiales ecclesias de Syrkis, de Freistorf, de Waldrika, de Beckinga Met. dioc. de iure patronorum eorum existentes per monachos eorum monasterii, quos ad hoc duxerint eligendos, cedentibus vel decedentibus ipsarum rectoribus facere officiari possint.

Manuscr. Rudolphi Losse f. 83¹ (90¹). Darmstadt. Arch. Hassiacum.

1574. (**988** a.) — *1346 October 15.*

Gerardus de Arbento thesaurarius B. Marie Escoyarum commissarius in hac parte a sede apostolica deputatus Johanni de Alompno canonico S. Gengulphi Tullensis et Nicholao de Blonodio rectori parrochialis ecclesie de Villafrancha Senon. dioc. in iure utroque licentiato destinat litteras, in quas transsumit tenorem litterarum a Clemente VI die XIII m. septembris a. MCCCXLV Gerardo destinatarum (Conf. nr. 954) eique significat, quod recepit postea litteras Stephani Casinensis et Guillermi Foroiuliensis episcoporum pape thesaurariorum continentes census pape debitos in provincia Treverensi et desinentes per hanc clausulam: »In episcopatu Tullensi monasterium ecclesie Romaricensis in anno bisextili equm album pro domino papa copertum baldachino.« Gerardus dictis duobus mandat, quatinus censum pape debitum a monasteriis ecclesiis abbatibus ac personis in civitate et dyocesi Tullensi constitutis census huiusmodi debentibus exigant.

Instrum. notarile ab Obaldo Bruneti de Fuissiaco Matisconensis dioc. apostolica auctoritate notario confectum a. d. MCCCXLVI indict. XV more gallicano sumpta, pont. Clementis VI a. quinto. Transsumtum in litteras executorias a Johanne de Alompno et Nicholao de Blenodio olim de Villafrancha Senon. dioc. nunc de Gondravilla Tull. dioc. eccl. parrochiali rectore presbytero ecclesie parrochiali de Romaricomonte destinatis d. III m. aprilis a. MCCCXLVIIII, quibus dicto presbytero mandatur, quatinus ad dictum monasterium de Romaricomonte accedens eiusdem abbatissam et conventum seu capitulum moneat, quatinus pro presenti anno bissextili satisfaciant ecclesie Romane de dicto equo. — Paris, Bibl. nat. Nouvelles acquis. latin. 2548 nr. 83.

1575. (1089a.) — *1351 Juni 10. Avignon.*

Clemens VI Guigoni Ademari confert eccl. Met. canonicatum et prebendam vacantes ex eo, quod et is canonicatum et prebendam eccl. Aniciensis per procuratorem et Guillermus Clenchini canonicatum et prebendam eccl. Met. per se ipsum in curia permutationis causa resignarunt, non obstante quod is obtinet canonicatum eccl. Valentinensis.

Apostolice sedis circumspecta . . . Dat. Avin. IV idus iunii a. decimo.

In e. m. archidiacono Antwerpiensi Cameracensis et sacriste Avin. eccl. ac officiali Met.

Reg. Avin. 255 f. 230 nr. 17.

1576. (1151a.) — *1353 März 27. Avignon.*

Innocentio VI supplicat Baldemarus de Odenbach miles ambasiator una cum magnifico viro domino Johanne de Saraponte comite regis Francie, quatinus sibi concedantur duo indulta. — Annuit papa.

Innoc. VI Supplic. t. I (23) f. CXIIII[1]*.*

1577. (1266a.) — *1357 Januar 3. Metz.*

Boemundus archiepiscopus Trever. recognoscit, se esse servaturum pacem generalem per Carolum IV imperatorem ante susceptionem infularum imperialium instauratam, nominans pro se in hac parte gubernatoris pacis Reymbol[dum] dominum de Saraponte militem fratrem et magistrum Thomam de S. Johanne familiarem suum.

Manuscr. Trever. bibl. 2137 fig. 188¹.

1578. (1266 b.) — *1357 Januar 5. Metz.*

Gubernatores pacis generalis Lothoringie de iussu et mandato Caroli IV imperatoris Boemundum archiepiscopum Trever. admittunt ad pacem generalem in partibus Lothoringie.

Manuscr. (saec. XVIII) nr. 2137 fig. 187. Bibl. civit. Trever.

1579. (1462 a.) — *1364 März 20. (Avignon.)*

Anno LXIV die XX m. marcii recepti fuerunt a domino Johanne de Putheolis pro fructibus canonicatus et prebende eccl. Met.

XVI flor.

Collector. t. 9 f. 90¹.

INDEX
LOCORUM ET PERSONARUM.
Auctore Dr. Fr. Grimme.

Abbrev. A. = Arrondissement. archidiac. = archidiaconus. archiepisc. = archiepiscopus. can. = canonicus. capell. = capellanus. cardin. = cardinalis. civ. = civis. dep. = Departement. diac. = diaconus. dict. = dictus. dioc. = diocesis. dom. = dominus. eccles. = ecclesia. episc. = episcopus. Gorz. = Gorziensis. Kr. = Kreis. Met. = Metensis. mon. = monachus. monast. = monasterium. monial. = monialis. parroch. = parrochialis. prepos. = prepositus. presb. = presbiter. Prov. = Provinz. Tull. = Tullensis. Trevir. = Trevirensis. Virdun. = Virdunensis. v. = vide.

Die eingeklammerten Zahlen geben die Seiten an.

A.

Abbatisvilla *(Abbéville, dep. Meurthe-et-Moselle, A. Briey)* eccles. parroch. de — Met. dioc. 1391. *(214)*.

Aboncourt *(Abaucourt, dep. Meurthe-et-Moselle, A. Nancy)* eccles. parroch. de — Met. dioc. 1391. *(208)*.

Aboncourt *(Endorf bei Metzerwiese, Kr. Diedenhofen-Ost)* eccles. parroch. de — Met. dioc. 1391. *(215)*.

Abrincensis *(Avranches, dep. Manche)* eccles.
archidiac. Guillermus Pinchon 1107.

Acra, Andoynus de — thesaurarius comitatus Venayssini, can. Met., capell. perpet. S. Anthonii Met. dioc., can. Bisuntinus, perpet. capell. S. Marie in capella St. Galli, prior St. Stephani de Frontinhano 1335. 1516.

Ademarii, Guigo, can. Met., can. Aniciensis, can. Valentinensis, 1575. v. Adzemarii.

Adria *(Adria, Venetien)*, Robertus de — can. Neapolitane eccles. 855.

Adzemarii. Hugo, archidiac. de Rivello, can. Vivariensis et Valentinensis 955. 996. v. Ademarii.

Aerenges *(Heringen, Kr. Saarburg)*, Katherina de — monial. St. Petri Met. 1376.

Agareni infideles, qui Turchi vulgariter nuncupantur. 963. 1112. v. Turchi.

Agatensis *(Agde, dep. Hérault, A. Béziers)* dioc. 928.

St. Agatha *(St. Agathe b. Woippy, Kr. Metz, oder dep. Meurthe-et-Moselle, A. Lunéville)*
Johannes de — 1239
Jacobus de — 1178 a.

St. Agathe beneficium in eccl. Liciensi 1342.

Agenensis *(Agen, dep. Lot-et-Garonne)* dioc. 1490.

Ailbe, Johannes Bovenente — civ. Met. 1120
uxor Perreta 1120.

Airey *(Arry, Kr. Metz)* eccles. parroch. de — Met. dioc. 1391 *(208)*.

Aix *(Esch a. Sauer, Luxemburg, oder Eix, dep. Meuse, A. Verdun)*
Hawela de — monial. St. Petri Met. 1376.

— 287 —

Johannes dict. de — rector eccles. parroch. de Estrees 1007.
Nicolaus de — can. Met. cantor Met. 1215. 1492. v. Ayx et de Bystroph.
Alacourt *(Holacourt, Kr. Bolchen)* eccles. parroch. de — Met. dioc. 1391 *(214)*.
Alamania 843 a. 869. 940, 1107. 1265. 1295. 1396. 1460. 1503. 1508. 1532.
Alamannia v. Alamania.
Alardi, Garco — de Metis 1365.
Alba *(Saaralben, Kr. Forbach)*,
   Conradus de — 1320. 21.
   fil. Gotfridus de — rector eccles. parroch. de Buderstorf, can. St. Deodati, can. B. Nicolai de monasterio, can. St. Georgii de Nanceyo, can. B. Nicolai de Comerceyo, can. Met. 1302. 1320. 1321. 1337.
   Godomannus Conradi de — can. Met., prior 950. 1391. *(205)*.
   Jacobus dict. de — civ. Met. 1503
Alba ecclesia *(Weisskirchen, Kr. Château-Salins)* eccles. parroch. de — Met. dioc. 1391 *(211)*.
Albanensis *(Albano b. Rom)*
   episc. Gaucelinus 903. 969.
      Talayrandus 1403. 1463.
Alba petra *(Weissenfels b. Mutterhausen, Kr. Saargemünd)*
   Johannes de — can. Met. 1380.
Albe *(Saaralben, Kr. Forbach)* eccles. parroch. de — Met. dioc. 1391 *(218)*.
Albendenges *(Habudingen, Kr. Château-Salins)*
   villa in dioc. Met. 1260.
   salina 1260.
Alberti, Walterus — cancellarius Met. 849. 50. 92. 93. 938. 1305. 1307. v. de Metis.
Albertorum antiquorum de Florentia societas:
   Ferozius Corsini, Angelus Johannis, Laurentius Truosini, Nicolaus Bini, Bartholus Johannis, Alexander de Paradisis 1506.
   Laurentius Fruosini, Benedictus Nerecii 1532.
   Thomas Monis 1556.
Albestorf *(Albesdorf, Kr. Château-Salins)*
   Matheus dict. Spech de — cler. Met. 958.
St. Albino *(St. Aubin, dep. Meuse, A. Commercy)*
   Jenninus de — 1217.
   fil. Dominicus, cler. Tull., decanus eccles. Aschaffenburg, can. St. Nicolai de Commarceyo, rector de Morleyo, can. Tull., tenens beneficium dict. panem de Ree in eccles. monasterii de Romaricomonte 1217.
Albocastro *(Weissenburg, U.-Elsass)*
   monasterium de — Spirensis dioc.
   mon. Nicholaus de Parva petra 1392.
   v. Wizzemburgense.
Albomonte *(Blamont, dep. Meurthe-et-Moselle, A. Lunéville)*
   Theobaldus de — can. Met., can. Virdun. 859. 860.
Alemania v. Alamania.
Alexandrinus *(Alexandria, Aegypten)*
   patriarcha Humbertus 1111.
Alhiaco *(Aujac, dep. Gard, A. Alais ?)*
   eccles. parroch. de — Lugdunensis dioc.
   capellan. perpet. Guillermus Fabri de Sapolgo 1113.
Allemania v. Alamania.
Allemmont *(Alémont bei St. Jure, Kr. Metz)* eccles. parroch. de — Met. dioc. 1391. *(209)*.
Alneto *(Aulnois, Kr. Château-Salins)*
   Hugo Johannis de — can. St. Salvatoris Met., capell. perpet. in eccles. Carpentoratensi, capell. perpet. St. Gengulphi Tull., can. Met. 1539.
Alompno *(Allamps, dep. Meurthe-et-Moselle, A. Toul)*
   Johannes de — can. St. Gengulphi Tull. 1574.
Alsentze flumen *(Alsenz, Nebenfluss der Nahe)* 1186.

Alteriacensis *(Autry, dep. Vosges, A. Epinal)* conventus ord. St. Augustini Tull. dioc.
Matheus pro abbate se gerens 1240.

Altheim *(Altheim, Pfalz, B.-A. Zweibrücken)* eccles. parroch. de — Met. dioc. 1391. *(217)*.

Altorf *(Saaraltdorf, Kr. Saarburg)* eccles. parroch. de — Met. dioc. 1391. *(217)*.

Altreippen *(Altripp b. St. Avold, Kr. Forbach)* eccles. parroch. de — Met. dioc. 1391. *(213)*.

Amancia *(Amance, dep. Meurthe-et-Moselle, A. Nancy)* 882. 908.
Walterus de — can. Met., can. Trevir., can. St. Deodati 1425.
Wichardus de — nobilis vir 1249.
fil. Henricus de — cleric. Tull. can. Met., can. Tull. 1249. 1256.

Amanges *(Insmingen, Kr. Château-Salins)* eccles. parroch. de — Met. dioc. 1391. *(213)*.

Ambianensis *(Amiens, dep. Somme)* dioc. 847. 854. 1024.
decanus 853.
scolasticus 853.
can. Robertus de Croy 853.

Ameleicourt *(Amélécourt, Kr. Château-Salins)* eccles. parroch. de — Met. dioc. 1391. *(210)*.

Amella *(Amelle, dep. Meuse, A. Montmedy)* prioratus ord. St. Benedicti Virdun. dioc. a monasterio Gorziensi dependens
prior Guillelmus St. Marie in Transtiberim presb. cardinalis 1464
Guillelmus de Xaving 1464
Nicolaus postea abbas Glandariensis 902.

Amennvilla *(Amnéville, Kr. Diedenhofen-West)* eccles. parroch. de — Met. dioc. 1391. *(209)*.

Amenoncourt *(Amenoncourt, dep. Meurthe-et-Moselle, A. Lunéville)* eccles. parroch. de — Met. dioc. 1391. *(210)*.

Ammete *(Aumetz, Kr. Diedenhofen-West ?)*
Beatrix de — monial. St. Petri Met. 1376.

Ampuriacensis *(Ampuras, Sardinien)* episc. Bertrandus, antea episc. Theffelicensis 1248.

Anceyo *(Ancy, Kr. Metz)* eccles. parroch. de — Met. dioc. 1391. *(207)*.

Anculus *(Anthelupt, dep. Meurthe-et-Moselle, A. Lunéville)* eccles. 882.

Andegavensis *(Angers, dep. Maine-et-Loire)* dioc. 1081.

St. Andree *(St. Andrée, dep. Gard, A. Le Vigan)* monasterium ord. St. Benedicti Avinionens. dioc.
abbas 1112. 1212.
Raymundus, antea abbas St. Vitoni Virdun. 1160.

Angiaco *(Augny, Kr. Metz ?)* Guido de — can. Met. 1342.

Anglia *(England)* 1391.

Aniciensis *(Le Puy en Valey, dep. Haute-Loire)* eccles. 1390. 1560.
episc. Bertrandus (de la Tour) antea episc. Tull. 1386. 88. 90
decanus Carolus de Pictavia 1230. 1232
can. Guigo Ademari 1575
Guillermus Clenchini 1575.

Annayo *(Aulnois en Perthois, dep. Meuse, A. Bar-le-Duc oder Aulnois en Vertuzey, dep. Meuse, A. Commercy ?)* Tull. dioc.
Warnessonus de — can. St. Theobaldi Met. 1288. 1327.

Anneyo v. Annayo.

Ans *(Ans, Belgien, Prov. Lüttich)* eccles· parroch. de — Leodiens. dioc.
rector Dalmacus Lamberti 1024.

Anseldinguen *(Azoudange, Kr. Saarburg)* eccles. parroch. de — Met. dioc. 1391. *(215)*.

Anselini, Richardus — de Marsallo, can. St. Stephani de Sarburgo 1484. v. Anzelini.

Anselinus notarius 855.
fil. Johannes, baccalaureus in legibus,

can. St. Salvatoris Met., officialis Met. 855. 1376.

Anselmus v. Anselinus.

Antegarda (*L'Avant-Garde, dep. Meurthe-et-Moselle, A. Nancy*) dominus de
— Henricus de Barro 1402.

St. Anthonii eccles. in eccles. Met. (*Pont-à-Mousson, dep. Meurthe-et-Moselle, A. Nancy*).
    capellan. perpet. Andoynus de Acra 1336.

St. Antonii (*St. Antoine, dep. Isère, A. St. Marcellin*) monaster. ord. St. Augustini Viennens. dioc.
    abbas 824
    can. Aynardus de Claromonte 1537
    Johannes de Sclapa 1537.

Antwerpiensis (*Antwerpen, Belgien*) archidiaconatus Cameracens. dioc. 1575.

Anzelini, Richardus, rector eccles. parroch. de Doniens postea de Estrees 993. v. Anselini.

Appamiarum (*Pamiers, dep. Ariège*) episc. 1346.

Aquasparsa (*Vitteaux, dep. Côte d'or, A. Semur?*) eccles. St. Marie Magdalene Eduensis dioc.
    can. Aubricus Radalphi de Lingonis 1463.

Aquensis (*Aachen, Rheinprovinz*) eccles. Leodiensis dioc.
    eccles. St. Adalberti
        capell. altaris St. Nicolai et Elisabeth Gerardus de Francavilla 1208. 1324
        Nicolaus de Francavilla 1176.

Aquilegensis (*Aquileia, österreich. Küstenland*)
    patriarcha B. 1295

Aquineio (*Aouze, dep. Vosges, A. Neufchâteau?*) Robertus de — lic. in legibus 1552

Aragonia (*Argonnen*) cardinalis de — prior de Flavigneyo 1417.

Arbenco (*Arbent, dep. Ain, A. Nantua*) Gerardus (Girardus) de — thesaurarius eccles. B. Marie Escoyarum Rothamagens. dioc., collector fructuum camere apostol., cantor St. Pauli, apostol. sedis nuncius, obedienciarius eccles. St. Justi Lugdunensis 846. 899. 933. 39. 52. 54. 61. 63. 77. 78. 80. 81. 99. 1000. 1001. 1019. 52. 1115. 27. 34. 36. 40. 80. 1200. 04. 09. 12. 55. 74. 1307. 17. 42. 45. 49. 50. 51. 54. 61. 69. 1574.

Arbento v. Arbenco.

Arcancey (*Argancy, Kr. Metz*) eccles. parroch. de — Met. dioc. 1391. (*207*).

Arcubus supra Mosellam (*Ars a. Mosel, Kr. Metz*) eccles. parroch. de — Met. dioc. 1391. (*207*).

Aree (*Arraye, dep. Meurthe-et-Moselle, A. Nancy*) eccles. parroch. de — Met. dioc. 1391. (*210*).

Arey (*Avril, dep. Meurthe-et-Moselle, A. Briey*) eccles. parroch. de — Met. dioc. 1391. (*209*).

Arfolieria (*Arfeuilles, dep. Allier, A. Palisse*) Reginaldus de — cantor Pictaviens. 1371.

Argentinensis (*Strassburg, U.-Elsass*)
    Bertholdus Erlin cleric. 969
    moneta 1492
    eccles. collegiata St. Petri
    praepositus 1003. 1077.

Argentinensis diocesis 969. 1003. 1077. 1184. 85.
    episcop. 1109. 1303. 21. 33. 34. 92. 1458. 1512. 13
        Bartholdus 969
        Burcardus 1293
        Johannes 1183. 84. 85. 1293. 94. 95. 96
    decanus 1406
    praepos. Ulricus de Sygenoroe 969
    can. Guerardus de Blankenheim 1183. 84
        Johannes de Liethemborg postea electus Argent. 1183. 84
        Johannes de Sallewerne 937. 38. 1357.

Argentolio (*St. Hélène, dep. Vosges, A. Epinal oder Argenteuil, dep. Yonne*)

19

Johannes Bovis de — prior de Cella 927
prioratus
   prior Johannes Bovis de — 927.
Argona (*Argonnen, Meuse*) archidiaconatus de — in eccles. Virdun. 1036
   archidiac. Colardus de Asperomonte 1036
      Johannes de Silvaticis 1036.
Ariensis (*Aire, dep. Pas-de-Calais*) eccles. colleg. St. Petri, Morinens. dioc.
   can. Poncius de Tornamira 1093.
Arnavilla (*Arnaville, dep. Meurthe-et-Moselle, A. Toul*) eccles. parroch. de — Met. dioc. 1391. (*209*).
St. Arnualis (*St. Arnual, Kr. Saarbrücken*)
   Johannes villicus de — 1003. 1077. 1186
      fil. Nicolaus cler. Met., rector eccl. in Muenichwilre 1186.
   archipresbyteratus 1391 (*218*)
   ecclesia collegiata
      capitulum 1003. 1391
      decanus 1003
      can. Nicasius dict. Honlier 1426
         Nicolaus de Saraponte 1339. 40. 87. 1400. 22. 23. 26.
Arnulphi, Remigius, can. St. Petri ad ymagines Met. 1553.
Aschaffenburg (*Baiern, U.-Franken*) decanatus
   decanus Conradus de Spigelberg 1217
      Dominicus de St. Albino 1217.
Asperin (*Autreville, dep. Meuse, A. Montmedy*) v. Esperin.
Asperomonte (*Apremont, dep. Meuse, A. Commercy*)
   castrum 1228. 1373. 1454.
   Alienoris de — nobilis mulier, domina de Fontanis 1056.
   Colardus de — archidiac. de Riparia, prepos. de Hathonis castro, prepos. Montisfalconis, archidiac. de Argona 1036. 1143.
   Gobertus dominus de — 1290
      liberi: Henricus de — can. Cameracens., Met., Trevir, St. Marie Magdalene Virdunens. 1026. 1150. 1196. 1287. 88. 89.
      Joffridus, can. Montisfalconis Remens., can. Virdun., can. Leodiens. 1148. 95. 1281. 82. 88. 1366. 1443. 54. 55.
      Johanna, domina Montilii et Garde 1281. 84. 1327. 66.
   Johannes miles, nobilis vir 864. 65. 998. 1109
      uxor Margareta de Forpays 998.
   Joffridus miles 1026. 1195. 96. 1288. 1373.
      fil. Gobertus 1443. 1455.
      uxor Ysabella 1443. 1455
   ecclesia collegiata B. Nicolai fundata a Goberto de Asperomonte 1290
   capella St. Georgii in hospitali pauperum de — fundata ab Joffrido de — 1454.
Astoricensis (*Astorga, Spanien*) eccles.
   can. Albertus Viviani de St. Christoforo 1462.
Atrebatensis (*Arras, dep. Pas-de-Calais*) dioc. 1342.
   cantor 1101.
Atrio (*de l'Aitre*) Poncius de — nobilis miles Met. 1131.
Atteville (*Altweiler b. St. Avold, Kr. Forbach*) eccles. parroch. de — Met. dioc. 1391. (*212*).
Attienville (*Athienville, dep. Meurthe-et-Moselle, A. Lunéville*) eccles. parroch. de — Met. dioc. 1391 (*211*).
Auberti, Burnequinus — de Perroya, thesaurarius Tull. 1223.
Augustensis (*Auch, dep. Gers*) eccles.
   can. Georgius de Moriatio 1155
   v. Auxitana.
Augustini, Johannes — civ. Met. 1126.
   relicta Alisonna 1126.
Aultrepiere (*Autrepierre, dep. Meurthe-et-Moselle, A. Lunéville*) eccles. parroch. de — Met. dioc. 1391 (*210*).

— 291 —

Aurelianensis (*Orléans, dep. Loiret*) eccles. 866.
  decanus 1221
  officialis 1229
  can. Ludovicus Ademarii de Montilio 838
  Petrus de Camera 829.
  eccles. St. Aniani
  can. Petrus de Camera 829.
Auronvilla (*Ebersweiler, Kr. Bolchen*) eccles. parroch. de — Met. dioc. 1391 *(215)*.
Autisiodorensis (*Auxerre, dep. Yonne*) eccles. 1095
  can. Hugoninus de Barro 836.
Auwilre (*Angweiler b. Finstingen, Kr. Saarburg*) eccles. parroch. de — Met. dioc. 1391. *(215)*.
Auxitana (*Auch, dep. Gers*) dioc. 1229
  archiepisc. Arnaldus, camerar. pape 1385 v. Augustensis.
Aventica (*Avenches, Schweiz, Canton Waadt*) Otto de — cancellar. Met. 1572.
Awigney (*Augny, Kr. Metz*) eccles. parroch. de — Met. dioc. 1391. *(207)*.
Avinio (*Avignon, dep. Vaucluse*) urbs 822—28. 831—35. 843. 846—60. 862—91. 894. 899—912. 916—23. 926. 929—32. 936. 939—54. 956—66. 968—977. 979—81. 983—88. 990. 91. 993—1057. 1060—80. 1082—84. 1090—1100. 1103. 1106—27. 1132—53. 1161—63. 1173. 1175—90. 1198. 1200. 1202. 1204—24. 1226. 27. 29. 34. 37—46. 49—50. 52. 58—68. 74. 76—1301. 1306. 08. 12—23. 25—49. 51. 52. 54. 58—73. 77—83. 85—90. 92—1430. 32—91. 93—1502. 04—15. 17—22. 24—30. 32—35. 66—68. 71. 72. 75. 76—79.
Avinionensis, Johannes de St. Cruce civis — can. Met. 1448.
  ecclesia colleg. St. Agricoli
    decanus 1304. 07. 11. 29. 42. 80. 83. 1400. 09. 16. 18. 19. 23. 25. 26. 29. 37. 56. 62. 63. 74. 82. 87. 88. 1516.
  eccles. coll. St. Petri
    decanus 1382. 1435. 88. 90. 94. 1539
  diocesis 829. 36. 37. 38. 39. 41. 42. 45. 61. 93. 95. 915. 24. 27. 28. 34. 35. 38. 82. 1212. 1382.
  decanus 1228
  officialis 1097. 1436
  prepositus 839. 848. 920. 1003. 1516
  sacrista 826. 1043. 1082. 92. 93. 1193. 1212. 1214. 1242. 1304. 18. 22. 36. 1516. 1580.
Avioth (*Arioth, dep. Meuse, A. Montmedy*) capella de — Trevir. dioc. 1007
  capellanus Johannes de Bystroph 1157.
Awoth v. Avioth.
Aylli (*Aylli le haut clocher, dep. Somme, A. Abbéville*) eccles. de — Ambianens. dioc.
  capellan. perpet. Dalmacus Lamberti 1024.
Ayx v. Aix.

B.

Bacheym (*Niederbachheim, Hessen-Nassau, Rheingau*) eccl. parroch. in —
  rector Conradus de Spigelberg 1217
  Dominicus de St. Albino 1217.
Badoche, Johannes — nobilis vir, miles Met. 905. 906. 1109
  uxor Jenneta de Hoys 905. 906
  Neymericus — civ. Met. 1038
  uxor Coleta dict. Roukin 1038
  Nicolaus dict. — can. et cancellar. Met. 1305
  Petrus — abbas St. Vincentii Met. 1022. 28. 29. 34. 41.
Bagunelz (*Bagnols, dep. Gard. A. Uzès*) Morandus de — can. Met. 1461.
Baillini, Nicasius, can. Met., rector eccles. parroch. de Camberen, Ambianens. dioc. 847.
Bainguen (*Bingen, Kr. Bolchen, oder Bingen, abgeg. Ort b. Wolmeringen, Kr. Bolchen, oder Begny, abgeg. Ort*

19*

b. *Gehnkirchen, Kr. Bolchen*) eccles. parroch. de — Met. dioc. 1391. *(213)*.
Baiocensis (*Bayeux, dep. Calvados*) eccles.
   can. Gibaudus de Melloto 1197
   Dalmacius Lamberti 1197.
Baionvilla (*Bayonville, dep. Meurthe-et-Moselle, A. Toul*) eccl. parroch. de — Met. dioc. 1391. *(209)*.
Bambergensis (*Bamberg, Baiern, Oberfranken*) dioc.
   episc. C. 1295
   can. Reymbaldus Beyer de Boperdia 1323.
Baninga (*Beningen, Gemeinde Harprich. Kr. Forbach*) eccles. parroch. de — Met. dioc. 1391. *(212)*.
Baninguen (*Beningen, Kr. Forbach*) eccles. parroch. de — Met. dioc. 1391. *(214)*.
Bannestorf (*Bensdorf, Kr. Château-Salins*) eccles. parroch. de — Met. dioc. 1391. *(213)*.
Bannisii, Robertus, can. St. Marie Rotunde Met. 1400.
Bantesium (*Beint, Württemberg, Donaukreis?*) Constantiens. dioc. archidiaconus 827. 828.
Barandorf (*Baronweiler, Kr. Forbach*) eccles. parroch. de — Met. dioc. 1391 *(214)*.
Bareyo (*Bary, Belgien, Hennegau*)
   Therricus de — armiger Rodulfi ducis Lothoringie 866
     fil. Johannes de Preneyo, can. Virdun. 866.
Barrensis v. Barro.
Barro (*Bar, alte Grafschaft in Frankreich*) de —
   ducatus 1226
   comes 864. 65. 1020. 1310
     Eduardus (Edwardus) 916. 974. 1020
       filia Alienora uxor Rudolphi ducis Lothoringie 916
   Fericus, can. et archidiac. Tull., can. et prepos. Nivellensis 1402
   Henricus, dom. de Petraforti et de Antegarda 892. 1020. 1402
   Hugoninus (Hugo), can. Met. Virdun. Antisiodor. electus Virdun. 836. 1090. 94. 96. 1100
   Petrus vir nob. dom. de Petraforte 836. 935
     uxor Alienora de Pictavia 935.
   Reginaldus, can. Met. postea laicatus 890. 1456
   Robertus, dux et marchio de Ponte 1226. 1355. 1475. 76. 1546. 47
   Theobaldus, dom. de Pierrepont 844. 45
     uxor Maria de Flandria 844. 845
   Johanna, comitissa Garane 1330
   Yolandis, comitissa de Flandria, domina de Casselz 973. 74. 75. 76. 83. 1004. 72. 87. 1106. 08. 1109. 39.
Barro-ducis (*Bar-le-duc, dep. Meuse*)
   villa de — 1226. 1475
   ecclesia St. Maximi
     can. Gerardus de Viculo 1226
     Symon de Fago 1226
     Theobaldus de Bourmonte 841
   ecclesia St. Petri
     can. Theobaldus de Bourmonte 841
   monasterium ord. Heremitarum St. Augustini fundatum a Roberto duce Barrensi 1475.
La Barriera, Guillelmus, can. et custos St. Salvatoris Met. 1138.
St. Bartholomei (*St. Barthelémy, dep. Haute-Saône*) eccles.
   can. Johannes dict. de St. Martino 823.
Basemont (*Bauzemont, dep. Meurthe-et-Moselle, A. Lunéville*)
   Isabella de — monial. St. Petri Met. 1376.
Basiliensis (*Basel, Schweiz*)
   ecclesia St. Petri
     prepos. Ruodolfus 969
   diocesis 969. 1324. 1502. 1534
   episc. 1109

Johannes (de Munsingen) 1501
Johannes (de Vienne) antea episc. Met. 1501. 02. 07. 08. 34
Ortlibus 1293.
officialis Henricus de Suese 969
can. Johannes de Chastellato 867
Bassela (*St. Johann v. Bassel, Kr. Saarburg*) monast. ord. St. Augustini de — magistra 1391. (*205*).
Bassinhiaco (*Bassigny, Landschaft dep. Haute-Marne*) de — Lingonens. dioc. archidiaconus 1095.
Baucourt (*Bacourt, Kr. Château-Salins*) eccles. parroch. de — Met. dioc. 1391. (*210*).
Baudoche v. Badoche.
Baumbiedersdorf (*Baumbiedersdorf, Kr. Forbach*) eccles. parroch. de — Met. dioc.
rector Henricus de Heys 869. 871.
Bauvaria v. Bavaria.
Bavaria
Ludovicus de — Romanorum rex et imperator 900. 920. 970
duces:
Radulphus, comes Palatinus Reni 1109
Rupertus, comes Palatinus Reni 1109
Rupertus (Rubertus) junior comes Palatinus Reni 1109. 1293. 94. 95.
Bavarus, Henricus — thesaurarius eccles. Wormatiensis 1535.
Baysio (*Beauzée, dep. Meuse, A. Bar-le-Duc*)
Guido de — can. Mutinensis 1256.
Bazoncourt (*Bazoncourt, Kr. Metz*) eccles. parroch. de — Met. dioc. 1391. (*213*).
Beckinga (*Beckingen, Rheinprovinz, Kr. Merzig*) eccles. parroch. de — Met. dioc. 1573.
Beden (*Bettweiler, Kr. Saargemünd?*) eccles. parroch. de — Met. dioc. 1391. (*216*).

Bedenburen (*Betbur b. Bettweiler, Kr. Saargemünd*) eccles. parroch. de — Met. dioc. 1391. (*217*).
Bederstorf (*Biedesdorf, Kr. Château-Salins oder Beidersdorf b. Burgaltdorf, Kr. Château-Salins*) eccles. parroch. de — Met. dioc. 1391. (*215*).
Beirs (*Bey, dep. Meurthe-et-Moselle, A. Nancy*) eccles. parroch. de — Met. dioc. 1391. (*210*).
Bellefontene (*Bellefontaine b. Vry, Kr. Metz?*)
Aelidis de — monial St. Petri Met. 1376.
Bellegreie, Johannes dict. — rector eccles. parroch. de Jarneyo 984.
Belleyo (*Billy-sous-Maugiennes, dep. Meuse, A. Montmedy*) Guillelmus de — monachus St. Dionisii, prior de Cella 927.
Bellicampi (*Belchamp, dep. Meurthe-et-Moselle, A. Lunéville*) monast. ord. Cluniacens. Tull. dioc. 1570
abbas Th. 1570.
Belliprati (*Beaupré, dep. Meurthe-et-Moselle, A. Lunéville*) monast. Cisterc. ord. Tull. dioc.
abbas 876.
Belna (*Beaune, dep. Côte-d'Or*) 1115.
Belnensis (*Beaune*) eccles. Eduensis dioc.
decanus: Johannes Ogerii 857. 899. 1052
can. Carolus de Pictavia 949.
St. Benedicti monasterium (*St. Benoit-en-Voivre, dep. Meuse, A. Commercy*)
abbas 1391. (*205*).
Beneventana (*Benevent, U.-Italien*) eccles.
archiepisc. Stephanus antea abbas secular. eccles. Duracensis 1063
archidiacon. 1014. 1043. 1156. 1176.
Beoncuria v. Bioncourt.
Bepinguen (*Pewingen, Kr. Château-Salins*) eccles. parroch. de — Met. dioc. 1391. (*213*).

Berba (*Berg, Kr. Düren* oder *Kr. Euskirchen, Rheinprovinz ?*) eccles. parroch. de — Coloniensis dioc.
  rector Egidius de Stalleghen 1033.
Bergue (*Berg b. Kattenhofen, Kr. Diedenhofen-Ost*) eccles. parroch. de — Met. dioc. 1391. *(212)*.
Bergue (*Berg, abgeg. Ort b. Rixingen, Kr. Saarburg*) eccles. parroch. de — Met. dioc. 1391. *(216)*.
Bergue (*Berg bei Drulingen oder bei Rutzweiler, Kr. Zabern*) eccles. parroch. de — Met. dioc. 1391. *(218)*.
Berney (*Bency, dep. Meuse, A. Commercy*) eccles. parroch. de — Met. dioc. 1391. *(209)*.
Bertrandi, Aubertus — clericus 1491. 1518. 1520
  Fulco, can. et primicerius Met. collector fructuum in provincia Trevir. 953. 1109. 1155. 56. 94. 1212. 15
  Johannes, prepos. de Notre Dame Met. capellan. St. Katherine in Magney 1375. 1383
  Nicolaus, can. Met. prepos. St. Salvatoris Met. 1064. 1347. 48. 75. 83
  Petrus, prepos. St. Theobaldi Met. can. et scolasticus Met. 1208. 1241
Bertrangez (*Bertringen, Kr. Diedenhofen-Ost*) eccles. parroch. de — Met. dioc. 1391. *(211)*.
Bertranni v. Bertrandi.
Berward, Johannes dominus de — miles 1109.
Berwilre (*Berviller, abgeg. Ort bei Hessen, Kr. Saarburg oder Oberbarville bei Nitting, Kr. Saarburg*) eccles. parroch. de — Met. dioc. 1391. *(216)*.
Berwilre (*Berweiler b. Busendorf, Kr. Bolchen*) eccles. parroch. de — Met. dioc. 1391. *(212)*.
Besingia magna (*Bezange-la-Grande, dep. Meurthe-et-Moselle, A. Lunéville*) eccles. parroch. de — Met. dioc. 1391. *(211)*.
Besingia parva (*Klein-Bessingen, Kr. Château-Salins*) eccles. parroch. de — Met. dioc. 1391. *(211)*.

Betbur (*Bettborn b. Finstingen. Kr. Saarburg*) eccles. parroch. de — Met. dioc. 1391. *(217)*.
Betkensbach (*Wiesbach, Kr. Ottweiler, Rheinprovinz*) eccles. parroch. de — Met. dioc. 1391. *(219)*.
Bettelenvilla (*Betteinvillers, dep. Meurthe-et-Moselle, A. Briey* oder *Betsdorf b. Metzerwiese, Kr. Diedenhofen-Ost*) eccles. parroch. de — Met. dioc. 1391. *(215)*.
Bettelinguen (*Bettlingen, abgeg. Ort b. Bühl, Kr. Saarburg*) eccles. parroch. de — Met. dioc. 1391. *(216)*.
Bettinguen (*Bettingen, Kr. Bolchen*) eccles. parroch. de — Met. dioc. 1391. *(215)*.
Beyer v. Bopardia.
Bibera (*Biberkirch, Kr. Saarburg*) eccles. parroch. de — Met. dioc. 1391. *(216)*.
Biecuria (*Biécourt, dep. Vosges, A. Mirecourt*, doch v. Bioncourt)
  Johannes de — 867
    fil. Druetus — capellan. ducis Lothoringie 867
    Terricus — cler. Tull. 867.
Billinguen (*Böllingen, Kr. Château-Salins*) eccles. parroch. de — Met. dioc. 1391. *(213)*.
Bioncourt (*Bioncourt, Kr. Château-Salins*) eccles. parroch. de — Met. dioc. 1391. *(210)*.
  Andreas de — scutifer Rodulfi ducis Lothoringie 866
  Katherina de — monial. St. Petri Met. 1376
  Henricus de — can. St. Theobaldi Met. 1512
  Joffridus de — vir nobilis 866
    fil. Therricus, cleric. Met. can. Remens. can. Tull. can. Met. capell. de Buxi, rector eccles. de Campis et Brueriis, can. St. Germani Montis Falconis 866. 1058. 70. 98. 99. 1143. 1170. 1298. 1302.
Bioncuria v. Bioncourt.

Birkenspach (*Birsbach, abgeg. Ort b. Ratzweiler, Kr. Zabern*) eccles. parroch. de — Met. dioc. 1391 (*217*).
Birmesensein v. Byrmesensen.
Bispinguen (*Bisping, Kr. Saarburg*) eccles. parroch. de — Met. dioc. 1391. (*215*).
Bisuntina (*Besançon, dep. Doubs*) eccles. parroch. St. Petri — rector Petrus de Herba de Dola 1474.
Bisuntinensis dioc. et provincia 846. 57. 99. 910. 12. 33. 39. 52. 54. 61. 77. 78. 81. 99. 1001. 19. 1029. 1115. 27. 34. 36. 40. 80. 1204. 22. 24. 55. 1354. 61. 69
   archiepisc. Hugo 1224
        Johannes postea episc. Met. 1224. 1310. 1389
   thesaurarius Johannes postea archiepisc. 1224
   can. Audoynus de Acra 1335
      Humbertus de Say 1474.
Bistorph v. Bystorph.
Biterrensis (*Béziers, dep. Hérault*) eccles.
   officialis 1371.
Bituricensis (*Bourges, dep. Cher*) dioc. 1569.
Biuncuria v. Bioncourt.
Blandimontis (*Blamont, dep. Meurthe-et-Moselle, A. Lunéville*) comes 1109.
Blankenheim (*Blankenheim, Rheinprovinz, Kr. Schleiden*)
   Guerardus de — nob. vir, dom. de Castembergh 1183. 84. 85. 1217
      fil. Arnaldus can. Spirens. can. St. Gereonis Coloniens. 1183. 85
      fil. Guerardus, cler. Coloniens. can. Argentinens. can. Coloniens. 1183. 84
      fil. Symon, can. Coloniens. 1217.
Blenodio (*Blénod-les-Toul, dep. Meurthe-et-Moselle, A. Toul*)
   Nicholaus de — rector eccles. parroch. de Villefrancha 1574.
Blesis (*Blois, dep. Loire-et-Cher*)
   Guillelmus de — licenciatus in legibus, vicarius et procurator Nicolai cardinalis, can. Met. can. Virdun. vicar. perpet. eccles. de Oillevilla, Tull. dioc. 1253
   Maria de — ducissa Lothoringie, uxor ducis Radulphi 895. 916
Blezis v. Blesis.
Bliterstorph (*Gross-Blittersdorf, Kr. Saargemünd*) eccles. parroch. de — Met. dioc. 1391. (*218*).
Blitwilre (*Blickweiler, Pfalz, B.-A. Zweibrücken*) eccles. parroch. de — Met. dioc. 1391. (*218*).
Blonodio v. Blenodio.
Boemie (*Böhmen*) 1391
   rex Carolus 1293. 94. 95. v. Romanorum imperator
      Johannes 827. 28. 59. 60. 905. 906. 22
   regina Beatrix 1109
      Margarita 1086.
Bolandia (*Kirchheim-Bolanden, Pfalz*)
   G. comes de — 1295.
Bollonvilla (*Bouillonville, dep. Meurthe-et-Moselle, A. Toul*) eccles. parroch. de — Met. dioc. 1391. (*209*).
Bonbenderstorf (*Baumbiedersdorf, Kr. Bolchen*) eccles. parroch. de — Met. dioc. 1391. (*212*).
Boncayt, Petrus dict. — de Pouil can. St. Stephani de Salburgo 1414
Bonicuria v. Bioncourt.
Bonna (*Bonn, Rheinprovinz*) 992.
Bononiensis (*Terrouane-Boulogne, dep. Pas-de-Calais*) eccles.
   episc. 1032.
Bononiensis (*Bologna, Italien*)
   monaster. St. Proculi abbas 1537.
Bopardia (*Boppard, Reg.-Bez. Coblenz, Rheinprovinz*)
   Symon, nob. vir. dict. Beyer de — 1153. 1242. 1323
      fil. Reymboldus prepos. Spirens. prepos. Wilburgens. can. Trevir. can. Bambergens. can. St. Andree Wormatiens. 1323
      Theodoricus, cantor Magun-

tinus, can. Maguntin. Trevir. Wormatiens. prepos. Spirensis 1153. 1242.
Boperdia v. Bopardia.
Borken, Bernardus de — 1565.
Boriaco (*Bordères, dep. Hautes-Pyrénées, A. Bagnères de Bigorre?*) in eccles. Convenarum archidiaconus de — 1277.
Bosch, Johannes, capellan. Ulrici de Fenistrangis 1392.
Bosonisvilla (*Busendorf, Kr. Bolchen*) monasterium ord. St. Benedicti de — 841
    conventus 1573
    abbas 1391. (*205*). 1573.
Bosonvilla v. Bosonisvilla.
Bosperon (*Buschborn, Kr. Bolchen*) eccles. parroch. de — Met. dioc. 1391. (*212*).
Bouckenheim (*Saarunion, Kr. Zabern*) Met. dioc.
    archipresbyteratus 1391. (*217*)
    eccles. parroch. 1391. (*217*).
Boucourt (*Bacourt, Kr. Château-Salins*) Margaretha de — monial. St. Petri Met. 1376.
Bourchon, Ingrammus, civ. Met. 1105
    filia Jacobeta, uxor Poncii Deu Amin 1105.
Bourmonte (*Bourmont, dep. Haute-Marne, A. Chaumont, oder abgeg. Ort bei Salival, Kr. Château-Salins*)
    Theobaldus de — licentiatus in legibus, can. Met. can. St. Maximi ac. St. Petri de Barro 841.
Bovis, Johannes — de Argentolio, prior de Cella 927.
Boyro, Helias, can. Met. rector eccles. parroch. St. Petri de Cultut, decanus ruralis de Brulon. 1081.
Brabantia (*Brabant*) 1506. 32
    dux Wencelt 1296.
lu Braconnier, Joffridus dict. — mon. Gorziens. prior St. Dagoberti de Sathenacho 1464.
Brandenburgensis (*Brandenburg*) marchio

Ludevicus Romanus 1293. 94. 95. 96.
Braquis (*Brachay, dep. Haute-Marne, A. Wassy*)
    ecclesia St. Petri in — Remensis dioc.
    can. Gerardus Huini de Onvilla 867
    Hugo de Duno 1048.
Bredebach (*Breidenbach, Kr. Saargemünd*) Nicolaus de — cler. 835.
Breheim (*Bréhain, Kr. Château-Salins*) eccles. parroch. de — Met. dioc. 1391. (*213*) v. Brehoin.
Brehoin (*Bréhain, Kr. Château-Salins*) eccl. parroch. de — Met. dioc.
    vicarius perpet. Franciscus dict. Bundac 851.
Breulinguen (*Brülingen, Kr. Forbach*) eccles. parroch. de — Met. dioc. 1391. (*213*).
Briceyo (*Brixey-aux-Chanoines, dep. Meuse, A. Commercy oder Dombrot-sur-Vair, dep. Vosges, A Neufchâteau*) eccles. de — Tull. dioc.
    can. Adam Johannes de Urchiis 867.
St. Bricii (*St. Brice, dep. Meuse, A. Montmédy*) eccles. parroch. Trevir. dioc.
    rector Johannes dict. de Ayx 1007 (de Bystroph) 1157
    Richardus de Metis 1007.
Briey v. Brieyo.
Brieyo (*Briey, dep. Meurthe-et-Moselle*)
    Guerionnus de — scolaris Met. dioc. 833
    eccles. parroch. de — Met. dioc. 1391. (*200*)
    rector Pontius de Louwy 1445.
Britones 1503.
Brivacensis (*Brives, dep. Corrèze*) eccles. in dioc. St. Flori
    decanus 847.
Brixiensis (*Brescia, O.-Italien*) dioc. 1551.
Brixinensis (*Brixen, Tirol*) episc. 1295.
Brolio (*Breuil, dep. Meuse, A. Commercy*)

— 297 —

Brochardus de — nob. vir. 1151
 fil. Petrus, cler. Tull. can.
 St. Theobaldi Met. 1151.
Broukerka (*Brouckerque, dep. Nord,
 A. Dünkirchen*) eccles. parroch. de —
 Morinens. dioc.
 rector Hugo de Duno 1048.
Brucken (*Bliesbrücken, Kr. Saargemünd*) eccles. parroch. de — Met.
 dioc. 1391. *(219)*.
Brueriis (*Bruyères, dep. Vosges, A.
 Epinal*) eccles. parroch. de — Tull.
 dioc.
 rector Terricus de Bioncuria 1099.
 1170. 1302.
Brugis (*Brügge, Belgien*) 1506.
Brulloncourt (*Brülingen, Kr. Forbach
 oder Burlioncourt, Kr. Château-Salins*)
 eccles. parroch. de — Met. dioc.
 1391. *(214)*.
Brulon (*Brulon, dep. Sarthe, A. La
 Flèche*) decanatus ruralis de — Cenomanens. dioc.
 decanus Helias Boyro 1081.
Brunsheim, Johannes Volchwini de
 — procurator marchionis Juliacensis,
 can. St. Theobaldi Met. 1192.
Bublestorf (*Buschdorf, Kr. Forbach*)
 eccles. parroch. de — Met. dioc.
 1391. *(213)*.
Buchenbach (*Rumbach, Pfalz, B.-A.
 Pirmasens*) eccl. parroch. de — Met.
 dioc. 1391. *(216)*.
Budena (*Bütten, Kr. Zabern*) eccles.
 parroch. de — Met. dioc. 1391. *(218)*.
Buderstorf (*Biedesdorf, Kr. Château-Salins*) eccles. parroch. de — Met.
 dioc.
 rector Gotfridus de Alba 1302.
Bundac, Franciscus dict. — can.
 St. Salvatoris Met. vicar. eccles. parroch. de Brehoin 851.
Burdegalensis (*Bordeaux, dep. Gironde*) dioc. 861
 archiepisc. Amanenus 1083.
Burlacio (*Burlats, dep. Tarn, A. Castres*)
 eccles. de — Castrensis dioc.
 decanus 1244.

Burlize (*Berlize b. Bazoncourt, Kr.
 Metz*) eccl. parroch. de — Met. dioc.
 1391. *(213)*.
Buspach (*Buschbach, Kr. Forbach*)
 eccles. parroch. de — Met. dioc.
 1391. *(218)*.
Busseriis (*Buxières, dep. Meuse, A.
 St. Mihiel*) eccles. parroch. de — Met.
 dioc. 1391. *(209)*.
Buxeria v. Buxeriis.
Buxeriis (*Bouxières-aux-Dames, dep.
 Meurthe-et-Moselle, A. Nancy*) monasterium de — Tull. dioc.
 can. secular. Gerardus de Unvilla
 868.
Buxeriis subtus Amanciam (*Bouxières-aux-Chênes, dep. Meurthe-et-Moselle.
 A. Nancy*) Tull. dioc.
 ecclesia 882
 Guillermus de — 1209
 Jacobus de — capellan. Gaucheri
 de Montil, can. Met. prepos. S. Leodegarii de Marsallo, can. St. Salvatoris Met. rector eccl. parroch.
 de Dompno Apro, can. St. Deodati 1235. 36. 84
 Jacobus Symonis de — can. St.
 Leodegarii de Marsallo, can.
 St. Gengulphi Tull. can. Met.
 capellan. St. Johannis Met. 908.
 1379
 Stephaneta de — nobilis monial.
 Romaricens. 898.
Buxeriis (*Bouxières-sous-Froidmont,
 dep. Meurthe-et-Moselle, A. Nancy*)
 eccles. parroch. de — Met. dioc.
 1391. *(207)*.
Buxi (*Buchy b. Verny, Kr. Metz*) capellania de — Met. dioc.
 capellanus Ludovicus de Grangia
 1099
 Therricus de Bioncuria 1099.
 1170. 1302.
Byiceyo, St. Nicholai de — (*wohl
 Schreibfehler für Commerceyo*)
 can. Geraldus de Franchavilla 1403.
Byoncort v. Bioncourt.
Byoncourt v. Bioncourt.

Byrmesensen (*Pirmasens, Pfalz*) eccl. parroch. de — Met. dioc. 1391. *(216)*. Hermannus de — acolitus Met. dioc. 834.

Bystorf (*Bischdorf, Kr. Forbach*) eccles. parroch. de — Met. dioc. 1391. *(213)*.

Bystorph (*Bischdorf, Kr. Forbach*) Johannes de — can. Met capellan. St. Remigii prope Staplez, can. Marie Magdalene Virdun. rector eccles. S. Bricii cum capella de Awoth, rector eccl. parroch. St. Simplicii Met. 1157. 1466.

C. K.

Cabaie, Jacobus dict. — civ. Met. 1503.

Cabaye, Johannes, rector eccles. parroch. St. Crucis Met. 1075.

Cabilonensis (*Châlons-sur-Saône, dep. Saône-et-Loire*) eccles.
 episcopus 1563
 can. Johannes Rosseti 1349.

Calcia (*La Chaussée, dep. Meuse, A. Verdun*) eccles. parroch. de — Met. dioc. 1391. *(209)*.

Calma (*Lacalm, dep. Aveyron, A. Espalion*) Baudonus Adhemarii alias de — can. Wormatiens. can. Met. prepos. St. Petri ad ymagines Met. 1409.

Calvimontis (*Gau Chaumontois im Herzogtum Lothringen, zwischen Geradmer und Münster i. E.*)
 baillicus: Colardus de Sauls 1109.

Calvomonte supra Heram (*Chaumont-sur-Aire, dep. Meuse, A. Bar-le-Duc*)
 Colinus Husseneti de — capellan. de Septemmontibus, rector de Nomeneyo 1435.

Camberem (*Chambry, dep. Seine-et-Marne, A. Meaux?*) Ambianens. dioc. eccles. parroch.
 rector Nicasius Baillini 847.

Camera (*Kammern b. St. Avold, Kr. Forbach*)

Petrus de — can. Met. can. Aurelianens. et St. Aniani Aurelianens. 829.

Cameracensis (*Cambray, dep. Nord*) eccles. 1056. 1221. 1342. 1575
 episc. Guido 1016. 17
 can. Henricus de Asperomonte 1289
 Johannes Oddonis 1229.

Cameracum 1180 v. Cameracensis.

Campis (*Champey, dep. Meurthe-et-Moselle, A. Nancy*, oder *Champ-le-Duc, dep. Vosges, A. Epinal*).
 X. de — 1007.

Campis (*Champ-le-Duc, dep. Vosges, A. Epinal*) eccles. parroch. de — Tull. dioc.
 rector Terricus de Bioncuria 1099. 1170. 1302.

Campus spinosus (*Champenoux, dep. Meurthe-et-Moselle, A. Nancy*)
 ecclesia 882.

Cananbaco, Guillelmus de — cleric. camere apostolice 1173 v. auch Chanaco.

Cancellariis de Urbe, Jacobus de — can. Laudunens. 1569.

Cantenheim v. Cattenheym.

Canthenheime v. Cattenheym.

Canthevenne (*Kanfen, Kr. Diedenhofen-Ost*) eccles. parroch. de — Met. dioc. 1391. *(211)*.

Canttenheym v. Cattenheym.

Capite-Insule, Henricus de — 1084.

Caraboti, Arnoldus, can. Met. capellan. pape 1175.

Cardinales v. Roma.

Karinthie (*Kärnthen*)
 dux B. 1295.

Caritate (*La Charité, dep. Nièvre, A. Cosne*) de — Antisiodorens. dioc.
 prior 1095.

Carpensis (*Carpi, Italien, Prov. Modena*) eccles. 1448.
 can. Johannes de St. Cruce 1448.

Carpentator, Lowietus — civ. Met. 1124
 uxor Coleta 1124.

Carpentoracensis (*Carpentras, dep.

Vaucluse) eccles. 1277. 1516. 1539
  can. Johannes de St. Cruce 1284
  Johannes de Vayrchiis 1277
  capellan. perpet. Hugo de Alneto 1539.
Caselz v. Casselz.
Casinensis *(Monte Cassino, U.-Italien)* episc. Stephanus 846. 1574.
Casselz *(Cassel, dep. Nord, A. Hazebrouck)*
  Yolandis de Flandria domina de — 1072. 1226.
Castemberg, Guerardus de Blankenheim, dominus de — 1183. 85. 1217.
Castembergh v. Castemberg.
Castinetum *(Châtenois, dep. Vosges, A. Neufchâteau)* 894
  eccles. parroch.—vicarius perpet. Johannes de Wipeyo (Wixeyo) 1418. 96.
Castrensis *(Castres, dep. Tarn)* dioc. 1244
  episc. 1277.
Castras v. Castres.
Castres *(Blieskastel, Pfalz)* castrum de — in eccles. Met. 1220. 1261. 1473.
Castris *(Blieskastel)* Geraldus de — mon. Hornbacensis 930.
Castronovo *(Neufchâteau, dep. Vosges)* Petrus Guigonis de — 891
  fil. Petrus Guigonis de — archidiac. de Vico, apostolice sedis capellan. can. Met. can. Diensis, can. Tull. capellan. altaris St. Johannis Baptiste 843. 862. 890. 91. 1028. 29.
Castrum Radulfi *(Châteauroux, dep. Indre)* in eccles. Bituricensi archidiac. 1569.
Catalaunensis *(Châlons-sur-Marne, dep. Marne)* civitas 1067
  monasterium St. Petri ad montes ord. St. Benedicti
    abbas Otto, postea episc. Virdun. 1050
  dioc. 918. 1066. 67. 1198
  episc. 1548. 49
  officialis 1519
  can. Amanenus, postea archi-

episc. Burdegalens. 1083
Petrus de Frigidavilla 1347. 1371
Cattenheym *(Kattenhofen, Kr. Diedenhofen-Ost)*
  Francisquinus Hannemann de — cler. Met. 1030. 31 rector eccles. de — 1083.
  eccl. parroch. de — 1030. 31. 83
  rector Francisquinus Hannemann de — 1030. 31. 83
  Godefridus de Theonisvilla dict. Scharempost 1083.
Caturcensis *(Cahors, dep. Lot)* dioc. 1263
  can. Johannes de Vayrchiis 1277.
Katzenellebogen *(Grafschaft in Hessen)*
  Johannes comes de — 1296.
Caude, Nicolaus — can. Met. can. Parisiens. rector eccles. parroch. de Lardiaco 1561.
Cavallicensis *(Chavaillon, dep. Vaucluse, A. Avignon)* eccles.
  episc. 1299 a
  Philippus postea patriarcha Iherosolimitanus 1357. 91. 96
  prepositus 949. 1018.
Cavilhaco *(Cavignac, dep. Gironde A. Blaye)*
  cardinalis de — 1378.
Cella *(Zellen b. Klein-Tänchen, Kr. Forbach)* prioratus ord. St. Benedicti de — Met. dioc.
  prior 1391 *(205)*
    Guillelmus de Belleyo 927
    Johannes Bovis de Argentolio 927.
Kemputre *(Kemplich, Kr. Diedenhofen-Ost)* eccles. parroch. de — Met. dioc. 1391. *(215)*.
Cenomanensis *(Le Mans, dep. Sarthe)* dioc. 1081.
Cerceto *(Quesnoy, dep. Nord, A. Avesnes)*
  Oliverius de — decanus eccl. St. Ilarii Pictaviens. dioc. capellanus pape 841.
Cergiaco, Geraldus de — magister 1451. 85. 93. 1507

Kestemberch v. Castemberg.
Ketthenheim (*Kattenhofen, Kr. Diedenhofen-Ost*) eccles. parroch. de — Met. dioc. 1391. (*212*).
Chacerat, Galterus, can. Met. 1046. v. Chesserat.
Chairey (*Charrey, dep. Meurthe-et-Moselle, A. Toul*) eccles. parroch. de — Met. dioc. 1391. (*210*).
Chairley (*Charly, Kr. Metz*) eccles. parroch. de — Met. dioc. 1391. (*207*).
Chambley (*Chambley, dep. Meurthe-et-Moselle, A. Briey*) eccl. parroch. de — Met. dioc. 1391. (*209*).
Chambrey (*Chambrey, Kr. Château-Salins*) eccles. parroch. de — Met. dioc. 1391. (*210*).
Chamineto (*Cheminot, Kr. Metz*) eccles. parroch. de — Met. dioc. 1391. (*207*).
Champelz (*Champey, dep. Meurthe-et-Moselle, A. Nancy*) eccles. parroch. de — Met. dioc. 1391 (*208*).
Chanaco (*Chanac, dep. Lozère, A. Marvejols*)
 Bertrandus de — notarius pape 969. 1200
 Guillelmus de — 1140.
Channaco v. Chanaco.
Chantey (*Kurzel-Chaussy, Kr. Metz*) eccles. parroch. de — Met. dioc. 1391. (*213*).
Chaonice (*Chanceaux, dep. Côte-d'Or, A. Semur*) eccles. parroch. de — Lingonens. dioc.
 rector Johannes de Crusy 1044
  Johannes de Saraponte 1044.
Chastellato (*Chatelet, abgeg. Ort bei Barville, dep. Vosges, A. Neufchâteau*) Tull. dioc.
 Johannes de — clericus, servitor continuus ducis Lothoringie, can. Basiliens. can. Maguntinus 867. 880.
Chastelletum v. Chastellato.
Chateyo (*Chatas, dep. Vosges, A. St-Dié*)
 Guillelmus de — capellan. ducis Lothoringie, can. Laudunens. can. eccles. St. Gengulphi Tull. can.

St. Georgii de Nanceyo, rector eccles. parroch. de Haio 867.
Chaucenenue v. Cattenheym.
Chauderon, Franciscus dict. — 1362.
Chautardi, Petrus, rector eccles. de Tornaco Lemovicens. dioc. 1063.
Chavresson, Johannes dict. — 1246 fil. Willerminus, can. Met. 1246.
Chazelles (*Chazelles, dep. Meurthe-et-Moselle, A. Lunéville*) eccles. parroch. de — Met. dioc. 1391. (*211*).
Chehereyo (*Chery-Chartreuve, dep. Aisne, A. Soissons*) monasterium de — Remens. dioc.
 abbas 1195.
Cherinis (*Chenevières, dep. Meurthe-et-Moselle, A. Lunéville*)
 Parisius de — cleric. Tull. dioc. 1110.
Chesserat, Galterus dict. — capellan. perpet. St. Nicolai in eccles. St. Theobaldi Met. can. Met. 1079. 80.
Chessoy (*Chessy, dep. Seine-et-Marne, A. Meaux*) ruralis eccles. B. Marie de — Ambianens. dioc.
 capella B. Katerine
  capellan. Droco de Tornella 854.
Chienchien, Symon dict. — celerarius St. Symphoriani Met. 1503.
Chinisey (*Chermizey, dep. Vosges, A. Neufchâteau*) eccles. parroch. de — Tull. dioc.
 rector Geraldus de Franchavilla 1403.
Cierkes (*Sierk, Kr. Diedenhofen-Ost*) eccles. parroch. de — 1573
 Arnaldus de — miles, locumtenens ducis Lothoringie in terra Alamannie 869
 Jacobus de — can. Trevir. 872. 73
 Philippus de — frater Arnaldi, can. Trajectens. can. Trevir. can. St. Gereonis Coloniens. 869. 870.
Kircheim, eccles. parroch. de — Met. dioc. 1391. (*217*).
Kirkel (*Kirkel, Pfalz, B.-A. Homburg*)
 Conradus de — prepos. Spirens. rector eccles. parroch. de Rosach 1323.
Kirperch (*Kirrberg, Pfalz, B.-A. Homburg*) eccles. parroch. de — Met. dioc. 1391. (*217*).

Kirperch (*Kirberg, Kr. Zabern*) eccles. parroch. de — Met. dioc. 1391. *(217)*.
Cirks v. Cierkes.
Clareyo (*Cléry-le-Grand, dep. Meuse, A. Montmédy*) Petrus Heymoneti de — can St. Eucharii de Liberduno 1497.
Claromons (*Clermont en Argonne, dep. Meuse, A. Verdun*) castrum Virdun. dioc. 1293.
Claromonte (*Clermont en Argonne*)
  Aynardus de — preceptor domus St. Antonii de Pontemoncionis 1537.
Claromontensis (*Clermont, dep. Puy-de-Drôme*) dioc. 934. 1027. 1168. 1190
  episc. 848. 1081. 83
  can. Guillermus Comte (Cynde) 1024. 1197.
Clarovallense monasterium v. Metis.
Clemerey (*Clemery, dep. Meurthe-et-Moselle, A. Nancy*) eccles. parroch. de — Met. dioc. 1391. *(208)*.
Clenchini, Guillermus, can. Met. can. Aniciensis. 1575.
Clericus, Dominicus, can. Met. 1344
Cloyes (*Clers bei Juvigny, dep. Meuse, A. Montmédy?*) eccles. parroch. Trevir dioc.
  rector Jacobus Pulli 1487.
Cluniacense (*Clugny, dep. Saône-et-Loire, A. Macon*) monasterium Matisconens. dioc. 1550. 51. 70
  abbas Androinus (Androynus) 1265. 66. 96
  Henricus 1570.
Clusa (*Chiusa, Italien, Prov. Turin*) monasterium St. Michaelis de — Taurinens. dioc.
  abbas 1537.
Codemburez (*Gutenbrunnen bei Dann und Vierwinden, Kr. Saarburg*) eccles. parroch. de — Met. dioc. 1391. *(218)*.
Coinville (*Coinville, dep. Meurthe-et-Moselle, A. Briey*) eccles. parroch. de — Met. dioc. 1391. *(214)*.
Colini, Johannes, can. eccles. coll. de Sarburg 1378.

Colleti, Bertrandus, ord. predicator. episc. Theffelicensis 1023. 1025.
Coloniensis (*Köln a. Rhein*)
  eccles. St. Andree
    prepos. 1380
  eccles. coll. St. Gereonis
    can. Arnaldus de Blankenheim 1183.
    Philippus de Cierkes 869. 870
  dioc. 1033. 1217. 1521
  archiepisc. 962. 1203
    Wilhelmus 1293. 94. 95
  officialis 1147
  can. Guerardus de Blankenheim 1183. 84
    Henricus de Saraponte 1146. 47
    Jacobus d'Enghien 1221
    Symon de Blanqueneheim 1217.
Columbaria (*Colmar, O.-Elsass*) 1293
Columbario (*Colombey, Kr. Metz*) eccles. parroch. de — Met. dioc. 1391. *(207)*.
Columpna (*Colonna, römisches Adelsgeschlecht*)
  Marcellus de — cleric. de Urbe, can. Virdun. 1032
    frater Johannes St. Angeli diacon. cardinal. 1032.
Combis (*Combres, dep. Meuse, A. Verdun, oder Les Combes, dep. Doubs, A. Pontarlier*)
  Laurentius de —· 1297.
Comituarensis dioc. 1277 (*Schreibfehler für Convenarum*).
Commarceyo v. Commerceyo.
Comme (*Kuhmen, Kr. Bolchen*)
  Johannes de — cler. Met. secretarius Ademarii episc. can. St. Marie Magdalene Virdun. 1284. 1332.
Commerceyo (*Commercy, dep. Meuse*)
  dominus de —
    Johannes comes de Sallebruche 937
    Symon de Saraponte 1044. 1051. 1146
  eccles. collegiata B. Nicolai
    can. Dominicus de St. Albino 1217
      Godefridus de Alba 1320.

Comrardi, Johannes, cler. Met. 1034
Comte, Guillermus, can. Claromontensis 1024. 1197.
Condeto (*Custines, dep. Meurthe-et-Moselle, A. Nancy*)
  Huardus de — mon. Gorziensis 888.
Condey (*Custines, dep. Meurthe-et-Moselle, A. Nancy*) eccles. parroch. de
  — Met. dioc. 1391. (*208*).
Condey supra Nydam (*Contchen, Kr. Bolchen*) eccles. parroch. de — Met. dioc. 1391. (*213*).
Conflanto (*Conflans, dep. Meurthe-et-Moselle, A. Briey*)
  Wilhelmus de — 1313
  fil. Johannes, cleric. Virdun. 1313.
Conraldi, Martinus — de Marsallo, can. St. Stephani de Salburgo translatus ad St. Leodegarii de Marsallo 1484.
Cons (*Coin-sur-Seille, Kr. Metz*) castrum de — Met. dioc. 1285. 86
  capella St. Laurentii
    capellan. Johannes Daix 1285. 86
    Nicolaus Daix 1285. 86.
Constantiensis (*Constanz, Baden*) dioc. 827. 828. 969
  episc. 1109.
Constantinopolitanus (*Constantinopel*) patriarcha 1083.
Contil (*Conthil, Kr. Château-Salins*) eccles. parroch. de — Met. dioc. 1391. (*214*)
  rector Johannes dict. Ron 1010. 1021.
Contwich (*Contwig, Pfalz, B.-A. Zweibrücken*) eccles. parroch. de — Met. dioc. 1391. (*216*).
Convenarum (*St. Bertrand de Comminges, dep. Haute-Garonne, A. St-Gaudens*)
  episc. 1319.
Corbeya (*Corbie, dep. Somme*) Ambianens. dioc.
  monasterium St. Petri
    abbas 847. 854.
Corbeyensis v. Corbeya.
Corcolesio (*Corconne, dep. Gard, A. le Vigan*)
  eccles. secular. de — in dioc. Carpentoracensi
  prior Johannes de Vayrchiis 1277.
Coumerceyo v. Commerceyo.
Courcelles (*Courcelles a. Nied, Kr. Metz*) eccles. parroch. de — Met. dioc. 1391. (*207*).
Cous v. Cons.
Cousance (*Cousances, dep. Meuse, A. Bar-le-Duc*)
  Isabella de — mon. St. Petri Met. 1376.
Coyfiaco (*Coiffy-le-Bas, dep. Haute-Marne, A. Langres*)
  Petrus de — can. St. Fornerii Lugdunensis 899.
Coyterius, Johannes, capellan. Ademarii episc., can. Virdun. 1284.
Crehenges (*Kriechingen, Kr. Bolchen*)
  Isabella de — abbatissa mon. St. Petri ad moniales Met. 1376.
Krempnecker, Johannes dict. — cleric. Spirens. 1323.
Crichinguen (*Kriechingen, Kr. Bolchen*) eccles. parroch. de — Met. dioc. 1391. (*213*).
Criencourt (*Craincourt, Kr. Château-Salins*) eccles parroch. de — Met. dioc. 1391. (*210*).
St. Cristoforo, Albertus Viviani de — can. Astoricens. can. Met. 1462.
Cronenberg (*Kronenburg, Kr. Schleiden, Rheinprovinz*) Trevir. dioc.
  Ferricus, nobilis dominus de — miles 1072. 74. 1230. 32
  fil. Johannes, cleric. Trevir. can. Met. can. St. Salvatoris Met. 1072. 74. 1230. 32.
Cronenbergh v. Cronenberg.
Croney (*Corny, Kr. Metz*) eccles. parroch. de — Met. dioc. 1391. (*208*).
  rector Johannes de Sona 1028.
Cronoberg v. Cronenberg.
Crotaul (*Graufthal, Kr. Zabern*) monasterium de —
  abbatissa 1391. (*205*).

— 303 —

Croy (*Seigneurie in der Picardie*)
Robertus de — can. Ambianensis 853.
St. Cruce (*St-Croix-de-Mont, dep. Gironde, A. Bordeaux*)
Johannes de — fisicus, can. Pictaviens. can. Carpentoratens. 1284.
St. Cruce, Johannes de — civis Avinionens. can. Met. rector eccles. parroch. de Versio. can. Carpensis 1448.
St. Crucis (*St. Croix, Belgien, A. Brügge*) eccles. Leodiens. dioc. prepos. Johannes Maurelli 1063.
Crusy (*Cruzy, dep. Yonne, A. Tonnerre*)
Johannes de — rector eccles. parroch. de Chaonice, Lingonens. dioc. 1044.
Cuerdefer, Colinus, civis Met. 1061.
relicta Helizeta 1061.
Cultut (*Cuillé, dep. Mayenne, A. Château-Goutier*) eccles. parroch. St. Petri de — Andegavens. dioc.
rector Helias Boyro 1081.
Curia (*de la Cour*) Johannes de — civ. Met. 941. 42. 43. 44
soror Anneta — relicta Johannis dict. le Hungre 941. 42. 43. 44
Alizeta de — mulier Met. 1116.
Curiensis (*Chur, Schweiz, Graubünden*)
episc. 1295.
Cutinguen (*Kuttingen, Kr. Château-Salins*) eccles. parroch. de — Met. dioc. 1391. (*215*).
Cuvrey (*Cuvry, Kr. Metz*) eccles. parroch. de — Met. dioc. 1391. (*206*).
Cynde v. Comte.

D.

Dacia (*Dänemark*) 1391.
Daix, Jacobus dict. — 1285. 86
filii Johannes 1285. 86
Nicolaus 1285. 86. 1374.
Dalmarivilla(*Damvillers, dep. Meuse, A. Montmédy*) monasterium ord. St. Augustini de —
abbas Symon 1564.

Dalphinus (*Dauphin*), Humbertus — dominus Viennensis, nob. vir. 921. 1063.
Dawigney (*d'Awigney*) Renaldus Watrini de — 1503. v. Awigney.
Deicnstodia (*Dieulouard, dep. Meurthe-et-Moselle, A. Nancy*)
Johannes de — can. Met. prepos. St. Marie Magdalene Virdun. can. Virdun. capellan. St. Remigii Met. dioc. 842. 1157
Nicolaus de — can. Met. 1360.
v. Deuslewait.
Delinguen (*Dehlingen, Kr. Zabern*) eccles. parroch. de — Met. dioc. 1391. (*217*).
Delinguen, eccles. parroch. de — Met. dioc. 1391. (*218*).
Demis (*Delme, Kr. Château-Salins*)
archipresbyteratus de — Met. dioc. 1391. (*210*).
St. Deodati in Vozago (*St-Dié, dep. Vosges*) eccles. collegiata — Tull. dioc. 866. 881. 1468
capitulum 1467. 68
decanus 1467. 68
Petrus de Venderiis 1041
prepos. Gerardus de St. Deodato 1223
can. Albertus filius Radulphi de Lothoringia 957
Gerardus de Unvilla 868
Gerardus Xandeti 1223
Gotfridus de Alba 1302. 20
Jacobus de Buxeriis 1284
Nicolaus de Lenoncuria 869. 897
Symon Vendehanap 1339
Walterus de Amancia 1425
St. Deodato, Ferricus de — can. Met. 824
Gerardus de — cleric. can. St. Justi Lugdunens. prepos. St. Deodati 1149. 87. 1223.
Derleka v. Derleta.
Derleta (*Derlen, Kr. Saarlouis, Rheinprovinz*) Johannes de — cleric. 1529. 1533.

St. Desiderio (*St. Dizier, dep. Haute-Marne*) Joffridus de — can. Met. 1488.

Destrey (*Destrich, Kr. Forbach*) eccles. parroch. de — Met. dioc. 1391. *(214)*.

Deu Amin, Poncius, civ. Met. 1105
uxor 1. Jacobeta Bourchon 1105
2. Alixeta 1105.

Deuslewait (*Dieulouard*) castrum 1293.

Diaboli, Galterus — alias Alberti, can. Met. 1462.

Diensis (*Die, dep. Drôme*) eccles. can. Petrus Guigonis de Castronovo 890. 91.

Diepach (*Tieffenbach, Kr. Zabern*) eccles. parroch. de — Met. dioc. 1391. *(218)*.

St. Dionisio (*St. Denis bei Paris*) monasterium de — ord. St. Benedicti Parisiens. dioc.
 monachus Guillelmus de Belleyo 927
  Johannes Bovis de Argentolio 927
 ecclesia St. Pauli
  cantor 927.

Divitis, Gelebertus — de Spinallo, can. Met. beneficium patronagium de Sernomio obtinens 1419.

Dola (*Dôle, dep. Jura*), Petrus de Herba de — can. Met. rector eccles. parroch. St. Petri Bisuntinens. 1474.

Domeivre (*Domèvre, abgeg. Ort bei Vaxy, Kr. Château-Salins*) eccles. parroch. de — Met. dioc. 1391. *(211)*.

Domeus v. Doniens.

Dommeyvre v. Dompno Apro.

Domnomartino (*Dommartin-le-Franc, dep. Haute-Marne, A. Vassy*) eccles. parroch. de — Lingonens. dioc.
rector Aubricus Radulphi de Lingonis 1463.

Dompneheim (*Dommenheim, Kr. Château-Salins*) eccles. parroch. de — Met. dioc. 1391. *(215)*.

Dompno Apro (*Domèvre b. Vaxy, Kr. Château-Salins*) eccles. parroch. de — Met. dioc.

rector Jacobus de Buxeriis 1235. 84.

Dompnoremigio (*Domremy-la-Pucelle, dep. Vosges, A. Neufchâteau*) eccles. de — tenens Adam Johannes de Urchiis 867.

Donabricio (*Dombrot-sur-Vair, dep. Vosges, A. Neufchâteau, oder Dombras, dep. Meuse, A. Montmédy*)
Johannes de — 1326.

Doncelle (*Docelles, dep. Vosges, A. Epinal*) eccles. de — 882.

Donevassele (*Domfessel, Kr. Zabern*) eccles. parroch. de — Met. dioc. 1391. *(217)*.

Doniens (*Donjeux, Kr. Château-Salins*) eccles. parroch. de — Met. dioc. 1391. *(210)*
rector Richardus Ancelini 993
Symon Michaelis 993.

Donieuf v. Doniens.

Donnerey (*Donneley, Kr. Château-Salins*) eccles. parroch. de — Met. dioc. 1391. *(211)*.

Doze (*Dieuze, Kr. Château-Salins*) eccles. parroch. de — Met. dioc. 1391. *(215)*.

Drobkyn, Johannes — civ. Met. 1038
uxor Poncereta 1038.

Druldinguen (*Drulingen, Kr. Zabern*) eccles. parroch. de — Met. dioc. 1391. *(218)*.

Drutanges (*Trittelingen, Kr. Bolchen*) eccles. parroch. de — Met. dioc. 1391. *(212)*.

Druwiney (*Drechingen b. Pieblingen, Kr. Bolchen*) eccles. parroch. de — Met. dioc. 1391. *(215)*.

Dudewilre (*Dudweiler, Kr. Ottweiler, Rheinprovinz*) eccles. parroch. de — Met. dioc. 1391. *(218)*.

Dugneyo (*Dugny, dep. Meuse, A. Verdun*) eccl. parroch. de — Virdun. eccl. rector Stephanus Militis 1014.

Duno (*Dun b. Stenay, dep. Meuse, A. Montmédy*)
Hugo de — can. Virdun. can. St. Petri de Braquis, rector eccles. parroch. de Broukerka 1048

Joffridus dominus de Asperomonte et de — miles 1288. 1443. 55
Nicolaus de — prior St. Andree Met. 1410.
Raynerius de — can. Virdun. 1039. 40.

D u n u m (*Dun b. Stenay*) castrum Virdun. dioc. cum foresto Mervant 1293.

D u r a c e n s i s (*Thurey, dep. Puy-de-Dôme, A. Riom*) eccles. secular. in dioc. Lemovicens.
    abbas Stephanus postea archiepisc. Beneventanus 1063.

D u s e y o (*Dieuze, Kr. Château-Salins*) Gerardus de — can. Met. rector eccles. parroch. de Duseyo, can. eccles. St. Quintini de St. Quintino Noviomagens. dioc. 1330. 38 eccles. parroch. de — Met. dioc. rector Gerardus de Duseyo 1330. 38.

D y m e r i n g a (*Diemeringen, Kr. Zabern*) eccles. parroch. de — Met. dioc. 1391. *(218)*.

E.

E b e e s w i l r e (*Alberschweiler, Kr. Saarburg*) eccles. parroch. de — Met. dioc. 1391. *(216)*.

E b l o v. de Mederio.

E b r e d u n e n s i s (*Embrun, dep. Hautes-Alpes*)
    archiepisc. 1018.

E b r e s a n g e s (*Vahl-Ebersing, Kr. Forbach*) eccles. parroch. de — Met. dioc. 1391. *(213)*.

E b r o y c e n s i s (*Evreux, dep. Eure*) dioc. 1014.

Ecclesiae collegiatae —
  St. Adalberti v. Aquensis
  St. Agricoli v. Avinionensis
  St. Aldegundis v. Melbodiensis
  St. Andree v. Coloniensis
  St. Andree v. Wormatiensis
  St. Aniani v. Aurelianensis

Ecclesiae collegiatae
  St. Arnualis v. Arnualis
  St. Bartholomei v. Bartholomei
  St. Bartholomei v. Leodiensis
  Belnensis v. Belnensis
  Brivacensis v. Brivacensis
  Burlacio v. Burlacio
  St. Crucis v. Crucis
  St. Crucis v. Maguntinus
  St. Crucis v. Virdunensis
  St. Deodati v. Deodati
  St. Eucharii v. Luberdunum
  St. Eutropii v. Eutropii
  St. Fabiani v. Hornbachum
  St. Fursei v. Peronensis
  Gamundia v. Gamundia
  St. Gengulphi v. Tullensis
  St. Georgii v. Nanceyum
  St. Gereonis v. Coloniensis
  St. Germani v. Montisfalconis
  Hombourch v. Hombourch
  Hoyensis v. Hoyensis
  St. Ilarii v. Ilarii
  St. Johannis v. Leodiensis
  St. Justi v. Lugdunensis
  St. Leodegarii v. Marsallum
  Luchosensis v. Luchosensis
  St. Marie v. Escoyarum
  St. Marie v. Lyneio
  St. Marie ad gradus v. Maguntinus
  St. Marie v. Pictaviensis
  St. Marie v. Wilburgensis
  St. Martini v. Wormatiensis
  St. Mauri v. Hathoniscastrum
  St. Maximi v. Barroducis
  St. Michaelis v. Portu
  St. Nicolai v. Asperomonte
  St. Nicolai v. Byiceio
  St. Nicolai v. Commerceyo
  St. Nicolai v. Monasterio
  Nivellensis v. Nivellensis
  St. Pauli v. St. Dionisio
  St. Pauli v. Pictaviensis
  St. Paulini v. Trevirensis
  St. Petri v. Ariensis
  St. Petri v. Argentinensis
  St. Petri v. Avinionensis
  St. Petri v. Barroducis

— 306 —

Ecclesiae collegiatae
St. Petri v. Basiliensis
St. Petri v. Braquis
St. Petri v. St. Juliano de Saltu
St. Petri v. Lutosensis
St. Quintini v. Quintini
St. Salvatoris v. Metensis
St. Salvatoris v. Trajectensis
St. Severi et Martini v. Meynevelt
St. Stephani v. Sarburg
St. Stephani v. Vico
St. Symeonis v Trevirensis
St. Theobaldi v. Metensis
St. Vincentii v. Senogiensis
St. Walburgis v. Furnensis

Ecclesiae parrochiales
St. Amancii v. Metensis
St. Anthonii v. Pontemoncionis
St. Benigni v. Metensis
St. Bricii v. Bricii
St. Crucis   ⎫
St. Eukarii   ⎪
St. Eusebii   ⎪
St. Ferrucii   ⎪
St. Gengulphi   ⎪
St. Georgii   ⎪
St. Gorgonii   ⎪
St. Jacobi   ⎬ v. Metensis
St. Ilarii majoris ⎪
St. Ilarii minoris ⎪
St. Johannis ad novum ⎪
  monasterium   ⎪
St. Johannis in St. Clemente ⎪
St. Johannis v. Murlis
St. Juliani   ⎫
St. Livarii   ⎬ v. Metensis
St. Marcelli ⎭
St. Marie v. Chessoy
St. Marie v. Floreyo
St. Martini in curtis v. Metensis
St. Martini v. Pontemoncionis
St. Maximini ⎫ v. Metensis
St. Medardi ⎭
St. Petri v. Bisuntina
St. Petri v. Cultut
St. Petri Capracii v. Virdunensis
St. Sagittarii v. Pontemoncionis

Ecclesiae parrochiales
St. Segolene   ⎫
St. Simplicii ⎪
St. Stephani laniati ⎬ v. Metensis
St. Victoris   ⎪
St. Viti   ⎭

Ecclesiae seculares
Corcolesio v. Corcolesio
Duracensis v. Duracensis
St. Genesii v. Genesii
St. Marie Magdalene v. Nemausensis
St. Stephani v. Frontinhano.

Eduensis (*Autun, dep. Saône-et-Loire*) dioc. 857. 949. 1052. 1244. 1463
  episc. 1244
  decanus Johannes, postea episc. Virdun. 1411
  can. Carolus de Pictavia 949.

Eix (*Eix, dep. Meuse, A. Verdun*)
  Egidius dict. de — consiliarius civitatis Virdun. can. Virdun. can. Marie Magdalene Virdun. 1039. 40.

Electensis (*Alet, dep. Aude, A. Limoux*) dioc. 1047. 1441
  episc. Arnaldus antea electus Mirapiscensis 1441.

Electores principes imperii Romani
  Boemundus archiepisc. Trevir. 1293. 94. 95. 96
  Gerlacus archiepisc. Maguntinus 1293. 94. 95
  Ludevicus Romanus marchio Brandenburgensis 1293. 94. 95. 96
  Rudolphus dux Saxonie 1293. 94. 95. 96
  Ruppertus comes Palatinus Reni 1293. 94. 95
  Wilhelmus archiepisc. Coloniensis 1293. 94. 95.

Elzinguen (*Elsingen, Kr. Diedenhofen-Ost*) eccles. parroch. de — Met. dioc. 1391. (*215*).

Embermeney (*Embermènil, dep. Meurthe-et-Moselle, A. Lunéville*) eccles. parroch. de — Met. dioc. 1391. (*210*).

Emmexwilre (*Emersweiler, Kr. Saarbrücken, Rheinprovinz*) eccles. parroch. de — Met. dioc. 1391 (*219*).

— 307 —

Enerey (*Ennery, Kr. Metz*) eccles. parroch. de — Met. dioc. 1391. (*209*).
Enghien (*Enghien, Belgien, Hennegau*) Jacobus d' — can. Met. can. Coloniens. can. St. Fursei Peronensis, can. St. Petri Lutosensis, can. St. Vincentii Senogiensis 1221.
Enguelinguen(*Inglingen, Kr. Diedenhofen-Ost*) eccles. parroch. de — Met. dioc. 1391. (*215*).
Enoroberg v. Cronoberg.
Ensminga (*Insmingen, Kr. Château-Salins*) prioratus ord. St. Benedicti de — prior 1391. (*205*).
Ercancey (*Argancy, Kr. Metz*) villa de — Met. dioc. 1071.
Erlin, Bertholdus, cleric. Argentinens. 969.
Erneswilre (*Ernstweiler, Kr. Forbach*) eccles. parroch. de — Met. dioc. 1391. (*216*)
rector Ludovicus 930.
Ernswilre v. Erneswilre.
Esch (*Metzeresch, Kr. Diedenhofen-Ost*) eccles. parroch. de — Met. dioc. 1391. (*215*).
Esconay (*Suftgen, Kr. Diedenhofen-Ost ?*) eccles. parroch. de — Met. dioc. 1391. (*212*).
Escoriarum (*Escoeuilles, dep. Pas-de-Calais, A. St. Omer*) Rothomagens. dioc.
 ecclesia B. Marie
  thesaurarius Gerardus de Arbento (Arbenco) 846. 933. 39. 52. 54. 61. 77. 80. 1052. 1115. 1574.
Escoyarum \
Escuriarum / v. Escoriarum.
Espengez (*Pange, Kr. Metz*) eccles. parroch. de — Met. dioc. 1391. (*212*).
Esperin (*Epiez, dep. Meuse, A. Commercy*) eccles. parroch. de — Trevir. dioc.
rector Johannes de Lucembourch 1307.
Esseloncourt (*Essesdorf, Kr. Saarburg*) eccles. parroch. de — Met. dioc. 1391. (*215*).

Eston (*Atton, dep. Meurthe-et-Moselle, A. Nancy*) eccles. parroch. de — Met. dioc. 1391. (*208*).
Estrees (*Etraye, dep. Meuse, A. Montmédy*) eccles. parroch. de — Virdun. dioc.
 rector Johannes dict. de Ayx 1007
 Richardus Ancelini de Metis 993. 1007
 Symon Michaelis 993.
Euchevilleir (*Arsweiler, Kr. Diedenhofen-West*) eccles. parroch. de — Met. dioc. 1391. (*212*).
Eukerangez (*Uechingen, Kr. Diedenhofen-West*) eccles. parroch. de — Met. dioc. 1391. (*212*).
Eulecol, Simon dict. — camerarius St. Symphoriani Met. 1492,
Eurecourt (*Urcourt b. Bruville, dep. Meurthe-et-Moselle, A. Briey*) eccles. parroch. de — Met. dioc. 1391 (*214*).
St. Eutropii (*St. Tropez, dep. Var, A. Draguignan ??*) eccles. Xanctonens. dioc.
 prior 1113.
Euxeranges(*Escheringen, Kr. Diedenhofen-Ost*) eccles. parroch. de — Met. dioc. 1391. (*212*).
Exwilre (*Eschweiler, abgeg. Ort bei Berg, Kr. Forbach*) eccles. parroch. de — Met. dioc. 1391. (*212*).
Eys v. Eix.

F.

Fabri, Guillermus — de Sapolgo, can. Met. capellan. perpet. eccles. de Alhiaco 1113.
Fago (*Foug, dep. Meurthe-et-Moselle, A. Toul*)
 Symon de — can. eccles. St. Maximi Barroducis, capellan. Roberti ducis Barrensis 1226.
Failley (*Failly, Kr. Metz*) eccles. parroch. de — Met. dioc. 1391. (*207*).
Fainatre (*Fameck, Kr. Diedenhofen-West*) eccles. parroch. de — Met. dioc. 1391. (*209*).

20*

Fakemont (*Falkenberg, Kr. Bolchen*)
Beatrix de — monial. St. Petri
Met. 1376. v. Faukemont.

Fakeneil, Johannes dict. — camerarius St. Arnulphi Met. 967. 89.

Falloncourt (*Farloncourt abgeg. Ort bei Gisselfingen, Kr. Château-Salins*) eccles. parroch. de — Met. dioc. 1391. (*215*).

Faukemont (*Falkenberg, Kr. Bolchen*) eccles. parroch. de — Met. dioc. 1391. (*213*).

Faukenel v. Fakeneil.

Faulz (*Faulx, dep. Meurthe-et-Moselle, A. Nancy*) eccles. parroch. de — Met. dioc. 1391. (*210*).

Faxin, Bertran, can. Met. 1375.

Fayaco (*Wailly, dep. Pas-de-Calais, A. Arras*) capellania St. Jacobi de — Rothomagens. dioc.
capellan. perpet. Guillelmus de Neyraco 1047.

Feilestorf (*Filsdorf, Kr. Bolchen*) eccles. parroch. de — Met. dioc. 1391. (*215*).

Felinnes (*Valines, dep. Somme, A. Abbeville*) eccles. parroch. de — in dioc. Atrebatens.
rector Petrus de Wargni 1342.

Fenestranges (*Finstingen, Kr. Saarburg*)
Borghardus (Burchhardus, Brocardus) de — nobilis vir, miles, civis Met. 1109. 1332. 32 a. 33. 34. 63. 1468
uxor Margarita 1363
Brunequinus de — can. Met. 1320. 21
Hugo de — monachus Wissemburgiensis, postea abbas Gorziensis 1298. 1302. 32. 34. v. Gorzia
Johannes de — nobilis vir, 1333. 35. 1514
Ulricus (Oliricus) nobilis baro 1333. 35. 92. 95. 1514. civ. Met. 1332 a.

Fenestrangiis } v. Fenestranges.
Fenestrangis }

Fenestringis } v. Fenestranges.
Fenistrangis }

Ferrieti, Theobaldus, scolasticus Met. 959. 1176. 1208.

Fessaulz, Jacobus, prior St. Arnulphi Met. 1158.

Filzdorf (*Filsdorf, Kr. Bolchen*) eccles. parroch. de — Met. dioc. unita cum monasterio de Bosonisvilla 1573. v. Feilestorf.

Fiscannense (*Ficheux, dep. Pas-de-Calais, A. Arras*) monasterium Rothomagens. dioc.
abbas Johannes 1546. 47.

Flandria (*Flandern, Belgien*) 1048. 52. 1506. 32
Johannes de — comes Namurcensis 844
filia Maria, relicta Henrici comitis Viennensis, uxor Theobaldi de Bar 844
Yolandis de — comitissa Barrensis. domina de Casselz, comitissa de Longavilla 1004. 1072. 1226.

Flavigneyo (*Flavigny, dep. Meurthe-et-Moselle, A. Nancy*) prioratus de — ord. St. Benedicti Tull. dioc. 1263
prior cardinalis de Aragonia 1417
Guillermus tit. St. Laurentii in Lucina card. 1417.

Flerey (*Fleury, Kr. Metz*) eccles. parroch. de — Met. dioc. 1391. (*207*).

Flocourt (*Flocourt, Kr. Metz*) eccles. parroch. de — Met. dioc. 1391. (*214*).

Florehanges (*Flörchingen, Kr. Diedenhofen-West*) eccles. parroch. de — Met. dioc. 1391 (*212*).

Florentia (*Florenz, Italien*) 959. 64
Joaquinus de — 1063
Johannes Henrici de — 1318
Paulus Mathei de — 1243. 52. 1308. 1352.
Albertorum antiquorum societas de — 1506. 1532 v. Albertorum.

Floreyo (*Fleury, Kr. Metz*) eccles. parroch. B. Marie de — Met. dioc.
rector Admetus Jacobi 1210. v. Flerey.

St. Flori (*St.-Flour, dep. Haute-Loire*) dioc. 847.

Flutteranges (*Fletringen, Kr. Bolchen*) eccles. parroch. de — Met. dioc. 1391. (*212*).

Folkelinguen (*Fölklingen, Kr. Forbach*) eccles. parroch. de — Met. dioc. 1391. (*218*).

Folkeranges (*Foulcrey, Kr. Saarburg*) eccles. parroch. de — Met. dioc. 1391. (*216*).

Folmari, Johannes, 1415 a.

Fontanis (*Fontaine-au-Pire, dep. Nord, A. Cambrai*) Alienoris de Asperomonte domina de — Cameracens. dioc. 1056.

Fonte, Guillelmus de — cleric. camere apostolice 1173.

Fontenella (*Fontenailles, dep. Seineet-Marne, A. Melun*)
 Theobaldus de — can. Nivernensis 861.

Fonteyn, Johannes, camerarius St. Naboris 1325.

Fontibus (*Fentsch, Kr. Diedenhofen-West?*) P. de — 947.

Fontoy (*Fentsch*) eccles. parroch. de — Met. dioc. 1391. (*212*).

Fordes, Johannes, can. Salvatoris Met. 1117.

Foresto (*Font-Bertrambois,dep.Meurtheet-Moselle, A. Lunéville*)
 Johannes de — can. Met. archidiac. de Saurburch 1422. 23.

Fornerii, Geraldus, can. Tornacensis. 1138.

Fornerium (*Notre-Dame-de-Fournière, Kirche in Lyon*)
 can. Petrus de Coyfiaco 899.

Foroiuliensis (*Fréjus, cp. Var, A. Draguignan*)
 episc. 1560
 » Guillermus 846. 1574.

Forpays (*Forbach, Lothringen*) castrum de — 998
 Henricus de — 998
 Margareta de — uxor Johannis de Asperomonte 998.

Fourkignonis, Fulco Bertrandi alias — can. Met. can. B. Marie Rotunde Met. 1155. 56.

Fourbach (*Forbach, abgeg. Ort, Kr. Ottweiler*) eccles. parroch. de — Met. dioc. 1391. (*219*).

Fourpach (*Forbach, Lothringen*) eccles. parroch. de — Met. dioc. 1391. (*219*). v. Forpays.

Fousseulz (*Fossieux, Kr. Château-Salins*) Mahuldis de — monial. St. Petri Met. 1376.

Foussieulz (*Fossieux, Kr. Château-Salins*) eccles. parroch. de — Met. dioc. 1391. (*210*).

Fraines (*Fresnes-en-Saulnois, Kr. Château-Salins*) eccles. parroch. de — Met. dioc. 1391. (*210*).

Francavilla (*Francheville, dep. Meurthe-et-Moselle, A. Toul*)
 Albertus de — 1362
 Dominicus de — 1178 a
 Gerardus de — can. Tull. 860
 Gerardus iunior de — capellan. St. Adalberti Aquensis, can. Met. scriptor litt. apostol. can. Tull. can. St. Nicolai de Byiceyo, rector eccles. parroch. de Halbranvilla et Chinisey 1324. 1403
 Nicolaus de — scriptor pape, can. Met. scolasticus Met. archidiac. de Riparia, can. Virdun., can. Nivellensis, capellan. St. Adalberti Aquensis, prepos. Hattoniscastri, can. St. Johannis Leodiens. can. Marie Majoris Pictaviens. 1043. 1176. 1208. 31. 32. 49. 56. 1403.

Franchavilla v. Francavilla.

Francia 899. 927. 1052. 1477
 regnum 952
 rex 1492. 1576
  Johannes 1146. 47
  Philippus 849. 65. 92. 1180
 regina Johanna 849. 892. v. Francorum.

Francisci, Petrus, can. St. Theobaldi Met. 1192.

Francorum rex 864. 866.

Freistorf (*Freisdorf, Kr. Bolchen*) eccles. parroch. de — Met. dioc. 1573. 1391. (*215*).

Freudenberg (*Freudenberg, Kr. Siegen, Westfalen*) castrum — Trevir. dioc. 1523.

Frichelinga (*Fraquelfing, Kr. Saarburg*) eccles. parroch. de — Met. dioc. 1391. (*216*).

Fricourt (*Fricourt bei Remoncourt, dep. Meurthe-et-Moselle, A. Lunéville*)
Symon de — alias Martialis, can. St. Stephani de Salburgo 1414.

Frigidavilla (*Friauville, dep. Meurthe-et-Moselle, A. Nancy*)
Petrus de — can. Cathalaunensis 1347. 71.

Friquelinga v. Frichelinga.

Frisingensis (*Freising, O.-Baiern*) episc. 938.

Fromespach (*Frauenberg, Kr. Saargemünd ?*) eccles. parroch. de — Met. dioc. 1391. (*218*).

Frontinhano (*Frontignan, dep. Hérault, A. Montpellier*) eccles. secular. St. Stephani de — Carpentoratens. dioc. 1516
prior Androinus de Acra 1516
Johannes Guillelmi de Merceyo 1516.

Frystorph (*Freisdorf, Kr. Bolchen*) monasterium de — ord. Cisterciens. Met. dioc.
abbatissa 1391. (*205*). v. Freistorf.

Frystorf v. Freistorf.

Fuissiaco (*Fuissé, dep. Saône-et-Loire, A. Mâcon*) Matisconens. dioc.
Obaldus Bruneti de — notarius 1574.

Fuldense (*Fulda, Hessen-Nassau*) monasterium ord. St. Benedicti
abbas Henricus 1293. 94. 95. 96

Fullinguen (*Füllingen b. Falkenberg, Kr. Bolchen*) eccles. parroch. de — Met. dioc. 1391. (*212*).

Furcha (*Fürth, Kr. Ottweiler, Rheinprovinz*) eccles. parroch. de — Met. dioc. 1391. (*219*).

Furnensis (*Fournes, dep. Nord, A Lille*) eccles. St. Walburgis in dioc. Morinensi
prepos. 1382
can. Dalmacus Lamberti 1024.

Fus, Sifridus dict. — de Hilbezheym 1370.

G.

Gadalfaiera (*Guadalajara, Spanien, Neukastilien*) in eccles. Toletana
archidiac. de — Petrus, postea episc. Legionensis 1359.

Galliam, archicancellarius sacri imperii per — Boemundus archiepisc. Trevir. 1225.

Gamelanges (*Gelmingen, Kr. Bolchen*) eccles. parroch. de — Met. dioc. 1391. (*215*).

Gamundia (*Gemünden i. Westerwald, Nassau*) eccles. collegiata de — Trevir. dioc.
can. Gerardus de Montabur 1523.

Garane, comitissa de — Johanna de Barro 1330 v. Garda.

Garda (*Lagarde b. Vic, Kr. Château-Salins*) Met. dioc.
castrum 864. 65
Gaucerus, dominus de — miles 1109
Johanna de Asperomonte, domina de — 1327. 66.

Garde v. Garda.

Garmanges (*St-Germain, dep. Meurthe-et-Moselle, A. Lunéville*) eccles. de — Tull. dioc. 882.

Gastelli, Johannes, prior de Monceto 1372.

Gauarreto (*Gabarret, dep. Landes, A. Mont-de-Marsan*) eccles. parroch. de — Auxitane dioc.
capellan. perpet. Johannes Oddonis 1229.

Gavaldani, P. 1549.

Geln, Henricus — de Marvilla, cleric. Trevir. dioc. 1483. 1510. 24. 27.

Gemel, Johannes, monach. St. Clementis Met. prior St. Petri ad harenas extra muros Met. 1482.

Gemelli, Petrus, can. Met. rector eccles. parroch. St. Sagittarii Lemovicens. dioc. 825.

Geminipontensis } v. Geminoponte.
Geminipontis

Geminoponte (*Zweibrücken, Pfalz*) Annade — monial. St. Petri Met. 1376.
Hannemannus de — comes 1296
Jacobus de — can. St. Fabiani Hornbacensis 1152
Simon de — comes 1424. 1515
  uxor Agnes de Sarwerda 1515
Wolramus de — comes 864. 65. 1109.

Genavilla (*Génaville, dep. Meurthe-et-Moselle, A. Briey*) eccles. parroch. de — Met. dioc. 1391. (*214*).

St. Genesii (*St-Genest, dep. Loire, A. St-Etienne*) eccles. secular. — Claromontens. dioc.
  abbas Bertrandus, postea electus Tullensis 1168.

Genneti, Jacobus — de Metis, can. St. Theobaldi Met. can. St. Petri ad ymagines Met. 985.

St. Genovefa (*St-Geneviève, dep. Meurthe-et-Moselle, A. Nancy*) eccles. parroch. de — Met. dioc. 1391. (*208*).

St. Georgii capella in dioc. Tull. fundata a Joffrido de Asperomonte 1443.

St. Georgio (*Saizerais-St-Georges, dep. Meurthe-et-Moselle, A. Toul*) eccles. parroch. de — Met. dioc. 1391. (*207*).

Gerardi, Stephanus, can. St. Theobaldi Met. 920.

Gerinlize (*Geistkirch, Kr. Château-Salins*) eccles. parroch. de — Met. dioc. 1391 (*211*).

Germani, Petrus, can. Rothemagensis 1138.

Germania 1295.

Germineyo (*Germiny, dep. Meurthe-et-Moselle, A. Toul*)
  Bertrammus de — 1284
  Henricus de — can. Met., can. Virdun., decanus Tull. a capitulo Tull. electus sed non constitutus 1168. 70. 75. 1249.

Symon de — miles 1284. 1368
  uxor Loreta 1368.

Gerney (*Jarny, dep. Meurthe-et-Moselle, A. Briey*) eccles. parroch. de — Met. dioc. 1391. (*214*).

Gervasii, Nicholaus, rector eccles. parroch. St. Juliani suburbii Met. 1553.

Giletus, Symon, dict. — monach. et camerarius St. Symphoriani Met. 1345.

Girmereyo v. Germineyo.

Glandariense (*Lubeln, Kr. Bolchen*) monasterium St. Martini ord. St. Benedicti Met. dioc. 911. 1130. 33. 1551. 54. abbas 988. 1391. (*204*).
  Bernardus (Renaudus) antea prior St. Salvatoris de Tegiis 1551. 54
  Isambardus (Isembardus, Ysembardus) de Mengna 1130. 33. 87. 1551
  Nicolaus, antea prior de Amella, postea abbas Gorziensis 902. 11. 29. 32. 51. 68. 1102. 30
  Theodoricus 902
  monachi: Isambardus de Mengna v. abbas
  Walterus de Sareponte, postea abbas Hornbacensis 930
  conventus 902. 988. 1130. 1551
  vasalli 902. 1551.

Glanderiensis eccles. parroch. St. Martini — Met. dioc. 1391. (*212*).

Glanderiense v. Glandariense.

Gondravilla (*Gondreville, dep. Meurthe-et-Moselle*) eccles. parroch. de — Tull. dioc.
  rector Nicolaus de Blenodio 1574.

Gorencuria (*Gondrecourt, dep. Meuse, A. Commercy*)
  Guillelmus de — 1141
  fil. Johannes, cler. Virdun. 1141.

Gorgia }
Gorsia   } v. Gorzia.
Gorziensis

Gorzia (*Gorze, Kr. Metz*) villa 923
  Ada de — monach. Gorziens. 888
  Guedefridus Wrien de — notarius publicus 959

Hermannus Johannis de — rector eccl. parroch. de Jarneyo 984
Johannes de — 1302. 04
   fil. Johannes, cler. Met. 1302. 04
Nicolaus Alberti de Marsaulz de — can. St. Leodegarii de Marsallo. can. Tull. capellan. perpet. St. Katherine Tull. 909. 1392. 94
monasterium ord. St. Benedicti 901 03. 04. 23. 1111. 12. 14. 30. 1298. 1300. 03. 92. 1406. 15. 88
   abbas 860. 968. 91. 1141. 1245. 1328. 91. 1465. 1513
      Hugo de Fenestrangis, antea monach. Wissemburgens. 1298. 1300. 01. 02. 03. 25. 32. 1334. 37. 65. 85. 91. 1408. 15. 40. 64. 72. 89. 99. 1511. 14
      Johannes, antea prior de Vallebonesii, electus Thunisiensis 901. 903. 04. 21. 23. 26. 1063. 1102. 1111. 1114. 32. 43. 1300. 01. 26
      Nicholaus de Prigneyo, antea abbas St. Martini Glandariensis 1102. 11. 14. 30 32. '43. 1245. 1298. 1300. 01. 02. 26. 85. 1408. 15
      Theobaldus 888. 901
   camerarius Badetus de Pontemoncionis 1302. 03
      Nicolaus de Prigneyo 1302. 03
   monachi: Ada de Gorzia 888
      Guillelmus de Xaving 1464
      Huardus de Condeto 888
      Joffridus dict. Iou Braconnier 1464
      Nicolaus Maresse 914
      Nicolaus de Prygneio 1303
      Theobaldus Hivelli 1408. 1488

   conventus: 901. 26. 68. 91. 1063. 1102. 1141. 1245. 1298. 1327. 1394. 1464. 65. 1513
   vasalli 901. 1102.
Gorziensis v. Gorzia.
Gosselinguen (*Gosselmingen, Kr. Saarburg*) eccles. parroch. de — Met. dioc. 1391. (*217*).
Gotzia v. Gorzia.
Govigney (*Goviller, dep. Meurthe-et-Moselle, A. Nancy*) eccles. parroch. de — Met. dioc. 1391. (*211*).
Goyns (*Coin-sur-Seille, Kr. Metz*) eccles. parroch. de — Met. dioc. 1391. (*207*).
Goziensis v. Gorzia.
Grandimontense (*Grammont, dep. Tarn-et-Garonne, A. Castelsarrasin*)
   monasterium 1102
   abbas 825.
Grangia (*Grange bei Kattenhofen, Kr. Diedenhofen-Ost*)
   Henricus de — prepositus prepositure de Alamania in monasterio St. Arnulfi Met. 940
   Joffridus de — can. Trevir. 1026
   Johannes de — prior prioratus Gymaci ord. Cluniacens. 1207
   Luwwicus de — monach. et camerarius St. Symphoriani Met. can. Met. capellan. de Buxi 1093. 99. 1345.
Granier (*Jarny, dep. Meurthe-et-Moselle, A. Briey*) Met. dioc.
   Nicolaus curatus de — 1258.
Grantclerc, le —
   Walterus dict. — 1362
   fil. Forquegnonnus 1362.
Grassis, P. de — 1178 a.
Gratianopolitana (*Grenoble, dep. Isère*) dioc. 901
   episc. 1112.
Gremecey (*Gremecey, Kr. Château-Salins*) eccles. parroch. de — Met. dioc. 1391. (*210*).
Griffelstein (*Greifenstein bei Zabern*)
   Petrus de — 1284.
Griffonelz, Joffridus, can. Met. 1079
   Philippus, stipendiarius Met. ca-

— 313 —

pellan. St. Nicolai in eccles. St. Theobaldi Met. can. Met. 1078. 79. 80.

Grifonelz v. Griffonelz.

Grimaudi, Johannes, can. St. Stephani de Salburgo 1445.

Gromacius, Baldoynus, can. et archidiac. Met. 1128. 1277
Colardus civ. Met. 1038
uxor Loreta 1038
Jacobus — de Metis, can. Met. 1047
Joffridus, can. Met. 891.

Gronasius }
Groynasii } v. Gromacius.

Grusselanges (*Grieslingen, abgeg. Ort bei Varsberg, Kr. Bolchen*) eccles. parroch. de — Met. dioc. 1391. (*212*).

Guebedinguen (*Gebling, Kr. Château-Salins*) eccles. parroch. de — Met. dioc. 1391. (*215*).

Guebeldinguen (*Geblingen, Kr. Forbach*) eccles. parroch. de — Met. dioc. 1391. (*213*).

Guenguelanges (*Gänglingen, Kr. Bolchen*) eccles. parroch. de — Met. dioc. 1391. (*212*).

Guenkirchein (*Gehnkirchen, Kr. Bolchen*) eccles. parroch. de — Met. dioc. 1391. (*212*).

Gueppe, Jaquemeta dict. — mulier Met. 1060.

Guertangez (*Gertingen, Kr. Bolchen*) eccles. parroch. de — Met. dioc. 1391. (*213*).

Guinanges (*Giningen, Kr. Diedenhofen-Ost*) eccles. parroch. de — Met. dioc. 1391. (*212*).

Gunezulus, Ricardus, camerarius 1295.

Gymaci (*Gimeaux, dep. Puy-de-Dôme, A. Riom*) prioratus ord. Cluniacens. prior Johannes de Grangia 1207.

H.

Habendanges (*Habudingen, Kr. Château-Salins*) villa et castellania de — 1284
saline juxta — 1284.

Hadonvilla (*Hadonville-sous-La chaussée, dep. Meuse, A. Commercy*) eccles. parroch. de — Met. dioc. 1391. (*209*).

Haganova (*Hagenau, U.-Elsass*) monasterium de — Argentinens. dioc.
prepositus 1003. 1077

Hagenoya v. Haganova.

Hagevilla (*Hageville, dep. Meurthe-et-Moselle, A. Toul*) eccles. parroch. de — Met. dioc. 1391. (*209*).

Haidochastellana v. Hattonis castrum.

Haiengez (*Hayingen, Kr. Diedenhofen-West*) eccles. parroch. de — Met. dioc. 1391. (*212*).

Hain (*Ham unter Varsberg, Kr. Bolchen*) eccles. parroch. de — Met. dioc. 1391. (*212*).

Haio (*Harol, dep. Vosges, A. Mirecourt*) eccles. parroch. in — Tull. dioc.
rector Guillelmus de Chateyo 867.

Halbranvilla (*Haironville, dep. Meuse, A. Bar-le-Duc*) eccles. parroch. de — Tull. dioc.
rector Geraldus de Franchavilla 1403.

Haltwilre (*Ottweiler, R.-B. Trier, Rheinprovinz*) eccles. parroch. de — Met. dioc. 1391. (*219*).

Halvinga (*Holvingen, Kr. Forbach*) eccles parroch. de — Met. dioc. 1391. (*214*).

Hambacense v. Hornbacensis.

Hambach (*Waldhambach, Kr. Zabern*) eccles. parroch. de — Met. dioc. 1391. (*217*).

Hamestet
G. comes de — sacri imperii in Italia legatus 1295.

Hampont (*Hampont, Kr. Château-Salins*) eccles. parroch. de — Met. dioc. 1391. (*214*).

Hanebouriat, Poncignonnus dict. — 1247
uxor Catherina de Prigneio 1247.

Hannemann(i), Francisquinus — de Cattenheym, cleric. Met. dioc. 1030. 31
Othobonus, can Met. can. St. Salvatoris Met. 1098.

Hapkirchein (*Habkirchen, Pfalz, B. A. Zweibrücken*) eccles. parroch. de — Met. dioc. 1391. (*218*).
Haro v. Haio.
Harskircheim (*Harskirchen, Kr. Zabern*) eccles. parroch. de — Met. dioc. 1391. (*217*).
Hathonis castrum (*Hattonchâtel, dep. Meuse, A. Commercy*) cum foresto in eccles. Virdun. 1293
    Sanctinus de — rector eccles. parroch. St. Petri Capracii Virdun. 1090
    ecclesia collegiata St. Mauri 1456
        prepos. Colardus de Asperomonte 1036 1043
        Nicolaus de Franchavilla 1043
        can. Dominicus de Minorivilla 1183. 1219
        Nicolaus de Thiacuria 1456.
Hattonis castrum v. Hathonis castrum.
Hawentoncourt (*Hauconcourt, Kr. Metz*) eccles. parroch. de — Met. dioc. 1391. (*208*).
Helgueriguen (*Helleringen, Kr. Zabern*) eccles. parroch. de — Met. dioc. 1391. (*217*).
Hemeringen (*Hemmeringen bei Gr.-Tänchen, Kr. Forbach*)
    Nicolaus Richardi de — can. St. Stephani de Sarburg 1513.
Henameny (*Hénamenil, dep. Meurthe-et-Moselle, A. Lunéville*) eccles. parroch. de — Met. dioc. 1391. (*211*).
Henrikelli, Ricardus, can. et decanus St. Salvatoris Met. 1121. 29. 1492.
Henriquelli v. Henrikelli.
Heram — Calvus mons supra — (*Chaumont-sur-Aire*) 1435.
Heraucourt (*Harraucourt-sur-Seille, Kr. Château-Salins*) eccles. parroch. de — Met. dioc. 1391. (*211*).
Herba, Petrus de — de Dola, can. Met. rector eccles. St. Petri Bisuntin. 1474.
Herbacensis v. Hornbacensis.

Herbeviler (*Erbéviller, dep. Meurthe-et-Moselle, A Nancy*) Tull. dioc.
    Franciscus de — nob. vir, miles 859. 60
    fil. Johannes, can. Met. 859. 60
Herbeville v. Herbeviler.
Herbevilleirs (*Herbéviller, dep. Meurthe-et-Moselle, A. Lunéville*) eccles. parroch. de — Met. dioc. 1391. (*211*).
Herbipolis (*Würzburg, Baiern*) 1531.
Herbotzheim (*Herbitzheim, Kr. Zabern*) eccles. parroch. de — Met. dioc. 1391. (*217*).
    monasterium ord. St. Benedicti abbatissa 1391. (*205*).
    monial. Alheidis de Lyningen 1269.
Heremitarum ordo St. Augustini
    prior provincialis et fratres provincie Trevir. 1475.
Herstorf (*Hessdorf, Kr. Bolchen*) eccles. parroch. de — Met. dioc. 1391. (*215*).
Hertbotzheim v. Herbotzheim.
Herzel, Nicolaus, dict. — de Luceburgo 991
    fil. Johannes cleric. 991.
Hesse (*Hessen, Kr. Saarburg*) eccles. parroch. de — Met. dioc. 1391. (*216*).
    monasterium ord. St. Benedicti abbatissa 1391. (*205*).
    monialis Alheidis de Lyningen 1269
Hestrize (*Hatrize, dep. Meurthe-et-Moselle, A. Briey*) Met. dioc.
    archipresbyteratus 1391. (*214*).
    eccles. parroch. 1391. (*214*).
Heu v. Hoyo
Heukanges (*Heinkingen, Kr. Bolchen*) eccles. parroch. de — Met. dioc. 1391. (*212*).
Heylemer (*Hellimer, Kr. Forbach*) eccles. parroch. de — Met. dioc. 1391. (*213*).
Heys (*Haiss bei Vigy, Kr. Metz*)
    Renauldinus de — 869. 871
    fil. Henricus, rector eccles. parroch. in Baumbiedersdorf, can. Met. 869. 71. 1149.

Hilbecheim (*Hilbesheim bei Finstingen, Kr. Saarburg*) eccles. parroch. de — Met. dioc. 1391. (*216*).
Hilbezheym (*Hilbesheim, Kr. Saarburg*) Sifridus dict. Fus de — 1370
  fil. Johannes, rector eccles. parroch. de Theonisvilla 1370.
Hildesemensis (*Hildesheim, Hannover*) episc. Johannes 1460.
Hirbitsheim v. Herbotzheim.
Hiungues (*Hingsingen, Kr. Forbach?*) Salmona de — monial. St. Petri Met. 1376.
Hivelir, Theobaldus, monach. Gorziens. 1489.
Hobedinga (*Habudingen, Kr. Château-Salins*) eccles. parroch. de — Met. dioc. 1391. (*214*).
Hobertinguen (*Hommartingen, Kr. Saarburg*) eccles. parroch. de — Met. dioc. 1391. (*216*).
Hoenstat (*Hochstaden, alte Grafschaft a. Erft, R.-B. Köln*)
  comes L. de — 1295.
Hohenburg (*Odilienberg, U.-Elsass*) monasterium monial. ord. St Benedicti Argentinens. dioc. 1392.
Hohenloch (*Hohenlohe, Grafschaft in Württemberg*)
  G. comes de — 1295.
Hoio v. Hoyo.
Homburg
  dux Wencelt 1296.
Hombourg (*Oberhomburg, Kr. Forbach*)
  molendine de — 830
  Henricus de — can. Met. 1137 ecclesia collegiata
    capitulum 1391. (*204*).
Honlier, Nicasius, dict. — capellan. St. Martini de Streliis Suessionens. dioc. can. St. Arnualis 1426.
Hornbacensis (*Hornbach, Pfalz*) archipresbyteratus Met. dioc. 1391. (*216*).
  eccles. collegiata St. Fabiani
    capitulum 1391. (*204*).
      can. Jacobus de Geminoponte 1152.
    monasterium St. Pirmini ord. St. Benedicti 930. 1142. 52. 1387. 1522
      abbas 959. 1034. 77. 1186. 1391. 97
      Hugo 1387. 98. 1424. 33. 34. 58
      Johannes 1142. 44. 52. 89. resignat 1387
      Nicholaus 1397
      Rodulphus 930
      Sigelinus 930
      Walterus de Sareponte 930. 31. 59. 60. 1142. 84. 85
    camerarius Johannes de Castris 930
    custos Sigelinus, postea abbas 1142. 44. 52. 89
    decanus Johannes, postea abbas 1142
    monachi Everhardus de Lininghen 1522
      Geraldus de Castris 930
    conventus 930. 1034. 77. 1142. 86. 1387
    vasalli 930.
Hornbacho }
Hornbacum } v. Hornbacensis.
Hornebacense }
Hove (*Hof, Kr. Saarburg*) eccles. parroch. de — Met. dioc. 1391. (*216*).
Howavilla (*Jouaville, dep. Meurthe-et-Moselle, A. Briey*) eccles. parroch. de — Met dioc. 1391 (*214*).
Hoyensis (*Huy, Belgien, Prov. Lüttich*) eccles. collegiata Leodiens. dioc.
  can Petrus de Wargni 1342.
Hoy v. Hoyo.
Hoyo (*d'Heu, altes Metzer Paraigengeschlecht*)
  Ancelinus de — miles 1198
    relicta Elizabeth de St. Livario 1198
  Guillelmus de — nobilis vir, miles civ. Met. 1037
    uxor Coleta 1037
  Johannes de — can. Maguntin. can.

Met. can. St. Theobaldi Met. can.
et scolasticus Tull. prepositus
St. Theobaldi, primicerius Met.
archidiac. Tull. postea episc. Tull.
827. 925. 1064. 76. 79. 1104. 09.
1208. 12. 13. 14. 30. 31. 41. 1339.
1356. 75. 77. 91. 96. 99. 1430. 38.
1442. 46 v. episc. Tull.
    Petrus de — miles, civ. Met. nobilis vir 905. 906
        filia Jenneta, uxor Johannis Badoche 905. 906
Hoys v. Hoyo.
Huesinga (*Hüssingen bei Kattenhofen, Kr. Diedenhofen-Ost*) eccles. parroch. de — Met. dioc.
    rector Henricus Siffridi dict. Steveler 966
    pro rectore se gerens: Arnulphus Johannis de Thecarisvilla 966.
Hulsperch (*Hilsprich, Kr. Forbach*) eccles. parroch. de — Met. dioc. 1391. (*214*).
Hungre, Bertrandus le — civ. Met. 1038. 1314. 1458
    Bertrandus le — junior 1038
    Guillelmus (Willermus) le — miles Met. 1038. 1457
        relicta Jacoba 1457
    Johannes dict. le — de Metis 941. 42. 43. 44. 45. 1038
        relicta Anneta de Curia 941. 42. 43. 44. 45.
Hungres v. Hungre
Husinga (*Hüssingen, Kr. Diedenhofen-Ost*) eccles. parroch. de — Met. dioc. 1391. (*211*). v. Huesinga.
Husseneti, Colinus — de Calvomonte, rector de Nomeneyo 1435.
Huttinguen (*Hattigny, Kr. Saarburg*) eccles. parroch. de — Met. dioc. 1391. (*216*).
Huwini, Dominicus — cler. Met. 887.

I. J.

Jacobi, Admetus, cleric. Met. rector eccles. parroch. B. Marie de Floreyo 1210.

Nicolaus, miles 1532.
Janua, Johannes de — de Silvaticis, servitor et cirurgius pape, can. Virdun. 909. 1043.
Januensis (*Genua oder Genf?*) prepositus 920.
Jarneyo (*Jarny, dep. Meurthe-et-Moselle, A. Briey*) eccles. parroch. de — Met dioc.
    rector Hermannus Johannis de Gorzia 984
    Johannes dict. Bellegreie 984.
Jelevon, Johannes dict. — de Spinalo 1362.
Jerosolimitanus (*Jerusalem*) patriarcha 968
    Philippus, antea episc. Cavallicensis 1391. 96.
Jeynsil
    Henricus comes de Widemonl, dominus de — 1269.
Jherosolimitanus v. Jerosolimitanus.
Jherusalem de —
    rex Fridericus II. 1295
Ilardendis v. St. Ilarii
St. Ilarii (*St-Hilaire-le-Palud, dep. Deux-Sèvres, A. Niort*) Pictaviens. dioc.
    decanus Oliverius de Cerceto 838. 841. 42. 49. 51. 54. 71. 73. 76. 89. 93. 894. 950. 83. 85. 86. 87. 1027. 28. 29 1034. 40. 73. 74 78. 79. 80. 99. 1104. 1129. 31. 37. 56.
Ildinguen (*Illingen, Kr. Ottweiler, Rheinprovinz*) eccles. parroch. de — Met. dioc. 1391. (*219*).
St. Ingelberto (*St. Ingbert, Pfalz, B.-A. Zweibrücken*) eccles. parroch. de — Met. dioc. 1391. (*218*).
    acolitus parrochiacus Hermannus de Robach 831.
St. Ingueberti v. Ingelberto.
Insulensis (*Lille, dep. Nord*) Tornacensis dioc.
    castellanus Johannes de Lucembourch 1016. 17.
St. Johanne (*St. Johann a. d. Saar, Kr. Saarbrücken*)
    Thomas de — magister 1577.

Johannis, Folcherius, rector eccles. parroch. de Nomeneyo 1435
  Hermanni, Poncius, tenens prebendam St. Nicolai pauperum clericorum Met. 913. 928.
Joiey (*Jouy-aux-Arches, Kr. Metz*) eccles. parroch. de — Met. dioc 1391. (*207*).
Irgesingen (*Herzing, Kr. Zabern*) eccles. parroch. de — Met. dioc. 1391. (*216*).
Italia 1295. 1538.
Juef (*Jœuf, dep. Meurthe-et-Moselle, A. Briey*) eccles. parroch. de — Met. dioc. 1391. (*214*).
Juliacensis (*Jülich, Rheinprovinz*) dux illustris, marchio 1192
  Wilhelmus 1293. 94. 95
    procurator Johannes Volchwini de Brunsheim 1192.
St. Juliano de Saltu (*St-Julien-du-Sault, dep. Yonne*) Senonens. dioc.
  eccles. collegiata St. Petri
    can. Stephanus Militis 1014.
St. Juliano (*St-Julien bei Gorze, dep. Meurthe-et-Moselle, A. Toul*) eccles. parroch. de — Met. dioc 1391. (*209*).
Juppile (*Jupiles bei Doulcon, dep. Meuse, A. Montmédy*) curia in dioc. Virdun. 1293.
Jusseyo (*Jussy, Kr. Metz*) eccles. parroch. de — Met. dioc. 1391. (*206*).
  rector Johannes Nicolai 1193.
Justimontis (*Justberg bei Rombach, Kr. Diedenhofen-West*) monasterium abbas 1391. (*204*).
Jutz (*Nieder-Yeutz, Kr. Diedenhofen-Ost*) eccles. parroch. de — Met. dioc. 1391. (*211*).
Juveniacensis (*Juvigny-sur-Loison, dep. Meuse, A. Montmédy*)
  abbatia St. Scholastice ord. St. Benedicti Virdun. dioc. 1293.
Juxey v. Jusseyo.

L.

Labayle, Wirionus dict. — balungarius, civ. Met. 1503.
Lahuretice, Gerardus dict. — civ. Met. 1123
  uxor Beatrix 1123.
Laibrie (*Lubry, dep. Meurthe-et-Moselle, A. Briey*) eccles. parroch. de — Met. dioc. 1391. (*214*).
Laiey (*Leyr, dep. Meurthe-et-Moselle, A. Nancy*) eccles. parroch. de — Met. dioc. 1391. (*210*).
Lamberti, Dalmacius (Dalmacus) can. Met. can. Furnensis, capellan. perpet. de Aylli, rector eccles. parroch. de Ans, can. Baiocensis 1024. 1197.
Laney (*Saulny, Kr. Metz*) eccles. parroch. de — Met. dioc. 1391. (*207*).
Langueyo (*Langley, dep. Vosges, A. Mirécourt*) villa de — Tull. dioc. 1020.
Lardiaco (*Lardy, dep. Seine-et-Oise, A. Etampes*) eccles. parroch. de — Parisiens. dioc.
  rector Nicolaus Caude 1561.
Lateranense consilium 1519. v. Roma.
Laudunensis (*Laon, dep. Aisne*) eccles.
  can. Guillelmus de Chateyo 867
    Jacobus de Cancellariis de Urbe 1569.
Lauffenburne (*Lascemborn, Kr. Saarburg*) eccles. parroch. de — Met. dioc. 1391. (*216*).
St. Laurencio (*St. Laurent, dep. Hautes-Alpes, A. Gap*)
  Dalmacius de — can. Tricastrensis 838. 843.
St. Laurentio v. Laurencio.
St. Laurentio (*St. Laurent, dep. Meuse, A. Montmédy*) Johannes de — scolasticus St. Marie Magdalene Virdun. 1026. 1135.
St. Laurentio (*St. Lorenzen, Kr. Zabern*) eccles. parroch. de — Met. dioc. 1391. (*217*).
Lausannensis (*Lausanne, Waadt, Schweiz*) episc. 891.

Ledonesalverii, Nicolaus Morineti de — can. Met. 1035.
Legionensis (*Leon, Spanien*) dioc. 1359
  episc. Petrus, antea archidiaconus de Gadalfaiera, postea episc. Tull. 1359. 90.
Leizey (*Lezey, Kr. Château-Salins*) eccles. parroch. de — Met. dioc. 1391. *(211)*.
Lelovat, Petrus, can. Senonensis 823.
Lemoncourt (*Lemoncourt, Kr. Château-Salins*) eccles. parroch. de — Met. dioc. 1391. *(210)*.
Lemovicensis (*Limoges, dep. Haute-Vienne*) dioc. 825. 1047. 63
  monasterium St. Martini
    abbas 825
Lendinguen (*Lellingen, Kr. Forbach*) eccles. parroch. de — Met. dioc. 1391. *(213)*.
Lenoncourt v. Lenoncuria.
Lenoncuria (*Lenoncourt, dep. Meurthe-et-Moselle, A. Nancy*)
  Gerardus de — miles, nobilis vir 869. 897
    filii Nicolaus, licentiatus in legibus, can. Virdun. can. B. Marie Magdalene Virdun. can. St. Deodati, can. St. Georgii de Nanceyo 869. 897
      Therricus miles 869. 1367
        uxor Johanna de Perroyes 1367.
  Hermannus de — can. Virdun. 1048.
Lentrey (*Leintrey, dep. Meurthe-et-Moselle, A. Lunéville*) eccles. parroch. de — Met. dioc. 1391. *(210)*.
Leodiensis (*Lüttich, Belgien*)
  ecclesia St. Bartholomei
    cantor 1082
  ecclesia St. Johannis
    can. Nicolaus de Franchavilla 1043
  dioc. 844. 45. 1024. 63. 82. 1137. 1176. 1208. 1307. 24. 42. 80. 1569
  episc. Adolfus 845
    Engelbertus 1294
    Theobaldus 1569
  archidiaconus Henricus de Tremonia 1521
  decanus 1537
  can. Joffridus de Asperomonte 1282
  Johannes Pauli 1461.
Leodiensis v. Pontemoncionis
Lesse (*Lesse, Kr. Château-Salins*) eccles. parroch. de — Met. dioc. 1391. *(213)*.
Letreicourt (*Letricourt, dep. Meurthe-et-Moselle, A. Nancy*) eccles. parroch. de — Met. dioc. 1391. *(210)*
  Aelidis de — monial. St. Petri Met. 1376.
Letreycourt v. Letreicourt.
Leubez (*Lubey, dep. Meurthe-et-Moselle, A. Briey*) eccles. parroch. de — Met. dioc. 1391. *(214)*.
Leuxwilre (*Lautzweiler, Pfalz, B.-A. Zweibrücken*) eccles. parroch. de — Met. dioc. 1391. *(219)*.
St. Levario
  Joffridus de — 1198
    fil. Albertus 1198
      Elizabeth — relicta Ancelini de Hoy vidua Cathalaunens. dioc. 1198.
Leywilre (*Leyweiler, Kr. Forbach*) eccles. parroch. de — Met. dioc. 1391. *(214)*.
Liciensis (*Lecce, U.-Italien*) dioc. 1342.
Liehous (*Liéhon, Kr. Metz*) piscarie apud – monasterii St. Symphoriani 1503.
Liethemborg (*Lichtenberg, Kr. Zabern*)
  Johannes de — can Argentin. can. Spirens. can. Virdun. postea episc. Argentinens. 1183.
Limbach (*Limbach, Pfalz, B.-A. Homburg*) eccles. parroch. de — Met. dioc. 1391. *(219)*.

Limporc (*Limburg, Pfalz?*)
  Christianus de — in Romana curia procurator 960.
Linarisvilla v. Lunarisvilla.
Lindes (*Lindre-basse, Kr. Château-Salins*) eccles. parroch. de — Met. dioc. 1391. *(215)*.
Lineyo v. Lyneio.
Lingonensis (*Langres, dep. Haute-Marne*)
  civitas 1067
  ecclesia 865. 1044. 67. 95. 1146. 1463
  episc. 1257
  archidiac. Carolus de Pictavia 1230. 32
  decanus 1068. 1257
    Aubricus Radulphi de Lingonis 1463
  officialis 1067. 1463
  can. Aubricus Radulphi de Lingonis 1463
    Carolus de Pictavia 1230. 32.
Lingonis (*Langres*)
  Aubricus Radulphi de — can. Virdun. can. et obedienciarius St. Justi Lugdun. can. Lingonens. can. St. Marie Magdalene Aquesparse, rector eccles. parroch. de Dompnomartino, decanus Lingonens. 1463.
Lininghen v. Lyningen.
Loignes (*Leiscrhof b. Rörchingen, Kr. Diedenhofen-Ost*) eccles. parroch. de — Met. dioc. 1391. *(209)*.
Lomaci, Petrus, can. et camerarius Met. 861.
Lomberiensis (*Lombès, dep. Gers*) archidiacon. 837.
Lomeranges (*Lommeringen, Kr. Diedenhofen-West*) eccles. parroch. de — Met. dioc. 1391. *(209)*.
Longaaqua (*Longeau bei Châtel-St-Germain, Kr. Metz*) prope Molendinum Met, dioc. 1073
  capella St. Mauricii
    capellan. perpet. Nicolaus Pige 1073.
Longavilla (*Longeville, dep. Meuse, A. Bar-le-Duc*)
  comitissa de — Yolandis de Flandria 1226
Longeti, Petrus, can. Met. 1046.
Lorchinga (*Lörchingen, Kr. Saarburg*) eccles. parroch. de — Met. dioc. 1391. *(210)*.
Loreyo (*Lorry-Mardigny, Kr. Metz*) eccles. parroch. de — Met. dioc 1391. *(208)*.
Lothoringia 937 1107. 1578
  ducatus 875. 1492
  dux Johannes 1558
    Matheus 1293
    Radulphus (Rodulfus) dux et marchio 864. 65. 66. 67. 68. 869. 72. 74. 75. 76. 77. 79. 880. 81. 82. 83. 84. 97. 98. 900. 16. 56. 57
      uxor 1. Alienora de Baro 916
        2. Maria de Blesis 874. 78. 79. 95. 916. 1106. 1108. 1109
      soror ducis Margarita 874
      mater Isabella 874
      filius naturalis Albertus can. Tull. can. St. Theodati 957
    Wencelt 1296.
  armiger Huynus de Vilesel 866
  capellanus continuus Guillelmus de Chateyo 867
    domesticus Druetus de Biecuria 867
    Gerardus de Onvilla 867. 68
  consiliarius Nicolaus de Lenoncuria 897
  locum tenens in Alamannia Arnoldus de Cierkes 869
  procurator Adam Johannis de Urchiis 867
  scutifer Andreas de Bioncourt 866
    Joffridus de Lunarisvilla 866
    Olricus de Remecourt 866
  servitor Gerardus Huini de Onvilla 867

continuus Johannes de Chastellato 867.

Louve, Johannes dict. — civ. Met. 986. 1101
, fil. Franciscus, can. Met. 986. 1101.

Louwy (*Lubey, dep. Meurthe-et-Moselle, A. Briey*)
    Thirietus de — 1445
        fil. Pontius rector eccles. parroch. de Briey 1445.

Lovency (*Louvigny, Kr. Metz*) eccles. parroch. de — Met. dioc. 1391. (*208*)

Lovischeide, Hannequinus dict. — de Lucembourg 1291
    fil. Petrus, can. Met. 1291.

Luberduno (*Liverdun, dep. Meurthe-et-Moselle, A. Toul*)
    castrum et fortalicium de — Tull. dioc. 1020
    eccles. collegiata St. Eucharii
        can. Colignonnus de Onvilla 867
        Huardus de Valliscolore 867
        Petrus Heymondi de Clareyo 1497.

Lubucensis (*Lübeck*) eccles. episc. Henricus 1293. 94. 95

Luceburgo
Lucembaurc
Lucembourch   v. Lucemburgensis.
Lucembourg

Lucemburgensis (*Luxemburg*) urbs 1109
    communitas 1109
    iusticiarius 1109
    Hannequinus dict. Lowischeide de Luceburgo 1291
        fil. Petrus, can Met. 1291
    Johannes de — castellanus Insulensis 1016. 1017
    Johannes dict. Nickelmann de — 988
    Nicolaus dict. Herzel de — 991
        fil. Johannes clericus 991
    comitatus 1109
        comes 922. 1310
        Johannes, can. Met. can. St. Paulini et St. Symeonis Trevir. rector eccles. parroch. de Esperin sedis apostolice nuncius 1307. 17. 92. 93. 1462
    Johannes dux — 1467. 68
    Waleranus (Walramus) dominus de Lineyo miles, 982. 1016. 17
    Wencelt dux 1296.

Lucemburgum v. Lucemburgensis.

Luceyo (*Lucey, dep. Meurthe-et-Moselle, A. Toul*) villa de — Tull. dioc 1020.

Lucher, monasterium ord. Premonstratens. Wormaciens. dioc. prepos. 827.

Luchosensis (*Lourches, dep. Nord, A. Valenciennes*)
    eccles. collegiata Cameracens. dioc. can. Petrus de Wargni 1342.

Luderinguen (*Lauterfingen, Kr. Château-Salins*) eccles. parroch. de — Met. dioc. 1391. (*213*).

Lugdunense (*Lyon, dep. Rhône*) concilium 949.

Lugdunensis dioc. et provincia 846. 857. 99. 933. 39. 52. 54. 61. 77. 78. 81. 99. 1001. 19. 53. 1113. 15. 27. 34. 36. 40. 80. 93. 1200. 04. 09. 22. 31. 44. 55. 1306. 16. 41. 44. 48. 49. 51. 54. 61. 69. .1439. 63
    archiepisc 824. 1112
        can. Aubricus Radulpi de Lingonis 1463
    eccles. collegiata St. Justi
        obedienciarius Aubricus Radulphi de Lingonis 1463
        Geraldus de Arbento 1140. 80. 1200. 22. 55
    can. Aubricus Radulphi de Lingonis 1463
        Geraldus de St. Deodato 1187. v. Fornerium.

Lukesheim (*Lixheim, Kr. Saarburg*) prioratus de — Met. dioc. prior 1391. (*205*).

Lunarisvilla (*Lunéville, dep. Meurthe-et-Moselle*)
Albertus de — scolaris Tull. dioc. 874. 82
Joffridus de — scutifer ducis Lothoringie 866
Johannes Myus de — cleric. 866.
Luppey (*Luppy, Kr. Metz*) eccles. parroch. de — Met. dioc. 1391. (*213*).
Luppeyo, Radulphus dominus de — gubernator dalphinatus Viennensis 1519.
Lutosensis (*Lourches, dep. Nord, A. Valenciennes*) Cameracens. dioc.
   eccles. St. Petri
      can. Jacobus d'Enghien 1221.
      v. Luchosensis.
Lutre (*Fraulautern, Kr. Saarlouis, Rheinprovinz*) monasterium de — ord. St. Augustini Trevir. dioc.
   canonica Margaretha dict. Marsil de Saraponte 1182.
Lutzemburch v. Lucemburgensis.
Lutzewilre (*Lutzweiler, Kr. Saargemünd*) eccles. parroch. de — Met. dioc. 1391. (*217*).
Lyehon (*Liéhon bei Verny, Kr. Metz*) eccles. parroch. de — Met. dioc. 1391. (*208*). v. Liehous.
Lyg (*Lye, dep. Indre, A. Châteauroux*)
Guilhelmus de — cleric. camere apostolice 969.
Lyneio (*Ligny-en-Barrois, dep. Meuse, A. Bar-le-Duc*)
   eccles. collegiata B. Marie Tull. dioc.
      can. Poncinetus de Metri 828. 1137
      Theobaldus de Trivigneyo 901
   dominus de — Waleranus de Lucembaurc 982. 1011. 17.
Lyningen (*Leiningen, Pfalz*) de —
Emicho comes 1109
Fridericus comes 1109. 1296
Theodoricus dict. Zolner (Tzolner) — miles 1269. 1522.

fil. Everhardus, mon: Hornbacensis postea St. Maximini Trevir. 1522
nata Alheidis monial. in Hesse postea in Hirbitzheim 1269.
Lyons (*Lieux, dep. Tarn, A. Alby*)
Johannes de — can. Pictaviens. postea episc. Pictav. 1284.

M.

Mackestat (*Maxstadt, Kr. Forbach*) eccles. parroch. de — Met. dioc. 1391. (*213*).
Maclives (*Mécleuves, Kr. Metz*) eccles. parroch. de — Met. dioc. 1391. (*207*).
Magalonensis (*Montpellier, dep. Hérault*) dioc. 1082. 1516
   sacrista 985.
Magdeburgensis (*Magdeburg, Prov. Sachsen*)
   archiepisc. A(lbert v. Kevernburg) 1295.
Magney (*Magny, Kr. Metz*) villa de — Met. dioc.
   eccles. parroch. 1391. (*207*)
   capella St. Katherine
      capellan. Joffridus de Panin 1383
      Johannes Bertrandi 1383.
Magnopolitanus (*Mecklenburg*)
   dux Johannes 1296.
Maguntina (*Mainz, Hessen*) eccles. et dioc. 1153. 1186. 1214. 1378
   archiepisc. 962
      Arnaldus archicancellarius Germanie 1293
      Gerlacus 1293. 94. 95. archicancellarius 1295
      Henricus de Virneburg 1203
   cantor Reynardus de Spanheim 1153 1242
      Theodoricus Beyer de Bopardia 1153. 1242
   prepositus 837
      Guillermus Pinchon 1106
   can. Franciscus Sebaldi de Urbe 880

càn. Johannes de Castelleto 880
Johannes de Hoyo 827. 1213. 14
Johannes de Sarwerde 1357
Theodoricus Beyer de Bopardia 1153. 1242
eccles. collegiata St. Crucis extra muros
prepositus 1242
eccles. St. Marie ad Gradus
decanus 1242.

Maille, Stephanus dict. — alias de Metis, prebendam St. Nicolai pauperum clericorum Met. tenens, can. St. Theobaldi Met. 913. 928. 1014.

Maioris, Petrus, precentor eccles. Valentinensis 1346. 47.

Mairanges (*Marange, Kr. Metz*) eccles. parroch. de — Met. dioc. 1391. (*208*).

Mairney (*Niederum, Kr. Bolchen*) eccles. parroch. de — Met. dioc. 1391. (*213*).

Maixeires (*Maizières, Kr. Château-Salins*) eccles. parroch. de — Met. dioc. 1391. (*211*).

Maixieres (*Maizières, Kr. Metz*) eccles. parroch. de — Met. dioc. 1391. (*209*).

Malencourt (*Malancourt, Kr. Metz*) eccles. parroch. de — Met. dioc. 1391. (*208*).

Malesico (*Maillezais, dep. Vendée, A. Fontenay*)
Guilhelmus de — notarius pape 969.

Malgente, Johannes, can. St. Salvatoris Met. 1560.

Malringuen (*Molringen, Kr. Château-Salins*) eccles. parroch. de — Met. dioc. 1391. (*215*).

Manais, Nicolaus dict. — monachus St. Clementis Met. prior eccles. St. Andree extra muros Met. 1410.

Mance (*Mance, dep. Meurthe-et-Moselle, A. Briey*) eccles. parroch. de — Met. dioc. 1391. (*209*).

Manonvilleirs (*Manonville, dep. Meurthe-et-Moselle, A. Toul*) eccles. parroch. de — Met. dioc. 1391. (*210*).

Marbacense (*Marbach, Württemberg*) monasterium
abbas Helolfus 1293.

Marcellum v. Marsallum.

Marcey (*Mercy-le-Haut, Kr. Metz*)
Colinus dict. Zelone de — 1198.

Marceyo (*Mercy-le-Bas, dep. Meurthe-et-Moselle, A. Briey*)
eccles. parroch. de —
rector Jacobus 1198.

Maresse, Nicolaus, mon. Gorziens. 914.

B. Maria ad quercus (*St-Marie-aux-Chênes, Kr. Metz*) eccles. parroch. de — Met. dioc. 1391. (*214*).

Markou, Johannes dict. — 1339
fil. Symon, can. Met. 1339.

Marley (*Merles, dep. Meuse, A. Montmédy*) Virdun. dioc.
Johannes de — miles 1362
fil. Terricus 1362
Johannes junior de — 1362
fil. Johannes armiger 1362.

Marleyo (*Marly, Kr. Metz*) eccles. parroch. de — Met. dioc. 1391. (*207*).

Marsalla v. Marsallum.

Marsallum (*Marsal, Kr. Château-Salins*) villa 864. 65
saline 953. 996
Martinus Conraldi de — can. St. Leodegarii de Marsallo 1484
Nicolaus de — 1437
fil. Volmarus, can. St. Stephani in Sarburgo 1437
Richerus Anselini de — can. St. Stephani de Sarburgo 1484
archipresbyteratus 1391. (*210*).
eccles. parroch. 1391. (*211*).
eccles. de St. Martino ante — 1391. (*211*)
eccles. collegiata St. Leodegarii 909. 1283
capitulum 1391
archidiaconus Johannes de Sarwerde 1357
prepos. Jacobus de Buxeriis 1235. 36. 84. 1375

can. Jacobus Symonis de Buxeriis 908
Martinus Conraldi de Marsalo 1484
Nicolaus Alberti de Marsaulz de Gorzia 909
Nicolaus de Xellekien 908. 909
Reguillonnus dict. Pollait 1283.

Marsalum ⎱ v. Marsaltum.
Marsaul ⎰

Marsaul, Nicholaus — de Gorzia (Gotzia) can. Tull. capellan. perpet. St. Katherine Tull. 1392. 94

Marsaulz, Nicolaus Alberti de — can. St. Leodegarii 909.

Marsil, Johannes dict. — de Saraponte miles 1182.

Martialis, Symon de Fricourt alias — can. St. Stephani de Salburgo 1414.

St. Martino (St. Martin, abgeg. Ort bei Marsal oder dep. Meuse, A. Commercy)
Johannes dict. de — can. Met. can. eccles. St. Bartholomei 823. 1018

St. Martino (Ban St-Martin, Kr. Metz)
ante Metim eccles. parroch. de — Met. dioc. 1391. (207).

Martisturre (Mars-la-Tour, dep. Meurthe-et-Moselle, A. Toul) eccles. parroch. de — Met. dioc. 1391. (214).

Marvilla (Marville, dep. Meuse, A. Montmédy)
Henricus Gelu de — cleric. Trevir. dioc. 1483. 1524
Johannes Montineti de — can. Virdun. 897
ecclesia parroch. de —
rector Nicolaus de Thiacuria 1456.

Mataselonis, Johannes, mercator 1543. 44.

Mathei, Paulus — de Florentia 1243. 1252. 1308. 52.

Matisconensis (Mâcon, dep. Saône-et-Loire) eccles. 839. 1265. 1550. 74.

Matoncourt (Mattecourt, abgeg. Ort bei St-Remy-aux-Bois, dep. Meurthe-et-Moselle, A. Lunéville) eccles. parroch. de — Met. dioc. 1391. (211).

Matre [für Macre] (Königsmachern, Kr. Diedenhofen-Ost) eccles. parroch. de — Met. dioc. 1391. (215).

Maurelli, Johannes, prepos. eccles. St. Crucis Leodiens. dioc. 1063.

Mauriseti, Johannes, cleric. Tull. can. St. Marie Rotunde Met. 1427. 98.

Mavilleirs (Maiweiler, Kr. Bolchen) eccles. parroch. de — Met. dioc. 1391. (214).

Mavillo v. Marvilla.

St. Maximo (St. Maxime, dep. Var, A. Draguignan oder in Bar-le-Duc)
Johannes de — can. Met. scriptor papalis 1324.

Mayle v. Maille.

St. Medardi curia in dioc. Virdun. (Kirche in Verdun?) 1293.

St. Medardo (St. Médard, Kr. Château-Salins) eccles. parroch. de — Met. dioc. 1391. (211).

Mederio, Eblo de — cleric. camere apostol. 1173. 1391.

Mediolacu (Mettlach, Kr. Merzig, Rheinprovinz)
monasterium ord. St. Benedicti de — Trevir. dioc.
abbas Johannes 1384.

Mediovicus (Moyenvic, Kr. Château-Salins)
villa 864. 65
saline 830. 953. 996.

Megani, Petrus, prior de Vallibus 1173.

Megney v. Magney.

Meirs (Maizey, dep. Meuse, A. Commercy) Jehan de — 1375.

Melbodiensis (Maubeuge, dep. Nord) eccles. St. Aldegundis de — Cameracens. dioc.
can. Petrus de Wargni 1342.

Meldensis (Meaux, dep. Seine-et-Marne) dioc. 1550.

Meleto, ecclesia curata de — Claromontens. dioc.
curatus Bernardus Melioris 1190.

21*

Melioris, Bernardus, licentiat. in
legibus. prepos. St. Salvatoris Met.
can. Met. curatus eccles. de Salhers,
capellan. perpet. altaris St. Johannis
Met. curatus de Meloto, prior eccles.
secular. B. Marie Magdalene Nemausensis 1027. 1190. 1238. 1319. 47. 71.
1383. 1436.

Melloto (*Molet, dep. Meuse, A. Montmédy*)
Gibaudus de — can. Met. can.
Baiocensis, ad laicalia vota
translatus 1197. 1244.

Membour, Albertus, can. Met. can.
Tull. 1202. 1256.

Mendicantium ordines 995. 1004.
1013.

Mengen (*Mengen, Kr. Bolchen*)
Johannes de — miles 869
Isambardus de — mon. Glanda-
riensis, postea abbas 1130
Walterus de — presbiter 1458

Mengna } v. Mengen.
Mengnes }

Mengue (*Bliesmengen, Pfalz, B.-A.
Zweibrücken*) eccles. parroch. de —
Met. dioc. 1391. (*218*).

Mennembach (*Mombronn, Kr. Saar-
gemünd oder Mimbach, Pfalz, B.-A.
Zweibrücken*) eccles. parroch. de —
Met. dioc. 1391. (*217*).

Mennoncort*(*Menoicourt, abgeg. Ort
bei Xocourt, Kr. Château-Salins*)
Richardus Gerardi de — can. St.
Theobaldi Met. 1264.

Menoncourt (*Manoncourt a. Seille,
dep. Meurthe-et-Moselle, A. Nancy*)
eccles. parroch. de — Met. dioc. 1391.
(*208*).

Mensekirche (*Menskirchen, Kr. Bolchen*) eccles. parroch. de — Met. dioc.
1391. (*215*).

Mercator, Walterus dict. — civ.
Met. 1125
uxor Isabella 1125.

Merceyo (*Mercy-le-Haut, dep. Meur-
the-et-Moselle, A. Briey*)
Johannes Guillelmi de — presbit.
Trevir. dioc. can. Met. capellan.
perpet. St. Johannis in capella
St. Galli, prior eccles. secular.
St. Stephani de Frontinhano 1516.

Merenco, Nicolaus de — magister
1534.

Mervant, forestum ad castrum Dunum
Virdun. dioc. 1293.

Mestrigneys (*Metringen, Kr. Bolchen?*)
Martinus Johannis de — cleric. 1146.

Metafelonis v. Mataselonis.

Metensis (*Metz*) dioc.
episc. 920. 922. 950. 1071. 1110.
1387. 1407. 73. 97
Ademarus (Ademarius, Aymarus)
de Montilio 830—35. 40. 64. 65.
886. 87. 91. 96. 900—02. 06.
909. 17. 18. 25. 30. 34. 41. 42.
943. 53. 63. 70—72. 79. 89. 92.
994. 96. 1015. 31. 53. 59. 62.
1064. 71. 76. 83. 86. 1102. 09.
1130. 42. 48. 54. 99. 1203. 20.
1225. 45. 54. 57. 59. 60. 61. 67.
1268. 73. 76. 84. 92. 93. 94. 95.
1296. 98. 1302. 15. 27. 28. 31—
34. 50. 64. 73—76. 89. 1448.
1473.
Henricus (Delphinus) 1267
Johannes (de Vienne) antea archiepisc. Bisuntinus, postea episc.
Basiliens. 1389. 1407. 47. 51.
1457. 69. 70. 71. 73. 74. 77.
1479. 84. 85. 93. 1500—02. 04.
1505. 34
Ludovicus de Pictavia 830. 955
Stephanus 1293
Theodoricus (Beyer de Bopardia)
1502. 04. 05. 15. 23. 35. 43.
44. 50. 51. 53. 65
episc. vicarius Libertus episc.
Valliscompatrensis (Patras) 1225.
1350
capitulum majoris eccl. 826.
830. 96. 920. 24. 46. 47. 72. 1006.
1053. 71. 75. 1100. 1306. 09. 1497.
1502. 48. 49
doyens et capitre de l'église de
Mes 1375

Metensios dioc.
archidiaconus 926. 38. 1225. 1426
    Albericus de Metis 1128. 29
    Baldoynus Gornasii (Gromacii) de Metis 1128. 29. 1214. 16. 77
    Guillelmus tit. St. Laurentii in Lucina presbit. card. 1490
    Johannes de Sallewerne (Sarwerde) 937. 38. 1357
    Johannes de Vayrchiis (Vayroliis) 1277. 78. 1488. 90
    Nicolaus de Saraponte 1498
archipresbyteratus 1391. (206).
archipresbyter 1225
    Niclaus de Thiacuria 1091. 92
camerarius
    Guillelmus de Savigniaco 861
    Petrus Lomaci 861
cancellaria 1572
cancellarius 938. 1374
    Galterus (Galcherus, Walterus) Alberti de Metis 849. 50. 92. 93. 1305. 07
    Johannes Petit Maheri 1572
    Nicolaus dict. Baudoche 1305
    Otho de Aventica 1572
vicecancellarius 948
cantor
    Alardus de Thiacuria 1058. 66. 82. 1312. 36
    Johannes Sabelini 1058. 1572
    Nicolaus dict. de Aix 1492
circator
    Hugo de Mirabello 1211. 1375
custos
    Alardus de Thiacuria 1035. 58
    Johannes Sabelini 1058
decanus 826. 30. 51. 55. 96. 924. 946. 47. 1274. 82. 89. 1339. 1409. 16
    Ludovicus 959. 66. 72. 1006. 53. 1066. 68. 71. 73. 74. 75. 1151
    Nicolaus de Ultricuria 1492. 1503. 1536. 48. 49. 60
elemosinarius
    Boemundus postea archiepisc. Trevir. 1299
    Egidius de Toreno 1299

Metensis dioc.
notarius curie
    Symon dict. Vendehanep de Metis 1376
officialis 825. 62. 88. 910. 12. 91. 1225. 1575
    Alardus de Tiato 964. 66. 1018. 1081. 84. 1138. 55. 76. 97. 1228. 31. 32. 33. 44. 53. 74. 77. 1299. 1303. 21. 24. 29. 35
    Johannes Anselini 1444. 56. 62. 1487. 1536. 39
    Nicholaus de Saraponte 1433. 34. 1435. 1553
    Philippus 1374. 82. 1403. 12. 14. 1419. 26. 36
viceofficialis 843
primicerius
    Carolus de Pictavia 949. 90. 1006. 1212. 1230. 31
    Fulco Bertrandi 896. 918. 22. 39. 946. 53. 1109. 94. 1212
    Johannes de Hoyo (Jehan de Heu, Oyo) 1230. 31. 41. 1303. 04. 39. 1356. 75. 76. 91. 96. 99. 1404. 1430. 38. 46. 1525
    Rogerius de Petragoria (comes Petragoricensis) 949. 90. 1212.
scolasticus 950
    Nicolaus de Francavilla 1176. 1208
    Petrus Bertrandi 1241
    Theobaldus Ferrieti 1176. 1208
stipendiarius
    Philippus Griffonelz 1078
    Theobaldus Migomart 1078
thesaurarius
    Guigo Ademarii de Montilio 1405
    Johannes de Tornamira (Tornanura) 1405
canonici
    Alardus de Thiaucourt 889. 1035. 1058. 98. 1311. 35
    Albericus de Metis 1070. 1221
    Albertus Membour 1256
    Albertus Sudermann 1521
    Albertus de Toulou 1042

Metensis dioc.
canonici
> Albertus Viviani de St. Christoforo 1462
> Antonius de Viterbio 986. 87
> Arnoldus de Caraboti 1175
> Arnoldus de Theonisvilla 1429
> Audoynus de Acra 1335. 1516
> Baldoynus Gromacii (Gornasii) de Metis 1128. 29. 1277
> Baudonus Adhemarii alias de Calma 1409
> Bernardus .tit. St. Eustachii diac. card. 1382
> Bernardus Melioris 1027. 1190. 1319. 71. 83. 1436
> Bertran Faxin 1375
> Bertrandus dict. Pietdeschaut 1131
> Boemundus postea archiepisc. Trevir. 1299
> Brunequinus de Vinstinga 1320. 31
> Burniquinus de Perroya 1223
> Carolus de Pictavia 949. 90. 1230. 31. 33.
> Dalmacius Lamberti 1024. 1197
> Dominicus clericus 1344
> Dominicus de Minorivilla 1219
> Droco de Tornella alias Warsies 854
> Egidius presb. card. 1382
> Egidius de Stalleghen 1033
> Egidius de Toreno 1299
> Ferricus de St. Deodato 824
> Franciscus dict. Louve 986. 87. 1101
> Fulco Bertranni alias Fourkignonis 1155. 56. 1215
> Galterus Alberti de Metis 849. 892. 93
> Galterus Chacerat (Chesserat) 1046. 79. 80
> Galterus Diaboli alias Alberti 1462
> Georgius de Moriato 1155
> Geraldus de Miribello 907
> Gerardus de Duseyo 1330. 38
> Gerardus de Francavilla 1324. 1403
> Gibaudus de Melloto 1197. 1244

Metensis dioc.
canonici
> Gilebertus divitis de Spinalo 1419
> Godefridus de Alba 1321
> Guichardus de Vancellis 839. 1244
> Guido de Angiaco 1342
> Guido tit. St. Cecilie presb. card. 1024
> Guigo Ademarii de Montilio 1405. 1575
> Guigo de Miribello 907
> Guillelmus de Blezis 1253
> Guillelmus Fabri de Sapolgo 1113
> Guillelmus de Monchey 1018
> Guillelmus de Neyraco 1047. 1253
> Guillelmus de Savigniaco 861
> Guillelmus de Tueffles 853
> Guillermus Clenchini 1575
> Hapertus dict. Muylgin de Rode 1380
> Helias Boyro 1081
> Henricus de Amancia 1249. 56
> Henricus de Asperomonte 1150. 1196. 1281
> Henricus de Germineyo 1170. 75. 1249
> Henricus de Heys 869. 71
> Henricus de Hombourch 1137
> Hugo Johannis de Alneto 1539
> Hugo tit. St. Marie in porticu diac. card. 1436
> Hugo de Mirabello 991. 1211
> Hugo de Montibus 1035
> Hugoninus de Barro 836
> Jacobus de Buxeriis 1235. 36. 1284. 1379
> Jacobus d'Enghien 1221
> Jacobus Gornasii de Metis 1047
> Jacobus Hennequini de Metis 1409
> Jacobus Pulli 1487. 1539
> Joffridus de St. Desiderio 1488
> Joffridus Griffonelz 1079
> Joffridus Gronasius 891
> Joffridus dict. Xavin 896. 1521
> Johannes de Albapetra 1380
> Johannes de Bystorph 1157
> Johannes de Cronoberg 1230. 33
> Johannes de St. Cruce 1448

Metensis dioc.
canonici
  Johannes de Deicustodia 842. 1157
  Johannes de Foresto 1422
  Johannes Guillelmi de Merceyo 1516
  Johannes de Herbeviller 859. 60
  Johannes de Hoyo 827. 925. 1064. 1076. 79. 1104. 09. 1208. 12. 1213. 14. 30. 31. 1404. 46. 1525
  Johannes de Lucembourch 1307. 1317. 1392. 93. 1462
  Johannes de St. Martino 823. 1018
  Johannes de St. Maximo 1324
  Johannes de Monchay 1029
  Johannes de Monteclaro 1035
  Johannes Nicolai 1193
  Johannes Oddonis 1229
  Johannes Perroti 1494
  Johannes Petit Maheri 1572
  Johannes de Pierecourt 1113
  Johannes dict. Pietdeschaut 1131
  Johannes de Puteolis 1439. 44. 1584
  Johannes de Regecourt 1033
  Johannes de Rostorph 1101
  Johannes de Sallewerne 937. 38. 1357
  Johannes de Sona 1028
  Johannes dict. Tompot (Tompeti) 1091. 92. 1155
  Johannes de Vayrchiis (Vayroliis) 1277. 1488
  Johannes de Vico 1563
  Johannes Warini 1439
  Johannes de Wipeyo (Wixeyo) 1418. 1496
  Ludovicus Ademarii de Montilio 838
  Ludovicus de Grangia 1093
  Moraudus de Bagunelz 1461
  Nicasius Baillini 847
  Nicolaus de Ayx 1215
  Nicolaus dict. Baudoche 1305
  Nicolaus Bertrandi 1062. 64. 1346. 83
  Nicolaus Caude 1561

Metensis dioc.
canonici
  Nicolaus de Deicustodia 1360
  Nicolaus de Francavilla 1176. 1403
  Nicolaus Morineti de Ledonesalverii 1035
  Nicolaus dict. Musaulz 1461
  Nicolaus de Saraponte 1422. 23. 26. 27. 1553
  Nicolaus de Thiacuria 1091. 92. 1456
  Nicolaus de Viterbio 837. 1081
  Othobonus Hannemanni 1098
  Petrus Bertrandi 1028. 41
  Petrus de Camera 829
  Petrus Gemelli 825
  Petrus Guigonis de Castronovo 890. 1029. 62. 64
  Petrus de Herba de Dola 1474
  Petrus Lomaci 861
  Petrus Longeti 1046
  Petrus dict. Lowischeide de Lucembourg 1291
  Petrus de Wargni 1342
  Philippus Griffonelz 1079. 80
  Philippus de Syrocuria 1223
  Poncinetus (Poncius) de Metri 828. 1137
  Poncius de Tornamira 1093
  Reginaldus de Barro 890. 91
  Remigius de Puteolis 1488. 1557. 61
  Robertus de Ponte 1329
  Rogerius de Petragoria 949
  Symon dict. Markou 1339
  Symon de Novavilla 894
  Terricus de Bioncuria 1302. 04
  Theobaldus postea archiepisc. Panormitanus 837
  Theobaldus de Albomonte 859. 60
  Theobaldus de Bourmonte 841
  Thomas de Thequestorp 1216
  Walterus de Amancia 1425
  Walterus Perrexel 1392. 93
  Willerminus dict. Chavresson 1246
  Ysinbardus de Ruldingin 919
semicanonicus
  Nicolaus de Aix 1215

Metensis dioc.
vasalli eccles. Met. 1389. 1502
Johannes de Asperomonte ⎫
Nicolaus de Salmis comes ⎪
Symon de Salmis comes ⎬ 864. 65
Wolramus Geminipontis ⎪
comes ⎭
Metensis urbs 1225. 65. 66
ecclesia cathedralis
  capella St. Galli iuxta eccles. Met. 1379
    capellan. Guigo Ademarii de Montilio 1405
  altare St. Johannis in capella St. Galli
    capellan. perpet.
      Audoinus de Acra 1516
      Bernardus Melioris 1346. 1348. 71. 1436
      Hugo St. Marie in porticu diac. card. 1436
      Jacobus de Buxeriis 1379
      Johannes Guillelmi de Merceyo 1516
      Johannes de Hoyo 1064
      Nicolaus Bertrandi 1062 1346. 47
      Petrus Moreti 1062. 64
ecclesiae collegiatae
  B. Mariae Rotundae infra limites eccles. Met. (Notre-Dame)
    capella 1416
    capitulum 1313. 91
    decanus 1313
    prepositus 1053. 1313. 39. 1416
      Jehan Bertran 1375
    canonici
      Fulco Bertranni alias Fourkignonis 1155
      Georius de Moriatio 1155
      Johannes Moriseti 1427. 98
      Johannes Toupeti 1155
      Johannes de Vitriaco 1346. 47
      Nicolaus (Heinricus) de Sareponte 1400. 22. 23. 27. 98
      Robertus Bannisii 1400
  St. Petri ad ymagines
    capitulum 1391

Metensis urbs
ecclesiae collegiatae
  prepositus 985
    Baudonus de Calma 1409
    Jacobus Hennequini de Metis 1409
  canonici
    Jacobus Genneti de Metis 985
    · Remigius Arnulphi 1553
  St. Salvatoris (S. Salvour)
    capitulum 1391
    cantor 907
    custos
      Guillelmus la Barriera 1138
      Guinardus de Metis 1138
    decanus 860. 71. 94. 928. 50. 988. 1027. 33. 53. 58. 78. 80. 1092. 93. 98. 1101. 29. 31. 1241. 85. 86. 1307. 19. 40. 42
      Richardus (Richerdus) Henriquelli 1376. 1404. 09. 1416. 18. 23. 37. 74. 88. 1490. 92. 94. 1553
    prepositus
      Bernardus Melioris 1027. 1190. 1238. 1346. 47
      Johannes de Rogecourt 1027
      Nicolaus Bertrandi 1346. 75
    canonici
      Alardus de Thiaucourt 889. 1035. 58. 98
      Franciscus dict. Bundac 851
      Guillelmus la Barriera 1138
      Guillelmus de Viculo 1159
      Guinardus de Metis 1138
      Henricus de Villa 1383
      Hugo Johannis de Alneto 1539
      Jacobus de Buxeriis 1235. 36. 1284
      Johannes Anselini 855. 1376
      Johannes de Cronenberg 1072. 74
      Johannes Fordes 1117
      Johannes Malgente 1560
      Johannes de Puteolis 1439
      Ludovicus de Warrisia 1392
      Matheus Ludovici de Wernepech 1312

Metensis urbs
  ecclesiae collegiatae
    Nicolaus de Saraponte 1159
    Othobonus Hannemanni 1098
    Petrus de Serra 1539
    Remigius de Puteolis 1339.
      1488. 95. 1560
    Ricardus Henrikelli 1121. 29.
    Symon Vendehanap 1339
    St. Theobaldi extra muros 1392
    capitulum 1391
    decanus 907. 88. 1097. 1340.
      1380. 1437. 87. 94
    prepositus
      Johannes de Hoyo 1064. 1213.
        1214. 30. 31. 41
      Petrus Bertrandi 1241
    canonici
      Henricus de Byoncort 1572
      Henricus Rocel 985
      Jacobus Genneti de Metis 985
      Joffridus Colini dict. Mochat
        1005
      Johannes de Hoyo 827. 1064.
        1213. 14
      Johannes Sabelini 1572
      Johannes Volchwini de Bruns-
        heim 1192
      Petrus de Brolio 1151
      Petrus Francisci 1192
      Reguellonus de Pallait
        1269
      Richerdunus Gerardi de Men-
        noncort 1264
      Stephanus Gerardi 920
      Stephanus dict. Mayle alias
        de Metis 1014
      Stephanus Militis 1014
      Warnessonus de Annayo
        1288. 1327
    capellani St. Nicolai in eccles.
    St. Theobaldi
      Galterus dict. Chesserat
        1079
      Philippus Grifonelz 1079
  ecclesiae parrochiales
    St. Amancii 1391. (206).
    St. Benigni 1391. (206).

Metensis urbs
  ecclesiae parrochiales
    St. Crucis 1391. (206).
      rector Johannes Cabaye 1075
    St. Eucharii (Eukarii) 1391. (206).
      rector Dominicus de Minori-
        villa 1183. 1217. 19
    St. Euzebii 1391. (206).
    St. Ferrutii (Ferruci) 1391. (206).
      rector Waltherus Perrexel 1392.
        1393. 1553
    St. Gengulphi 1391, (206).
    St. Georgii 1391. (206).
    St. Gorgonii 1391. (206).
    St. Jacobi 1391. (206).
      rector Johannes dict. Ron
        1010. 21
      curatus 1374
    St. Ilarii majoris 1391. (206).
      rector Johannes 1553
    St. Ilarii minoris 1391. (206).
    St. Johannis in St. Clemente
      1391. (206).
    St. Johannis ad novum mo-
      nasterium 1391. (206).
      rector Stephanus 1553
    St. Juliani suburbii 1391. (206).
      rector Nicholaus Gervacii 1553
    St. Livarii 1391. (206).
    St. Marcelli 1391. (206).
    St. Martini in curtis 1391.
      (206).
      rector Petrus 1553
    St. Maximini 1391. (206).
      archipresbiter Stephanus 1553
    St. Medardi 1391. (206).
    St. Segolene 1391. (206). 1431
      rector Dominicus de Vico 1553
      parrochiani 1553
    St. Simplicii (Symplicii)
      1391. (206).
      rector Johannes de Bistorph 1466
        Nicolaus de Thiacuria
          1091. 92
    St. Stephani laniati 1391. (206).
    St. Victoris 1391. (206).
      rector Franciscus Perrini 1566
    St. Viti 1391. (206).

Metensis urbs
monasteria
St. Arnulphi (Arnulfi, Arnoldi)
ord. St. Benedicti extra muros
Met. monasterium 863. 934. 36.
948. 67. 1202
· conventus 934. 1097. 1199. 1362
abbas 828. 41. 42. 55. 71. 89.
928. 1097. 1362. 91
Alexander 934
Beraudus (Beraldus) 934.
936. 48. 66. 67. 86. 87.
989. 94. 97. 1012. 27.
1028. 29. 33. 99. 1137.
1158. 97. 99
Bertrandus 940. 1070
Raynaldus (Renaldus)
Ruete 1199. 1201. 02. 37.
56. 58. 79. 85. 86. 1319.
1340. 46. 84. 91. 1400.
1423. 82. 92. 1503. 63
camerarius
Johannes dict. Faukenel
967. 89
Maherus dict. Vogenel 967.
989. 94
cellerarius
Renaldus Ruete 1199
custos
Maherus dict. Vogenel 967.
89. 94
prepositus prepositure de Alamania in monast. St. Ar-
nulphi Henricus de Grangia
940
prior Jacobus Fessaulz 1158
monachi
Beraudus antea abbas 1199
Renaldus Ruete 1199
vasalli 1199
St. Clementis ord. St. Benedicti
extra muros Met.
conventus 1470
abbas 1024. 99. 1110. 1391
Andreas 1470
Guillelmus 1410. 25. 69. 82.
1503

Metensis urbs
monasteria
monachi
Folmarus 1482
Johannes Gemel 1482
Nicolaus dict. Manais
1410
ecclesiae a monasterio dependentes
St. Andree extra muros Met.
prior Nicolaus de Dun 1410
Nicolaus dict. Manais
1410
St. Petri ad harenas vel ad
campos
prior 1391
Folmarus 1482
Johannes Gemel 1482
St. Martini ord. St. Benedicti
extra muros Met. 1550. 55
conventus 1411. 69. 1550
abbas 824. 1058. 78. 80. 92. 93.
1098. 1391. 1404. 12
Andreas 1164. 1470
Guillelmus 1469. 81. 82.
1550. 55
Johannes antea prior B.
Marie de Nantolis 1550.
1555. 63
monachus
Nicolaus Plantasange 1536
St. Symphoriani (Simphoriani,
Symforiani) ord. St. Benedicti
prope muros Met. 1492. 1503
conventus 1445
abbas 823. 28. 41. 42. 88. 89.
894. 907. 86. 87. 1034. 1129.
1131. 37. 1256. 1330. 91. 1445.
1542
Arnulphus 1503. 09. 17. 26.
1528
Symon 1345. 91. 1400. 04.
1414. 39. 56. 88. 90. 92.
1503. 41. 42. 52. 62
camerarius
Luwwicus de Grangia 1345
Symon dict. Giletus (Eu-
lecol) 1345. 1492

Metensis urbs
monasteria
    cellerarius
        Symon dict. Chienchien 1503
    custos
        Arnulphus dict. Poioize 1492
    monachus
        Symon dict. Giletus 1346
St. Vincentii ord. St. Benedicti
    conventus 1072. 73. 1178
    abbas 1014. 72. 73. 1228. 85. 1286. 1391
        Petrus Badoche 1022. 28. 1029. 34. 41. 46. 55. 70. 1074. 75. 83. 97. 1101. 1104. 10. 13. 41. 75. 78. 1193. 1212
B. Marie de Campis extra muros prioratus ord. St. Benedicti (Notre-Dame-aux-Champs)
    prior 1391
        ecclesia reparata a Bertrando li Hungres 1453
St. Glodesindis monasterium monialium ord. St. Benedicti
    conventus 1104. 1198
    abbatissa 1104. 1391
        Loreta 1198
St. Marie ad moniales ord. St. Benedicti
    abbatissa 1391
        Johanneta 1466
St. Petri ad moniales ord. St. Benedicti
    capitulum et conventus 1284. 1302. 04. 76
    abbatissa 1284. 1302. 04. 91
        Isabella de Crehenges 1376
    moniales
        Aelidis de Bellefontene ⎫
        Aelidis de Letreycourt
        Aelidis de Vendieres
        Anna de Geminoponte ⎬ 1376
        Beatrix de Ammete
        Beatrix de Fakemont
        Cecilia de Vileires ⎭

Metensis urbs
monasteria
    Hawela de Aix ⎫
    Isabella de Basemont
    Isabella de Cousance
    Katherina de Aerenges
    Katherina de Bioncourt ⎬ 1376
    Mahuldis de Fousseulz
    Margareta de Boncourt
    Marguereta de Serieres
    Salmona de Hiungues ⎭
monastère des Pucelles de la vigne sur l'île de la Moselle de l'ordre de St. Benoit 1350
Pontistyffridi (Pontiscyffridi) ord. Cisterciens. 965
    abbas 1391
Clarovallense monasterium ord. Cisterciens.
    moniales
        Laureta ⎫ 1452
        Margareta ⎭
St. Crucis monast. ord. Praemonstratens.
    abbas 1391
Predicatorum domus 1477
    fratres 1477
    episc. 1374
St. Trinitatis fratres 1492
Clerus civitatis 1389. 1502
    clerici
        Admetus Jacobi 1104
        Bertrandus dict. Pietdeschaut, capellan. St. Bartholomei in domo Poncii de Atrio 1131
        Cono de Montibus 1191
        Ferricus Theobaldi 1045. 49. 81
        Johannes Comrardi 1034
        Johannes dict. Pietdeschaut, capellan. St. Bartholomei in domo Poncii de Atrio 1131
        Johannes dict. Ron 1010. 21
        Johannes de Verdriaco 1055
        Odonus de Montibus 1119
        Symon Noyron 1165
        Symon Petri dict. Vendehanap 1009

Metensis urbs
  monasteria
    Willerminus dict. Chavresson 1246
Metensis civitas 896. 905. 17. 39. 965. 1106. ·09. 54. 1211. 25. 54. 74. 1389. 91. 1448. 92. 1502. 32. 46. 47. 49
    consilium urbis 1109
    magister scabinus 1109. 58. 1531
    maior et scabini et communitas 1546. 47
    maiores burgenses 896
    scabini et consules jurati 1531
    seculares iusticiarii qui tredecim vulgariter nuncupantur 1211
    tredecim jurati 1158
    filii ordinatores seu numerus communis pacis 1089
  cives et habitatores 972. 1071. 1492
    Aliseta Moretetz 1310
    Alizeta de Curia 1116
    Bertrandus dict. le Hungre senior 1038
    Bertrandus dict. le Hungre junior 1038. 1314. 1453
    Borcardus de Vinstinga ligatus et civis 1332 a
    Colardus Gornasii 1038
      uxor Loreta 1038
    Colinus Cuerdefer 1061
      uxor Helizeta 1061
    Colinus dict. Mochat 1005
      fil. Joffridus can. St. Theobaldi 1005
    Collignonus dict. Vendehanap 1122
      uxor Isabella 1122
    Fulco dict. le Riche 1037
      uxor Ponseta 1037
    Gerardus dict. Lahuretice 1123
      uxor Beatrix 1123
Mentensis civitas
  cives
    Guilelmus de Hoyo miles 1037
      uxor Coleta nobilis mulier 1037

Metensis civitas
  cives
    Guillelmus dict. le Hungre nobilis vir, miles 1038. 1457
      relicta Jacoba 1457
    Henricus de Vallibus 1503
    Jacetonius habitator 912
    Jacobus dict. de Alba 1503
    Jacobus dict. Cabaie 1503
    Jaquemeta dict. Gueppe 1060
    Jaqueta de Montibus 1118
    Ingrannus Bourchon 1105
      filia Jacobeta uxor Poncii Deu Amin 1105
    Johannes Augustini 1126
      relicta Alisonna 1126
    Johannes Badoche nobilis vir miles 905. 906. 1109
      uxor Jenneta de Hoys, domicella 905. 906
    Johannes Bovenente Ailbe 1120
      uxor Perreta 1120
    Johannes de Curia 941. 42. 43. 944. 45
    Johannes Drobkyn 1038
      uxor Poncereta 1038
    Johannes dict. le Hungre (Ungre) 941. 42. 43. 1038
      relicta Anneta de Curia 941. 42. 43. 44. 45
    Johannes dict. Louve 886. 87. 1101
      fil. Franciscus can. Met. capellan. de Usinga 986. 987. 1101
    Johannes Renvillon 1109
    Johannes de Vortriaco, Magister 964
    Laureta Noyron 1171
    Lowietus Carpentator 1124
      uxor Coleta 1124
    Marieta dict. Noyron 1172
    Neymericus Baudoche 1038
      uxor Coleta dict. Ronkin 1038
    Nicolaus dict. Baudoche, can. Met. cancellar. Met. 1305
    Nicolaus Moretel 1457

Metensis civitas
  cives
    uxor Jacoba relicta Willermi le Hungre 1457
    Nicolaus Piedechaut 1037. 1340
      uxor Isabella 1037.
    Perrinus Monreteil 1105
      filia Alixeta, uxor Poncii Deu Amin 1105
    Petrus de Hoys miles 905. 06
    Poncius de Atrio, nobilis vir, miles 1131
    Poncius dict. Deu Amin 1105
      uxor 1. Jacobeta Bourchon 1105
           2. Alixeta Monreteil 1105
    Poncius de Vico 1109. 1211
    Pontius dict. Poignel 1503
    Ulricus de Vinstinga, ligatus et civis 1332 a
    Walterus dict. Mercator 1125
      uxor Isabella 1125
    Wernerus dict. de Pontois 1503
    Wirionus dict. Labayle 1503
    Wyricus Neron (Noron, Noyron) 1109. 1166
  vici, domus, plateae etc.
    Arvaulx (Arvalz) aux 941. 42. 943. 44. 45
    Campus Salie 941. 42. 43. 44
    capella altaris St. Johannis Baptist. in eccl. Met. 1062. 1064. 1346
    capella hospitalis in domo elemosinarii 928
    capella hospitalis pauperum de Camposalie dict. aux Arvaulz 943. 45
    cimeterium hospitalis St. Nicolai 941
    domus elemosinarii
      prebenda S. Nicolai pauperum clericorum
        tenens Poncius Johannis Hermanni 913. 28
             Stephanus dict. Maille 913. 28

Metensis civitas
  vici, domus etc.
    domus fratrum St. Trinitatis 1492
    domus in monasterio St. Symphoriani, que dicitur Maldenee sita recto eccles. monasterii 1492
    domus nob. viri Poncii de Atrio
      capella St. Bartholomei 1131
    domus St. Symphoriani in vico porte Serpentine 1492
    l'église nouvelle de monast. des Pucelles de la vigne sur l'île de Moselle 1350
    hospitale de la Chapellotte 941
    hospitale de campo Salie dictum aux Arvaulz 942. 44
    hospitale St. Nicolai 941
    moneta Metensis 1492
    Novoburgum Metense 941
    Pons Cyffridi 965
    porta Serpentina 1492.
Metis, Albertus (Albrericus) de —
  archidiac. Met. capellan. pape 1128. 1129. 70. 1221
    Ancillon de — rector eccles. parroch. de Tinquerey 1384
    Balduinus Gornasii de — can. Met. archidiac. Met. 1128. 29. 1216
    Ferricus Theobaldi de — magister 1049
    Galterus Alberti de — can. Met. cancellar. Met. can. Virdun. 849. 850. 92. 93
    Garco Alardi de — 1365
    Guinardus de — can. et custos St. Salvatoris Met. 1138
    Jacobus Genneti de — can. St. Theobaldi, can. St. Petri ad ymagines Met. 985
    Jacobus Gornasii de — can. Met. 1047
    Jacobus Hennequini de — can. Met. prepos. St. Petri ad ymagines, can. Wormatiens. 1409
    Johannes dict. le Hungre de — 941

Nicholaus de — 1279
Richardus de — rector eccles. parroch. de Estrees, postea St. Bricii 1007
Stephanus dict. Mayle alias de — can. St. Theobaldi 1014
Symon dict. Vendehanep de — notarius publ. 1376.
Metri (*Metrich, Kr. Diedenhofen-Ost oder Metzer Paraigenfamilie de Mettry*)
Poncinetus (Poncius) de — can. Met. can. eccles. de Lyneio Tull. dioc. 828. 1137.
Meurangez (*Möhringen - Zondringen, Kr. Bolchen*) eccles. parroch. de — Met. dioc. 1391. (*213*).
Meynevelt (*Münstermaifeld, Kr. Mayen, Rheinprovinz*) monasterium de — 856 ecclesia St. Severi et Martini can. Simon de Theonisvilla 856
Michaelis, Symon, rector eccles. parroch. de Doniens, antea de Estrees 993
Migomart, Theobaldus, stipendiarius Met. 1078
Miliceyo (*Mulcey, Kr. Château-Salins*) de — eccles. 882.
Millerey (*Millery, dep. Meurthe-et-Moselle, A. Nancy*) eccles. parroch. de — Met. dioc. 1391. (*208*).
Richardus de — magister 951.
Millereyo v. Millerey.
Militis, Stephanus, can. St. Theobaldi, rector eccles. parroch. de Dugneyo, can. St. Petri de St. Juliano de Saltu 1014.
Miltey (*Mulcey, Kr. Château-Salins*) eccles. parroch. de — Met. dioc. 1391. (*211*).
Mimatensis (*Mende, dep. Lozère*) dioc. prepos. 1095.
Minorivilla (*Minorville, dep. Meurthe-et-Moselle, A. Toul*) — Tull. dioc.
Olricus de — 1053
fil. Dominicus cleric. Tull. can. Hattoniscastelli, rector eccles. parroch. St. Eukarii Met. can. Tull. can. Met. 1053. 1183. 1217. 19.

Mirabello (*Meilberg bei Illingen, Kr. Diedenhofen-Ost*)
Guido de — can. Met. 907
Hugo de — can. Met. 991. 1211
Hugo dict. Maleta de — 907
fil. Geraldus, can. Met. 907
Mirapiscensis (*Mirepoix, dep. Ariège, A. Pamiers*) eccles. 1441. 42
episc. Arnaldus postea episc. Electensis 1441
Petrus antea episc.Tull. 1441. 42
Miribello v. Mirabello
Misnensis (*Meissen, Sachsen*) marchio Fridericus 1293. 95
Mochat, Colinus, civ. Met. 1005
fil. Joffridus, can. St. Theobaldi Met. 1005.
Modelheim (*Medelsheim, Pfalz, B.-A. Zweibrücken*) eccles. parroch. de — Met. dioc. 1391. (*217*).
Moieuvre (*Gross-Moyeuvre, Kr. Diedenhofen-West*) eccles. parroch. de — Met. dioc. 1391. (*208*).
Moiveron (*Moivron, dep. Meurthe-et-Moselle, A. Nancy*) eccles. parroch. de — Met. dioc. 1391. (*210*).
Molans (*Maulan, dep. Meuse, A. Bar-le-Duc*)
Johannes de — decanus Tull. 1570.
Molendinum (*Moulins, Kr. Metz*) 1073 eccles. parroch. de — Met. dioc. 1391. (*207*).
Moleriis (*Molières, dep. Lot, A. Figeac*)
Arnaldus de — can. Turonensis. capellan. pape 1270. 71.
Molinis (*Moulins, dep. Meuse, A. Montmédy ?*)
Reginaldus de — can. Parisiensis 861.
Molismense (*Molesme, dep. Côte-d'Or, A. Châtillon*) monasterium Lingonens. dioc.
conventus 1146
abbas 1146
prior Guillelmus de Saraponte 1146.
Mombor v. Membour.
monasteria
St. Agerici v. Virdunensis
de Albo castro

Alteriacensis
St. Andree
  Antonii
  Antonii v. Pontemoncionis
  Apri v. Tullensis
  Arnulphi v. Metensis
  Augustini v. Barroducis
de Bassela
Bellicampi
Belliprati
St. Benedicti
de Bosonvilla
  Buxeriis
  Chehereyo
Clarovallense v. Metensis
St. Clementis v. Metensis
Cluniacense
de Crotaul
'St. Crucis v. Metensis
de Dalmarivilla
  St. Dionisio
Fiscannense
de Frystorph
Fuldense
St. Genovefe v. Parisiensis
  Glodesindis v. Metensis
Gorziense
Grandimontense
de Hagenowa
  Hesse
  Hirbitzheim
  Hohenburg
Juveniavense
de Lucher
  Lutre
St. Maglorii v. Parisiens.
  Mansueti v. Tullensis
Marbacense
St. Marie ad moniales v. Metensis
  Martini v. Lemovicensis
  Martini v. Metensis
  Martini v. Trevirensis
  Mathie v. Trevirensis
  Mauri v. Virdunensis
  Maximini v. Trevirensis
de Mediolacu
Mendicantium v. Virdunensis
de Meynevelt

St. Michaelis v. Clusa
Molismense
St. Naboris
  Nicolai in prato v. Virdunensis
Novillarense
Novum monasterium
St. Pauli v. Virdunensis
  Petri v. Corbeya
  Petri ad moniales v. Metensis
  Petri ad montes v. Catalaunensis
  Petrimontis
  Pirmini v. Hornbacensis
Pontistyffridi v. Metensis
Predicatorum v. Metensis
Predicatorum v. Tullensis
St. Proculi v. Bononiensis
des Pucelles v. Metensis
de Romaricomonte
Romaricense
de Salinevallis
Silvemaioris
de Stulceborne
St. Symphoriani v. Metensis
Tauri
Theofredi
Tiberii
Trinitatis v. Metensis
St. Urbani
  Victoris v. Parisiensis
Villariense
St. Vincentii v. Metensis
  Vitoni v. Tullensis.
de Wergavilla
  Wernevillario
Wyzemburgense
St. Xysti v. Rutula.
Monasterio (*Münster bei Albesdorf, Kr. Château-Salins*) de —
  eccles. parroch. de — Met.dioc. 1391. (*213*).
  eccles. collegiata
    capitulum 1391. (*204*).
Monasterio (*Moutier, dep. Meurthe-et-Moselle, A. Briey*) eccles. parroch. de — Met. dioc. 1391. (*214*).
Monceto (*Montsec, dep. Meuse, A. Commercy*) de —
  prior Johannes Gastelli 1372.

Monchay (*Moncheux bei Verny, Kr. Metz?*)
  Johannes de — can. Met. 1029
  Guillelmus de — can. Met. 1018.
Moncone (*Pont-à-Mousson, dep. Meurthe-et-Moselle, A. Nancy*)
  archipresbiteratus 1391. (*208*).
  ecclesia parroch. de — Met. dioc. 1391. (*208*).
Moncourt (*Moncourt, Kr. Château-Salins*) eccles. parroch. de — Met. dioc. 1391. (*211*).
Mondelanges (*Mondelingen, Kr. Diedenhofen-West*) eccles. parroch. de — Met. dioc. 1391. (*209*).
Mondorf (*Mondorf, Luxemburg*)
  Johannes de — presbit. Met. dioc. 1083.
Monneheim (*Monhofen, Kr. Diedenhofen-Ost*) eccles. parroch. de — Met. dioc. 1391. (*212*).
Monreteil, Perrinus, civ. Met. 1105
  filia Alixeta, uxor Poncii Deu Amin 1105.
Mons Fiasconis (*Montefiascone, Italien, Prov. Rom*) 1543—47. 56. 57. 59. 1563—66.
Mons Fiesconis } v. Mons Fiasconis
Mons Flasconis }
Mons Pessulanus (*Montpellier, dep. Hérault*) 1516.
Mons St. Vitoni (*in Verdun, dep. Meuse*) in eccles. Virdun. 1293
Monso (*Montsec, dep. Meuse, A. Commercy*) eccles. parroch. de — Met. dioc. 1391. (*210*).
Monte (*Mont-sur-Meurthe, dep. Meurthe-et-Moselle, A. Lunéville*) eccles. parroch. de — Met. dioc. 1391. (*211*).
Montabur (*Montabaur, Nassau*)
  Johannes de — can. Wormatiens. rector eccles. parroch. de Osme, can. Gamundie 1504. 23.
Monteclaro (*Moncler b. Merzig a. Saar, Rheinprovinz, oder Monclair, dep. Haute-Marne, A. Chaumont*)
  Johannes de — prebendam Met. obtinens 1035

Montepontionis. v. Pontemontionis.
Montibus (*Mont, abgeg. Ort bei Chieulles, Kr. Metz*)
  Cono de — presbit. Met. 1191
  Hugo de — can. Met. 1035
  Jaqueta de — mulier Met. 1118
  Odonus de — presb. Met. 1119.
Montil v. Montilii
Montilii (*Montélimar, dep. Drôme*)
  Ademarius — episc. Met. v. Metensis
  Galcherus (Galtherus, Gaucherus, Gaucherius) dominus 840. 908. 909. 1235. 1281 a
  Giraudus Ademarii nobilis vir, dominus 838
    fil. Ludovicus Ademarii can. Met. can. Aurelianens. 838
  Guigo Ademarii, capellan. pape, can. Vivariens. can. Valentinens. can Met. capellan. St. Galli Met. 1228. 1405
  Hugo Ademarii archidiac. de Rivello, capellan. pape 836. 955. 96
  Johanna de Asperomonte, domina — 1281. 84. 1328
  Stephanus Gervasii — cleric. 1284.
Montilio v. Montilii.
Montione (*Pont-à-Mousson*)
  prior de — 1391. (*205*).
Montisfalconis (*Montfaucon, dep. Aisne, A. Château-Thierry*)
  ecclesia collegiata St. Germani Remens. dioc.
    capitulum 1036
    prepositus
      Colardus de Asperomonte 1036
      Johannes de Silvaticis 1036
    canonici
      Henricus de Saraponte 1146. 47
      Joffridus de Asperomonte 1195. 1282. 1366
      Johannes de Saraponte 1044. 51
      Symon Laurentii de Valle B. Marie 1327

Terricus de Bioncuria 1099. 1170. 1302.

Montisfalconis (*Montfaucon, dep. Meuse, A. Montmédy*) in eccles. Virdun. ecclesia St. Germani 1293.

Montoux (*Montsauche, dep. Nièvre, A. Chateau-Chinon ?*)
eccles. parroch. de — Eduensis dioc.
rector Guichardus de Vauzellis 1244.

Mora (*Waldmohr, Pfalz, B.-A. Zweibrücken*)
eccles. parroch. de — Met. dioc. 1391 (*219*).

Moravie (*Mähren*)
dux D. 1295.

Morel, Franciscus dict. — presbit. Met. 1339.

Moretel, Nicolaus, miles, nobilis vir. 1457
uxor Jacoba li Hungre 1457.

Moretetz, Aliseta, mulier Met. 1310.

Moreti, Petrus, archidiac. de Vico, capellan. pape 910. 12. 64. 1008.

Moreto (*Moret, dep. Seine-et-Marne, A. Fontainebleau*)
prioratus ord. St. Benedicti Senonens. dioc.
prior Giraldus, postea abbas St. Vitoni Virdun. 1160.

Morey(o) (*Morey, dep. Meurthe-et-Moselle, A. Nancy*)
eccles. parroch. de — Met. dioc. 1391 (*208*)
Johannes de — 1445
fil. Johannes, can. St. Stephani de Salburgo 1445
Johannes Forquignoni de — cler. Met. dioc. 1445.

Morhanges (*Mörchingen, Kr. Forbach*)
archipresbiteratus de — Met. dioc. 1391 (*213*)
eccles. parroch. 1391 (*213*).

Moriato (*Morey, dep. Meurthe-et-Moselle, A. Nancy*)
Georgius de — can. St. Marie Rotunde, can. Met. can. Augustens. 1155.

Morinensis (*Terouane-Boulogne, dep. Pas-de-Calais*) dioc. 1024. 48. 93. 1382.

Moriseti v. Mauriseti.

Morleyo (*Morley, dep. Meuse, A. Barle-duc*)
eccles. parroch. de — Tull. dioc.
rector Dominicus de St. Albino 1217.

Morthena (*Merten, Kr. Bolchen*) eccles. parroch. de — Met. dioc. 1391 (*212*).

Morvilla (*Morville-sur-Seille, dep. Meurthe-et-Moselle, A. Nancy*) eccles. parroch. de — Met. dioc. 1391 (*208*).

Mosella 1391.

Moselle, l'île de la — 1350.

Mothensis episc. Daniel, translatus ad eccles. Verdensem 852.

Monthabur v. Montabur.

Muenichwilre super flumen Alsentze (*Münchweiler a. Alsenz, Pfalz, B.-A. Kaiserslautern*) Maguntin. dioc.
eccles. parroch.
rector Siffridus 1186
Nicolaus de St. Arnuali 1186.

Murlis (*Mouriès, dep. Bouches-du-Rhône, A. Arles*)
eccles. parroch. St. Johannis de — Magalonens. dioc.
rector Johannes Folmari de Salburgo 1082.

Musaulz, Nicolaus dict. — can. Met. can. Tull. 1461.

Mutinensis (*Modena, Italien*) eccles.
episc. Guillelmus de Sabaudia 1295
can. Guido de Baysio 1256.

Muylgin de Rode, Hapertus dict. — cler. Leod. dioc. can. Met. 1380.

Myus, Johannes, can. Tull. can. St. Gengulphi Tull. 866.

N.

St. Nabore (*St. Avold, Kr. Forbach*)
de —
eccles. parroch. — Met. dioc. 1391 (*212*).
Johannes clericus de — 832. 886.

22

St. Naboris villa 886. 87
  monasterium 1273. 74. 75. 87.
  conventus 958. 1273.
  abbas 958. 1391 *(205)*.
    Folmarus 1273. 74.
    Thielmannus (Thyellemannus) 1272—75. 87. 1322. 36.
  camerarius
    Johannes Fonteyn 1325
    Johannes frater Thilmanni 1275.
    Thielmannus 1273. 74.
  monachus Johannes de Spinallo 1287
  vasalli 1273
Namurcensis *(Namur, Belgien)*
  comes Johannes de Flandria 844
  filia Maria, relicta Henrici com. Viennens. uxor Theobaldi de Bar 844.
Nanceyo *(Nancy, dep. Meurthe-et-Moselle)*
  Dominicus de — magister 1526. 28
  eccles. parroch. 882. 85
  eccles. collegiata St. Georgii 875
    capitulum 882. 85
      prepos. 874. 82. 85
      canonici
        Brunequinus de Vinstinga 1321
        Gerardus Huini de Onvilla 867
        Gotefridus de Alba 1320. 21
        Guillelmus de Chateyo 867
        Nicolaus de Lenoncuria 868. 897
      prioratus
        capellan. Gerardus de Unvilla 868.
Nancicorum moneta 1497.
Nantolis *(Nanteuil-les-Méaux, dep. Seine-et-Marne, A. Méaux)* prioratus B. Marie de — Cluniacens. ord. Meldensis dioc.
  prior Johannes, postea abbas St. Martini prope Metis 1550.
Narbonensis *(Narbonne, dep. Aude)* archiepisc. 1371.
Nassaw v. Nassovia.
Nassovia *(Nassau)*
  H. comes de — 1295
  comitissa de — 1312.

Neapolitana *(Neapel, Italien)* eccles. can. Robertus de Adria 855
Nebinguen *(Nebing, Kr. Château-Salins)* eccles. parroch. de — Met. dioc. 1391. *(214)*.
Nemausensis *(Nimes, dep. Gard)* episc. 1032
  secularis eccles. B. Marie Magdalene prior Bernardus Melioris 1371.
Nemmeswilre *(Nünschweiler, Pfalz, B.-A. Pirmasens)* eccles. parroch. de — Met. dioc. 1391. *(217)*.
Neron, Wyricus, civ. Met. 1109. v. Noron. Noyron.
Neulant *(Nonsard, dep. Meuse, A. Commercy)* eccles. parroch. de — Met. dioc. 1391. *(209)*.
Nexonio *(Nexon, dep. Haute-Vienne, A. St. Yrieix)*
  B. de — cler. camere apostol. 1173.
Neyraco *(Nirac, dep. Lot-et-Garonne)* Lemovicens. dioc.
  Guillelmus de — can. Met. rector eccles. parroch. de Ruppetalliata, capellan. perpet. B. Jacobi de Fayaco 1047. 1253.
Nicasii, Simon, rector parroch. eccles. de Theonisvilla 1353. 70.
Nickilman, Johannes dict. — de Lucemburgo, cler. 988.
Nicolai, Johannes, can. Met. rector eccles. parroch. de Jusseyo 1193.
B. Nicolai de Monasterio *(Münster bei Albesdorf, Kr. Château-Salins)* Met. dioc.
  eccles. collegiata
    can. Gotfridus de Alba 1302. 20.
St. Nicolai de Portu *(St-Nicolas-du-Port, dep. Meurthe-et-Moselle, A. Nancy)* Tull. dioc.
  prioratus 888.
Nicosiensis *(Nicosia auf Cypern)* dioc. archiepisc. 865.
Nimociensis *(Limisso auf Cypern)* eccles. — episc. 1155
Nivellensis *(Nivelles, Belgien, Brabant)* Leodiens. dioc.
  ecclesia collegiata

prepos. Fericus de Barro 1402
can. Fericus de Barro 1402
Nicolaus de Francavilla 1176.
1208.
Nivernensis (*Nevers, dep. Nièvre*) eccles.
can. Theobaldus de Fontenella 861.
Nommeney (*Nomeny, dep. Meurthe-et-Moselle, A. Nancy*) Met. dioc.
archipresbiteratus de — 1391. (*207*).
eccles. parroch. de — 1391. (*207*).
rector Colinus Husseneti de Calvomonte 1435
Folcherius Johannis 1435.
Noron, Wyricus, civ. Met. 1109. v. Neron, Noyron.
Norvegia (*Norwegen*) 1391.
Norvicensis (*Norwich, England*) archidiac. 920.
Noswilre (*Nussweiler, Kr. Forbach*) eccles. parroch. de — Met. dioc. 1391. (*218*).
Novavilla (*Neuveville-aux-Bois, dep. Meurthe-et-Moselle, A. Lunéville*) eccles. parroch. de — Met. dioc. 1391. (*211*).
Novavilla subtus Castinetum (*Neuveville-sous-Chatenois, dep. Vosges, A. Neufchâteau*)
Symon de — can. Met. capellan. altaris St. Crucis Tull. 894.
Novillarense (*Neuweiler, Kr. Zabern*) monasterium ord. St. Benedicti Argentinens. dioc.
abbas Otto 1513.
Noviant (*Novéant, Kr. Metz*) eccles. parroch. de — Met. dioc. 1391. (*209*).
Noviomensis (*Noyon, dep. Oise, A. Compiègne*) dioc. 1221. 1330. 38.
Novum monasterium (*Neumünster, Kr. Ottweiler, Rheinprovinz*)
abbatissa 1391. (*205*).
archipresbiteratus 1391. (*219*).
eccles. parroch. 1391. (*219*).
Noweroy (*Norroy-le-Veneur, Kr. Metz*) eccles. parroch. de — Met. dioc. 1391. (*209*).
Nowessevilla (*Noisseville, Kr. Metz*) Met. dioc.

archipresbiteratus 1391. (*207*).
eccles. parroch. 1391. (*207*).
Noyron, Laureta 1171
Marieta 1171
Symon — clericus Met. 1165
Wyrichus — civ. Met. 1166
Nueschief (*Neunhäuser, Kr. Diedenhofen-West*) eccles. parroch. de — Met. dioc. 1391. (*209*).
Numburg (*Neuenberg, Kr. Lörrach, Baden*) Constantiens. dioc.
rector eccles. Bertholdus de Sygenoroe 969.
Nyda (*französische Nied, Nebenfluss d. Saar*) 1391.

O.

Oddonis, Johannes, can. Met., can. Cameracens. capellan. perpet. eccles. parroch. de Gauarreto 1229.
Odenbach (*Odenbach, Pfalz, B.-A. Kusel*)
Baldemarus de — miles 1576.
Odevilre (*Ottweiler, Kr. Zabern*) eccles. parroch. de — Met. dioc. 1391, (*217*).
Ogerii, Johannes, decanus eccles. Belnensis. 857. 99. 1052.
Oillevilla (*Oelleville, dep. Vosges, A. Mirécourt*) eccles. de — Tull. dioc.
vicar. perpet. Guillelmus de Blezis 1253
Omersheim (*Ommersheim, Pfalz, B.-A. Zweibrücken*) eccles. parroch. de — Met. dioc. 1391. (*218*).
Onvilla (*Onville bei Gorze, dep. Meurthe-et-Moselle, A. Toul*)
Colignon de — can. de Luberduno, rector eccles. parroch. de Seffes 867
Gerardus de — capellan. domesticus Radulphi ducis Lothoring. can. Tull. can. St. Deodati, can. de Buxeriis, rector eccles. parroch. de Tantimont, capellan Tull. et de Nanceyo 867. 68

Gerardus Huini de — servitor ducis Lothoring. can. in Braquis. can. St. Georgii de Nanceyo 867 eccles. parroch. de — Met. dioc. 1391. (209).

Orcevalz (Orceval, abgeg. Ort bei Verny, Kr. Metz) eccles. parroch. — de Met. dioc. 1391. (207).

Ortemberg (Ortemburg, Nieder-Baiern) H. comes de — 1295.

Osme (Ossenheim, Kr. Friedberg, Oberhessen?) sub castro Freudenberg, Trevir. dioc. eccles. parroch. de — rector Gerardus de Montabur 1523

Ostiensis (Ostia bei Rom)
  episc. Bertrandus 909. 95
    Petrus, cardinal. archidiac. et can. Tull. episc. Velletrens. 1210. 1380. 99. 1402. 1404.

Ottendorf (Ottendorf, Kr. Bolchen) eccles. parroch. de — Met. dioc. 1391. (212).

Ottonvilla (Ottendorf, Kr. Bolchen oder Thonville, Kr. Bolchen) villa de — Met. dioc. 922.

Ottrangez (Oetringen, Kr. Diedenhofen-Ost) eccles. parroch. de — Met. dioc. 1391. (211).

Ovesheim (Ensheim, Pfalz, B.-A. Zweibrücken) eccles. parroch. de — Met. dioc. 1391. (218).

Oyo v. Hoyo.

Ozemburgensis (Osnabrück, Hannover) episc. 1295.

P.

Padua (Italien) 1531.

Palatinus Reni comes
  Radulphus 1109
  Rupertus junior — dux Bavarie 1109. 1293. 94. 95
  Ruppertus senior 1109. 1293. 94. 95.

Palentinus (Palentia, Spanien) episc. 1245.

Palentinus (Veldenz a. Mosel) comes Otto 1293.

Pallait (Paouilly bei Charly, Kr. Metz?)
  Therricus de — 1264. 83
    fil. Reguillonnus — can. St. Theobaldi, can. St. Leodegarii in Marsallo 1264. 83

Pannes (Pannes, dep. Meurthe-et-Moselle, A. Toul) eccles. parroch. de — Met. dioc. 1391. (210).

Panhota v. Avinionensis.

Panin (Xanry a. Nied, Kr. Metz?)
  Joffridus de — capellan. St. Katherine in Magney 1383.

Panormi (Palermo, Sizilien)
  archiepisc. B. 1295
    Thebaldus, antea can. Met. 837

Panormitanus v. Panormi

Parisiensis (Paris) civitas 1506
  monasterium St. Genovefe
    abbas 847. 54. 1046
  monasterium St. Maglorii
    abbas 927
  monasterium St. Victoris iuxta Parisius
    abbas 927
  capella inferioris domus episcopalis
    can. Nicolaus Caude 1561
  dioc. 927. 1561
    officialis 1497
    can. Reginaldus de Molinis 861.

Parisius 1487 v. Parisiensis.

Parroya (Parroy, dep. Meurthe-et-Moselle, A. Lunéville) eccles. parroch. de — Met. dioc. 1391. (210).
  Bernequinus de — can. Tull. can. Met. thesaurar. Tull. 956. 1154. 1223
  Virricus (Varricus) de — nobilis vir 1154
    fil. Andreas 1154
      Ferricus, nob. vir 1468.

Parva petra (Lützelstein, Kr. Zabern)
  Volmarus de — comes 1392
    filii Buchardus, can. Argentinens. 1392
      Nicholaus, monachus de Albocastro 1392.

— 341 —

Patras (*Griechenland*)
  episc. Libert, suffraganeus Met. 1350. v. Valliscompatrensis.
St. Pauli (*St-Paul-de-Varax, dep. Ain, A. Trevoux*) eccles. Lugdun. dioc.
  cantor 1053. 1193
  can. Guichardus de Vanzellis 1244.
Pauli, Johannes, can. Leodiens. 1461.
Pedemons (*Piemont*) 899. 964. 1115. 80.
Pelestorf (*Postdorf, Kr. Saarburg*) eccles. parroch. de — Met. dioc. 1391. (*218*).
Penestrinus (*Palestrina bei Rom*)
  episc. 969. 1128
    Petrus, vicecancellarius eccles. Romane 863. 969. 1157. 1277.
    capellan. episc.
      Baldoynus Gromacii 1277
      Johannes de Bystorph 1157.
Penil v. Pouil.
Peronensis (*Péronne, dep. Somme*) Noviomens. dioc.
  eccles. St. Fursei
    can. Jacobus d'Enghien 1221
Perrexel, Waltherus (Walterius) rector eccles. parroch. St. Ferruci Met. can. Met. 1392. 93. 1553.
Perrini, Franciscus, rector eccles. parroch. St. Victoris Met. 1566.
Perroti, Johannes, can. Met. 1494.
Perroya v. Parroya.
Perroyes (*Parroy, dep. Meurthe-et-Moselle, A. Lunéville*)
  Johanna domina de — uxor Therrici de Lenoncourt 1367. v. Parroya.
Perusiis (*Perugia, Italien*) Nicolaus de — 1532.
Pestello, Guido de — can. Ruthenensis 1253.
Petit, Johannes Maheri — can. Met. cancellar. Met. 1572.
Petrafort (*Pierrefort, dep. Meurthe-et-Moselle, A. Toul*)
  dominus de — 935

Henricus de Barro 1402
Petrus de Barro 935.
Petragoricensis (*Périgueux, dep. Dordogne*) comes
  Rogerius, vir nobilis antea can. et primicerius Met. 949. 90. 1212
St. Petri atrium (*St-Pierre bei Villeau-Val, dep. Meurthe-et-Moselle, A. Nancy*) eccles. parroch. de — Met. dioc. 1391. (*208*).
St. Petri Capracii eccles. parroch. v. Virdun.
St. Petri eccles. Avinionens. dioc. v. Avinionensis.
St. Petri-mons (*Ban St. Pierre bei Villers-Stoncourt, Kr. Metz*) eccles. parroch. de — Met. dioc. 1391. (*212*).
St. Petri montis (*Pierremont, dep. Meurthe-et-Moselle, A. Briey*)
  monasterium ord. St. Augustini Met. dioc.
    conventus 1480
    abbas Johannes 1103. 45. 1391. (*205*). 1480
    prepositus Habeletus (Hubeletus) postea abbas 1480. 1483. 1510. 24. 27.
Pictavia (*Poitou, Frankreich*)
  Alienora de — uxor Petri de Barre 935
  Amedeus de — 955
  Carolus de — can. et primicer. Met. can. Vivariens. Tull. Valentinens. Eduens. Belnens. scolasticus Tull. precentor Valentinens. archidiac. Lingon. et Tholonens. decanus Aniciens. 949. 90. 1002. 1212. 13. 1230. 31. 32.
  Ludovicus, de — episc. Met. 830. v. Metensis
  Otto de — episc. Virdun. 1050. 57. 1059. 65. 84—90. 94. 95. 96. 1297.
Pictaviensis (*Poitiers, dep. Vienne*)
  ecclesia St. Marie
    can. Nicolaus de Franchavilla 1043
  dioc. 838. 41. 42. 49. 51. 54. 71. 873. 76. 89. 93. 94. 950. 85. 86.

987. 1027. 28. 29. 34. 40. 73.
1075. 78. 79. 80. 99. 1104. 29. 31.
1137. 56
   episc. Johannes de Lyons 1284
   cantor 1253
      Reginaldus de Arfolieria 1371
   decanus 983
   can. Johannes de St. Cruce 1284
      Johannes de Lyons 1284.
Piedechaut, Bertrandus — can. Met.
   can. St. Bartholomei 1131
   Nicolaus, civ. Met. 1037. 1339
      uxor Isabella 1339
      fil. Albricus, can. Tull. 1339
   Renaldus dict. — 1131
      fil. Johannes can. Met. 1131.
Pierecourt (*Pierrecourt, dep. Haute-Saône, A. Gray*)
   Johannes de — can. Met. 1113.
Pierepont v. Pierrepont.
Pierrepont (*Pierrepont, dep. Meurthe-et-Moselle, A. Briey*) dominus de —
   Petrus de Barro 935
   Theobaldus de Bar 844. 45.
Pierrexel v. Perrexel.
Pietdeschault v. Piedechaut.
Pige, Nicolaus, capellan. perpet. St. Mauricii de Longa Aqua 1072. 73.
Pilon (*Pillon, dep. Meuse, A. Montmédy*)
   Johannes de — can. Virdun. 1163. 1257. 1452.
Pinchon, Guillermus, prepos. eccles. Maguntin. capellan. pape, archidiac. Abrincens. 1106. 07. 08. 09.
Pistorio (*Pistoia, Italien*)
   Johannes de — can. Trajectens. 823. 991
   Michael de — serviens armorum pape 1021.
Placentinus (*Piacenza, Italien*)
   episc. Petrus, antea can. Met. 1229.
Plantasange, Nicolaus — mon. St. Martini Met. 1536.
Planteres (*Plantières, Kr. Metz*) au — locus 896.
Podio R. H. de — 1198 a.

Poignel, Pontius dict. — civ. Met. pistor seu bolungarius 1503.
Poioize, Arnulphus, dict. — custos St. Symphoriani Met. 1492.
Poleyo (*Pouilly, Kr. Metz*) Petrus de — 1428.
Pollait v. Pallait.
Polonia (*Polen*) 1391.
Poncini, Ulricus 1459.
Pons Sorgie (*Pont-Sorgues, dep. Vaucluse, A. Avignon*) 1269. 1431. 1523.
Ponte (*Pont-à-Mousson, dep. Meurthe-et-Moselle, A. Nancy*)
   Marchio de — Robertus dux Barrensis 1226
   Johannes de — can. Tornacensis 1032
   Robertus de — can. Met. 1329.
Pontemoncionis (*Pont-à-Mousson*)
   Badetus de — camerar. Gorziens. 1302. 03
   Johannes Renaldi de — 1227
      filia Clementia, uxor Johannis de Spinallo 1227
   eccles. parroch. St. Martini de — Met. dioc. 1391. (*208*)
   domus St. Antonii ord. St. Augustini preceptor Aynardus de Claromonte 1537
      Johannes de Sclapa 1537.
Pontemonconis v. Pontemoncionis.
Pontey (*Poutoy, Kr. Metz*) eccles. parroch. de — Met. dioc. 1391. (*207*). v. Pontois.
St. Pontii Thomeriarum (*St-Pons-de-Thomières, dep. Hérault*) eccles.
   episc. Stephanus 997. v. camerarius pape Roma.
Pontini, Ulricus, familiaris Hugonis episc. Virdun. 1358.
Pontois (*Pontoy, Kr. Metz*)
   Wernerus dict. de — civ. Met. pistor seu panifex 1503.
Porchalhe, Ysnardus, mercator 1349.
Porree, Johannes, cler. magister in artibus 1416.

— 343 —

Porta, Johannes Martini de — civ. Virdun. 980.
Portu (*St-Nicolas-de-Port, dep. Meurthe-et-Moselle, A. Nancy*)
  Nicolaus de — legum doctor, can. Virdun. 859. 1109
    archidiaconatus in eccles. Tull. 1069
      archidiac. Hugo tit. St. Laurentii in Damaso presb. card. 1066. 67. 69
    ecclesia St. Michaelis 1063.
Portu (*Port-sur-Seille, dep. Meurthe-et-Moselle, A. Nancy*)
  eccles. parroch. de — Met. dioc. 1391. (*208*).
Portuensis (*Porto bei Rom*)
  episc. Guido 1248. 1464. 65
  Johannes 823. 969.
Portusnaonis 1295
Pouil (*Poully, Kr. Metz*)
  Petrus dict. Bomcayt de — can. St. Stephani de Salburgo 1414.
  v. Powilley.
Powilley (*Poully, Kr. Metz*) eccles. parroch. de — Met. dioc. 1391. (*207*).
Pragensis (*Prag, Böhmen*)
  can. Conrardus Henrici 1512.
Predicatorum fratrum ordo
  magister Symon 1477.
Preneyo (*Prény, dep. Meurthe-et-Moselle, A. Nancy*)
  Johannes de — cler. Tull. can. Virdun. 866
Prigneio (*Prény*)
  Catharina de — nobilis
    uxor Poncignonni dict. Hanebouriat 1247
      Joffridi de Ragecourt 1247
  Nicolaus de — mon. camerar. abbas Gorziensis 1111. 1245. 98. 1300. 1302. 03. 31.
Prigneyo \
Prineyo   } v. Prigneio.
Prirneros (*Prény*) eccles. 882.
Pruzil (*Butzel, abgeg. Ort bei Schalbach, Kr. Saarburg*) eccles. parroch. de — Met. dioc. 1391. (*218*).

Prygneio v. Prigneio.
Puissonn, Johannes 1070
  fil. Johannes presb. Tull. dioc. 1070.
Pulli, Jacobus, can. Met. rector eccles. parroch. de Cloyes 1487. 1539.
Puteo
  dominus de — 911
  cardinalis de — 936
  hospicium de — 911. 936
Puteolis (*Puxieux bei Gorze, dep. Meurthe-et-Moselle, A. Toul*)
  Johannes de — can. St. Salvatoris Met. can. Met. rector scholarum eccles. Met. 1439. 44. 1579
  Remigius de — magister in artibus, can. St. Salvatoris Met. can. B. Marie Magdalene Virdun. can. Met. 1339. 1488. 95. 1557. 60. 61.
Puthelanges (*Püttlingen, Kr. Forbach*) eccles. parroch. de — Met. dioc. 1391. (*218*).
Putheolis \
Puzey   } v. Puteolis.

Q.

Quedanges (*Kedingen, Kr. Diedenhofen-Ost*)
  archipresbiteratus Met. dioc. 1391. (*215*).
  ecclesia parroch. 1391. (*215*).
Quedinguen v. Quedanges.
Quiege 1391.
Quilozot (*Queuleu, Kr. Metz ?*) Jacobus de — magister 1057.
St. Quintino (*St. Quentin, dep. Aisne*) Noviomens. dioc.
  ecclesia collegiata St. Quintini can. Gerardus de Duseyo 1330. 38.
St. Quirini (*St-Quirin, Kr. Saarburg*) eccles. parroch. — Met. dioc. 1391. (*216*).
  prioratus
    prior 1391. (*205*).

R.

Racourt (*Raucourt bei Maizières, Kr. Château-Salins*)
    piscariae apud — monasterii St. Symphoriani 1503.
Ragecourt (*Rixingen, Kr. Saarburg?*)
    Joffridus, nob. vir de — mil. Met. 1247
        uxor Catharina de Prigneio 1247
    Johannes de — cler. Met. 1137.
Ragocort v. Ragecourt.
Rambertivillare (*Rambervilliers, dep. Vosges, A. Epinal*)
    halla 830
    villa 864. 65.
Rambertovilare v. Rambertivillare.
Ranspach (*Bliesransbach, Kr. Saarbrücken, Rheinprovinz*) eccles. parroch. de — Met. dioc. 1391. (*219*).
Ranspach iuxta Quiege (*Heckenransbach, Kr. Forbach*) eccles. parroch. de — Met. dioc. 1391. (*219*).
Raparia (*Rabas bei Villers-Bettnach, Kr. Metz?*)
    Dominicus Petri de — Met. dioc. 1283.
Rappex (*Repaix, dep. Meurthe-et-Moselle, A. Lunéville*) eccles. parroch. de — Met. dioc. 1391. (*211*).
Raqueringen (*Rackringen, Kr. Forbach*) eccles. parroch. de — Met. dioc. 1391. (*214*).
Rassele (*Gross-Rosseln, Kr. Saarbrücken, Rheinprovinz*) eccles. parroch. de — Met. dioc. 1391. (*218*).
Ratisbonensis (*Regensburg, Baiern*) episc.
    B. imperialis aule cancellarius 1295
    Siffridus — imp. aul. cancellarius 1295.
Ratouchini, Petrus, can. Regensis 1414.
Raucourt (*Raucourt, dep. Meurthe-et-Moselle, A. Nancy*) eccles. parroch. de — Met. dioc. 1391. (*207*).
Raudulphi, Aubricus v. Lingonis.

Ravennas (*Ravenna, Italien*) archiepisc. 1295.
Reckesinguen (*Rexingen, Kr. Zabern*) eccles. parroch. de — Met. dioc. 1391. (*217*).
Ree, beneficium dict. panis de — in eccles. monast. de Romaricomonte 1217.
Regecourt v. Rogecourt.
Regensis (*Riez, dep. Basses-Alpes, A. Digne*) eccles.
    can. Petrus Ratouchini 1414.
Reginensis (*Reggio, Italien*) episc. 1295.
Reicourt (*Récourt, abgeg. Ort bei Lezey, Kr. Château-Salins*) eccles. parroch. de — Met. dioc. 1391. (*211*).
Remandula (*Remany bei Senon, dep. Meuse, A. Montmédy*) in dioc. Virdun. 1293.
Remecourt (*Remoncourt, dep. Vosges, A. Mirecourt*) Tull. dioc.
    Olricus de — scutifer ducis Lothoringie 866
        fil. Philippinus, can. B. Marie Magdalene Virdun. 806
    eccles. parroch. 874.
Remeicourt (*Remoncourt, dep. Meurthe-et-Moselle, A. Lunéville*) eccles. parroch. de — Met. dioc. 1391. (*211*).
Remensis (*Reims, dep. Marne*) dioc. 867. 1036. 44. 48. 51. 99. 1146. 47. 1170. 95. 1282. 1303. 66. 83. 1419
    archiepisc. 1309
    Johannes 1503
    can. Johannes de Saraponte 1051
        Nicolaus de Sparnaço 1046
        Therricus de Bioncourt 866. 1099.
Remerevilla (*Reméréville, dep. Meurthe-et-Moselle, A. Nancy*)
    Janninus de — 1097
        fil. Johannes, cler. Tull. 1097.
Remiche (*Remich, Luxemburg*)
    Petrus de — 1083
        fil. Ludowicus, subdiac. Trevir. 1083.

— 345 —

St. Remigii prope Staplez (*St. Remy bei Grandes Tappes, Gemeinde Woippy, Kr. Metz*) St. Vincentii capella 1157
    capellan. Johannes de Dei custodia 842. 1157.
St. Remigio (*St. Remy, abgeg. Ort bei Foulcrey, Kr. Saarburg*) eccles. parroch. de — Met. dioc. 1391. *(216).*
Remilley (*Remilly, Kr. Metz*) eccles. parroch. de — Met. dioc. 1391. *(212).*
Remoncourt v. Remecourt.
Renvillon, Johannes, civ. Met. 1109.
Retonfay (*Retonféy, Kr. Metz*) eccles. parroch. de — Met. dioc. 1391. *(207)*
Rey (*Reich, Kr. Château-Salins*) eccles. parroch. de — Met. dioc. 1391. *(213).*
Riche, Fulco dict. le — civ. Met. 1037 uxor Ponseta 1037.
Richiemont (*Reichersberg, Kr. Diedenhofen-West*) eccles. parroch. de — Met. dioc. 1391. *(208).*
Riparia (*Rivière*) archidiaconatus de — Virdun. dioc. 1043
    archidiac. Colardus de Asperomonte 1036. 43
        Nicolaus de Francavilla 1043. 53. 73. 74. 75. 1110. 11. 41. 47. 76. 1208. 23. 31. 32. 49. 56. 1325.
Riperia }
Ripparia } v. Riparia.
Rivello (*Rinel, dep. Haute-Marne, A. Chaumont*) in eccles. Tull.
    archidiac. Hugo Adzemarii 955. 96.
Rivensis (*Rieux, dep. Haute-Garonne, A. Muret*) episc. 1319. 1436.
Rixonvilla (*Rezonville, Kr. Metz*) eccles. parroch. de — Met. dioc. 1391. *(209).*
Robach (*Rohrbach, Kr. Saargemünd?*) Hermannus de — acolitus parroch. St. Ingueberti Met. dioc. 831.
Rocel, Henricus, can. St. Theobaldi Met. 985.
Rocherii, Guillelmus 997
    Raymundus cler. 1462.

Rode, Hapertus dict. Muylgin de — cler. Leodiens. dioc. can. Met. 1380.
Rodemaçra (*Rodemachern, Kr. Diedenhofen-Ost*)
    Johannes dominus de — miles 1109 eccles. parroch. de — Met. dioc. 1391. *(211).*
Rodemacre v. Rodemacra:
Rogecourt (*Regecourt, abgeg. Ort bei Lezey, Kr. Château-Salins, oder Raucourt, dep. Meurthe-et-Moselle, A. Nancy*)
    Johannes de — prepos. St. Salvatoris Met. can. Met. 1027. 33. v. Ragecourt.
Rogerii v. Rocherii.
Rollon (*Reillon, dep. Meurthe-et-Moselle, A. Lunéville*) eccles. parroch. de — Met. dioc. 1391. *(211.)*
Roma urbs 1531
    apud St. Petrum 1548—53. 58. 60—62
    Lateran 1569
    monasterium St. Pauli extra muros abbas 1569
    mercatores
        Jacobus Nicolaii Muti et Romanellus fil. 1569
        Matheus Ciceronis 1569
        Paulus de Buzia et frater Angelus 1569.
Romana curia 880. 88. 913. 30. 34. 951. 55. 60. 93. 1062. 64. 99. 1145. 1155. 92. 97. 1231. 39. 85. 86. 98. 99. 1472. 79. 1507. 13. 26. 28
    Papae
        Benedictus XII. 888. 918. 30. 49. 65. 69. 95
        Bonifacius VIII. 1553. 69.
        Celestinus III. 947
        Clemens VI. 822—29. 31—42. 45. 847—56. 59—61. 63—95. 97— 903. 06—09. 13. 14. 16—21. 923—28. 30. 31. 34. 35. 37. 38. 940—50. 52. 54—58. 61—63. 965—91. 93—96. 98—1011. 1013—21. 23—29. 31—40. 42 —1048. 50—53. 56. 58—83. 1085—95. 97—1102. 04—13.

1116—26. 18—31. 34. 37—39.
1141. 82. 1245. 1574—76
Innocentius VI. 1142. 44. 46—48.
1150. 51. 54—60. 64—72. 74—
1176. 78. 79. 81—86. 90—99.
1201. 03. 04. 08. 10—21. 23.
1224. 26—33. 35. 36. 40—42.
1244—51. 53. 55—57. 60. 61.
1263—67. 69—73. 75. 77. 78.
1281—86. 88--96. 98. 99. 1302
—1305. 07. 09—14. 17. 19—21.
1323. 24. 27. 29—35. 38—40.
1342. 43. 45—47. 53. 55—57.
1359. 60. 62. 63. 66—68. 70.
1371. 73. 78—80. 82. 83. 86. 87.
1389—95. 98—1400. 02—06. 09
—1412. 1576
Johannes XXII. 890. 969. 1027.
1267. 1571
Urbanus V. 1414—16. 18. 19.
1421—23. 25—27. 29. 31. 32.
1435—37. 39. ·41—46. 48. 50.
1452—57. 60—71. 73—78. 80—
1482. 86. 87. 88. 90. 94. 96—
1498. 1501. 02. 06. 13. 15—17.
1519. 21—23. 25. 30. 31. 36—
1539. 41. 45—51. 53. 58. 60.
1561. 63.
cardinales 1179
 a) episcopi
  Bertrandus Ostiensis 969. 95
  Gaucelinus Albanensis 903. 69
  Guido Portuensis 1464
  Johannes Portuensis 823. 969
  Petrus Ostiensis et Velletrensis
   1210. 1380. 99. 1402
  Petrus Penestrinus 969
  Petrus Sabinensis 915. 69. 95
 b) presbiteri
  Adhemarius tit. St. Anastasie 969
  Andruinus tit. St. Marcelli 1563
  Audoynus tit. St. Johannis et
   Pauli 1332
  Aymericus tit. St. Martini in
   Montibus 969
  Egidius tit. St. Martini in Montibus 1382. 1423
  Gocius tit. St. Prisce 969
  Guido tit. St. Cecilie (Sicilie)
   860. 901. 69. 1024
  Guilhelmus tit. St. IV coronatorum 969
  Guilhelmus tit. St. Stephani in
   Celiomonte 969
  Guillelmus tit. St. Marie in
   Transtiberim 1464
  Guillermus tit. St. Laurentii in
   Lucina 1263. 1417. 90
  G. tit. St. Martini in Montibus
   1422
  Hugo tit. St. Laurentii in Damaso 969. 1033. 66. 67. 69
  Imbertus tit. basilice XII Apostolorum 888. 969
  Nicolaus tit. St. Syxti 1477
  Petrus Bertrandi tit. St. Susanne
   969
  Petrus tit. St. Clementis 969. 95
  Stephanus tit. St. Eusebii 1561
  Talairandus tit. St. Petri ad
   vincula 969
 c) diaconi
  Bernardus tit. St. Eustachii
   848. 969. 1382
  Galhardus tit. St. Sicilie in Cilice 969
  Guilhelmus tit. St. Marie in
   Cosmedin 969
  Hugo tit. St. Marie in porticu
   1436
  Johannes tit. St. Angeli 969. 1032
  Nicolaus tit. St. Marie in via
   lata 969. 1047. 1190. 1253
  Raymundus tit. St. Marie nove
   969
 d) incerti
  Albertus cardinalis 1173
  cardinalis de Aragonia 1417
  cardinalis de Cavilhaco 1378
  cardinalis de Puteo 936
camerarius
 Arnaldus (Arnoldus) archiepisc.
  Auxitanus 1385. 1408. 15. 24. 33.
  1540. 45. 47. 58. 59. 1527. 29.
  1534. 35. 44. 52. 56. 57. 62. 64.
  1565. 67. 68

Gasbertus 932
Stephanus, episc. St. Pontii Thomeriarum 997. 1012. 41. 55. 84. 1103. 27. 32. 35. 36. 43. 45. 49. 1161. 63. 77. 87. 89. 1200. 05. 1207. 09. 34: 37. 39. 43. 52. 58. 1259. 62. 68. 76. 79. 80. 97. 1301. 1306. 08. 15. 16. 18. 22. 25. 26. 1328. 36. 37. 41. 52. 58. 64. 65. 72. 81
capellanus pape
   Albericus de Metis 1128. 29. 70. 1221
   Arnaldus de Moleriis 1270
   Arnoldus Caraboti 1175
   Guigo (Hugo) Ademarii de Montilio 996. 1228
   Guillermus Pinchon 1106
   Johannes de Sarwerde 1357
   Oliverius de Cerceto 841
   Otho de Aventica 1572
   Petrus Guigonis de Castronovo 1028. 29
   Petrus Moreti 1008
clerici camere apostolice
   B. de Nexonio 1173
   Eblo de Mederio 1173
   Guillelmus de Cananhaco 1173
   Guillelmus de Fonte 1173
   Guilhelmus de Lyg 969
   Guillelmus Textoris 1173
notarii
   Bertrandus de Chanaco 969
   Franciscus 1283
   Guilhelmus de Malesico 969
secretarius
   Franciscus 1283
scriptores papales
   Johannes de St. Maximo 1324
   Nicolaus de Franchavilla 1043. 1176. 1208. 1231
thesaurarius 1566
   Gaucelinus 1430
   Guillermus Foriiulensis episc. 846. 1574.
   Stephanus Casinensis episc. 846. 1574
vicecancellarius

Petrus episc. Penestrinus 863.
Romana ecclesia 1334. 1531. 74
Romana monarchia 1295
Romania 952. 63. 1059.
Romanorum imperium 1016. 1293
   rex et imperator 971. 1030
      Fridericus I 1293
      Fridericus II 1295
      Karolus IV 988. 91. 92. 1011. 1016—31. 36. 50. 87. 90. 1168 a. 1225. 46. 54. 65. 66. 93—96. 1389. 1413. 29. 42. 1502. 30. 1538. 77. 78
      Ludovicus de Bavaria 969
      Otto I 1293.
Romaricense (*Remiremont, dep. Vosges*) monasterium Tull. dioc. 1574
   moniales
      Agnes de Ronchant 898
      Stephaneta de Buxeriis 898.
Romaricomonte (*Remiremont*)
   eccles. parroch. de — Tull. dioc. 1574
   monaster. ord. St. Benedicti
      abbatissa et conventus 867. 1574
   beneficium dictum panem de Ree tenens
      Dominicus de St. Albino 1217
Rombaco (*Rombach, Kr. Metz*)
   archipresbiteratus de — 1391. (*208*).
   eccles. parroch. 1391. (*209*).
Rombairt v. Rombaco.
Ron, Johannes dict. — presb. Met. rector eccles. parroch. de Contil, rector eccles. parroch. St. Jacobi Met. 1010. 21.
Ronchant (*Rochesson, dep. Vosges, A. Remiremont*)
   Agnes de — monial. Romaricens. 898.
Roncuria (*Roncourt, Kr. Metz*) Johannes de — 1177. 1205.
Ronkin, Coleta dict. — uxor Neymerici Baudoche, civ. Met. 1038.
Rorebach (*Rorbach bei Dieuze, Kr. Château-Salins*) eccles. parroch. de — Met. dioc. 1391. (*215*).

Rorebach (*Rohrbach, Kr. Saargemünd*)
eccles. parroch. de — Met. dioc. 1391.
(*217*).
Rorebach (*St. Johannsrohrbach, Kr. Saargemünd*) eccles. parroch. de —
Met. dioc. 1391. (*219*).
Rosach (*Rufach, Kr. Gebweiler*) eccles. parroch. de — Basiliens. dioc.
rector Conradus de Kirkel 1323.
Rosseti, Johannes can. Cabilonensis 1349. 69.
Rostorph (*Rüsdorf bei Sierck, Kr. Diedenhofen-Ost*)
Johannes de — can. Met. 1101.
Rotawez (*Rodalben, Pfalz, B.-A. Pirmasens*) eccles. parroch. de — Met. dioc. 1391. (*217*).
Roteyo de — Matisconens. eccles. archidiac. 839.
Rothomagensis (*Rouen, dep. Seine-Inférieure*) dioc. 846. 933. 39. 52. 54. 61. 77. 80. 1047. 52. 1115. 1546
can. Petrus Germani 1138.
Roucey (*Rüttgen-Usselskirch, Kr. Diedenhofen-Ost*) eccles. parroch. de —
Met. dioc. 1391. (*211*).
Routhelanges (*Rosslingen, Kr. Diedenhofen-West*) eccles. parroch. de
— Met. dioc. 1391. (*209*).
Rozelluere (*Rozérieulles, Kr. Metz*) eccles. parroch. de — Met. dioc. 1391. (*206*).
Rubenheim (*Rübenheim, Pfalz, B.-A. Zweibrücken*) eccles. parroch. de —
Met. dioc. 1391. (*218*).
Ruckesinguen (*Rixingen, Kr. Saarburg*) eccles. parroch. de — Met. dioc. 1391. (*216*).
Rudinguen (*Rieding, Kr. Saarburg*) eccles. parroch. de — Met. dioc. 1391. (*216*).
Ruete, Renaldus, mon. et cellerar. St. Arnulphi, postea abbas 1199.
v. Metensis.
Rufach v. Rosach.
Rukesinguen (*Saarrixingen, abgeg. Ort bei Imlingen, Kr. Saarburg*) eccles. parroch. de — Met. dioc. 1391. (*216*).

Ruldingin (*Rollingen, bei Pange, Kr. Metz*) Met. dioc.
Theodoricus de — 919
fil. Ysinbardus de — can. Met. 919
Ysinbardus de — miles 919
uxor 919
Ruldinguen (*Rühlingen, Kr. Saargemünd*) eccles. parroch. de — Met. dioc. 1391. (*218*).
Rupetalliata, eccles. parroch. de
— Electensis dioc.
rector Guillelmus de Neyraco 1047.
Ruppe (*Fels, Luxemburg*)
Johannes de — senescallus comitatus Lucemburgensis 1109.
Rûssewilre (*Rimschweiler, Pfalz, B.-A. Zweibrücken*) eccles. parroch. de
— Met. dioc. 1391. (*217*).
Ruthenensis (*Rodez, dep. Aveyron*) eccles.
can. Guido de Pestello 1253.
Rutula (*Rettel, Kr. Diedenhofen-Ost*)
monasterium St. Xysti ord. St. Benedicti de —
abbas et conventus 1571.
Rymeringuen (*Remeringen, Kr. Forbach*) eccles. parroch. de — Met. dioc. 1391. (*218*).
Ryovilla (*Riouville, abgeg. Ort bei Arracourt, dep. Meurthe-et-Moselle, A. Lunéville*) eccles. parroch. de —
Met. dioc. 1391. (*211*).

S.

Sabelini, Johannes, cantor Met. custos Met. can. St. Theobaldi Met. 1058. 1572.
Sabinensis (*Sabina bei Rom*) episc. cardinalis
Petrus 915. 30. 69. 95
St. Sagitarii eccles. Lemovicens. dioc.
rector Petrus Gemelli 825.
Salhens (*Sailly, dep. Haute-Marne, A. Vassy?*) eccles. curata Claromontens. dioc.

curatus Bernardus Melioris 1027. 1190.
Salhers v. Salhens.
Salia (Seille, Nebenfluss der Mosel) 942. 44. 45.
Salburgo (Saarburg, Lothringen)
Folmarus de — 1082. 1322
fil. Johannes magister presb. Met. rector eccles. parroch. St. Johannis de Murlis, can. St. Stephani de Sarburg, rector eccles. parroch. in Sweynheim 826. 1082. 1322. 1378. 1437.
Salinevallis (Salival, Kr. Château-Salins) monasterium ord. premonstratens.
abbas 1391. (205).
Sallebruche v. Saraponte.
Sallewerne (Saarwerden [Saarunion], Kr. Zabern)
Fridericus comes de — 937. 1357
Henricus comes de — 1109
Johannes comes de — 1515
filia Agnata uxor Simonis de Geminoponte 1515
Johannes de — can. Argentinens. can. Trevir. can. Spirens. can. et archidiac. Met. archidiac. de Marsallo, capellan. pape, can. Maguntin. collector camere apostolice in civitate et dioc. Spirensi 937. 38. 1357.
Sallonnez (Salonnes, Kr. Château-Salins) eccles. parroch. de — Met. dioc. 1391. (210).
Salmensis v. Salmis.
Salmis (Grafschaft Salm in Lothringen) de
comes 1109
Nicolaus nob. vir 864. 65
Symon, nob. vir 864. 65
Mahuldis comitissa 1182
Sanctocristo, Johannes de — can. Xanctonensis 1033
Santinus, capellan. Hugonis episc. Virdun. 1205.
Sapiniacum (Stenay, dep. Meuse, A. Montmédy) castrum dioc. Virdun. 1293.

Sapolgo (Sapogne, dep. Ardennes, A. Sedan)
Guillermus Fabri de — can. Met. capellan. perpet. eccles. de Alhiaco 1113.
Saraponte (Saarbrücken, Rheinprovinz) comes 1330
Guillelmus de — mon. Molismensis 1146
Henricus de — can. Virdun. can. Remens. can. Coloniens. can. Montisfalconis 1044. 51. 1146. 47
Johannes comes de — dominus de Commerceyo 937. 1109. 83. 1217. 18. 96. 1312. 1545. 76
uxor Gileta 1217. 18
filii Symon de — dominus de Commerceyo 1044. 51. 1146. 1545
Johannes de — can. Tull. rector eccles. parroch. de Chaonice, can. Virdun. can. Montisfalconis 1044. 1145
Johannes dict. Marsil de — miles 1182
nata Margaretha can. in monasterio de Lutre 1182
Nicholaus de — can. St. Arnualis, can. Wormatiens. can. St. Salvatoris Met. can. Marie Rotunde Met. can. Met. archidiac. de Saurburch, official. Met. archidiac. Met. 1159. 1339. 87. 1400. 22. 23. 27. 33. 1434. 98. 1555
Reymboldus dominus de — miles 1577
Walterus de — abbas Hornbacensis 930. 59.
Sarbourch ⎫
Sarbourg ⎬ v. Sarburg.
Sarburch ⎭
Sarburg (Saarburg, Lothringen) Met. dioc.
ecclesia parroch. de — 1391. (216).
archipresbiteratus — 1391. (216).

archidiaconatus 848
archidiac.
  Bernardus tit. St. Eustachii
    diac. card. 1382
  Egidius tit. St. Martini in montibus presb. card. 1382. 1423
  Johannes de Foresto 1422. 23
  Nicolaus de Sareponte 1422.
    1423. 26.
ecclesia collegiata St. Stephani
  capitulum 1082. 1391
  decanus 826. 1082
  scolasticus 826
  canonici
    Johannes Colini 1378
    Johannes Folmari de Sarburg
      1378. 1437
    Johannes Grimandi 1445
    Johannes de Moreyo 1445
    Martinus Conraldi de Marsallo
      1484
    Nicolaus Richardi de Hemeringen 1513
    Petrus dict. Boncayt de Pouil
      1414
    Richerus Anselini de Marsallo
      1484
    Symon de Fricourt alias Martialis 1414
    Volmarus de Marsallo 1437
    Volmarus Pistoris de Sarburg
      1513. v. Salburgo.
Sarburgum v. Sarburg.
Saremwerd v. Sallewerne.
Sareponte   }
Sarepontensis } v. Saraponte.
Sarleyo (Sailly, Kr. Metz) eccles.
  parroch. de — Met. dioc. 1391.
  (207).
Sarraponte v. Saraponte.
Sarwerda   }
Sarwerde   } v. Sallewerne.
Sathenacho (Stenay, dep. Meuse, A.
  Montmédy) prioratus St. Dagoberti
  Trevir. dioc. de — a monasterio
  Gorziensi dependens
    prior Guido episc. card. Portuensis
      1464

Joffridus dict. lu Braconnier
  1464
Sauls (Saulx-le-Duc, dep. Côte-d'Or.
  A. Dijon)
  Colardus de — baillicus Calvimontis 1109
Saurburch v. Sarburg.
Savigniaco (Savigny, dep. Meuse, A.
  Commercy)
  Guillelmus de — can. et camerar.
    Met. 861.
Saxonie dux
  A. 1295
  Rudolphus 1293. 94. 95. 96.
Say, Humbertus de — can. Bisuntin.
  1474.
Schaillairt, Arnulphus Johannis de
  Thecarisvilla dict. — cler. Met.
  966.
Scharempost, Godefridus dict. —
  de Theonisvilla 1030. 31. 83.
Schnienpost   }
Schurempost   } v. Scharempost.
Sciey (Scy, Kr. Metz) eccles. parroch. de — Met. dioc. 1391. (207).
Sclapa, Johannes de — can. St. Antonii Viennens. dioc. preceptor domus
  St. Antonii de Pontemoncionis 1537.
Scorspach (Schorbach, Kr. Saargemünd) eccles. parroch. de — Met.
  dioc. 1391. (216)
Scotia (Schottland) 1391.
Seffes (Saffais, dep. Meurthe-et-Moselle, A. Nancy) eccles. parroch. de —
  rector Colignonnus de Onvilla 867.
Seilbach (Selbach bei St. Wendel,
  Birkenfeld) eccles. parroch. de Met.
  dioc. 1391. (218).
Semeicourt (Semécourt, Kr. Metz)
  eccles. parroch. de — Met. dioc. 1391.
  (209).
Senogiensis (Senonches, dep. Isle-de-France?) Cameracens dioc.
  eccles. St. Vincentii
    can. Jacobus d'Enghien 1221.
Senoniensis (Sens, dep. Yonne) eccles. 1014. 46. 1160. 1574
  can. Petrus Lelovat 823.

Septemmontibus *(Septmonts, dep. Aisne, A. Soissons)*
    altare B. Marie in eccles. de — Suessionens. dioc.
        capellan. perpet. Colinus Husseneti de Calvomonte 1435.
Septunatum *(Samogneux, dep. Meuse, A. Verdun)* castrum Virdun. dioc. 1293.
Sergiaco *(Cervisy bei Stenay, dep. Meuse, A. Montmédy)*
    Gerardus de — 1479.
Serieres *(Serrières, dep. Meurthe-et-Moselle, A. Nancy)*
    Marguareta de — monial. St. Petri Met. 1376
    eccles. parroch. de — Met. dioc. 1391. *(208)*.
Sernomio, Remensis dioc. beneficium patronagium de —
    obtinens Gilebertus Divitis de Spinallo 1419.
Serra *(Serres, dep. Meurthe-et-Moselle, A. Lunéville)*
    Petrus de — can. St. Salvatoris Met. 1539.
Sicilie rex Fridericus II. 1295.
Silvaticis *(Sauvoy, dep. Meuse, A. Commercy)*
    Johannes de — de Janua prepos. Montisfalconis, archidiac. de Argona, can. Virdun. 1036. 43.
Silvemaioris *(Selve, dep. Gironde, A. Bordeaux)* monasterium Burdegalens. dioc.
    abbas 861.
Sipontinus *(Siponto — Manfredonia, Italien)*
    archiepisc. Petrus 918.
Soignes *(Solgne, Kr. Metz)* eccles. parroch. de — Met. dioc. 1391. *(208)*.
Soltaniensis *(Soltania-Tigranocerta, Asien)*
    archiepisc. 1248.
Sona *(Saulnes bei Longwy, dep. Meurthe-et-Moselle, A. Briey)*
    Johannes de — archidiac. de Vico, can. Met. rector eccles. parroch. de Croney, 1028. 1384.

Sorbey *(Sorbey, Kr. Metz)* eccles. parroch. de — Met. dioc. 1391. *(207)*.
Sornevilla *(Sorneville, dep. Meurthe-et-Moselle, A. Nancy)* eccles. parroch. de — Met. dioc. 1391. *(210)*.
Sotru *(Sötrich, Kr. Diedenhofen-Ost)* eccles. parroch. de — Met. dioc. 1391. *(214)*.
Sousseulz v. Fousseulz.
Spanheim *(Sponheim, Grafschaft im Hundsrück und an der Mosel)*
    comes de —
    H. 1295
    S. 1295
    Reynardus, cantor Maguntin. 1153. 1242
    Walrammus 1109.
Spanhem v. Spanheim.
Sparnaco *(Epargne, dep. Charente-Inférieure, A. Saintes)*
    Nicolaus de — can. Remens. 1046.
Spec, Matheus dict. — de Albestorf, cler. Met. 958. 68.
Spech v. Spec.
Spigelberg *(Spiegelberg, Württemberg, O.-A. Backnang)*
    Conradus de — rector eccles. parroch. de Bacheym, decanus eccles. Aschaffenburg 1217.
Spinallo *(Epinal, dep. Vosges)*
    Gilebertus Divitis de — can. Met. beneficium perpet. de Sernomio obtinens 1419
    Johannes de — monach. St. Naboris 1287
    Johannes de — domicellus 1227
        uxor Clementia de Pontemoncionis 1227
    Johannes dict. Jelevon de — 1362.
Spinalo v. Spinallo.
Spirensis *(Speier, Pfalz)*
    civitas 1357
    ecclesia 937. 1298. 1323. 57. 92
    episc. 1109
        Lampertus 1512
    decanus 1406
    prepositus
        Conradus de Kirkel 1323

— 352 —

Reymboldus Beyer de Boperdia 1323
Theodoricus Beyer de Bopardia 1242
  ` canonici
    Arnaldus de Blankenheim 1183. 85
    Johannes de Liethemborg 1183. 1185
    Johannes de Sallewerne 937. 38. 1357
    Theodoricus Beyer de Bopardia 1324.
Spisheim (*Spiesen, Kr. Ottweiler, Rheinprovinz*) eccles. parroch. de — Met. dioc. 1391. (*219*).
Stalleghen, Egidius de — presb. Leodiens. dioc. can. Met. can. Zeflicens. rector eccles. parroch. de Berba 1033. 1137.
Staplez St. Vincentii (*Les grandes Tapes bei Woippy, Kr. Metz*)
    capellania St. Remigii prope —
    capellanus Johannes de Bystorph 1157
        Johannes de Deicustodia 1157.
Steinsel (*Niederstinzel, Kr. Saarburg*) eccles. parroch. de — Met. dioc. 1391. (*217*).
Stenbenderstorf (*Steinbiedersdorf, Kr. Forbach*) eccles. parroch. de — Met. dioc. 1391. (213).
Stensel (*Oberstinzel, Kr. Saarburg*) eccles. parroch. de — Met. dioc. 1391. (*217.*)
St. Stephano (*St-Etienne, dep. Meurthe-et-Moselle, A. Briey*) eccles. parroch. de — Met. dioc. 1391. (*214*).
Steveler, Henricus Siffridus dict. — cler. Trevir. rector eccles. parroch. de Huesinga 966.
Stoherlin, Henricus, magister, procurator Bartholdi episc. Argentinens. 969.
Streliis (*Etreillers, dep. Aisne, A. St-Quentin*) capella St. Martini de — Suession. dioc.
    capellan. perpet. Nicasius dict. Honlier 1426.

Stulceborne (*Stürzelbronn, Kr. Saargemünd*) monasterium de —
    abbas 1391. (*205.*)
Sturdelden (*Durstel, Kr. Zabern*) eccles. parroch. de — Met. dioc. 1391. (*217*).
Sudermann, Albertus, cler. Coloniens. can. Met. 1521.
Suecia (*Schweden*) 1391.
Suese (*Sausheim, Kr. Mülhausen*)
    Henricus de — officialis curie Basiliens. 969.
Suessionensis (*Soissons, dep. Aisne*) dioc. 1426. 35.
Sulhaco (*Soulac, dep. Gironde, A. Lesparre*) Caturcens. dioc.
    Bernardonus de — 1263.
Suligney (*Sillegny, Kr. Metz*)
    archipresbiteratus de — Met. dioc. 1391. (*206*)
    eccles. parroch. 1391. (*207*).
Sulligney v. Suligney.
Sweckesinguen (*Schweixingen, Kr. Saarburg*) eccles. parroch. de — Met. dioc. 1391. (*216*).
Sweinheim (*Schweinheim, Baiern, Unterfranken*) eccles. parroch. de — Maguntin. dioc.
    rector Johannes Folmari de Sarburg 1378.
Syderstorf (*Zittersdorf, Kr. Saarburg*) eccles. parroch. de — Met. dioc. 1391. (*217*).
Syfridi, Johannes, rector eccles. parroch. de Theonisvilla 1354.
Sygenoroe, Ulricus de — prepos. Argentinens. 969
    frater Bertholdus, rector eccles. in Numburg, Constantiens. dioc. 969.
Syrkis v. Cierkes.
Syrocuria (*Circourt, dep. Vosges, A. Mirecourt*)
    Philippus de — can. Met. thesaurar. Tull. can. Tull. capellan. perpet. B. Marie in monasterio St. Mansueti Tull. 1223.

T.

Taixey (*Thézey-St-Martin, dep. Meurthe-et-Moselle, A. Nancy*) eccles. parroch. de — Met. dioc. 1391. (*208*).
Talanges (*Talingen, Kr. Metz*) eccles. parroch. de — Met. dioc. 1391. (*209*).
Talvis (*Tauvès, dep. Puy-de-Dôme*) prioratus de — Cluniacens. ord. Claromontens dioc.
    prior Beraudus, postea abbas St. Arnulphi Met. 934.
Tantimont (*Tantimont, dep. Vosges, A. Mirecourt*) eccles. parroch. de — Tull. dioc.
    rector Gerardus de Unvilla 868.
Tarantasiensis (*Moutiers-en-Tarantaise, dep. Haute-Savoye, A. Chambéry*) provincia 846. 57. 99. 933. 39. 52. 954. 61. 77. 78. 87. 99. 1001. 19. 1115. 1127. 34. 36. 40. 80. 1204. 22. 55. 1307. 17. 42. 45. 49. 50. 52. 54. 1361. 69.
Tarantaziensis v. Tarantasiensis.
Tatinga (*Tetingen, Kr. Bolchen*) eccles. parroch. de — Met. dioc. 1391. (*214*).
Taukersem, Johannes, scutiffer 1512.
St. Tauri monasterium in eccles. Ebroycensi
    abbas 1014.
Taurinensis (*Turin, Italien*) dioc. 1537.
Tautelenvilla (*Tantelainville, abgeg. Ort bei Vionville, Kr. Metz*) eccles. parroch. de — Met. dioc. 1391. (*209*).
Taventinus episc. 1295.
Teckempach (*Tarquinpol, Kr. Château-Salins*) eccles. parroch. de — Met. dioc. 1391. (*215*).
Tefelicensis (*Tiflis, Asien*) eccles. 1248
    episc. Bertrandus (Bertramus) Colleti ord. predicator. translatus ad eccl. Ampuriensem 1023. 25. 1248
    Johannes 1023.
    capitulum 1248
    clerus 1248
    civitas 1248
Tegiis, prioratus St. Salvatoris de — Cluniacens. ord. Brixiens dioc.
    prior Berandus, postea abbas Glandariensis 1551.
Tehaincourt (*Diedersdorf, Kr. Bolchen*) prioratus St. Crucis de —.
    prior 1391. (*203*).
    eccles. parroch. de — Met. dioc. 1391. (*214*).
Teheicourt v. Tehaincourt.
Tenneyo (*Gr. Tänchen, Kr. Forbach*) eccles. parroch. de — Met. dioc. 1391. (*213*).
Tentelinguen (*Tentelingen, Kr. Forbach*) eccles. parroch. de — Met. dioc. 1391. (*218*).
Tephlis v. Tefelicensis.
Testis Mar. de — 946.
Textoris, Guillelmus, cler. camer. apostol. 1173.
Thecarisvilla (*Diedenhofen, Lothringen*)
    Arnulphus Johannis de — dict. Schaillairt, pro rectore se gerens eccles. parroch. de Huesinga 966. v. Theonisvilla.
Theffelicensis v. Tefelicensis.
Theloz (*Thelod, dep. Meurthe-et-Moselle, A. Nancy*)
    Johannes de — nob. vir Tull. dioc. 1468.
Theobaldi, Ferricus, cler. Met. in artibus et in utroque iure licentiatus 1045. 49. 81.
St. Theofredi monasterium Aniciens. dioc.
    abbas 1560.
Theonisvilla (*Diedenhofen*)
    Arnoldus de — can. Met. 1429
    Johannes de — 1083
        fil. Godefridus dict. Schurempost de — 1031. 83
    Symon de — 1181
        uxor Laureta 1181
    Simon Nicasii de — can. eccles. St. Severi et Martini in Meynevelt,

rector eccles. parroch. in Theonisvilla, altare St. Georgii in eccles. Trevir. obtinens. 856
archipresbiteratus eccles. Met. 1391. (*211*).
eccles. parroch. 1391. (*211*)
rector Johannes Syfridi dict. Fus de Hilbezheym 1353. 70
Simon Nicasii de Theonisvilla 856. 1358. 70.

Thequestorp (*Diedersdorf, Kr. Bolchen*)
·Thomas de — can. Met. 1216.

Thiacuria (*Thiaucourt, dep. Meurthe-et-Moselle, A. Toul*)
Alardus de — in utroque iure licentiatus, can. Met. can. St. Salvatoris Met. can. Virdun. cantor Met. can. Marie Magdalene Virdun. capellan. perpet. St. Anthonii Met. dioc. custos Met. 889. 1035. 58. 98. 1311. 35
Nicolaus de — can. Met. rector eccles. parroch. St. Simplicii Met. archipresb. Met. 1058. 91. 92
Nicolaus de — can. Met. rector eccles. parroch. de Marville, can. St. Mauri de Hattonis castro, can. St. Crucis Virdun. 1456. 61
eccles. parroch. de — Met. dioc. 1391. (*209*).

Thiaucourt v. Thiacuria.

Thiemonvilla(*Thinnonville, Kr. Metz*) eccles. parroch. de — Met. dioc. 1391. (*208*).

Tholonensis (*Toulon, dep. Var*) eccles.
prepos. 949
can. et archidiac. Carolus de Pictavia 1230. 32.

Tholosana (*Toulouse, dep. Haute-Garonne*) provincia 1462
archiepisc. 1077.

Thomassetus familiaris Hugonis episc. Virdun. 1239.

Thunisiensis (*Tunis, Afrika*) dioc.
episc. Johannes, antea abbas Gorziensis 1102. 11. 12.

Tiato (*Thiat, dep. Haute-Vienne, A. Bellac*)
Alardus de — officialis Met. 964.

St. Tiberii (*St-Thibéry, dep. Hérault, A. Béziers*) monasterium Agatens. dioc.
abbas 928.

Tinkerey (*Tincry, Kr. Château-Salins*) eccles. parroch. de — Met. dioc. 1391. (*210*.)
rector Ancillo de Metis 1384.

Tinnensis v. Thunisiensis.

Tinquerey v. Tinkerey.

Tolcrandi S. 1549.

Toletana (*Toledo, Spanien*) eccles. 1359.

Tompot, Johannes dict. — can. Met. can. St. Marie Rotunde Met. 1092. 1093. 1155.

Toreno (*Thorey, dep. Meurthe-et-Moselle, A. Nancy*)
Egidius de — can. et elemosinarius Met. 1299

Tornacensis (*Tournay, Belgien*) dioc. 1016. 17
can. Geraldus Fornerii 1138
Johannes de Ponte 1032

Tornaco, eccles. de — Lemovicens. dioc.
rector Petrus Chautardi 1063.

Tornamira, Johannes de — thesaurarius Met. 1405
Poncius de — can. Met. can. St. Petri Ariensis 1091. 93

Tornanura v. Tornamira.

Tornedorensis (*Tonnerre, dep. Yonne*) eccles. Ligonens.
archidiac. 865.

Tornella (*Thonnelle, dep. Meuse, A. Montmédy*)
Droco de — alias Warsies, can. Met. capellan. St. Katerine in rurali eccles. B. Marie de Chessoy 854.

Torvilleir (*Dorsweiler, Kr. Château-Salins*) eccles. parroch. de — Met. dioc. 1391. (*214*).

Toulou (*Toulon abgeg. Ort bei Lixières, dep. Meurthe-et-Moselle, A. Nancy*)
Albertus de — can. Tull, can. Virdun. can. Met. 1042.
Toupeti v. Tompot.
Traiectensis (*Utrecht, Niederlande*)
eccles. St. Salvatoris
decanus 988. 1024
dioc.
  can. Johannes de Pistorio 823. 991
  Philippus de Cierkes 869. 870.
Trassem v. Osme.
Trecensis (*Troyes, dep. Aube*) dioc.
episc. 839. 1471
cantor 891
decanus 839
Tremonia (*Tremont, dep. Meuse, A. Bar-le-Duc, oder Dortmund, Westfalen*)
Henricus de — archidiac. Leodiensis 1299. 1521.
Treverensis (*Trier, Rheinprovinz*)
civitas 963
ecclesiae collegiatae
  St. Paulini extra muros
  prepos. 1522
  can. Johannes de Lucembourch 1307
  St. Syméonis
  decanus 873. 1429
  can. Johannes de Lucembourch 1307
monasteria
  St. Martini
    abbas 1522
  St. Mathei
    abbas 873
  St. Maximini
    mon. Everhardus de Lininghen 1522
dioc. et provincia
844. 45. 46. 56. 57. 64. 65. 81. 883. 84. 99. 910. 12. 33. 39. 952. 54. 61. 63. 66. 77. 78. 81. 988. 91. 99. 1001. 07. 19. 26. 1083. 1115. 27. 34. 36. 40. 55. 1157. 80. 82. 94. 99. 1291. 1306. 1316. 17. 41. 44. 48. 49. 51. 1354. 61. 63. 84. 1430. 38. 45. 1462. 64. 75. 83. 87. 1516. 22. 1523. 74
archiepisc.
  Balduinus (Baldewinus) de Luxemburg 924. 37. 62. 63. 1006. 50. 1086. 90. 1109. 68. 1203. 11. 1220. 1473. 1573
  Boemundus, sacri imperii per Galliam archicancellarius 1220. 1225. 61. 93. 94. 95. 96. 99. 1309. 62. 89. 90. 1577. 78
  Cuno de Falkenstein 1411. 42. 71. 73. 1502. 48. 49
decanus 1308. 18. 1406
officialis 1291. 1429
canonici
  Henricus de Asperomonte 1026. 1150. 96. 1289
  Jacobus de Cierkes 872. 73
  Joffridus de Grangia 1026
  Johannes de Sallewerne 937. 38. 1357
  Johannes de Vico 1284
  Philippus de Cierkes 869. 70
  Reymbaldus Beyer de Boperdia 1324
  Theodoricus Beyer de Bopardia 1153. 1242
  Walterus de Amancia 1424
clericus
  Johannes de Cronoberg 1230. 33
altare St. Georgii obtinens
  Simon de Theonisvilla 856.
Treveris 1266.
Tricastrensis (*St-Paul-de-trois-Châteaux, dep. Drôme. A. Montelimar*)
eccles.
  can. Dalmacius de St. Laurencio 838. 43.
Tricastrinus v. Tricastrensis.
St. Tridonis eccles. v. Coloniensis St. Gereonis.
Trieulz (*Trieux, dep. Meurthe-et-Moselle, A. Briey*) eccles. parroch. de — Met. dioc. 1391. (*209*).
Trioms v. St. Tridonis.

Trivineyo (*Tréveray, dep. Meuse, A. Commercy*)
    Theobaldus de — can. de Lineyo, Tull. dioc. 901.
Trivisiensis (*Treviso, Italien*)
    episc. Johannes 1244.
Tueffles (*Tuffé, dep. Sarthe, A. Mamers?*)
    Guillelmus de — can. Met. 853.
Tullensis (*Toul, dep. Meurthe-et-Moselle*)
    civitas 939. 1020. 66. 1168. 79. 1262. 1390. 1442. 78. 1530. 74
        justiciarii 1066. 1262
        magister scabinus 1066
        civis: Nicolaus de Portu, legum doctor 859
    ecclesia collegiata St. Gengulphi (Gangulphi) 1253
        prepos. 1478
            Johannes de Hoyo 1404
        canonici
            Guillelmus de Chateyo 867
            Jacobus Symonis de Buxeriis 908
            Johannes de Alompno 1574
            Johannes Myus 866
        capellan. perpet. Hugo Johannis de Alneto 1539
    monasteria
        St. Apri extra muros ord. St. Benedicti
            abbas 1425
                Guillelmus 869. 76. 1175. 1214. 1223
        St. Mansueti extra muros ord. St. Benedicti
            abbas 1147. 1214. 31. 32. 1435
            capellania B. Marie
                capellan. perpet. Philippus de Syrocuria 1223
    ordo fratrum Predicatorum
        prior 1270. 71
    altare St. Crucis in eccles. Tull.
        capellan. Symon de Novavilla 894
    capella St. Catherine in domo episc. 1392
        capellan. perpet. Nicholaus Marsaul de Gotzia 1392. 94.
Tullensis diocesis 828. 41. 59. 64. 865. 866. 67. 69. 75. 76. 81. 85. 97. 898. 901. 08. 39. 55. 82. 97. 1016. 17. 1020. 41. 42. 53. 63. 66. 67. 69. 70. 1099. 1103. 10. 37. 51. 54. 68. 69. 70. 1173. 75. 83. 1204. 17. 27. 40. 53. 55. 1263. 84. 88. 1302. 20. 21. 24. 30. 39. 1356. 62. 67. 68. 73. 77. 88. 90. 1402. 1403. 18. 25. 42. 43. 46. 49. 60. 67. 1468. 75. 96. 97. 1530. 70. 74
    episcopi
        Bertrandus (Bernardus, Robertus [de la Tour]) antea abbas St. Genesii Claromontens. 1168. 1169. 73. 74. 79. 88. 1203. 07. 1234. 40. 43. 51. 52. 70. 93. 1294. 95. 96. 1308. 18. 26. 47. 1352. 72. 81. 86. 90. 1401. 49. postea episc. Aniciensis.
        Henricus 1293
        Johannes (de Arzilleriis) 1570
        Johannes de Hoyo 1442. 46. 49. 1450. 60. 71. 75. 78. 86. 95. 1506. 17. 25. 30. 32. 38. 45. 48. 49. 57. 64. 68
        Petrus (de Barreria) antea electus Legionensis, postea episc. Mirapiscensis 1390. 1401. 1420. 41. 42. 49
        Thomas [de Bourlemonte] 882. 883. 84. 924. 63. 70. 79. 1006. 1020. 59. 88. 1109. 48. 68
        Heinricus de Girmereyo, a capitulo electus sed a papa non acceptus 1168
    Mensa episcopalis 1020. 1478
    capitulum maioris eccles. 882. 1020. 1066. 67. 68. 69. 1168. 79. 1271. 1390. 1442. 1570
    archidiaconus 837. 1257. 1478
    cardinalis Ostiensis 1399. 1402
        Johannes de Hoyo 1399. 1404. 1425. 46. 78
    cantor 1403
    capellanus
        Gerardus de Unvilla 868

decanus 1462. 1536
Heinricus de Girmereyo 1020.
1066. 67. 68. 69. 1113. 68. 70.
1175. 1271. 1325
Johannes de Molans 1570
officialis 1063. 1156. 1223. 49.
1393. 1418. 1553
scolasticus 836
    Carolus de Pictavia 949. 1002.
1213. 14. 30. 32
    Johannes de Hoyo 1213. 14. 30.
1231
thesaurarius
    Burniquinus Auberti de Perroya
1223
    Philippus de Syrocuria 1223
canonici 1066
    Albertus Membour 1202. 56
    Albertus fil. natural. Radulphi de
Lothoringia 957
    Albertus de Toulou 1042
    Albricus Piedechaut 1339
    Bernequinus de Perroya 956
    cardinalis Ostiensis 1399. 1402
    Carolus de Pictavia 949. 1213.
1214. 30. 32
    Colignon de Onvilla 867
    Dominicus de St. Albino 1217
    Dominicus de Minorivilla 1217
    Fericus de Barro 1402
    Firminus 1044
    Gerardus de Franchavilla 860.
1403
    Gerardus de Unvilla 868
    Henricus de Amancia 1256
    Henricus de Germineyo 1175
    Henricus de Saraponte 1146
    Huardus de Valliscolore 867
    Johannes de Hoyo 1213. 14. 30.
1231. 1399. 1404. 46. 1525
    Johannes Myus 866
    Johannes de Saraponte 1044. 51
    Johannes de Verinis 1327
    Nicholaus Marsaul (Musaulz) de
Gotzia 1392. 94. 1461
    Petrus Guigonis de Castronovo
890. 91
    Philippus de Syrocuria 1223

Therricus de Biuncuria 1058. 70.
1098. 99. 1143. 70. 1298. 1302
clerus 1168. 1270. 1390. 1442.
1530
vasalli 1168. 1390. 1442.
Turchi (Turci) 962. 63. 79. 1010. 21.
1059.
Turonensis (*Tours, dep.Indre-et-Loire*)
eccles.
    archidiac. 1321
    can. Arnaldus de Moleriis 1270.
Tusculanus (*Frascati b. Rom*) episc.
Anibaldus 931.
Tyacourt } v. Thiacuria.
Tyacuria }
Tyffwilre (*Schiffweiler, Kr. Ottweiler,
Rheinprovinz*) eccles. parroch. de —
Met. dioc. 1391. (*219*).

U.

Uckesheim (*Ixheim, Pfalz, B.-A.
Zweibrücken*) eccles. parroch. de —
Met. dioc. 1391. (*217*).
Ulixbonensis (*Lissabon, Portugal*)
episc. 968.
Ulmonte (*Valmont, dep. Seine-Infé-
rieure, A. Yvetot*).
    Johannes de — cler. Remens. dioc.
1383. 1472.
Ultestorf (*Helsdorf, Kr. Bolchen*) ec-
cles. parroch. de — Met. dioc. 1391.
(*213*).
Ultricuria (*Autrécourt, dep. Meuse,
A. Bar-le-Duc*)
    Nicholaus de — decanus Met. 1492.
Ungaria 1391.
Ungre le — v. Hungre.
Unvilla v. Onvilla.
St. Urbani (*St-Urbain, dep. Haute-
Marne, A. Vassy*) monaster. in dioc.
Cathalaunens.
    abbas 1066. 67.
Urbe, Franciscus Sebaldi de — can.
Maguntin. 880.
Urchiis (*Ourches, dep. Meuse, A. Com-
mercy*)

Adam Johannis de — procurator ducis Lothoringie, capellan. hospitalis de Waurin, can. B. Marie Magdalene Virdun. eccles. tenens de Dompnoremigio, can. eccles. de Briceyo 867.
Urgellensis (*Seo d'Urgel, Spanien*) dioc.
    electus Nicolaus Capoci, antea can. Virdun. 1032.
Usinga ante villam St. Naboris (*Ussingen, abgeg. Ort zwischen St. Avold und Lubeln, Kr. Forbach*)
    capella St. Stephani
        capellan. Antonius de Viterbio 987
        Franciscus dict. Louve 986. 87.
Uticensis (*Pays d'Ouche, Normandie*) archidiac. 848.
Uticensis (*Utica b. Tunis, Afrika*) dioc. 1448.

V. W.

Wackewilre (*Wiesweiler, Kr. Saargemünd*) eccles. parroch. de — Met. dioc. 1391. *(217)*.
Wacko, Johannes dict. — presb. Trevir. 1083
Wadrich (*Wallerchen, Kr. Bolchen*) eccles. parroch. de — Met. dioc. 1391. *(215.)*
Valdansis (*Veldenz, Grafschaft a. d. Mosel*)
    comes 1261
    Heinricus 1109
Valdentia (*Velaines, dep. Meuse, A. Bar-le-Duc*)
    castrum cum advocatia, banno et curia in dioc. Virdun. 1293.
Waldrika (*Wallerchen, Kr. Bolchen*) eccles. parroch. de — Met. dioc. 1573. v. Wadrich.
Walen (*Vahl, Kr. Château-Salins*) eccles. parroch. de — Met. dioc. 1391. *(214.)*

Valencia (*Valance, dep. Drôme*) 1477.
Valentinensis (*Valance*) dioc. 1284. 1346
    episc. 891
    precentor
        Carolus de Pictavia 949
        Petrus Maioris 1346. 47
    can. Carolus de Pictavia 949
        Guigo (Hugo) Ademarii (Adzemarii) 955. 1229. 1575.
St. Walfrido (*Wölferdingen, Kr. Saargemünd*) eccles. parroch. de — Met. dioc. 1391. *(218.)*
Walkerangez (*Volkringen, Kr. Diedenhofen-West*) eccles. parroch. de — Met. dioc. 1391. *(212)*.
Valle B. Marie subtus Asperomonte (*Vaux-de-St. Marie, dep. Meuse, A. Commercy*)
    Symon Laurentii de — can. St. Germani Montisfalconis 1327.
Vallebonesii (*Vaulnanoys-le-Haut, dep. Isère*) prioratus — Gratianopolitan. eccles.
    prior Johannes, postea abbas Gorziensis 901.
Valleriis (*Vallières, Kr. Metz*) eccles. parroch. de — Met. dioc. 1391. *(206.)*
Vallibus (*Vaux, Kr. Metz*)
    Henricus de — civ. Met. 1503
    Petrus Megani, prior de — 1173.
Valliscolore(*Vaucouleurs, dep. Meuse, A. Commercy*)
    Huardus de — can. Tull. can. Luberdunens. 867.
Valliscompatrensis(*Patras,Griechenland*) episc.
    Libertus, episc. vicarius Met. 1225. v. Patras.
Walmunster (*Wolmünster, Kr. Saargemünd*) eccles. parroch. de — Met. dioc. 1391. *(217)*.
Walmunstre (*Walmünster, Kr. Bolchen*) eccles. parroch. de — Met. dioc. 1391. *(215)*.
Walsburen (*Walschbronn, Kr. Saargemünd*) eccles. parroch. de — Met. dioc. 1391. *(216.)*

— 359 —

Walscheit (*Walscheid, Kr. Saarburg*) eccles. parroch. de — Met. dioc. 1391. (*216.*)

Vancellis (*Vaucelles, dep. Calvados, A. Caen*)
Guichardus de — can. Met. can. St. Pauli Lugdunens. rector eccles. parroch. de Montoux 839. 1244.

Wandelenvilla (*Vandelainville, dep. Meurthe-et-Moselle, A. Toul*) eccles. parroch. de — Met. dioc. 1391. (*209*).

St. Wandelino (*St. Wendel, Rheinprovinz*) eccles. parroch. de — Met. dioc. 1391. (*219*.)

Vantouz (*Vantoux, Kr. Metz*) eccles. parroch. de — Met. dioc. 1391. (*207*).

Vapincensis (*Gap, dep. Hautes-Alpes*) electus Henricus, antea archidiac. de Vico 1028. 1148.

Wappey (*Woippy, Kr. Metz*) eccles. parroch. de — Met. dioc. 1391. (*207*).

Warando, silva de — (*Warandwald zwischen St. Avold u. Saarbrücken*) 986. 987.

Wargni (*Varney, dep. Meuse, A. Bar-le-Duc oder Wargnies, dep. Nord, A. Avesnes*)
Petrus de — can. Met. can. St. Aldegundis Melbodiens. can. Luchosens. can. B. Marie Hoyensis, rector eccles. parroch. de Filennes 1342.

Warini, Johannes, can. Met. 1439.

Warrisia (*Waibelskirchen, Kr. Bolchen*)
Hannemannus de — 1392
  fil. Johannes, presb. Met. dioc. 1392
Ludovicus Alberti de — can. St. Salvatoris, recter eccles. parroch. de Vila 1392
archipresbiteratus de — Met. dioc. 1391. (*212.*)
eccles. parroch. 1391. (*212*).

Warsies, Droco de Tornella alias — can. Met. 854.

Warsperch (*Warsberg, Kr. Bolchen*)
Guerrardus de — miles 864. 65

Matheus Ludovici de — can. St. Salvatoris Met. 1312
Philippus Ludovici de — presb. Met. dioc. 1412.

Warswilre (*Farschweiler, Kr. Saargemünd*) eccles. parroch. de — Met. dioc. 1391. (*218*).

Vauzellis v. Vancellis.

Vaurensis (*Lavaur, dep. Tarn*) dioc. episc. 1155. 76.

Waurin (*Wavre, Belgien, Brabant*) Tornacens. dioc.
hospitale de —
  capellan. Adam Johannis de Urchiis 867.

Wavilla (*Waville, dep. Meuse, A. Montmédy*) eccles. parroch. de — Met. dioc. 1391. (*209*.)

Vayrchiis (*Vaureilles, dep. Aveyron, A. Villefranche*)
Johannes de — baccalaureus in legibus, can. Met. archidiac. Met. can. Caturcens. can. Carpentoracens. prior eccles. de Corcolesio, archidiac. Vesalinensis 1277. 78. 1488. 90.

Vayroliis v. Vayrchiis.

Weckelinguen (*Völklingen, Kr. Saarbrücken?*) eccles. parroch. ·de — Met. dioc. 1391. (*218*.)

Veldencia v. Valdansis.

Velletrensis (*Velletri bei Rom*) episc. cardinal. Petrus 1402.

Welteringuen (*Weltringen, abgeg. Ort bei Bühl, Kr. Saaburg*) eccles. parroch. de — Met. dioc. 1391. (*216*).

Venaysinus (*Venaissin, Grafschaft bei Avignon a. Rhone*) comitatus
thesaurarius Audoynus de Acra 1335a. 1516.

Venayssinus v. Venaysinus.

Vendehanap
Colignonus dict. — 1122.
  uxor Isabella 1122.
Simon Petri dict. — notarius publicus Met. can. St. Salvatoris, can. St. Theodati 959. 1009. 1339. 76. 1492. 1503. 09.

Vendehanep } v. Vendehanap.
Vendehinep }
Venderiis (*Vaudières, dep. Meurthe-et-Moselle, A. Nancy*)
   Aelidis de — monial. St. Petri Met. 1376.
   Petrus de — decan. St. Deodati 1041.
Vendieres v. Venderiis.
Venharnep v. Vendehanap.
Venestrengis v. Fenestranges.
Ventronisville (*Watronville, dep. Meuse, A. Verdun.*) castrum in dioc. Vird. 1293.
Verdensis (*Verden a. Aller, Hannover*) eccles. 858
   episc. Daniel 852. 58. 65.
Verdriaco v. Vertriaco.
Wergavilla (*Vergaville, Kr. Château-Salins*)
   archipresbiteratus de — Met. dioc. 1391 (*215*)
   eccles. parroch. de — 1391 (*215*)
   monasterium de —
   abbatissa 1391 (*205*).
Verinis (*Verneuil-le-Grand, dep. Meuse, A. Montmédy*)
   Johannes de — can. Tull. 1327.
Wernepech } v. Warsperch.
Wernespoch }
Wernivillerio (*Verneville, Kr. Metz*) monasterium de —
   abbas 1391 (*205*).
Werrise v. Warrisia.
Versio, eccles. parroch. de — Uticens. dioc. 1448
   rector Johannes de St. Cruce 1448.
Vertigneicourt (*Vertignécourt, abgeg. Ort bei Puttigny, Kr. Château-Salins*) eccles. parroch. de — Met. dioc. 1391. (*214*).
Vertriaco (*Vitrey, dep. Meurthe et Moselle, A. Nancy*)
   Johannes de — magister, civ. Met. can. B. Marie Rotunde 910. 964. 1055. 1347.
   Johannes de — cler. eccles. Lugdunens. 1231. 33.

Vesalinensis archidiaconatus in eccles. Agenensi
   archidiac. Johannes de Vayroliis 1490.
Vestinga v. Fenestranges.
Westorf in eccles. Tull.
   eccles. de — 882.
Vicello de —
   archidiacon. 836. 1063. 1175.
   decanus 836. v. Rivello.
Viculo (*Vézelise, dep. Meurthe-et-Moselle, A. Nancy*)
   Gerardus de — can. St. Maximi Barroducis 1226
   Guiilelmus (Wuillelmus) magister, cler. Tull. can. St. Salvatoris Met. 929. 32. 46. 47. 51. 1007. 1103. 1145. 54. 98a.
Vico (*Vic, Kr. Château-Salins*)
   villa de — 864. 65. 1553.
   Dominicus de — rector eccles. parroch. St. Segolene Met. 1553.
   Johannes de — capellan. Ademari episc. Met. can. Trevir. can. et decan. eccles. collegiat. de Vico, can. Met. 1284.
   Pieressonius de — cler. 1503.
   Poncius de — civ. Met. 1109. 1211.
   archidiaconatus 843. 62. 964.
   archidiac. 1374.
     Henricus electus Vapincens. 1028.
     Johannes de Sona 1028. 1384.
     Petrus Guigonis de Castronovo 843. 62. 1028.
     Petrus Moreti 910. 12. 49. 64. 1002. 1008.
   ecclesia collegiata St. Stephani capitulum 1391
     decanus et can. Johannes de Vico 1284.
   prioratus St. Christofori extra muros ord. St. Benedicti
     prior 1391 (*205*)
     Petrus 1553.
Widemont, Henricus comes de — dominus de Jeynsil 1269.
Viemia (*Woimbey, dep. Meuse, A. Commercy*) castrum in dioc. Virdun. 1293.

Vienna (*Vienne, dep. Isère*)
  Henricus comes de — 844. 45
  relicta Maria de Flandria 844. 45.
  Henequinus de — 1503
  Humbertus Dalphinus de — 921. 1063.
Viennensis dalphinatus
  gubernator Radulphus de Luppeyo 1519.
Viennensis dioc. et provincia 824. 846. 57. 99. 933. 39. 52. 54. 61. 77. 978. 81. 99. 1001. 19. 1115. 27. 34. 1136. 40. 80. 1204. 22. 55. 1306. 16. 1341. 1348. 1349. 1351. 1354. 1361.
Viennense concilium 948.
Wiger (*Weyer, Kr. Zabern*) eccles. parroch. de — Met. dioc. 1391 (*217*).
Vigey (*Vigy, Kr. Metz*) eccles. parroch. de — Met. dioc. 1391 (*215*).
Vila (*Niederfillen, Kr. Bolchen*) eccles. parroch. de — Met. dioc. rector Ludovicus de Warrisia 1392.
Wilburgensis (*Weilburg a. Lahn, Nassau*)
  eccles. colleg. B. Marie Trevir. dioc. decanus 1522.
  prepositus Reymboldus dict. Beyer de Boperdia 1323.
Vileires (*Villers a. Nied, Kr. Château-Salins*)
  Cecilia de — monial St. Petri Met. 1376.
Vilesel (*Ville-sur-Saulx, dep. Meuse, A. Bar-le-Duc*)
  Huynus de — armiger Radulphi ducis Lothoringie 866.
Wilkeschircheim (*Wiebelskirchen, Kr. Ottweiler, Rheinprovinz*) eccles. parroch. de — Met. dioc. 1391. (*219*).
Villa (*Ville-Houdlemont bei Longuion, dep. Meurthe-et-Moselle, A. Briey, oder Ville-Cloye, dep. Ardennes*)
  Henricus de — presb. Trevir. dioc. can. St. Salvatoris Met. 1155. 1383.
Villa super Yron (*Ville-sur-Yron dep. Meurthe-et-Moselle, A. Briey*) eccles. parroch. de — Met. dioc. 1391. (*214*.)

Villafrancha (*Villefranche, dep. Yonne, A. Joigny*)
  eccles. parroch. de — Senonens. dioc.
  rector Nicholaus de Blonodio 1574.
Villanova (*Villeneuve, dep. Hérault, A. Bézières*) 829. 36. 37. 38—42. 44. 845. 861. 92. 93. 95. 913—15. 24. 27. 928. 34. 35. 37. 38. 55. 82. 1058. 59. 1081. 85—89. 1101. 02. 04. 05. 28—31. 1154—60. 64—72. 74. 91—97. 99. 1201. 1203. 28. 30—33. 35. 36. 47. 48. 51. 1253. 55—57. 70—73. 75. 1302—05. 1307. 09—11. 24. 53. 55—57.
Villariense (*Villers-Bettnach, Kr. Metz*) monasterium 896
  abbas 1391. (*205*.)
Willderdinguen (*Völlerdingen, Kr. Zabern*) eccles. parroch. de — Met. dioc. 1391. (*218*).
Villeirs (*Villers-les-Moivron, dep. Meurthe-et-Moselle, A. Nancy*) eccles. parroch. de — Met. dioc. 1391. (*210*).
Villeryo v. Villariense.
Villeyo. (*Villey-le-Sec, dep. Meurthe-et-Moselle, A. Toul*)
  Hugo de — cler. Tull. dioc. can. Virdun. 1330.
Willinguen (*Willingen bei St. Avold, Kr. Forbach*) eccles. parroch. de — Met. dioc. 1391. (*213*.)
Vilo v. Vico.
Wilre (*Weiler bei Gr.-Tänchen, Kr. Forbach*) eccles. parroch. de — Met. dioc. 1391. (*212*).
Vinstinga v. Fenestranges.
Winterheim (*Wittersheim, Pfalz, B.-A. Zweibrücken*) eccles. parroch. de — Met. dioc. 1391. (*218*).
Winteringuen (*Wittringen, Kr. Saargemünd*) eccles. parroch. de — Met. dioc. 1391. (*218*.)
Winteringuen (*Wintringen, Kr. Forbach*) eccles. parroch. de — Met. dioc. 1391. (*213*).
Wintesperch (*Wintersburg, Kr. Saarburg*) eccles. parroch. de — Met. dioc. 1391. (*216*).

Wipeyo (*Woippy, Kr. Metz?*)
Johannes de — can. Met. vicar. perpet. eccles. parroch. de Castineto 1418. 96.

Virdunensis (*Verdun, dep. Meuse*)
civitas et communitas 915. 939. 980. 95. 1013. 39. 50. 67. 85. 90. 1294. 95. 1310. 1411. 1519
universitas civitatis 1085
administratores 995. 1013
decanus 995. 1013
gubernatores 995. 1013
iusticiarii 995. 1013. 39. 85
magister scabinus 995. 1013
officiales 1013
rectores 995. 1013
scabini 1013. 85
consilium 1039
consiliarius
Egidius dict. de Eys 1039
cives 915. 95. 1011. 39. 1295
Johannes Martini de Porta 980
ecclesia collegiata B. Marie Magdalene
capitulum 1013
cantor Egidius dict. de Eix 1040
decanus 1312. 1466
prepositus
Johannes de Deicustodia 842. 926. 83. 1013. 1197
scolasticus
Johannes de St. Laurentio 1135
canonici
Adam Johannis de Urchiis 867
Alardus de Thiacuria 1311
Egidius dict. de Eys 1039. 40
Henricus de Asperomonte 1196. 1289
Johannes de Bystorph 1157
Johannes de Comme 1331
Nicolaus de Lenoncuria 869. 897
Philippus de Remecourt 866
Remigius de Puteolis 1339

ecclesia collegiata St. Crucis
can. Nicolaus de Thiacuria 1461
ecclesia parrochialis St. Petri Capracii
rector Sanctinus de Hathonis castro 1090
presbiteri pretendentes Nicolaus et Johannes 915
monasteria
St. Agerici
abbas 1040. 1178
St. Mauri ord. St. Benedicti
abbatissa Maria 1452
St. Nicolai in prato (Patro)
abbas 849. 93. 1040. 1150. 96
St. Pauli
abbas 1141
St. Vitoni ord. St. Benedicti
abbas Raymundus, postea abbas St. Andree Avinionens. dioc. 849. 51. 93. 1160
Giraldus 1160
Mendicantium ordinum fratres 995. 1013.
Virdunensis diocesis 867. 902. 939. 93. 95. 98. 1007. 13. 25. 32. 36. 1043. 50. 53. 57. 67. 73. 74. 75. 89. 1090. 94. 95. 96. 1110. 41. 47. 76. 83. 1204. 08. 23. 31. 32. 49. 55. 90. 93. 1295. 1309. 13. 35. 38. 56. 62. 73. 77. 1411. 55. 56. 60. 64. 1519. 53
episcopus 915. 24. 63. 70. 71. 79. 1085. 1413. 32
Albertus 1293
Hemo 1293
Henricus de Asperomonte 995. 998. 1006. 13. 50
Hugo de Barro 1090. 94. 96. 1100. 35. 54. 61. 62. 63. 67. 1177. 1203. 05. 16. 39. 45. 1246. 62. 80. 93. 94. 95. 96. 1297. 1309. 58. 1411. 13
Johannes de Bourbon antea decanus Eduensis 1411. 13. 1421. 28. 32. 59. 91. 1518. 1520. 29. 33. 38. 40. 56. 59. 67
Otto, (Odo, Ottho, Ottoninus) de Pictavia 1050. 57. 59. 65.

1084. 85. 86. 87. 88. 89. 90.
1094. 95. 96. 1135. 61. 62.
1177. 1205. 1297
capitulum 915. 95. 1011. 13. 50. 90.
1411
 archidiaconus 995
 cantor 1553
 decanus 915. 95. 1013. 1068.
 1419. 66
 officialis 1043. 67. 1312. 39.
 1463. 66. 1519
 primicerius 915. 95. 1013
  Aubricus Radulphi de Lingonis 1463
  Talayrandus episc. Albanensis 1463
 canonici
  Alardus de Thiacuria 1311
  Albertus de Toulou 1042
  Aubricus Radulphi de Lingonis 1463
  Egidius dict. de Eys 1039.
  1040
  Galterus Alberti de Metis 849. 92. 93
  Guillelmus de Blezis 1253
  Henricus de Germineyo 1175
  Henricus de Saraponte 1044. 1146. 47
  Hermannus de Lenoncuria 1048
  Hugo de Duno 1048
  Hugo de Villeyo 1330
  Hugoninus de Barro 836
  Joffridus de Asperomonte 1148. 95. 1282
  Johannes Coyterius 1284
  Johannes de Deicustodia 842
  Johannes de Liethemborg 1183
  Johannes Montineti de Marvilla 897
  Johannes de Pilon 1452
  Johannes de Preneyo 866
  Johannes de Saraponte 1044. 1051
  Johannes de Silvaticis de Janua 1043
  Marcellus de Columpna 1032
  Nicolaus de Franchavilla 1043. 1176. 1208
  Nicolaus de Lenoncuria postea electus Urgellensis 869. 97. 1032
  Nicolaus de Portu 859. 1109
  Reynerius de Duno 1039. 1040
  Theobaldus de Albomonte 859
  Ulricus 1540.
 capellani
  Henricus 1567
  Santinus capellan. episc. Hugonis 1205
 clerus 1011. 50. 90. 1295. 1411
 Franciscus clericus 980
 vasalli 1050. 90. 1295. 1411.
Wirminguen (*Wirmingen bei Albesdorf, Kr. Château-Salins*) eccles. parroch. de — Met. dioc. 1391. (*213.*)
Virtutibus (*Vertus, dép. Marne*)
 archidiaconus de — 918
Wissemburg v. Wizzemburgense.
Wistingen v. Fenestranges.
Vitalis, Stephanus, cursor 1306. 41.
Viterbiensis (*Viterbo bei Rom*)
 Paulus, magister phisicus 837. 86. 887
  filii Antonius can. Met. capellan. de Usinga 986. 87
  Nicolaus can. Met. electus Viterbiensis 837. 1081.
Viterbium 1536. v. Viterbiensis.
Witoncourt (*Vittoncourt, Kr. Bolchen*) eccles. parroch. de — Met. dioc. 1391. (*212.*)
Vitrey (*Wallingen, Kr. Diedenhofen-West*) eccles. parroch. de — Met. dioc. 1391. (*208*).
Vitriaco v. Vertriaco.
Vivariensis (*Viviers, dép. Ardèche, A. Privas*) dioc.
 episc. 1002
 can. Carolus de Pictavia 949. 1230. 1232
  Hugo Adzemarii 955. 1228.

Viviani, Albertus — de St. Cristoforo, can.-Astoricens. can. Met. 1462.
Vivianus R. 1362.
Viviers (*Viviers, Kr. Château-Salins*) prior de — 1391. (*205*).
Wixeyo v. Wipeyo.
Wizzemburgense (*Weissenburg, U.-Elsass*) monasterium ord. St. Benedicti abbas Eberhardus 1293. 94. 95.
— mon. Hugo de Fenestranges, postea abbas Gorziensis 1298.
Vogeneil, Maherus dict. — custos et camerarius St. Arnulphi Met. 967. 89. 94.
Vogenel, v. Vogeneil.
Wolfeskircheim (*Wolfskirchen, Kr. Zabern*) eccles. parroch. de — Met. dioc. 1391 (*217*).
Wolfervillare v. Wolfisvillare.
Wolfisvillare (*Woinville, dep. Meuse, A. Commercy*) castrum in Virdun. dioc. 1293.
Wolkeskircheim (*Volksberg, Kr. Zabern?*) eccles. parroch. de — Met. dioc. 1391. (*217*.)
Wormaciensis (*Worms, Rheinhessen*) ecclesia St. Andree
   can. Reymboldus Beyer. de Boperdia 1323
ecclesia St. Martini
   can. Gerbodo 1189
diocesis 827. 1504. 05. 37
   episc. Salamon (Salamannus) 1504. 05
     electus Theodoricus Beyer de Bopardia, translatus Met. 1324. 1502. 1512.
   thesaurarius Henricus Bavarus 1535
   canonici.
     Baudonus de Calma 1409
     Gerardus de Montabur 1523
     Jacobus Hennequini de Metis 1409
     Nicholaus de Saraponte 1339. 1340. 1400
     Theodericus Beyer de Bopardia 1153. 1242

Wormatiensis v. Wormaciensis.
Vortriaco v. Vertriaco.
Vozagus (*Vogesen*) 866.
Wrien, Guedefridus — de Gozzia. notarius publicus 959.
Vrilburg v. Wilburgensis.
Wyzemburgense v. Wizzemburgense.

X. Y. Z.

Xalkenbach (*Schalbach, Kr. Saarburg*) eccles. parroch. de — Met. dioc. 1391 (*218*).
Xammes (*Xammes, dep. Meurthe-et-Moselle, A. Toul*) eccles. parroch. de Met. dioc. 1391 (*209*).
Xanctonensis (*Les Saintes, dep. Charente Inférieure*) dioc. 1113.
   cantor 1403
   decanus 1081
   can. Johannes de Sanctocristo 1033.
Xanin v. Panin.
Xaudeti, Gerardus, can. St.Deodati 1223.
Xavin, Joffridus dict. — can. Met. 896. 1521.
Xaving (*Jouaville, dep. Meurthe-et-Moselle, A. Briey?*)
   Guillelmus de — mon. Gorziens. prior St. Petri de Amella 1464.
Xellekien; Nicolaus dict. — can. St. Leodegarii de Marsallo 908. 909.
Xerpaimes (*Scarponne, dep. Meurthe-et-Moselle, A. Nancy*) eccles. parroch. de — Met. dioc. 1391 (*208*).
Xeurey (*Xivrey, dep. Meuse, A. Commercy*) eccles. parroch. de — Met. dioc. 1391 (*210*).
Xousse (*Xousse, dep. Meurthe-et-Moselle, A. Lunéville*) eccles. parroch. de — Met. dioc. 1391 (*211*).
Yburguen (*Ibigny, Kr. Saarburg*) eccles. parroch. de — Met. dioc. 1391 (*216*).
Yron flumen 1391.
Zeflicensis ecclesia in dioc. Coloniens.
   can. Egidius de Stalleghen 1033.
Zelone, Colinus dict. — de Marcey 1198.
Zolner, Theodoricus dict. — de Lyningen miles 1269.

INDEX RERUM NOTABILIORUM VOLUMEN UTRUMQUE COMPLECTENS.

Abbas ab episcopo depositus propter inhabilitatem et insufficientiam 155.
Abbas diffamatus 888. 1240.
Abbatialis mensa 512.
Abbatiarum redditus 1274. 1503.
Abbati concessus usus insignium pontificalium 923.
Abbatis mortui bona mobilia relicta 1492. 1503. 1517.
Abbatissae resignatio 498. 930. 1376.
Abbatis iuramentum fidelitatis papae praestandum 820. (510 a).
Abbatissarum electiones 671. 1376.
Abbatum electiones 24. 30. 33. 50. 52. 58. 106. 155. 163. 166. 259. 361. 930. 1480.
Academicos gradus obtinentes:
    Baccalarii in decretis 866. 1091. 1159. 1339. 1340. 1456.
    Baccalarii in iure civili 839.
    Baccalarii in legibus 855. 1129. 1221. 1277. 1278.
    Doctores legum 244. 247. 260. 261. 1359.
    Licentiati in artibus 1129. 1130. 1284. 1448. 1474.
    Licentiati in iure civili 573. 598. 1168.
    Licentiati in iure utroque 499. 889. 892. 893. 1574. (988 a). 1035. 1045. 1049. 1312.
    Licentiati in medicina 1284. 1448.
    Licentiati in legibus 841. 869. 1027. 1081. 1091. 1092. 1099. 1159. 1170. 1190. 1244. 1253. 1339. 1340. 1372. 1400. 1411. 1422. 1423. 1456.
    Licentiatus in decretis 1496.
    Magister iuris utriusque 107.
    Magistri in artibus 670. 719. 826. 837. 1045. 1339. 1416. 1418. 1419. 1439. 1444. 1488. 1494. 1496. 1497.
    Magistri in medicina 670. 1419.
    Professores iuris 1129. 1130.
    Professor iuris civilis 278.
    Professores iuris utriusque 810 (229 a). 293. 302. 340. 1270.
    Professores legum 107. 390. 591.
Annatae (fructus primi anni) 241. 242. 292. 489. 515. 550. 567. 589. 590. 606. 631. 632. 679. 680. 694. 695. 696. 705. 715—718. 722. 724. 729. 730. 736. 747. 748. 769. 773. 779. 822. 899. 981. 1001. 1019. 1128. 1134. 1140. 1180. 1238. 1250. 1579. (1462 a).
Annatarum taxandarum regulae 242. 589.
Anniversaria episcoporum Metensium ab Ademario episcopo fundata 830. 896. 972.
S. Augustini ordo 50. 98. 106. 116. 152. 558. 576—578. 677. 685. 1475.

— 366 —

Bella inter principes 818 (390 a). 819 (401 a). 412. 413. 455. 456. 461. 462. 464. 497. 501.
Bella inter principes et civitates 444—446. 452. 453. 471. 478. 480. 505. 506. 512. 560. 763. 1106—1109.
Bellum civile Metense 505. 506. 524—526. 560. 905.
Bellum inter principes et episcopum 1309.
Beneficia ecclesiastica:
  Beneficiorum ecclesiasticorum cumulatio 29. 31. 40. 42. 47—49. 55. 794 (57 a). 58. 59. 63. 82. 90. 109—112 (NB.!). 115. 118. 130. 800 (136 a). 144. 151. 169. 178. 180. 186. 190. 193. 197. 199. 200. 207. 216. 807 (219 a). 808 (225 a). 809 (226 a). 228. 230. 243. 260. 271. 278. 279. 281. 312. 340. 342. 384. 390. 421. 436. 448. 449. 495. 499. 500. 502. 503. 513. 514. 529. 534. 535. 553. 556. 566. 568. 570. 573. 575. 585. 586. 598. 600. 602. 611. 623. 627. 821 (642 a). 648. 649. 652. 660. 664. 666. 673. 688. 699. 701. 702. 714. 827. 829. 842. 856. 869. 891. 897. 937. 938. 949 (NB.!). 1014. 1024. 1027. 1028. 1033. 1035. 1042 (NB.!). 1043—1045. 1048. 1051. 1099. 1157. 1170. 1176. 1208. 1214. 1221. 1230. 1232. 1235. 1236. 1242. 1253. 1289. 1302. 1307. 1320. 1323. 1330. 1338. 1342. 1357. 1371. 1392. 1394. 1399. 1400. 1403. 1404.
  Beneficiorum ecclesiasticorum fructus percipientes in absentia cum indulto (seu dispensatione) papali 29. 109—113. 800 (136 a). 151. 182. 200. 202. (207. 210.) 216. 235. 243. 278. 310. 393. 437. 467. 473—475. 491. 522. 572. 591. 594. 595. 662. 674. 684. 874. 876. 882. 905. 906. 955. 956. 983. 1002. 1008. 1278. 1317. 1319.
  Beneficiorum ecclesiasticorum permutationes in curia Romana factae 176. 245. 451. 603. 604: 709. 710. 987. 993. 1007. 1058. 1079. 1575 (1089 a). 1098. 1132. 1155. 1156. 1163. 1164. 1190. 1197. 1223. 1230. 1256. 1285. 1286. 1320. 1321. 1324. 1342. 1346. 1347. 1383. 1409. 1423. 1461. 1516. (1523). 1539.
  Beneficiorum ecclesiasticorum valor annuus 798 (116 a). 153. 154. 184. 236. 279. 447. 482. 499. 527. 529. 538. 566. 592. 596. 623. 627. 821 (642 a). 659. 663. 664. 670. 675. 681. 689. 699. 719. 761. 826. 836. 882. 885. 913. 920. 928. 941. 950. 958. 968. 985. 988. 991. 1003. 1034. 1053. 1070. 1073. 1075. 1077. 1082. 1097. 1104. 1141. 1159. 1176. 1235. 1241. 1260. 1302—1304. 1311. 1371. 1395. 1400. 1410. 1412. 1414. 1416. 1418. 1419. 1445. 1474. 1487. 1497. 1513.
Camera apostolica 789 (4 a). 35. 43. 44. 69. 78. 1569 (78 a). 797 (99 b). 100—102. 114. 117. 123. 126. 131. 156. 157. 160. 170. 804 (170 a). 177. 209. 213—215. 217. 218. 221. 224. 241. 242. 265. 811 (281 a). 812 (281 b). 287—289. 296—298. 300. 307. 308. 314. 319. 320. 323.—326. 328. 332. 342. 346—348. 815 (349 a). 351. 352. 356. 357. 362. 363. 366. 394—396. 398. 405. 407—409. 447. 466. 468. 498. 511. 520. 537. 539. 587. 589. 590. 593. 597. 606—608. 618. 631. 632. 638. 644. 679. 680. 683. 687. 690. 694—696. 703. 704. 707. 715—718. 721—726. 729—733. 736. 747. 748. 769. 770—773. 777. 779. 784. 822. 843. 857. 858. 899. 904. 910—912. 929. 932. 933. 939. 951. 952. 954. 959—962. 977. 978. 981. 1574 (988 a). 997. 1022. 1041. 1049. 1052. 1054. 1055. 1057. 1084. 1096. 1103. 1114. 1115. 1121. 1128. 1133. 1135. 1136. 1140. 1143. 1145. 1149. 1152. 1161—1163. 1173. 1177. 1180. 1187. 1189. 1200. 1202. 1207. 1209. 1224. 1234. 1237—1239. 1243.

1250. 1252. 1258. 1259. 1268. 1274. 1276. 1279. 1280. 1287. 1297. 1300. 1301. 1306. 1309. 1316. 1322. 1325. 1326. 1328. 1335—1337. 1341. 1344. 1348. 1349. 1351. 1352. 1354. 1356—1358. 1361. 1364. 1365. 1369. 1372. 1377. 1381. 1385. 1388. 1391. 1396. 1397. 1401. 1407. 1408. 1413. 1415. 1420. 1424. 1428. 1430. 1433. 1434. 1438. 1440. 1447. 1449. 1451. 1458. 1459. 1579 (1462a). 1472. 1479. 1481. 1483. 1485. 1486. 1489. 1491. 1493. 1495. 1499. 1500. 1504—1512. 1517. 1518. 1520. 1524. 1526—1529. 1532—1535. 1540. 1542—1544. 1552. 1554—1557. 1559. 1562. 1564—1568.

Camerae apostolicae collectores 797 (99b). 100—102. 114. 117. 120. 241. 288. 289. 328. 360. 397. 398. 517. 521. 523. 539. 541—544. 555. 589. 590. 594. 595. 597. 606.—608. 631. 632. 680. 695. 696. 705. 715. 717. 718. 721. 722. 724. 729. 730. 736. 747. 748. 769. 770. 772. 773. 777. 779. 784. 843. 846. 857. 862. 899. 933. 939. 954. 961. 963. 977. 978. 980. 981. 999—1001. 1019. 1052. 1115. 1128. 1134. 1136. 1140. 1194. 1200. 1204. 1209. 1215. 1222. 1255. 1274. 1306. 1317. 1335. 1341. 1344. 1348. 1349. 1351. 1352. 1354. 1356. 1357. 1361. 1369. 1377. 1381. 1391. 1430. 1438. 1447. 1460. 1462. 1463. 1532.

Camerae apostolicae collectores capti et spoliati 542—544. 682. 721.

Camerae apostolicae collectoris praebenda sequestrata 717. 770. 777. 784. 843. 862. 910. 912. 964. 1008 (NB.!). 1028. 1029. 1052 (NB!).

Camerae apostolicae mercatores *(päpstliche Hofbanquiers)* 3. 789 (4a). 12. 43. 56. 57. 77. 79. 86. 88. 89. 797 (99b). 100—102. 120. 126. 157. 806 (186a). 593. 1243. 1349. 1506. 1532. 1569.

Camerae apostolicae solvendus census v. sub: Census.

Canonicorum electiones 331. 417.

Capellani et familiares cardinalium v. sub: Cardinalium.

Capellani et familiares paparum v. sub: Papales.

Captivitas episcorum et clericorum 469. 471. 472. 541—544. 635. 636. 764. 780. 1151.

Captivitas principis 1546. 1547.

Cardinalium beneficia ecclesiastica 502. 588. 668. 848. 1024. 1067. 1069. 1263. 1382. 1399. 1402. 1404. 1417. 1436. 1463—1465. 1490. 1491.

Cardinalium familiares et servitores beneficiati 27. 55. 794 (57a). 105. 138. 226. 809 (226a). 244. 246. 252. 256. 547. 823. 1033. 1047. 1157. 1190. 1210. 1253. 1277. 1278. 1378. 1380. 1403. 1422. 1561. 1563.

Census, qui solvi debet camerae apostolicae 269. 319. 954. 1574 (988a). 1001. 1103. 1145. 1418.

Chirurgus papae 909.

Cisterciensium ordo 91. 141. 145. 148. 161. 274. 309. 330. 341. 350. 965. (1452.)

S. Clarae ordo 254. 353. 457.

Clerici nobiles se transferentes ad statum laicalem vel contrahentes matrimonium 380. 458. 460. 890. 949. 990. 1244.

Clerici patientes defectum aetatis vel lenitatis vel natalium v. sub: Defectum.

Cleri dioecesani mores dissoluti 1530.

Colligationes seu confoederationes contra papae et ecclesiae Romanae honorem machinatae 1332—1334.

Comitia imperii 1265.

Debitorum oneribus oppressa episcopatus, capitula, abbatiae 3. 9. 11. 32. 33. 52. 53. 56. 57. 67. 76—79. 1569 (78a). 86. 124. 156. 157. 804 (170a). 218. 326. 560. 708 (NB!). 725. 765. 917 (NB!). 921. 1111. 1112. 1245. 1257. 1446. 1523.

Decima a papa imposita clero 60—62. 88. 89. 797 (99 b). 100—102. 114. 117. 120. 126. 213. 288. 289. 398. 606. 736. 747. 748. 772. 779. 952. 962. 963. 977—979. 999—1001. 1050. 1204. 1251. 1255. 1391.
    mutata in subsidium 1270. 1271.

Decima a papa imposita clero in favorem imperatoris 1538.
Decima a papa imposita clero in favorem principis 443.
Decimae collectores 61. 62. 88. 89. 797 (99 b). 100—102. 114. 117. 120. 126. 213. 288. 289. 398. 606. 736. 747. 748. 772. 779. 952. 962. 963. 977—979. 999—1001. 1059. 1204. 1251. 1255.
Decimae collectores sunt episcopi 963. 979. 1059. 1251. 1460. 1506. 1517. 1532. 1538.
Decimae taxandae regula 62.
Defectum aetatis patientes clerici 48. 55. 119. 125. 179. 180. 186. 194. 198 (NB!). 199 (NB!). 257. 291. 328. 338. 431. 532. 568. 602. 728. 1010. 1021. 1169. 1277. 1392.
Defectum lenitatis patientes clerici 1030. 1031.
Defectum natalium patientes clerici 334. 338. 602. 720. 741. 742. 831—835. 874. 882. 886. 887. 957. 1045. 1331. 1496. 1545.
Dispensationes super matrimonio 46. 801 (140 a). 149. 183. 806 (212 a). 222. 223. 255. 268. 275. 335. (376.) 628. 651. 706. 734. 743—745. 767. 768. 776. 844. 845. 905. 906. 916. 935. 998. 1105. 1227. 1247. 1457. 1515.
Dispensationes super ordinibus recipiendis 27. 322. 359. 1210.
Dispensationes super residendo v. sub: Beneficiorum ecclesiasticorum.
Ecclesiae redditus tenues et exiles 1467.
Ecclesia oppressa a principe 1467.
Ecclesiarum incendiator et spoliator 1263.
Ecclesiarum possessiones raptae vel iniuste occupatae 444. 1220. 1257. 1261. 1432. 1446. 1473. 1478.
Electiones discordes 24. 28. 30. 80. 106. 166. 167. 257. 264. 291. 331. 361. 417. 930.
Episcoporum electiones 28. 66. 75. 80. 119. 172. 257. 264. 291. 617. 1168.
Episcoporum mensalia bona 17. 19. 191. 192. 196. 318. 816 (365 a). 765. 1020. 1071. 1220. 1257. 1260. 1284. 1293—1296. 1474. 1478.
Episcoporum mensalia bona oppignorata 765. 1020. 1071. 1257. 1473.
Episcoporum resignantium pensio annua 17. 196. 1094. 1095.
Episcoporum resignationes 13. 17. 28. 162. 195. 458. 459. 1090.
Episcopus inhabilis et ineptus citatus ad papam 158.
Examen eorum, quibus providetur, committitur ad partes i. e. personis habitantibus in patria eorum, quibus providetur, 1327. 1444. 1464.
Excommunicatio 7. 37. 71. 92. 127. 142. 168. 189. 215. 217. 334. 335. 447. 646. 687. 780. 782. 881. 946. 995. 1000. 1031. 1063. 1083. 1216 (NB.!). 1225. 1254. 1553.
Excommunicationis, suspensionis et interdicti sententiae latae propter pecuniae summas camerae apostolicae debitas et non solutas 3. 215. 217. 347. 961. 1000. 1059. 1063. 1121. 1143. 1259. 1263. 1270. 1271. 1280. 1301.
Exemtio quoad interdictum 6.
Exemtio quoad iurisdictionem superiorum 7.
Expectantiarum nimia multitudo 1217. (1219?).
Festum lanceae et clavorum 1225.
Franciae rex commendat papae promovendos ad praelaturas vel alia beneficia ecclesiastica 262. 271.

— 369 —

Franciae rex protector et gardiator ecclesiae et civitatis Virdunensis 653. (conf. 669.)
Fundatio anniversarii in ecclesia cathedrali Metensi 830. 972.
Fundatio capellaniarum in ecclesia cathedrali Metensi 1260. 1284.
Hospitalia Lotharingiae spectantia immediate ad hospitale S. Spiritus Romanum 788.
Hospitalis feminarum Chapellotte nuncupati fundatio et dotatio 713. 739. 942. 942 a. 943—945.
Hospitalis S. Mariae Theotonicorum ordo 301. 303. 304.
Imperatoris expeditio Romana ad reducendum Romam Urbanum V 1531. 1538.
Imperii comitia 1265.
Incorporatio archidiaconatus in mensam episcopalem 1478. 1480. 1526.
Incorporatio monasterii in ordinem Cluniacensem 1570 (224 a).
Incorporatio prioratuum in mensam abbatialem 512.
Incorporationes ecclesiarum parrochialium 85. 154. 596. 882. 885. 1573 (963 a).
Indulgentiae non plenariae concessae a papis 148. 457. 658. 875. 881. 943. 944. 1290. 1431. 1453. 1454.
Indulgentiae plenariae semel tantum in mortis articulo 305. 383. 565. 569. 577. 621. 622. 624. 657. 698. 727. 751—753. 850. 914. 919. 948. 982. 1009. 1037. 1038. 1056. 1060. 1061. 1116—1120. 1122—1127. 1164—1167. 1171. 1172. 1181. 1191. 1310. 1314. 1360. 1363. 1367.
Indulgentiarum papalium falsarius 775.
Infames et inhabiles clerici a papis rehabilitati 27. 29. 47. 48. 130. 146. 176. 293. 447. 531. 966. 1010. 1021.
Inquisitio haereticae pravitatis 399. 493.
Interdictum 6. 7. 92. 159. 429. 519. 561. 655. 738. 755. 757—759. 946. 947. 975. 995. 1013. 1083. 1225. 1301. 1443. 1466. 1477.
Interdictum ab ordinibus mendicantium non observatum 995.
Interdictum a nonnullis presbyteris non observatum 915.
Irregularitas 37. 71. 355. 1031. 1301.
Intrusi in beneficia ecclesiastica 168. 1083.
Iuramentum fidelitatis, quod debet ab episcopis et abbatibus praestari papae, 820 (510 a).
Latrones viarum 682. 721. 764. 780. (1264.)
Lites inter capitula et monasteria 189. 995.
Lites inter capitulum et clerum curatum 142.
Lites inter cives Metenses v. sub: Bellum civile Metense.
Lites inter episcopum et capitulum ecclesiae cathedralis 329. 816 (365 a). 817 (365 b).
Lites inter episcopum et clerum civitatis curatum 129. 135.
Lites inter episcopum et monasterium 143. 155.
Lites inter episcopum et principem 678.
Lites inter episcopum ex una parte et vassallos vel civitates ex altera 864. 865.
Lites inter episcopum vel capitulum ecclesiae cathedralis ex una parte et civitates ex altera 20—23. 599. 686. 774. 778. 781—783. 785. 786. 896. 915. 953. 995. 1011. 1013. 1066 (—1068). 1085—1089. 1179. (1211.) 1293—1295.
Lites inter monachum et parochum 1553.
Lites inter monasterium et cives 137. 1158.
Lites inter ordines mendicantium et clerum saecularem 54. 64. 65. 68. 81. 83. 96. 290.
Litigantes in curia Romana super beneficiis ecclesiasticis 282. 284. 285. 331. 448. 488. 529. 566. 890. 1030. 1030. 1031. 1064. 1083. 1099. 1137. 1170. 1212. 1323. 1462.

Litterarum apostolicarum falsarius 775.
Lothoringia paulatim ab imperio separata diversis paparum actibus 60—62. (262.) (264.) (271.) 589. 590. 653 (NB!). 669. 734. (1016.) (1017.)
Matrimoniorum dispensationes v. sub: Dispensationes.
Matrimoniorum impedimenta 1225. 1254.
Matrimoniorum proclamationes 1225. 1254.
Medicus episcopi Metensis 1448.
Mercatores (i. e. *Banquiers*) v. sub: Camerae apostolicae mercatores.
Metensis civitas debitis onerata 445. 708. 917.
Metentis diœcesis ecclesiae collegiatae, monasteria, archipresbyteratus, ecclesiae parochiales 1391.
Metensis ecclesiae feuda 1373.
Metensis ecclesiae primicerii duo contendentes 949 et 953.
Metensis episcopatus debitorum onere oppressus 3. 11. 508. 725. 765. 1259.
Metensis episcopatus vassalli rebelles 864. 865.
Metensis episcopi bona mensalia 318. 830.
Metensium civium seditio v. sub: Bellum civile Metense.
Minorum ordo 54. 64. 65. 68. 83. 96. 290.
Molendina mensae episcopalis Metensis 830.
Monachi in habitu laicali per saeculum evagantes 1570 (224a). 1536.
Monachorum facultas petendi et retinendi haereditates 2. 1571 (555a).
Monachorum mores dissoluti 1570 (224a). 295. 355. 888. 1477.
Monasteria debitorum onere oppressa 9. 39. 53.
Monasteria iam fere collapsa 1570 (224a). 444. 512. 1269.
Monasteria paupertate oppressa 1573 (963a). 1269. 1522.
Monasteriorum abbates valde diffamati 888. 1240.
Monasteriorum immunitas a civibus violata 445. 446. 452—454.
Monasteriorum possessiones dilapidatae vel occupatae 4. 373. 444. 512. 888. 926. 1198. 1240. 1269. 1362. 1523.
Monasterium unitum mensae episcopali 4. 32. 33. 52.
Monetarum Lotharingicarum valor 796 (99a).
Papae nepos 179. 193. 502. 588.
Papales capellani vel familiares vel servitores 12. 27. 794 (57a). 103. 105. 118. 151. 178. 197. 200. 207. 208. 210. 213. 214. 233. 241. 253. 260. 270. 278. 288. 289. 294. 310. 360. 481. 492. 507. 526. 535. 559. 568. 1572 (623a). 634. 661. 664. 673. 996. 1028: 1029. 1101. 1106. 1129. 1130. 1170. 1175. 1221. 1228. 1270. 1302. 1317. 1357. 1516. 1560.
Parochi ad sacerdotium non promoti 27. 29. 146. 176. 447. 531. 966. 1010. 1021. 1219. 1225. 1254. 1353. 1370.
Parochiales ecclesias duas vel plures detinentes 1225. 1254.
Parochialium ecclesiarum redditus exiles 1392.
Parochi non residentes in suis parochiis 27. 29. 58. 93. 1225. 1254. 1474. — Conf. sub: Beneficiorum ecclesiasticorum fructus percipientes absentes cum indulto papali.
Pax terrae generalis ab imperatore restaurata 1577 (1266a). 1578 (1266b).
Pecuniae, quae a poenitentibus debent solvi camerae apostolicae 447. 1010. 1021.
Pecuniae summa, quam abbas solvere debet cardinali 1465.
Pecuniae summa, quam abbas solvere debet patriarchae Alexandrino (curiali) 1111.

— 371 —

Pensio annua, quam monasterium solvere debet episcopo in partibus infidelium 1112. 1246.
Pensiones annuae a papis concessae episcopis, qui resignaverunt, 17. 196. 1094. 1095.
Physici 809 (226 a). 284. 837. 1284.
Praedicatorum ordo 54. 64. 65. 68. 81. 83. 96. 740. 1477.
Praemonstratensium ordo 189.
Processus a papis facti contra Ludovicum de Bavaria 440. 442. 616. 686. 692. 693. 700. 749. 750. 762. 969.
Procurationes (seu subsidia), quae solvuntur apostolicae camerae, 772. 1391. 1396.
Procurationes, quae solvuntur archidiaconis visitationis causa, 220. 848. 1391.
Procurationes, quae solvuntur episcopis visitationis causa, 133. 134. 136. 139. 140. 143. 276. 316. 484. 1203.
Provisiones ecclesiarum cathedralium 13—15. 790 (15 a). 25. 28. 66. 75. 80. 119. 121. 122. 161. 162. 172. 195. 257. 262. 264. 286. 291. 321. 337. 416. 458. 459. 463. 465. 470. 532. 533. 617. 640. 837. 852. 1023. 1032. 1050. 1081. 1090. 1168. 1224. 1229. 1248. 1386. 1389. 1390. 1411. 1441. 1442. 1501. 1502.
Provisiones ecclesiarum cathedralium per translationem episcoporum ad alias ecclesias cathedrales 13—15. 790 (15 a). 121. 122. 286. 291. 458. 459. 470. 852. 1248. 1386. 1389. 1390. 1441. 1442. 1501. 1502.
Provisiones abbatiarum 24. 30. 50. 52. 106. 155. 163. 166. 167. 259. 361. 496. 498. 677. 901—903. 934. 1002. 1121. 1131. 1142. 1160. 1199. 1273. 1298. 1388. 1469. 1470. 1480. 1550. 1551.
Romanorum reges 795 (79 a). 410. 440. 616. 686. 691—693. 700. 749. 750. 762. 970. 971.
Rosae aureae pretium et donatio 426.
Salinae de Marsalo et de Mediovico et de Albendenges 830. 953. 1260. 1284.
Servitia communia et minuta 3. 11. 12. 35. 43. 44. 56. 57. 67. 69. 76—79. 94. 95. 97. 99. 108. 123. 131. 156. 157. 160. 164. 165. 804 (170 a). 177. 209. 215. 217. 218. 221. 224. 261. 265. 811 (281 a). 812 (281 b). 287. 296—298. 300. 307. 308. 314. 323—326. 332. 343. 346—348. 351. 352. 356. 357. 362. 363. 366. 394—396. 405. 407—409. 466. 468. 498. 511. 520. 537. 574. 587. 593. 618. 638. 683. 687. 690. 703. 705. 723. 725. 726. 731—733. 858. 904. 911. 912. 929. 932. 936. 951. 959. 960. 997. 1012. 1022. 1041. 1054. 1055. 1057. 1084. 1096. 1114. 1121. 1133. 1135. 1143. 1149. 1152. 1161—1163. 1173. 1177. 1187. 1189. 1202. 1205. 1207. 1234. 1237. 1239. 1243. 1252. 1258. 1259. 1262. 1268. 1274 (NB!). 1276. 1279. 1280. 1287. 1297. 1300. 1301. 1308. 1315. 1318. 1323. 1325. 1326. 1328. 1336. 1337. 1352. 1358. 1361. 1364. 1365. 1372. 1381. 1385. 1388. 1397. 1401. 1407. 1408. 1413. 1415. 1420. 1424. 1428. 1432—1434. 1440. 1447. 1449. 1451. 1458. 1459. 1472. 1479. 1481. 1483. 1485. 1486. 1489. 1491. 1493. 1495. 1499. 1500. 1504. 1505. 1507—1509. 1511. 1514. 1518. 1520. 1524. 1526—1529. 1533—1535. 1540. 1542—1544. 1552. 1554—1557. 1559. 1562. 1564. 1565. 1567. 1568.
Servitiorum solutio prorogata Ademario episcopo Metensi 537—1364.
Servitiorum solvendorum obligatio extra curiam Romanam facienda 498.
Sodomiae crimen 646.
Spolia abbatis reservata camerae apostolicae 1517.
Spoliatores monasteriorum et ecclesiarum 22. 38. 444. 1263. 1548. 1549.
Studium Aurelianense 107. 815 (365 a). 866. 1229.

— 372 —

Studium Cisterciensis ordinis in civitate Metensi 965.
Studium Parisiense 1488.
Subsidia clero a papis imposita et camerae apostolicae destinata 214. 398. 517. 521. 523. 539. 544. 597. 606. 644. 715. 726. 736. 772. 962. 1391. 1396. 1447.
Subsidia clero a papis imposita et episcopis destinata 201. 424. 483. 708. 917. 918.
Subsidia clero a papis imposita et principibus destinata 438. 439. 441. 443. 637. 1538.
Subsidium bello contra Turchos gerendo destinatum 1021.
Suspensio 7. 22. 37. 38. 92. 93. 215. 946. 1225. 1254.
Synodalia statuta Metensia 1225. 1254.
Templariorum ordo et bona 188.
Theotonicorum ordo S. Mariae 301. 303. 304.
Testamenta ad pias causas condita 315. 320. 607. 980.
Tullensis archidiaconatus concessus eodem tempore duobus 1400. 1403. 1405.
Usura et usurarii 10. 980. 1257. 1519.
Vinearum pagi Metensis redditus 1503.
Vinum Belnense (*Beaune en Bourgogne*) ad usum palatii apostolici emtum 1115. 1136.
Violenta manuum iniectio in clericum 37. 71. 355. 1548. 1549.
Virdunensis ecclesiae possessiones, iura et privilegia 1293—1296.
Visitatio ab archidiacono facienda 220. 848.
Visitatio cleri dioecesani per deputatos ab episcopo facienda 316. 484. 1203.
Visitatio cleri provincialis per deputatos ab archiepiscopo facienda 133. 134. 136. 139. 140. 143. 276. 1203.
Visitatio sedis apostolicae (≙ census) 1103. 1145. 1163. 1206.

Corrigenda et addenda.

Nr. 833 l. 2 l: Mete. l: Met.
- 836 l. 7 l: Vicella l: Vicello.
- 838 l. 1 l: Villeneuves l: Villeneuve.
- 842 l. 2 l: decanonuatu l: de canonicatu.
- 846 l. 6 l: Treverensii l: Treverensi.
- 853 l. 2 l: Clemensis l: Clemens.
- 862 l. 6 l: icatum l: scutum.
- 886 l. 4 l: dispens et l: dispenset.
- 887 l. 3 l: derico l: clerico.
- 891 l. 2 l: Petro l: Petri.
- 900 l. 2 l: Clemens V l: Clemens VI.
- 916 l. 2 l: Clemens V l: Clemens VI.

Pag. 48 l. 13 l: Ademarto l: Ademario.
Nr. 965 l. 18 l: subiuugebet l: subiungebat.
Pag. 73 l. 1 l: permicerius l: primicerius.
Nr. 1020 l. 4 l: vomiti l: comiti.
- 1028 l. 9 l: Vinencii l: Vincentii.
- 1040 l. 9 l: Patro l: Prato.
- 1051 l. 2 l: supplicata l: supplicat.
- 1062 l. 8 l: liti l: lite.
- 1065 l. 2 l: Ottonino l: Ottoni.
- 1067 l. 2 l: abbate l: abbati.
- 1092 l. ultima addatur: Reg. Avin. (Clem. VII!) 255 f. 231 nr. 20.
- 1093 l. ultima addatur: Reg. Avin. (Clem. VII!) 255 f. 233 nr. 22.
- 1098 l. 3 l: vacantem l: vacantes.
- 1100 l. 2 l: Clemens l: Clemens VI.
- 1101 l. ultima addatur: Reg. Avin. (Clem. VII!) 255 f. 251 nr. 52.
- 1102 l. ultima addatur: Reg. Avin. (Clem. VII!) 255 f. 97 nr. 50.
- 1111 l. 3 l: mutum l: mutuum.
- 1129 l. ultima addatur: Reg. Avin. (Clem. VII!) 255 f. 164 nr. 60.
- 1130 l. ultima addatur: Reg. Avin. (Clem. VII!) 255 f. 112, nr. 75.

Nr. 1150 l. 2 l: prato l: Prato.
- 1179 l. 3 l: Roberti l: Roberti (!).

Pag. 142 l. 6 inferior l: clavium l: clavorum.
Nr. 1230 l. 11 l: domin l: domini.
- 1246 l. 5 l: Trivisiensi(?) l: Tunisiensi.
- 1266 l. 3 l: imperator l: imperatorem.
- 1323 l. 3 l: Boperdia l: Bopardia.
- 1372 l. ultima addatur: Brevius Introit. et Exit. 295 f. 8.

Pag. 209 l. 6 l: Famatre l: Fainatre.
Nr. 1422 l. 6 l: Foresio l: Foresto.
Pag. 232 l. 16 l: 1338 l: 1438.
- 232 l. 24 l: 1339 l: 1439.

Nr. 1526 l. 5 l: Manseyo l: Nanseyo.
- 1570 l. 3 l: monasterii l: monasterio.

Pag. 282 l. 25 l: virum l: abbatem.
- 284 l. 3 l: eique l: eisque.

www.ingramcontent.com/pod-product-compliance
Lightning Source LLC
Chambersburg PA
CBHW060559170426
43201CB00009B/837